中国农民工40年

1978—2018

盛明富 著

中国工人出版社

图书在版编目（CIP）数据
中国农民工40年（1978—2018）/盛明富著.
-- 北京：中国工人出版社，2018.5
ISBN 978-7-5008-6879-8
Ⅰ.①中… Ⅱ.①盛… Ⅲ.①民工—历史—研究—
中国—现代 Ⅳ.①D669.2-092
中国版本图书馆CIP数据核字(2018)第117350号

中国农民工40年（1978—2018）

出 版 人　芮宗金
责任编辑　习艳群
责任校对　赵贵芬
责任印制　栾征宇
出版发行　中国工人出版社
地　　址　北京市东城区鼓楼外大街45号 邮编：100120
网　　址　http://www.wp-china.com
电　　话　（010）62005043（总编室）
（010）62005039（出版物流部）
（010）62382916（职工教育分社）
发行热线　（010）62005996　（010）82075964（传真）
经　　销　各地书店
印　　刷　北京美图印务有限公司
开　　本　710毫米×1000毫米 1/16
印　　张　27
字　　数　450千字
版　　次　2018年7月第1版 2020年3月第5次印刷
定　　价　78.00元

目 录
c o n t e n t s

与国运同行——写在前面的话 1

第一篇
大潮涌起
*1978—1991*年

第一章 历史前奏 13
第一节 首次迁移与城乡二元结构的形成 14
第二节 城乡二元结构下的“隐形”农民工 19
第二章 流动前提与“双轮”驱动 23
第一节 农民工形成的社会条件 24
第二节 “离土不离乡”与早期农民工的形成 27
第三节 “特区”体制与农民工走上历史舞台 29
第三章 城门开启与新阶层诞生 35
第一节 一道城门缝与一片艳阳天 37
第二节 一个开放带与一个新阶层 45
第四章 欲启还合的城门与欲罢不能的流动 53
第一节 “盲流”现象与欲启还合的城门 54
第二节 “豁口”现象与盲动中的必然 59
本篇结语 65

第二篇
“双潮”叠加
*1992—2001*年

第五章 流动狂潮与生存状态 71
第一节 农民工的流量、流向与社会背景 72
第二节 农民工的流动特征 79
第三节 农民工的生存状态 83

第六章　纠纷频发与政府回应　87
第一节　不平衡对撞：强资本 vs 弱劳动　89
第二节　“葵涌大火”与《劳动法》的出台　94
第七章　生存与尊严　103
第一节　歧视下的无奈　104
第二节　“孙天帅不跪”与频繁的搜身事件　109
第三节　社会歧视的背后　113
第八章　回流、断指与社会之痛　117
第一节　“下岗潮”与对农民工的宏观调控　118
第二节　返乡回流、农业减收与农民工的再出发　123
第三节　断指之痛与社会责任　127
第九章　“红与黑”的呐喊　137
第一节　“四重奏”压力下的农民工就业态势　137
第二节　南丹矿难与《安全生产法》的出台　145
本篇结语　152

第三篇
前赴后继
2002—2011年

第十章　“讨薪风暴”与土地财政　161
第一节　风暴起于农妇实言　162
第二节　“暴力讨薪”与王斌余讨薪杀人案　166
第三节　土地财政、赊账建设是推手　170
第十一章　“孙志刚事件”与收容遣送制度的终结　175
第一节　暂住证引发的悲剧　176
第二节　收容遣送背后的黑色利益链　181
第三节　从收容遣送走向引导服务　185
第十二章　“黑窑奴工”与政府问责　189
第一节　“黑窑奴工”震惊全国　191

第二节　矿难频发：天灾还是人祸　195
第三节　政策执行力何以层层递减　196
第十三章　开胸验肺与职业病“四问”　203
第一节　苯中毒、尘肺病震动高层　204
第二节　职业病悲情维权与体制之间　211
第十四章　时代人物与追求有产　221
第一节　金融危机冲击下的农民工就业　222
第二节　《劳动合同法》冲击波　226
第三节　农民工登上政治舞台　231
第四节　时代人物与打工经济　237
第五节　走向有产的追求　241
第十五章　富士康“十二连跳”与新生代农民工的困惑　243
第一节　新生代农民工的特点和困惑　244
第二节　富士康“十二连跳”冲击波　250
第三节　打造新生代农民工上升通道　254
本篇结语　258

第四篇
走向融合
2012—2018年

第十六章　农民工的嬗变与新型产业工人队伍的锻造　267
第一节　新常态下的新挑战　268
第二节　应对挑战的有利条件与打造新型产业工人队伍的必要性　275
第三节　实践推动与国家战略　280
第十七章　农民工的社保与社会公平　287
第一节　低保险率背后的社会因素　288
第二节　养老保险的模式与退保风波　292
第三节　工伤保险建立与完善的轨迹　301

第四节　医疗保险的统筹与融合　309
第十八章　户籍制度改革与城市融入　315
第一节　户籍制度改革的六个阶段　317
第二节　户籍制度改革探索：特点和不足　325
第三节　户籍制度改革与城镇化困局　331
第四节　户籍制度改革与农民工的住房困局　337
第五节　户籍制度改革与农民工随迁子女教育困局　342
第六节　户籍制度改革与农民工的增收困局　348
第十九章　诉求渠道与权益维护　353
第一节　实践突破与总体思路　354
第二节　组织起来，切实维权　363
第三节　着力基层与工会改革　372
第二十章　农民工迁徙与中国社会转型的启示　379
第一节　农民工大规模迁徙为何没有带来大的社会震荡　380
第二节　“中国制造”为何能成为“中国名片”且经久不衰　389
第三节　中国在城镇化过程中为何不会出现“贫民窟”　394
第四节　中国农民工未来将走向何方　398
第五节　中国的发展经济学是什么　401
本篇结语　412

附　录　413

后　记　421

与国运同行
——写在前面的话

84年前，中国工农红军创造了人类战争史上的奇迹：长征两万五千里，突破了敌人的围追堵截，实现了战略大转移，从此拉开了中国人民翻身解放的大幕。

40年前，中国历史上前所未有的另类长征拉开了序幕。不过，这次长征的主角不是军人，而是农民：上亿青壮年农民离开了田埂，踏上了工业化和城镇化的征程。

起初，进城打工的农民还是三三两两的，但很快便从涓涓细流汇聚成了滚滚洪流：

> 公路上，成群结队的外出打工者势不可当。通往南方的公路上，不管什么车，只要是向南走的，统统被拦下搭乘。车一定要挤到装不下最后一个人为止。
>
> 铁路上，各大火车站人头攒动。通往东南沿海各大中城市的客运列车上，人满为患，连厕所和车厢连接处都没有落脚的地方。[1]

现代科技的发展已经大大改变了时空概念。现代化的交通工具成了穿越时

1　李昌平. 一个乡党委书记的心里话——给朱总理的信 [J]. 南风窗，2002-12-3.

空的机器，即便相隔两万五千里，也只“一觉”便至，地理意义上的长征已经不存在了。

然而，农民走向城市、走向工业、走向现代文明，又确确实实是一次跨越时空的长征：虽然没有雪山草地，却有旧体制的羁绊；虽然没有敌人的围追堵截，却有与资本大鳄博弈所带来的生命之虞；虽然没有救民强国的远大抱负，却有改变命运的原始冲动。

是什么力量撬动着当代中国亿万农民工的大流动？

改革开放的强国之策是亿万农民工大流动的前提：农村家庭联产承包责任制改革使农民获得了自主和自由，让农民工流动成为可能；城市经济体制改革打开城门，让农民工流入成为现实；对外开放打开国门，迎接国际产业资本的转移，使农民工流动成为必然。国家命运起势之时所形成的战略机遇，为中国农民工改变个人命运提供了选择的契机。

工业化、信息化、城镇化、农业现代化的强国之路为亿万农民工大流动提供了渠道：从衣食住行的取向，到高端制造和信息智能产业的发展，工业化、信息化的稳步推进牵引着农民工的流向与流量；从仿制、仿造到进口替代，再到自主品牌崛起和走出国门，市场化、国际化的步伐推动着农民工流动方式和流动速度的改变；从简单需求到多元选择，再到生活方式的社会化，城市生活需要和城镇化进程引导着农民工的流入与流出。国家命运繁荣之时所形成的各种载体，为中国农民工改变个人命运提供了发展的契机。

法治国家、法治政府、法治社会的治国之道为亿万农民工大流动创造了条件：从收容遣送制度的终结到各种证卡制度的取消，消除了农民工流动的体制、机制羁绊；从《劳动法》《劳动合同法》《社会保险法》的出台到2017年12月国务院颁发的《保障农民工工资支付工作考核办法》的施行，为调节劳动关系提供了规范；从党政主导的维权格局到中国特色社会主义工会发展道路，再到群团会议，农民工权益维护被提上了重要议事日程。国家治理体系和治理能力的现代化，为中国农民工自身合法权益的实现发挥了“木直中绳”的作用。

全面小康、民族复兴的宏伟蓝图为亿万农民工大流动提供了融入城镇的保障：养老保险、工伤保险、医疗保险统筹层次的提高和异地接转，城乡社保统筹和一体化，为农民工流动解除了后顾之忧；户籍管理制度的改革、城乡户籍性质的取消和居住证制度的推广实行，为农民工融入城镇打开了通道；新时期产业工人队伍建设、农民工技能培训和“大国工匠”的培养，为农民工素质的提升和农民工的全面发展提供了平台。国家命运昌盛之时所创造的各种机遇，为中国农民工圆了融入城镇的梦想。

中国农民工的命运与国家命运始终紧密相联：农民工因国运而走出田埂、走进企业、融入城镇、走向小康、奔向有产；国家命运也因农民工的艰苦奋斗、孜孜以求、开拓创新、拼搏奉献而繁荣发展。

农民工的爱岗敬业、勤勤恳恳为“中国制造”注入了核心竞争力。改革开放 40 年，“中国制造”已经成为中国经济的“名片”。无论走到世界哪个角落，都能见到中国制造的产品。之所以能成为“名片”，是因为价廉——低成本、物美——做工精细，两者都是劳动力红利的具体体现。如今，我国制造业的产值已占 GDP 的 1/3，而制造业的劳动力中，农民工约占七成。农民工对国家发展的贡献不言而喻。

农民工的任劳任怨、艰苦奋斗为“中国速度”注入了正能量。“中国高铁”作为中国速度的品牌，享誉世界，而“中国高铁”的每一个零部件、高速铁路迅速延伸的每一公里，无不浸透着农民工的辛勤和汗水；“中国建设”作为中国速度的象征，令世人惊叹，而“中国建设”的每一座高楼、每一座标志性建筑、每一处服务设施都凝聚着农民工的智慧和劳动。无论是赤日炎炎的盛夏，还是寒风凛冽的严冬，中国建设大军的脚步从未停歇。而这支建设大军里 90% 的人是农民工。虽然他们本身朴实无华，却用满满的正能量带来了城市建设的日新月异和五光十色。

农民工的孜孜以求、传承创新为现代生活方式的形成注入了新活力。“食在中国”是世人的共识，无论是食材的流通与制作，还是特色风味的传承与创新，无不因为农民工的孜孜以求而发扬光大；人们的衣食住行，无论是“网购”，还是实体服务，无不因为农民工的辛勤劳作而显得快捷方便；网络时代的生活和工作，无论是信息化，还是智能化，无不因为农民工的及时跟进而缩短时空。据国家邮政局发布的《2016年中国快递发展指数报告》显示，2016年，我国快递业务量首次突破300亿件大关，达到312.8亿件，快递业务规模继续稳居世界首位，在全球占比超过四成，而快递业的从业者基本都是农民工。从这个意义上说，是农民工推动着人们生活方式朝着信息化转变。

农民工吃苦耐劳的奋斗精神、忍辱负重的包容精神、不屈不挠的进取精神、精益求精的工匠精神为中国文化注入了新内涵。中华文化种类繁多、博大精深，而文化的核心则是民族精神和价值理念。农民工的奋斗精神、包容精神、进取精神和工匠精神既是对民族精神的传承，又是对社会主义核心价值观的实践。这种精神既不是写在书面上的报告，也不是喊在嘴边的口号，而是基于改变自身命运的一种实际行动。它来源于实践，因而是草根化的精髓。而越是草根化的、实践化的、对改变人生轨迹和提升自我不可或缺的精神，就越有普遍意义和生命力。民族复兴的伟业、国家的繁荣昌盛，客观上需要每一个普通劳动者都能遵循这种精神。

农民工流动为中国社会转型注入了“推进剂”。农民工流动的过程，就是从农村走向城镇、从农业走向工业和服务业、从农民走向市民、从宿命走向自省和自觉的过程；就是农村城镇化、农业现代化、农民市民化、农民工新型产业工人化的过程；就是破解城乡二元结构、化解三农问题、实现治贫治穷和走向有产的过程。农民工成为破解城乡二元结构的钥匙、化解三农问题的突破口、农村脱贫治穷的主体和新时期工农联盟强有力的纽带。没有他们对美好生活的追求、对走向小康和有产的跋涉，中国社会结构的转型将会滞后多年，这也是时代对中国农民工流动的诠释。

中国农民工流动起点自然：是否流动凭意愿，流向何处看需求，从事何种

工作看机会，既没有计划指令，也没有强制干预。 1978

中国农民工流动过程曲折：在没有市场经济知识的情况下进入城市劳动力市场，犹如一个不会游泳的人突然下水，“呛水”就成了大概率事件；在无组织的情况下与资本大鳄博弈，沦为资本所有者“嘴中肉”就成了不可避免的现象；在缺少制度安排的情况下与旧体制、旧机制抗争，陷入“转型旋涡”就成了必然逻辑；在社会认知尚不到位的情况下与旧有的世俗观念碰撞，受反作用力的冲击就在所难免。他们就像非洲大草原上迁徙的角马群，只有强壮者和不屈不挠者才能到达理想的彼岸。

中国农民工流动终点辉煌：伴随着顶层设计和制度安排，伴随着工业化、 1991
信息化、城镇化和农业现代化的协调发展，农民工完成了“马拉河之渡”，已 1992
踏上融入城市文明的征程。

如今，2.87 亿农民工已成为工人阶级的主体，成为党长期执政的依靠力量、民族复兴的中坚力量。他们的影响遍及社会的每个角落。无论是官员、学者、商人还是市民，在中国土地上的每个公民都能真切感受到农民工对社会发
展的作用和影响，并在农民工流动与社会转型的互动中，矫正自己的观念和行 2001
为，触摸时代的脉搏和走向。 2002

国家命运以人民的命运为根本，则固本强基、繁荣昌盛、江山永续；人民的命运以国家命运为依托，则纵向提升、横向拓展、和谐幸福。人类历史上最大规模的人口流动——中国农民工的迁徙就是最好的见证！

农民工不是“弄潮儿”，无意主动挺立潮头，但农民工却是“赶海的人”，有心观察潮起潮落。他们是改革开放大潮的参与者、见证者和推动者，他们的
迁徙改变着中国历史上的“三大差别”（*工农差别、城乡差别、脑力劳动和体* 2011
力劳动的差别）。 2012

在改革开放 40 周年之际，重新审视中国农民工迁徙的历程，既是社会工作者的责任，又是对历史的见证，或许还能给人们的心灵和社会的发展带来有益的启示。 2018

第　一　篇

大潮涌起

1978—1991年

1978
1991
1992
2001
2002
2011
2012
2018

1978

1991

自然界气流的变化带来了风霜雨雪、云聚云散。

人类社会工业化的进程催生了社会转型、人口流动，工业化是人口流动的杠杆。

新中国的第一次工业化启动于“一五”时期（1953—1957年），它虽然带来了农村人口向城市的迁徙，但由于迁徙者身份和职业的一致性，所以并没有出现农民工现象。此后，随着城乡二元结构的形成，这种迁徙便戛然而止。

当代意义上的中国农民工流动，是以思想解放为先导、以农民的解放为前提、以工业化进程为基础、以体制改革为动力而自发产生的，并随着工业化速度和规模的变化而呈现出潮涨潮落的态势。

1978年，“真理标准问题”的讨论拉开了新中国成立后第一次思想解放的序幕。以此为起点，中国共产党逐步确立了“一个中心、两个基本点”的新时期基本路线。正是这条基本路线的贯彻执行，推动了中国的改革开放。

1979年，家庭联产承包责任制（1978年12月，安徽省凤阳县小岗村18位农民偷偷签署“大包干”协议。1979年，时任安徽省委第一书记万里根据当地情况和农民要求，突破“禁区”，公开推行包产到户）的实行成为当代中国体制改革的起点。在使农村土地所有权与承包经营权分离的基础上，它提高了农业劳动生产率，解放了中国的农民，农民从此可以自由支配自己的劳动力，成为自由职业者。换句话说，尽管农民还是种地，但由谁种地、如何种地却是农民自己说了算。这样，工业化的前提——自由劳动者产生了。随着农村人多地少的矛盾日益突出，农村大量富余劳动力构成了巨大的“堰塞湖”，成为中国农民工40年大迁徙的源泉。

1980年，经济特区的设立拉开了当代中国对外开放的序幕。随着1984年14个沿海城市全面对外开放和城市经济体制改革的全面启动，中国在承接国际产业转移的同时，开启了第二次工业化的进程。正是这次规模宏大、旷日持久的工业化浪潮，对中国的农民工流动和迁徙形成了强大而持久的拉力，构成了农民工流动的渠道和40年大迁徙的基础。

1984年中央1号文件明确提出，“允许务工、经商、办服务业的农民自理口粮到集镇落户”。1985年中央1号文件提出改革农产品统派购制度，这是新中国成立以来城乡二元结构壁垒首次在政策上出现松动。正是这一政策上的松动，为农民工流动和迁徙放开了手脚，提供了支撑。

农业内部经济结构的调整，带来了“离土不离乡、进厂不进城”的农民就地就近转移。在城乡二元结构不变的情况下，身份和职业分离的“乡土农民工”就此产生。改革开放和城市工业化的启动，尤其是中国承接国际产业转移的浪潮，带来了对工业劳动力的需求。由于外商投资企业招收工人没有户籍壁垒的限制，也不像当时国有企业那样对职工提供“无限保障”——几乎从“摇篮”管到“坟墓”，因此，体制内职工端着“铁饭碗”不愿进外资企业，体制外的农民便纷纷涌入。在身份不变的情况下，“离土又离乡、进厂又进城”的农民工就此产生，当代意义上的农民工流动和向城市的迁徙就此慢慢展开，并从此一往无前。

农民工的流动尤其是跨区域的迁徙，出于本心，发于自然，流于市场，动于边缘，因此，它起初并没有引起人们的广泛关注。但当遍布于各地的涓涓细流相汇相聚时，便不可避免地对社会形成冲击。一方面，这种流动带有历史的必然，另一方面，整个社会并没有做好准备，“民工潮”就在这样的历史背景下悄然涌起。

从一开始，农民工的流动就是市场调节的结果。从时间上看，它要早于计划经济的转型。当人们还在讨论能否以计划经济为主、市场调节为辅，计划与市场谁多一点、谁少一点的时候，农民工已经汇聚成河。1989 年之后，农民工市场调节的正向流动与行政计划的逆向调节相碰撞，“盲流”现象进入社会视野。尽管这一时期出台了一些政策措施，试图对农民工跨区域流动和向城市迁徙进行限制，但鉴于工业化需要和城市生活需求的拉动，就业“洼地”为农民工提供了流动的“豁口”，流动仍然是农民工的主基调，“农民工”现象成为这一时期的主要社会特征。

中国农民工的前世今生、农民工迁徙的形成及发展轨迹，不仅事关农民工问题的研究，而且直接涉及“中国模式”的形成和发展。

1978

1991

第一章 历史前奏

中国的根本问题是农民问题，让农民“耕者有其田”是解决农民问题的关键一步。从新中国成立到1952年，中国基本实现了这一目标，农民从新、旧社会的对比中找到了解放的感受，但这只是万里长征的第一步。

从农业文明向工业文明的转变，实现工业化、城镇化、现代化是世界各国发展的普遍规律，也是社会发展的必然趋势。让农民从土地上解放出来而又不沦为赤贫阶层，同样是一场伟大的革命。

世界各国在实现工业化、城镇化和现代化的过程中，虽然出现过各种问题，但从未出现过“农民工”的概念和农民工问题。为什么中国在农村劳动力转移的过程中会出现农民工群体？他们来自哪里？他们是怎样产生、延革和发展的？他们对社会的发展和中国的工业化、信息化、城镇化、农业现代化又带来了怎样的影响？

第 一 节

首次迁移与城乡二元结构的形成

农民工群体的产生是中国社会制度与生产力发展相互作用的必然结果，并由此衍生了中国工业化、信息化、城镇化、农业现代化和中国社会结构变化的“中国特色”。

1949 年新中国成立后，中国共产党从革命党变为执政党，党的工作中心从农村转向城市，开始管理国家和社会，社会秩序由乱到治。解放和发展生产力，改善人民生活，成为执政党的首要任务。

没有什么比人的解放更能促进生产力的发展。随着全国绝大多数地域的解放，“打土豪、分田地”轰轰烈烈地在全国展开，千百年来没有土地的中国农民终于有了自己的“一亩三分”地，他们的积极性和主动性空前高涨。在这一过程中，上千万（也有一种说法是 2000 万）的地主和富农成为普通劳动者，农村劳动力人数大幅增加。发展生产力和农村劳动力人数大幅增加提高了农业劳动生产率，同时带来了农业劳动力溢出效应。此时，城市工业百废待兴，饱受战火摧残的工厂纷纷复建和开工，城市解放和稳定之后对生活必需品的需求开始增加，商业、轻工业的发展又对城市劳动力产生了新的需求效应。溢出效应与需求效应共同作用，带来了新中国成立之后农村劳动力向城市的第一次转移，转移的农村劳动力包括转业军人、在城里有亲戚的农民和少数“能工巧匠”。与今天的农民工不同，第一批向城市转移的农民基本上都留在了城市。

当时，城市基础建设薄弱，市民数量增加较快，加上敌特活动在城市时有发生，为了巩固新生的政权，加强对城市的管理，1951 年，公安部颁布了

《城市户口管理暂行条例》，实行城市户口登记和管束，这是新中国成立后颁布的第一个关于城市人口的管理规定。但这个条例的主旨精神在于加强对城市秩序的管理，并不具有城市对农村人口流入的“排他性”。1956 年 3 月，全国第一次户口工作会议明确规定了户籍管理的三项基本任务——证明公民身份，便利公民行使权利和履行义务；统计人口数字，为国家经济、文化、国防建设提供人口资料；发现和防范反革命和各种犯罪分子活动，密切配合斗争，并要求在一定时期内建立一套比较系统的户口管理制度。会议并没有提及阻止农民进城的内容。正因为如此，在三年国民经济恢复时期（1949—1952 年）和第一个五年计划实施时期（1953—1957 年），城市工业迅速发展，对农村劳动力的需求效应日益增强，进城做工变为城市户口的农民逐渐增多。1952 年，我国城市人口仅为 7000 万人，到 1957 年就增至 9949 万人。

如果说第一次农村劳动力转移是农业的溢出效应与城市工业的拉动效应共同作用的结果，那么，当溢出效应远远大于拉动效应时，就会给工业的发展和城市的发展带来双重压力。随着工业的发展和城市的扩张，生产资料和生活资料的匮乏问题逐渐显现出来。两千多万农民进城，既需要安排工作，又需要供应粮油和副食品等，城市已难以承载，政府不得不踩“急刹车”应对。当时的政务院（中央人民政府政务院是 1949 年 10 月 1 日中华人民共和国成立至 1954 年 9 月 15 日第一届全国人民代表大会召开前的中国国家政务的最高执行机构。1954 年 9 月召开的第一届全国人民代表大会第一次会议决定并成立了中华人民共和国国务院）除了加强和完善新中国成立后几年内陆续制定的粮油供应制度、劳动用工制度、社会福利制度外，还特别严格地实行户口迁移制度。1957 年，中共中央、国务院联合发出《关于制止农村人口盲目外流的指示》。这是新中国成立之后第一份对农村劳动力转移实行限制的文件，也是第一次在文件中提出“盲目外流”（简称“盲流”）的字眼。人们后来广泛使用的“盲流”一词，可能就源于此。

农村生产关系的调整所带来的农业生产率的提高，不仅解决了农民的温饱

1978 问题，也为城市的扩张提供了支撑。但与此同时，这也使当时的决策层对生产力和生产关系的相互作用以及社会发展规律的认识出现了偏差，片面地以为只要在制度安排和政策取向上不断地调整生产关系，生产力就会大发展，社会就能不断进步。于是，从1958年开始，全国实行了人民公社化的组织体制，农民的土地全部实行国有化，自营式的农业生产改为集体劳动，一家一户的生活方式改为“大食堂”生活，在“多快好省地建设社会主义”总路线方针的指引下，全国实行大跃进。一些基层干部或是出于盲目热情，或是出于主观主义，或是为了迎合上级领导，纷纷提出“人有多大胆、地有多大产”“粮食亩产超
1991 千斤、破万斤”等不切合实际的口号和指标。这些指标在今天看来都是不可想象的，而且明显脱离常识。但在当时，如果谁不喊口号，就跟谁不是革命者一样。于是，一场波及全国的政治上的“浮夸风”越刮越猛，以致说真话、反映实情的人反而被作为“反党集团”进行批判。

这场生产关系上的急功冒进，给农业生产带来了巨大的灾难，农业生产率下降，粮食歉收，“大食堂”无法维持，再加上从1959年开始的三年自然灾害，使农民连维持自身的生存都有问题，安徽、河南等省份不断曝出农民饿死在田边的事件。这段历史带来的农业、农村、农民问题，给中国社会发展带来了巨大的影响：农产品已经无法支撑工业化和城镇化需求；农村的恶劣环境导致一些农民流入城市，靠乞讨或打杂工为生，城市已不堪重负。1960年，中国的城市人口已达到1.3亿人，全国职工总数由1957年的2450万人猛增到5000万人，吃商品粮的人口增加了一倍多，城市已无法负担那么多吃商品粮的人口。加之当时国际上的封锁和国库空虚，既不能也无力从国际市场进口大量的农产品，使本来就脆弱的农产品供应雪上加霜。

如此严峻的经济形势和社会形势，带来了两个直接后果：

一是工业化、城镇化的进程受阻。为了维持刚刚建立起来的城市工业化体系，国家不得不关闭农村通往城市、农民走向市民的大门。1958年，全国人大常委会第91次会议通过了《中华人民共和国户口管理登记条例》，对农村

人口进入城市做出了带有约束性的规定："公民由农村迁往城市，必须持有城市劳动部门的录用证明、学校的录取证明或者城市户口登记机关准予迁入的证明，向常住地户口登记机关申请办理迁出手续。"这一规定将中共中央、国务院《关于制止农村人口盲目外流的指示》的内容法律化，标志着中国以严格限制农村人口向城市流动为核心的户口迁移制度的形成。1961 年 11 月，中共中央批转了公安部《关于制止人口自由流动的报告》，决定由民政部门主要负责将那些没有开介绍信而流入城市的人口收容起来，遣送回原籍。1962 年 12 月，公安部出台了《关于加强户口管理工作的意见》，严格限制农村人口迁往城市，要求"对农村迁往城市的，必须严格控制；城市迁往农村的，应一律准予落户，不要控制；城市之间必要的正常迁移，应当准予，但中、小城市迁往大城市的，特别是迁往北京、上海、天津、武汉、广州等五大城市的，要适当控制"。1963 年以后，公安部在人口统计中把是否吃国家计划供应的商品粮作为划分户口性质的标准，吃国家计划供应商品粮的人口即为城镇居民，称作"非农业户口"，"非农户口"和"非农人口"由此成为广泛使用的概念。1964 年 8 月，《公安部关于处理户口迁移的规定（草案）》明确提出了"两个限制"：对从农村迁往城市的要严加限制，对从城镇迁往城市的也要严加限制。1977 年，国务院批转了《公安部关于处理户口迁移的规定》，提出"严格控制市、镇人口，是党在社会主义历史时期的一项重要政策"，并规定了农（农民）转非（非农民）的内部控制指标，即千分之一点五，也就是说，每 2000 个农民中只有 3 个人能转为非农业户口。经过以上演化，由制度安排的以户籍迁移壁垒为核心的城乡二元结构逐渐形成，城镇化进程受阻。

二是"逆城镇化"的制度安排被提上议事日程。从 1960 年开始，一批地方干部被下放到农村并举家迁移，一些地方干部和军队干部的农属（即当时在农村的军队干部的家属）被动员下乡务农。1966 年，近 1000 万名市民被"下放"回原籍农村。1968 年之后，2000 多万名青年学生"上山下乡"，接受贫下中农再教育，农村人多地少、农业劳动生产率低的矛盾更加凸显。

1978 当然，严格的户籍壁垒制度出台的初衷并非要终止新中国的工业化和城镇化进程，恰恰相反，为了巩固刚建立起来的工业化体系和城镇化的成果，国家对城市人口采取了一系列的倾斜政策。在就业制度上，国家负责城市人口的粮油供应，通过粮票和油票控制农村人口的流入；在社会福利上，国家对国有企事业单位职工的退休养老金、职工病伤后的公费医疗、女职工的产假和独生子女保健、职工的疗休养和休假、住房等多项待遇都作了详细的规定，城市集体企业也都参照国有企业的办法实行劳保。相比之下，农民只能依附于土地，还要交“三提五统”（指“村级三项提留”和“五项乡级统筹”。“村级三项提留”

1991 包括公积金、公益金和管理费；“五项乡级统筹”是指乡一级合作经济组织向所属单位和农民收取的用于乡村两级办学的农村教育事业费附加、计划生育、优抚、民兵训练、修建乡村道路等民办公助事业的款项。2006年，农业税取消后，这个词语也成为一个历史名词），在生老病死伤残等方面几乎没有任何保障。

这一阶段，国家通过工农业产品“剪刀差”为工业发展积累资金，农业作为就业的“蓄水池”，以极低的劳动生产率为代价，吸纳了大量的劳动力就业。同时，严格的城乡户籍管理制度和粮食统购统销政策构筑了城乡隔绝和凝固的城乡利益格局。

一方面，国家通过户籍管理制度控制农民流入城市；另一方面，国家又通过一系列的制度安排，稳定城市人口的生活和秩序。当严格的户籍壁垒与两种不同的社会福利制度捆绑在一起时，就从制度体系的安排上把市民和农民划分成两个不同的社会等级，使“户籍”从人口管理转变为身份的代名词：城里人和乡下人。从此，不仅农村人口向城市自然转移的过程被切断，而且城里人和乡下人有着两种不同的身份，过着两种不同的生活，有着两种不同的福利待遇，形成了两个不相切的封闭型社会范畴。当这种城乡分割的户籍管理制度和与之配套的城乡差别化社会保障制度，与农产品统购统销制度和人民公社体制一起构成“三大制度”设计时，自由迁徙的权利就被剥夺了，城市人口流动就被封堵了，城乡二元社会结构就此形成，并被制度性固化。

尽管后来随着中苏关系的恶化和苏联专家的撤离，“大三线”和“小三线”军工企业的建设重新确立了重、轻、农经济结构，工业化仍在缓慢推进，但当时的中国工业化过程是在与农业人口转移无关的情况下进行的，加之那些企业建设多在大山深处进行，因此，这一时期的工业化本身与城镇化是相脱离的。据公开报道的资料显示，从1958年到1978年的20年间，我国城镇化进程基本处于停滞状态，城市人口只由9949万人增加到1.7亿人，平均每年增长0.2个百分点。由于城镇化严重滞后于工业化，城乡二元结构特征更加明显。

第 二 节

城乡二元结构下的“隐形”农民工

城乡二元结构形成之后，城、乡处于两种不同的社会状态，城乡收入差距拉大，生活方式迥异。市民与农民形成了两个不同的社会阶层，城市的吸引力得到了空前提高，城市的生活方式成了农村人的奢望。

农村经过了生产关系的大跃进和三年自然灾害之后，元气大伤，进入了休养生息阶段。但是，自然灾害可以修复，生产关系大跃进的伤害却还在进一步发酵：“一大二公”（对1958年大跃进运动高潮时期开展的人民公社化运动的两个特点的简称，即人民公社规模大、人民公社化公有化程度高）的生产关系使农民的劳动与所得不能产生直接的利益联系，“出工不出力”的现象普遍存在；逆城镇化的制度安排导致农村劳动力进一步增加，在农业内部结构和生产技术不变的前提下，农业的劳动生产率进一步下降，一个壮劳力每天劳动得10个工分只有两三角钱，还不够填饱肚子，农民为温饱问题苦苦挣扎。

当时的农民住的是稻草盖的土坯房，每当遇到大风大雨，房顶会时不时地被掀翻；吃的是野菜、红薯和稀饭，偶尔会用大米和杂粮混在一起吃一顿干饭，当天黑收工时早已饥肠辘辘；穿的是父辈兄长们的旧衣服，满满的补丁显示着时间的久远；到了谈对象的年龄了，仍然家徒四壁，连睡觉的床也是用稻草铺成的；过年过节时，需要半夜起床到几十里路之外的大山上捡柴火回来卖掉换点钱，才能买点儿菜和油。当一个十几岁的孩子挑着上百斤重的柴火蹒跚而行几十里路时，生存的压力早已深入骨髓。

生存需求是一切经济学的起点，也是一切行为学的起点。在当时的历史条件下，生存的愿望成了农民一切行为的动因。正是在生存需求的巨大压力下，中国农民在严格的城乡二元体制中开始谋求进城之道。

安徽省舒城县是一个农业大县，毛泽东“人民公社好”的指示就是在视察舒城县舒茶人民公社时做出的。20 世纪六七十年代，那里没有什么大工业，有一批与农业相关联的农药厂、化肥厂、麻纺织厂、农业机械厂、酒厂、油厂、稻米加工厂等县属或区属国有企业，当时就有极少数农民到这些工厂做工。国营舒城南港机械厂是一家木材加工企业，20 世纪 60 年代，这家工厂有 5 位做工的农民，企业不负责转正（即转为正式职工），并根据生产需要决定是否聘用。这些做工的农民活儿干得好，人又忠诚勤劳，一直在企业干到退休，却始终没有成为市民，户口关系一直在农村。因为在城镇没有粮油关系，他们每个月要向生产队交钱买工分，从家里带口粮。家里没有粮食时，就到“黑市”买一点儿。60 岁之后，他们回到了农村，没有退休金，只能拖着老迈的身躯回到田里劳动。

这应该就是城乡二元体制下的第一代农民工，他们的身份是农民，他们的职业是工人。他们从农村流入城市，但城市没有容纳他们，最终他们只能回农村“落叶归根”。他们进城的动因是生存需求和种族的繁衍，能够进城的因素是机缘巧合，但人数不多，没有引起社会的关注。相对于日益庞大的职工队伍，他们可以忽略不计，因而是“隐形”的农民工；相较于农村的芸芸众生，他们是凤毛麟角，因而是农民工走向城市的先驱。

当时，还有一种“隐形”农民工，即农村的“货郎”，他们担着生活日用品，走村串户。“鸡毛、鹅毛换针换线喽！”每到农闲时，坐在家里就能听到他们拖着长长尾音的叫卖声。安徽望江县历史上就是“货郎”大县，因为地处长江边，自然灾害频繁，所以农村很穷。每到农闲时，一些在城里有关系的农民就千方百计地从百货批发公司批发一些小商品，用这些小商品与农户的一些农副产品进行交换，赚取“批、零”差价，以此作为养家糊口的资本。最多时，这个群体在全县达两三万人。他们以种田为主，农忙时都在生产队干活，只有农闲时才出门做买卖，而且这种买卖都是在生产队不知情的情况下进行的，也是在不影响生产队集体劳动的前提下发生的。他们的职业、身份都没有改变，但是他们的双脚不断地奔波于城乡之间，是农民中最早感受城市商品经济和城乡差别的群体。他们依然属于农村这块土地，但是他们的劳动力部分地由自己做主，通过做农闲时的“临时工”，为生活和种族的繁衍“加点料”，他们属于“副业型”的早期“隐形”农民工。

在生存需求和种族繁衍的原始杠杆的撬动下，早期的农民工披上了“隐形”的外衣，无声地冲击着城乡二元结构的壁垒。

1978

1991

第二章 流动前提与“双轮”驱动

新中国成立后的第一次城镇化进程，随着“一化三改”（“一化”是指逐步实现国家的社会主义工业化；“三改”是指逐步实现国家对农业、手工业、资本主义工商业的社会主义改造）的完成、生产关系的“大跃进”以及以户籍制度为核心的城乡二元结构制度安排戛然而止。

然而，工业化、城镇化是一个不可阻挡的大趋势。怎样才能确保制度安排与这个发展的大趋势相适应、相一致，从而减少或排除其滞缓效应、发挥其推动效应？最根本的还是要以解放思想为前提。

1978 年 5 月 10 日，《光明日报》发表了《实践是检验真理的唯一标准》的文章，由此拉开了新中国成立后的首次思想解放大幕。邓小平同志指出，“思想解放是当前的一个重大政治问题”“一个党，一个国家，一个民族，如果一切从本本出发，思想僵化，迷信盛行，那它就不能前进，它的生机就停止了，就要亡党亡国”。解放思想就是要从“左”的禁锢中解放出来，回归实事求是的思想路线，研究新情况，解决新问题。

在历经“文化大革命”浩劫之后，这场思想解放对人们反思极“左”的制度安排，反思生产关系冒进对生产力的破坏作用，反思生产力发展的客观规律，都起着极大的推动作用。正是在这场思想解放运动的推动下，全党工作重心实现了转移，在思想上、政治上、组织上实现了拨乱反正，为中国的改革开放创造了思想理论基础。同时，也正是在这场思想解放运动的推动下，从中央到地方都开始审视农村生产关系的制度安排，“领导群众治穷是共产党的天职”。因为有了这样的思想理论和社会环境，才有了后来家庭联产承包责任制的产生和推广，才有了在农业劳动生产率提高基础上的农民工流动条件的形成。

农业内部经济结构的调整和以特区为代表的对外开放格局的形成，是农民工形成的“两个轮子”。

从 1978 年至 1983 年，由农业内部经济结构调整所形成的乡镇企业对农村富余劳动力的吸纳效应开始显现，“离土不离乡、进厂不进城”，就地就近转移的农民工成为中国第二次工业化前奏的一大特色。与此同时，随着“经济特区”的出现，催生了少数“离土又离乡、进厂又进城”的农民工，只是因为数量不多，流向不广，所以并未引起人们的关注。但无论如何，现代意义上的中国农民工诞生了。农民工现象的产生是这一时期主要的社会特征。

第 一 节

农民工形成的社会条件

在中国国家博物馆里，有一份特殊的藏品——印有 18 个红手印的协议书。

这件国家一级文物是由中国农村改革第一村——安徽省凤阳县小岗村的农民们亲手创造的。

这18位农民在饥饿的逼迫下于1978年偷偷签署了大包干协议，开始以私人方式开发种植土地。这项秘密协议规定，18位农民各自得到部分土地，自由选择种植作物，“交足国家的，留够集体的，剩下都是自己的”，如果队长因此犯法坐牢，他家的活儿由全队包下来，他家孩子由全队养到18岁。

小岗村人是勇敢的，也是幸运的。因为他们的行为产生在思想解放的大背景下，并得到了邓小平同志的支持和倡导，大包干才没有夭折，没有以悲剧收场。

小岗村的做法是有必然性的。当时，队里的集体经济财产只剩下3间草屋、1头耕牛、1张耙、1架犁了，一个劳动力辛苦一年才收入18元2角多钱。小岗村在“大跃进”中饿死60人，死绝6户。到1977年年底，小岗村不论大户小户，户户外流；不论男人女人，只要能走路的都讨过饭。全队近20户人家有11户的门是用高粱秸扎的。

旧体制导致的低下劳动率所带来的生存压力，成了小岗村农民进行家庭联产承包的最原始冲动，同时也是如今的农民工最原始的冲动。即便没有小岗村，也会有张家村、李家村的承包出现，实践证明了这一点。

实际上，早在小岗村18位农民按下血手印之前的两年，重庆市荣昌县清升镇楠木沟村就已包产到户，搞单干的生产队队长李万玉挨了批斗，被摘掉了队长的乌纱帽。今天，在荣昌县档案馆仍然可见尘封了40多年的三件档案。

第一件档案是荣昌县清升人民公社委员会写给双河区委的报告，要求撤销清升人民公社九大队一生产队李万玉的队长职务，并开大会批判。报告说，李万玉任生产队队长以来，资本主义思想泛滥，“尤其严重的是，除于1975年扩大自留地损失集体土地外，又于1976年秋季多次召集大小会议，提出私划土地，计私划土地44.059亩”。

第二件档案是双河区委会会议记录：“清升人民公社九大队一生产队队长李万玉，长期搞单干活动，公社意见是批判后撤职。经区委研究，批判撤职。”

第三件档案是双河区委随后对此的专门行文：双河区委关于撤销李万玉队长职务并交大会批判报告的批复。

据当时的生产队队长李万玉回忆，当时队委会多次密谋包产到户，大家没有不赞成的，“大家都说不怕，反正要吃饭”。[2]

尽管楠木沟村的包产到户实验不幸被地方领导阻挠，最终夭折，但是小岗村的包产到户却波及全国，其历史地位和对中国现当代史的影响不可替代。从楠木沟村到小岗村，充分说明，包产到户不是一种偶然，而是一种必然趋势，是当时农民一种普遍而迫切的要求。正是在这种历史大背景下，小岗村的试验才最终点燃了中国农村改革的导火索。

事实上，由生存压力而形成的原始冲动，在以农业为主的社会结构中，是农民一切行为的动力源。当这种原始冲动对社会形成巨大压力时，倘若统治阶级采取对立的压制措施，就难免会在撞击与反射中爆发出革命的火花。

翻开中国历史不难发现，从陈胜、吴广的大泽乡起义到黄中、张角起义，从方腊起义到李自成、张献忠起义，无一不是这种撞击与反射的结果，而且历朝历代都基本上遵循以农民起义始、由农民起义终的历史轮回。

中国共产党之所以能够走出历史轮回，就在于确立了全心全意为人民服务的宗旨和一切为了群众、一切依靠群众、尊重群众首创精神的群众路线。当小岗村村民因生存压力而形成“分田承包单干”的原始冲动时，党的领导人洞察历史潮流，因势利导，使包产到户成为党的一项政策。从 1979 年开始到 1982 年第一个“三农”问题的中央 1 号文件，“包产到户”有了社会主义的正式户口，并迅即在全国推广，由此掀起了中国历史上规模最大、历时最长、触角最深的当代改革大潮。

正是包产到户的政策和农村改革的杠杆，最终撬动了农民工的“魔方”。

包产到户政策最深远的影响，在于从体制上实现了农民自身的解放。每个

2　朱明跃，周时开．荣昌县档案揭秘：楠木沟包产到户早于小岗村 [N]．重庆晚报，2005-5-13.

农民都能做自己的主，在“交够国家和集体的”之后，成为自由劳动者，可以自由支配自己的劳动力，与城市的个体户没有什么两样。他们的劳动积极性得以调动，潜能得以发挥。自由劳动者的产生和形成，恰恰是工业化、城镇化、现代化所必备的条件之一。

包产到户政策使农民与赖以生存的土地直接结合，利用经济杠杆推动着农民积极性、主动性和创造性的迸发，促进了农业劳动生产率的提高和农村经济的发展。毫无疑问，这正是数以亿计的农民工形成的社会前提和经济基础。

实践是最好的导师。农业劳动生产率的提高无情地揭穿了“社会主义没有过剩人口”的谎言，逼使“理论家”们从本本中走出来，重新思考当代的政治经济学。农业劳动生产率的提高同时又揭示了一个严峻的现实：有限的耕地远远不能吸纳众多的农业劳动力，在工农业产品存在巨大价格“剪刀差”的情况下，占总人口 80% 的农民即便在实行家庭联产承包责任制的情况下，也只能解决温饱问题。由此开始，部分富余的农村劳动力向何处去就成了一个重大的社会问题。

第 二 节
“离土不离乡”与早期农民工的形成

一方面是土地承包经营责任制（即家庭联产承包责任制）的实施导致大量农村剩余劳动力亟须寻找出路；另一方面是严格的城乡二元治理结构和苛刻的限制转移条款，农民的出路何在？

中国的农民特别能吃苦、特别能忍耐，中华民族吃苦耐劳的精神在他们身上体现得最充分。但不可否认的是，中国的农民不仅能吃苦，还特别有智慧，改善生活的原始冲动激发了他们的创造性。

从旧体制的束缚下解放出来以后，农民中的一些能工巧匠充分发挥自身的特长，开始向农业内部的种植业和养殖业专业化发展，突出一业，重点经营。1980 年，专业户在我国少数农村地区开始出现，发展迅猛。据当时的农牧渔业部统计，全国农村专业户到 1983 年年底已达到农户总数的 13.6%。这些专业户成为当地农村商品生产的主力军。

专业户的发展带动了专业村，而专业村的发展又进一步带动了农村的专业市场。这一时期，江苏吴江县金光村恢复传统的棕绳加工技艺，全村成了棕绳专业村；吴江县芦墟乡城司、高树等村，利用自然优势和特殊条件，组织发展水上运输，成了运输专业村；山东聊城县三元大队利用本地盛产苇子的资源，编织苇箔，全村 354 户就有 231 户从事编织加工；安徽省舒城县孔集乡发挥竹子资源优势，80% 的农户家庭都编织竹制品，成了名副其实的竹制品专业村。

专业村的发展是商品专业化的一种体现，有利于安置剩余劳动力。同时，由于专业村商品生产的发展容易形成一个个小商品集散地，因而催生了各种规模的专业市场。

这一时期，浙江省温州市农村的“十大专业市场”就是其中的典型。当时，这个地区的 189 万农业劳动力中就有近 100 万剩余劳动力。随着专业村和专业化市场的发展，经济结构和劳动力结构发生了很大的变化，家庭式的工厂作坊星罗棋布，不仅吸纳了本地的富余劳动力，而且开始面向社会招收其他地区的农村富余人员。苍南县金乡镇是一个有 3000 多户家庭的小镇，开始只有少数人搞铝制校徽、塑料饭菜票之类的小产品，到了 1983 年，已成为生产和经营铝制标牌、塑片产品和红膜证卡等七八百种产品、年产值 1500 万元以上的“三小”商品产销基地。

“大包干”即家庭联产承包责任制的实行，在提高农业劳动生产率的同时，也把农村剩余劳动力从土地上解放出来。这些农村剩余劳动力把自身的特长与村、队、公社的资源相结合，在专业村、专业户的基础上，创办了一大批村办企业、队办企业和社办企业，“社队企业”自此登上了历史舞台。1980 年 1 月，农业部在湖南长沙召开社队企业经营管理座谈会，会议透露当时全国社队企业已发展到150多万个，社队企业年产值占公社经济收入的1/3，在社队企业工作的人达2000多万人。这是继家庭联产承包责任制后中国农民的又一伟大创造。同时，这也成为农民向城市转移的第一个平台，最早的农民工就是从这里开始向城镇化迈进的。

之所以说这是又一个伟大创造，是因为这些小企业最早运用市场机制，自下而上创办，既有别于以前批项目、批投资，自上而下的办企业的计划体制，又因为没有从根本上动摇城乡二元结构，进厂工作的人仍保留着农民的身份和户籍，从而得到了当时体制的包容。

农民在保留土地的前提下进社队企业工作，“上班三班倒，种田早中晚”，这种就地转移、“离土不离乡，进厂不进城”的模式，有别于西方发达国家工业化进程中农民集中向大城市转移的模式，被看作是消灭城乡差别，解决城市病的有益探索。

实际上，进了社队企业的农民，拿的是工资，职业是工人，跟普通“上班族”无异。但因为他们的农民身份不能变，所以才有了最早的“农民工”的称谓。

尽管社队企业的兴起与农民就地转移对推动农村经济发展和农村的城镇化有着积极的意义，但脆弱的农村经济既无法吸收大量的富余劳动力，也不能在真正意义上推进农村的城镇化。因此，在这种经济模式下，全国意义上的“农民工”阶层仍未形成。

第 三 节

“特区”体制与农民工走上历史舞台

如果说家庭联产承包责任制的实行从体制上解放了农业生产力，由此催生了农业内部经济结构的变化，加快了与农业相关的生产的社会化分工，加速了社队企业的发展，那么，经济特区体制的确立，则从制度上改变了中国通过“自力更生”实现工业化的路径，启动了新中国成立以来第二次工业化的进程。它在拉开对外开放序幕的同时，也产生了真正意义上的当代农民工，并由此开始了漫长的城镇化的进程。

1978 年注定要在中国改革开放的历史上留下浓墨重彩的一笔。在“实践是检验真理的唯一标准”的全国性大讨论中，一场思想解放运动悄然展开。人们开始审视现行的一些制度安排，把目光投向国门之外，从中外对比的角度和世界发展中的中国这个大视野中反思中国的发展模式。

1978 年，中国高层领导人掀起了一股出国考察热潮，13 位副总理和全国人大常委会副委员长以上级别的领导人，先后 20 次访问了数十个国家。国家领导人的频繁出访，预示着一场巨大的变革正在悄然酝酿。在国内，正在进行拨乱反正；在国际关系上，1978 年 12 月 16 日，中美两国同时发表联合公报，宣布从 1979 年 1 月 1 日起建立正式外交关系，并形成“中美苏”的“大三角”。这使中国一改过去与西方世界敌视对立的态度，显示出向先进发达国家学习的姿态。

1978 年，曾经和中国内地一样贫穷落后的中国台湾地区、香港地区以及新加坡和韩国，通过抓住世界市场调整的机会，一跃成为“亚洲四小龙”，人均收入达到或超过 1 万美元，进入了“新兴工业国家（地区）”的行列。1960 年还和中国国内生产总值基本相等的日本，此时不仅愈合了战争的创伤，其国内生产总值已相当于中国的 4 倍，经济实力直逼苏联，欲成为全球第二大经济体。

1978 年的中国，仍旧有 2 亿以上的农民生活在温饱线以下。深圳市的前身宝安县的工农业总产值还不到 1.8 亿元，人均收入只有 537 元，比同期全国人均收入 585 元还低 48 元。深圳河北岸的罗芳村，人均收入只有 513 元，而几百米之外的香港较寮村人均收入已高达 7.8 万港元，如果按人民币与港币 1∶1 换算，差距已达数十倍。于是，在宝安县毗邻香港的地方，偷渡成风，1978 年就有 17456 人“偷渡到香港”，高高的边界铁丝网也阻挡不了这股“偷渡潮”。

强烈的对比使全国上下开始反思，中国该何去何从？传统的体制已明显走入了死胡同：计划经济被等同于社会主义，但实际上已成为“僵化经济”；市场经济这一资源配置的有效手段被等同于资本主义，被视为“洪水猛兽”；关起门来搞建设虽然避免了受“帝国主义”剥削，但我们也因此没能赶上世界经济和科技发展的大潮。20世纪中叶后，信息和交通技术的发展极大地缩短了空间距离，世界越来越成为一个互相依赖的整体，在那个时代，如果再坚持闭关锁国的政策就是自甘落后。

穷则思变，改革旧体制已势在必行。就如邓小平所说，中国的发展离不开世界。

如果说农村的改革是从安徽的小岗村取得突破，在中央领导的支持下变成一种制度安排，并逐步在全国推进的话，那么，对外开放体制的建立和突破则开始于一家陷入困境的驻港公司——香港招商局。

香港招商局由李鸿章创办于1872年，是中国最早最大的轮船航运企业的一个分支机构，抗日战争期间迁至香港，后成为新中国交通部驻港的商业机构。但是，新中国成立后长期的对外封闭，使驻港的中资机构长期处于停滞状态。

时任香港招商局董事局常务副董事长袁庚认为，如果把毗邻香港的广东的土地和劳力与香港和国外的资金、技术、图纸、资料、专利及全套设备结合起来，就会同时拥有内地和香港两方面的有利因素。于是，他主动找到广东省委交换意见。

当时的广东，经济上正陷于困境。有人曾这样描述当时的广东——四季常青没菜吃，海岸线长没鱼吃。20世纪50年代和江苏、浙江等省经济水平持平的广东，此时已落后一大截。正急于寻找出路的广东省委，很快就联合交通部向国务院上交了报告。

1979年元旦刚过，一份由广东省委和交通部联合呈送的报告就递到了时任中共中央副主席、主管经济工作的国务院副总理李先念的手中。报告提出要在靠近香港的蛇口兴建一些船坞、码头和工业企业，利用国内价格较低廉的土

1978 地和劳动力，引进国外的资金和技术，把两者结合起来建立工业区。

1979 年 1 月 31 日，李先念批示“同意”。就这样，“香港招商局蛇口工业区”便先于深圳特区成立了。当年夏季，在香港招商局的主持下，蛇口工业区的大规模开发全面展开，仅用了 21 个月的时间，就把 2.14 平方公里工业区内的基础工程和公用设施建造完成了。他们边建设边引进项目，从境外引进了 14 个工业项目，兴办了 23 家企业，一批先进的技术和设备陆续被引进，国外的先进管理经验亦被大胆移植或借鉴。“蛇口模式”在中国的经济舞台闪亮登场，成为深圳经济特区的开路先锋。

1991 事实上，“蛇口模式”也就是后来“深圳模式”的雏形。它的主要内容有：工业区精简机构，减少层次，因事设人，不搞上下对口；实行严格的经理负责制，企业定岗位、定成本、定利润；干部不划级别，根据需要和能力重新聘用，废除干部职务终身制，群众信任投票不够票数自然淘汰；允许员工和人才合理流动，工厂可以解雇工人，工人也可以辞职，实行岗位工资制等。

在只有 2.14 平方公里的土地上，“蛇口模式”拉开了新中国成立后第二次工业化和城镇化的进程：昔日的荒坡变成了工业园区，当地的农民“穿鞋进厂”变成了工人，就地转移的农民满足不了工厂发展的需要，跨区域招收工人带动了劳动力的区域流动。

“蛇口模式”使真正意义上的农民工从此走上了历史舞台。工厂的工人能进能出、双向流动。当时传统国有企业的职工不愿意进这样的新型经济体，异地招收的农村年轻劳动力虽然户口仍在农村，却不影响他们进特区打工，成为一名工人。相对于当时贫困的农村，每月打工的几十元工资已是不菲的收入，解决温饱不成问题。这对大量的农村富余劳动力来说，具有巨大的吸引力。很快，大量劳动力向蛇口集中，这块只有 2.14 平方公里的土地，几年之内就吸纳了 3 万多人。

这些从农村土地上转移出来的富余劳动力在成为新中国成立后第二次工业化推手的同时，也给自己创造了一个新的身份——农民工，即以农民的户口在工厂从事工人的工作。他们论职业是工人，论身份（户口作为身份的标志）是农民。传统身份与所从事的职业相结合，让这些劳动者成了一个工农兼顾、城乡流动的新群体。这个群体的产生是自发的，从一开始它就不是一种制度的自觉安排。但这个群体的产生又是必然的，当户籍管理制度、家庭联产承包责任制与中国的工业化和城镇化进程产生碰撞时，它是制度矛盾的必然结果。这个群体是微弱的，一开始并未引起多少人的关注，其数量相对于农民和城市传统体制下的工人来说，显得微不足道，声音连工厂的围墙都穿不透。但这个群体又是巨大的，它的产生和发展冲击着整个社会的城乡二元结构，当这个群体中的每个个体发出的声音形成共鸣时，足以振聋发聩。

1979 年 7 月 15 日，中共中央发出 50 号文件，决定在广东的深圳、珠海、汕头和福建的厦门，划出部分地区试办“出口特区”，以吸引外资。在当年 12 月召开的“京西会议”（国务院召开的第一次特区筹建专题汇报会）上，“出口特区”被改为“经济特区”。1980 年 8 月 26 日，第五届全国人大常委会第 15 次会议批准了《广东省经济特区条例》，深圳经济特区正式诞生。

深圳经济特区参照“蛇口模式”，在 327.5 平方公里的土地上，通过在计划体制、外汇体制、金融体制、物资制度、工资制度等方面采取“灵活措施”，创造了自由的活动空间；通过来料加工、补偿贸易、合资经营、合作经营、独资经营、租赁经营等形式，吸引了大量外资；通过收取土地使用费、级差地租、合作盖房、房产补偿贸易等“点土成金”，加强了城市建设；通过在农村招收剩余劳动力，解决了人力资本问题。

到 1983 年年底，已有 15 万外来农民工涌入深圳，这里变成了创业的热土，产生了“深圳速度”“深圳效率”“时间就是金钱，效率就是生命”等理念和实践，“深圳模式”很快传遍全国。中国的工业化和城镇化进程与农民工的产生和发展就这样交织在一起，从 2.14 平方公里扩大到 327.5 平方公里，再拓展到 960 万平方公里。当代意义上的中国工业化、城镇化从这里起步，当代中国的农民工从这里走上历史舞台。

1978

1991

第三章 城门开启与新阶层诞生

中国共产党领导的新民主主义革命，以“农村包围城市”的路线，成功夺取政权。中国的工业化、城镇化进程也发端于农村：以体制改革提高农业劳动生产率，推动农业经济结构调整，产生和吸纳大量剩余劳动力；农民以自己做主的“自由之身”与集体的生产资料相结合，从事与农业相关的加工工业，成为这块土地上的工人，但他们依然与土地保持着紧密的联系——拥有一小块联产承包的责任田，依然保持着农民的身份——不可改变的户籍管理制度。他们在无意中已经启动了工业化的进程，加入了工业化的行列，但他们的身份与城镇化仍然隔着一道深深的鸿沟。这种职业与身份的裂变给他们带来了一个特殊的称谓——农民工。

1978

二元结构是发展中国家普遍存在的现象。但是，与一般的发展中国家不同，中国的城乡二元结构既是生产力不发达的结果，又与制度因素紧密关联——无论你走到哪里、干什么职业，因为户籍壁垒的存在，身份都很难改变。只有当国家的管理体制发生变革时，人为阻断城乡之间基于生产力发展的内在联系的因素才能逐步消失。20 世纪 80 年代初，随着国家计划管理体制的松动和改革，以及城市生活需求的变化，农民工成为联系城乡和“工农联盟”强有力的纽带。

1991

工业化、城镇化作为现代生产力发展的规律具有内在的必然性。工业化和城镇化离不开市场化和国际化，现代科技的发展大大改变了时空概念，“地球村”的各成员国既紧密联系又互相分工，从国际分工中获取效益。20 世纪 80 年代初正处于国际上第三次工业革命初期，国际分工所带来的产业转移的“第三次浪潮”猛烈拍击着中国的海岸线。随着国家工作重心的转移和党的基本路线的确立，实现农业、工业、国防和科学技术的“四个现代化”成为举国目标。“四个现代化”需要借助国际和国内两个市场、两种资源。于是，打开沿海 14 个城市的大门、承接国际产业资本转移的浪潮，让国际产业资本和国内的廉价劳动力在沿海城市首先结合。正是这样的国家意志，在带来产业资本转移潮的同时，也拉动了农村富余劳动力跨区域流动的“民工潮”。

1984 年至 1988 年，是新中国第二次工业化的启动期，是计划经济的转型期，是城市经济体制改革的探索期和对外开放的扩展期。这样的“四期叠加”，对农村富余劳动力的转移形成了拉动效应。

1984 年至 1988 年，家庭联产承包责任制的实行带来了农业生产率的提高。农产品统派购任务的取消以及“农民可以自理口粮进城”政策的提出，促使农村富余劳动力中的一部分在就地转移的基础上，进工厂、进商场、进特区、进城市，开始了一场跨区域的大迁徙。

1984 年至 1988 年，跨区域流动成了农民工的最大特点，农民工阶层的形成成为这个阶段最主要的社会特征。

第一节

一道城门缝与一片艳阳天

举国体制下，国家意志决定体制，体制影响着生产力的发展。当国家意志“以阶级斗争”为纲时，生产关系的体制就以斗争人、制约人、管束人为目标，生产力的发展必然受到极大制约；当国家意志“以经济建设为中心”时，生产关系的体制就以解放人、激励人、发展人为目标，就会极大地推动生产力的发展。20世纪80年代初，党和国家围绕经济建设这个中心，在工业化、城镇化等方面实行了一系列的改革举措，在催生经济结构变化的同时，也为农民进城打开了“一道门缝”。

1984年，中共中央1号文件明确提出，“各省、自治区、直辖市可选若干集镇进行试点，允许务工、经商、办服务业的农民自理口粮到集镇落户”。同年10月，国务院在《关于农民进入集镇落户问题的通知》中进一步提出，凡申请到集镇务工、经商、办服务业的农民和家属，在集镇有固定住所，有经营能力，或在乡镇企事业单位长期务工的，公安部门应准予落常住户口，及时办理入户手续，发给《自理口粮户口簿》，统计为非农业人口。这一年，以中共中央或国务院名义颁发的“三农”问题的文件就有四份，将社队企业改名为乡镇企业就是在中共中央、国务院转发农牧渔业部《关于开创社队企业新局面的报告》中正式提出的，“乡镇企业”也在这一年登台亮相，并由此开始了10年的黄金发展期。同年年底，国务院召开全国农村工作会议，进一步提出要打破“农村等于农业”的传统观念，建立科学的多层次的农村产业结构。

1985年，《关于进一步活跃农村经济的10项政策》作为中共中央1号文件发布，内容包括：改革农产品统派购制度；大力帮助农村调整产业结构；进一步放宽山区、林区政策；积极兴办交通事业，实行民工建勤、民办公助的办法；对乡镇企业实行信贷、税收优惠，鼓励农民发展采矿和其他开发性事业；鼓励技术转移和人才流动；放活农村金融政策，提高资金的融通效益；按照自愿互利原则和商品经济要求，积极发展和完善农村合作制；进一步扩大城乡经济交往，加强对小城镇建设的指导；发展对外经济、技术交流。这一文件的发布，标志着农村以改革农产品统派购制度和调整农业产业结构为主要内容的第二次改革的开始。

如果说以家庭联产承包责任制为核心的第一次农村改革带来了农业劳动生产率的提高和农民的解放，那么，第二次农村改革则带来了农村剩余劳动力在农业结构调整中的重新分布，同时，也为农民进城打工创造了最基本的生存条件。

允许农民工自理口粮进城，这是新中国成立以来城乡二元结构壁垒首次在政策上出现松动。农民中的佼佼者正是借着这道“晨曦”，开始冲击城市服务业的大门。

最早与城市联系在一起的农民工当属“修鞋族”“缝衣族”“弹棉花族”“保姆族”和“卖菜族”。城市居民的生活需要和生活方式的转变给农民进城带来了巨大的拉力，农业劳动生产率的提高和对改善生活的向往为农民进城提供了巨大的推力，粮油统一派购制度的取消给农民进城提供了生活基础，三方面共同作用的结果，使农村中掌握一些技能的能工巧匠硬生生地把城市的大门挤出“一道缝”来。他们成为改革开放之后真正意义上的农民工，在改变自身生活方式和劳动方式的同时，也在改变历史。

20 世纪 80 年代初，《人民日报》有一则报道称，在北方“有山必有城，有城必有江浙人”，主要是指散布于北方城市的修鞋、擦鞋、弹棉花和缝补衣服的江浙农民。这些人利用自己的一技之长和吃苦耐劳精神，不畏世俗，走南闯北，活跃于城市的大街小巷。

与江浙人较为开放的观念不同，发端于安徽的“保姆族”主要是在贫困的压力下，由老乡关系而逐渐形成的。乡里的农村女劳动力农忙时干农活儿，农闲时则无所事事。而城里一些当干部的老乡或双职工则因工作而无法顾及家庭，双方互有需求。于是，同事介绍给同事，老乡介绍给老乡，保姆一族的规模越来越大。虽然这些人到城市只是为了改善家庭生活，但客观上对安徽农村劳动力的外流产生了积极影响：妇女进城当保姆，家属或亲戚便跟着进城卖菜。当前，活跃于北京各菜市场里的“卖菜一族”，相当一部分最早就是在保姆的影响和带动下，从安徽农村过来的。他们携家带口，奔走于北京的大街小巷，甚至栖居在街头巷尾的公共厕所里。虽然与都市文明不太协调，但这种都市文明所离不开的“寄生现象”，就像猛兽身上寄生的小动物一样，本身就是保持肌体健康的重要环节。

如果说，“保姆族”和“卖菜族”缘于老乡这个纽带滚动而成的话，那么，扬州的“搓澡工”和“修脚工”则是凭借“一条毛巾”“一把修脚刀”闯天下。当时城市里并没有“洗浴中心”，但公共澡堂和一些大的企事业单位的澡堂比较多，这些地方成为这些“能工巧匠”谋生的场所。

现在已经找不到1984年进入城市服务业的农民工的准确数据，但从当年媒体的报道中仍然可见一斑——“温州10万鞋匠和弹棉花郎走全国”“安徽10万保姆进京城”“江西10万斗笠闯天下”……这些散落在全国各大中小城市服务业的农民工人数虽少，却正在汇聚成涓涓细流。当这股细流与工业化所带来的民工潮相交汇时，就变成了一股洪流。在这股洪流的冲击下，城市的大门再也无法关上。

如果说1984年城市服务业的大门已经为农民进城开启了一道门缝的话，那么，推动农民发展多种经营、促进农村产业结构调整、延伸与农产品相关的产业链条、大力发展乡镇企业更为农村劳动力的就地转移带来了一片“艳阳天”。

“苏南模式”

在中国工业化和城镇化进程中，乡镇企业在初始阶段的作用是不可替代的。整个20世纪80年代，乡镇企业在全国各地如雨后春笋般不断涌现，农村

1978 剩余劳动力与乡镇所拥有的资源相结合，农民“离土不离乡、进厂不进城”。这方面的典型莫过于“苏南模式”。

苏南是指江苏南部的苏州、无锡、常州三市所辖的地区。“苏南模式”是费孝通先生于 1983 年首次提出的，通常是指苏州、无锡、常州通过发展乡镇企业实现非农化发展的方式。其主要特征有：农民依靠自己的力量发展乡镇企业；乡镇企业的所有制结构以集体经济为主；乡镇政府主导乡镇企业的发展；农民就地转移“离土不离乡”；以市场调节为主要手段。它走的是一条先工业化、再市场化和城镇化的发展路径。

1991 “苏南模式”得以形成和快速发展，是多种因素交织的结果。苏南地区素有家庭手工业传统，加之受近代工业文明的影响，农民的商品意识较强，这是乡镇企业发展的社会基础。苏南地区人口稠密，耕地有限，农业劳动力过剩达 50% 以上，大量剩余劳动力需要转移构成苏南较早兴办乡镇企业的内在动因。苏南地区处集镇密集地区，离上海较近，受城市经济的辐射较强，交通运输便利，得发展乡镇企业地利之便。改革开放初期，上海大量技术工人节假日到苏州、无锡等地旅游，给苏南地区带来了信息、技术和管理经验，有些技术工人开始利用节假日在苏南地区从事“第二职业”，使发展乡镇企业享有人和之利。苏南地区采取以乡镇政府为主组织资源调配的方式，由政府出面组织土地、资本和劳动力等生产资料，出资办企业，并由政府指派人来担任企业负责人，组织方式得行政资源之长，具有速度快、成本低等优势。这些独特的因素与发展农村商品经济、调整农业产业结构的国家意志相结合，就得天时之机。尤其是在体现国家意志的“搞活农村经济十项政策”的大环境下，苏南地区很快跨越资本原始积累阶段，在全国领先发展了乡镇企业。

1985 年，苏南地区乡、村工业的产值达 220.5 亿元，占江苏省的 57.6%，比 1980 年增长了近 4 倍。这一年，无锡、武进、江阴、常熟、沙州各县（市）的乡镇工业产值都在 12 亿元以上，俗称“苏南五霸”。苏南地区乡镇工业的发展，也推动了苏南农村的城镇化建设。1982 年第三次人口普查时，苏州、无锡、常州共有集镇491个，到1985年就发展到500多个。与此同时，城镇的规模也在不断扩大，苏州全市159个小城镇的镇区面积，从20世纪80年代初的70平方公里扩大到1985年的97平方公里，新增建筑面积大幅增加，配套设施也大有改善。

工业化进程的加速，也大大加快了农村剩余劳动力就地转移的速度。

当时的苏南地区，乡村到处都是基建的工地，一排排厂房矗立地头。清晨，大批自行车冲出农舍，穿越小路，会集到省道，浩浩荡荡地向厂区进发，集中上工的农民工队伍络绎不绝。毛纺的宽敞厂房里，上千个锭子在飞速旋转，还建有隔音、恒温并装备有微机的质量检验室。在这里，农村剩余劳动力向工业的转移是以早出晚归的“钟摆式”方式进行的，并非举家迁移。常州市武进县洛阳镇6500多个劳动人口中，亦工亦农者所占比重就超过70%。所谓“离土不离乡，进厂不进城”，说的就是这种情况。

为了适应这种“钟摆式”的流动，苏南小城镇普遍铺设了便利自行车行驶的乡间水泥路，虽然不宽却很方便，工厂也因此少建了不少职工宿舍。类似的情况在苏州和无锡也比较普遍。工业化、城镇化与农村剩余劳动力的转移在苏南这片热土上，正同步推进。到1984年年底，总人口不到百万的无锡县，乡镇企业吸纳的就地转移劳动力就达10多万人。1985年年底，仅苏州、无锡、常州三市的乡、镇工业企业就有32541户，乡镇企业职工就达220多万人，产值超亿元的镇就有73个，基本完成了当地农村剩余劳动力的就地转移。

“温州模式”

与“苏南模式”不同，浙江东南部的温州地区是以家庭工业和专业化市场的方式发展非农产业，从而形成“小商品、大市场”的发展格局，在改革开放之初就以“温州模式”享誉全国。

改革开放前，温州的情况基本是“三少一差”：可利用的自然资源少，除了矾矿，没有更多可开发利用的自然资源；人均耕地少，不到半亩；国家投资少，从新中国成立到1978年，国家对温州累计投资只有5.95亿元；交通条件差，当时没有机场和铁路，只有一条通往上海的水路和一条路况很差的 104 国道与外界相接。

人多地少的矛盾，迫使大量剩余劳动力向非农的第二、第三产业转移，通过发展非农产业来解决温饱、走向富裕，这是“温州模式”形成的内在动因。交通不便，集体经济发展缓慢，难以接收城市工业辐射，迫使温州人以家庭和联户手工业为主，以生产技术简单的小型商品为主，缓慢地向工业化迈进，这是“温州模式”形成的社会基础。温州人历史上就有手工业和经商的传统，并有自己独特的商品流通信息网络，这是“温州模式”形成的前提条件。家庭联产承包责任制、取消粮食统派购、发展农村多种经营等农业体制改革的“三步曲”，解开了束缚农民手脚的绳索。温州的老百姓“把脸皮撕下来放在家里，人到外面去做生意；干部把乌纱帽放在办公室里，人到下面领着百姓去办厂子”，这是“温州模式”形成的关键所在。

所谓“温州模式”，就是以民本经济为本质，以市场经济为精髓，以实体经济为基础，经济形式家庭化，经营方式专业化（家庭生产过程中有工艺分工、产品门类分工和区域分工），专业生产系列化，生产要素市场化，服务环节社会化，企业民办、民营、民有、民享，坚持“民”字号的改革，展示“民”字号的活力。

当体现国家意志的管理体制和政策与民生需求和民本经济相结合时，必然会对工业化、城镇化和市场化产生巨大的推力，从而对农村剩余劳动力的转移形成巨大的拉力。

1984 年，温州永嘉县桥头镇有数千人从事纽扣行业，更带动相邻的青田县 1 万多人从事纽扣推销工作。当年，桥头镇销售的纽扣共计 50 多亿粒，相当于当时全国人均 5 粒。1500 多个品种，888 个市场摊位，一年营业额超过了 7000 万元大关，使桥头镇享有“东方纽扣城”之誉，被港台媒体和外媒称为“东方的布鲁塞尔”。与此同时，整个温州 13 万个专业个体户形成了桥头的纽扣、宜山的再生纺织品、柳市的低压电器等 10 多个专业市场，农村剩余劳动力的转移基本完成。

1984 年，温州市苍南县龙港镇集资兴建了中国第一座农民城——龙港农民城。这是新中国成立之后除特区之外第一个运用级差地租和土地有偿使用推进的农村城镇化。同年 8 月，龙港镇政府颁布了《关于在龙港镇建房有偿使用土地收费标准的规定》，其中规定了包括企业、事业单位、农民个人等用地要缴纳造地费、征地费、赔青赔苗费、劳力安置费等具体内容。在短短一年的时间里，龙港镇就建成了 100 多万平方米的新屋，人口猛增至 3 万多人，地区面积达 4.26 平方公里，人称“小温州”和“浙江的深圳”。

1984 年，由早期“弹棉郎”“修鞋郎”“缝衣郎”转化而来的 30 多万名浙江籍经销员奔波于全国各地，成为让国营企业头疼不已的农民经销“蝗虫大军”。这些就地转移的农民既是早期农民工的一部分，也是最早感受和接触市场的群体，这为他们日后进一步从农民工转变为农民企业家打下基础。

1986 年，“温州模式”的魅力已经彰显无遗——

这里没有苏南乡镇企业那样一排排高大的厂房，有的是一排排的店铺，而且基本上都是前店后厂的形式。

这里也不像“苏南模式”那样不同产业、不同行业在同一地域犬牙交错，而是一镇一品，相对集中，形成了真正意义上的“小商品、大市场”。

这里就地转移的农民工主要集中在城镇，城镇化进程快于工业化的进程，与 1984 年之前相比较，这里的城镇规模包括城镇人口的增长都超过了 50%，各小城镇的产品各具特色，而且面向全国，城镇规模在迅速扩张。

“深圳模式”

当然，回望改革开放之初中国的工业化、城镇化进程，尤其是农村剩余劳动力的转移效应，比“苏南模式”和“温州模式”更典型的，还是以“深圳模式”为龙头的珠三角地区。

与“苏南模式”和“温州模式”不同，珠江三角洲地区的工业化和城镇化过程呈现出“双轮驱动”的特征。一方面，乡镇企业蓬勃兴起，并由此带动农业劳动力向非农产业快速转移。到1986年年底，珠三角地区就有21万多家乡镇企业，从业人员达180多万人，农村劳动力转移到非农产业的人数约占农村全部劳动力的50%以上。佛山市1986年农村劳动力向非农产业转移的人数为34.5万人，1987年为40万人，1988年达到62.5万人，年递增速度为34.6%，佛山和东莞两市农村劳动力向非农产业转移的人数分别占农村劳动力总数的50%和60%。另一方面，随着对外开放步伐的加大，珠三角毗邻港、澳的优势得以发挥，在“深圳模式”效应的带动下，“三来一补”（即来料加工、来样来图加工、来件装配和中小型补偿贸易）企业快速发展，合资、合作经营和外商独资经营的企业不断增多，全省8.5万多家三资企业和“三来一补”企业，在推动本地农村剩余劳动力就地转移的同时，也吸收了大量的外来劳动力。1979年广东的流动务工人口数量为48万人，1986年增至129万人，1988年达到294万人，年递增率为22.3%。东莞市1982年使用外来劳动力为5.8万人，到1988年就达到了38万人，年递增速度为36.8%。

“资本潮”带动了“民工潮”。资本的来源不同，也决定了劳动关系性质的不同。“苏南模式”靠的是集体经济的行政资源和信贷手段来完成资本积累，因而它的农业劳动力转移基本上是行政分配式的，收入分配差距不大，劳动关系类似于国有企业，以“人本化”管理为主，劳动争议相对较少。“温州模式”靠的是民间资本的积累和运用，靠产品推动市场，劳动力转移靠工资杠杆，收入差距较大，劳动关系带有雇佣的性质。由于在初始阶段，个体工商户所雇佣的劳动力大多数是当地的亲朋好友和熟人，所以这种劳动关系既不同于完全的雇佣关系，也不同于传统意义上的计划经济时期企业的劳动关系，劳动争议带有一定的协商性质。“深圳模式”靠的是外来资本的推动，无论是三资企业还是“三来一补”企业，其劳动力的转移和吸收都是在市场规律的作用下，靠劳动力供求关系来调节，其劳动关系是完全意义上的雇佣关系，劳动争议成了资本和劳动博弈的表现形式。

这样，从20世纪80年代中期开始，随着特区的兴建和对外开放，中国的土地上就出现了两种不同性质的劳动关系，而且，随着时间的推移，雇佣关系成了劳动关系的主基调。当时，这种劳动关系带来了很多劳动争议，不少资本拥有者钻中国没有《劳动法》等法律的空子，欺负农民工还没有建立自己的工会组织，强迫农民工加班加点地工作。而且这些企业的劳动保护措施严重缺失，侵犯农民工的合法权益。但是，鉴于发展经济是第一要务、农村剩余劳动力转移的强大压力、资本的稀缺性和劳动力的充裕性，这种在雇佣劳动关系中侵犯农民工合法权益的问题并没有引起社会的足够关注，一定程度上成了企业在经济活动中的自然现象。人们最关心的仍是发展问题，最需要的是资本。资本成为发展经济、推动中国的工业化和城镇化以及农村剩余劳动力转移的必要条件。于是，进一步打开国门、扩大对外开放就成为大势所趋和政策上的必然选择。

第 二 节
一个开放带与一个新阶层

20 世纪 80 年代，以信息技术为代表的第三次工业革命的浪潮拍击着海岸。在以经济建设为中心的基本路线确立之后，中国的工业化、城镇化必须与市场化、国际化相衔接，通过参与国际分工来推动国内产业结构的调整和工业化、城镇化进程。

1984 年 3 月，中共中央书记处和国务院在北京联合召开了沿海部分城市座谈会，着重研究沿海部分港口城市如何进一步开放的问题。会议提出，要利用国内和国外两种资源，打开国内和国际两个市场，学会组织国内建设和发展对外经济关系两套本领。

1984 年 5 月 4 日，中共中央、国务院批转了《沿海部分城市座谈会纪要》，正式确定开放大连、秦皇岛、天津、烟台、青岛、连云港、南通、上海、宁波、温州、福州、广州、湛江和北海14个港口城市，再加上1980年确定的4个经济特区，沿海从北到南连成了一个我国对外开放的前沿地带。在政策措施方面，该纪要提出：放宽利用外资建设项目的审批权限，增加外汇使用额度和外汇贷款，积极支持利用外资、引进先进技术改造老企业，对中外合资、合作经营企业及外商独资企业给予若干优惠待遇，逐步兴办经济技术开发区，大力发展来料加工出口，加强基础设施建设等，通过这些政策措施，把积极利用国外资金、物资、技术、知识、人才等资源，扩展国际市场，同国内工业结构调整、企业技术改造和管理体制改革相结合，以此来促进全国的经济发展。

进一步开放14个沿海港口城市，使开放的浪潮涌向整个沿海地区，推动着中国经济向新台阶迈进，从而震撼了世界。国际舆论认为，“开放整个海岸，意味着实际开放半个中国”，这是“35年来采取的最大胆的行动”。

1984年，许多国家和地区的经济界人士纷纷到我国这14个沿海城市考察和洽谈。1984年这些城市签订的利用外资合同数目及协议金额，相当于此前五年的总和。

1984年，《中共中央关于经济体制改革的决定》公布，明确指出“闭关自守是不可能实现现代化的”“进一步开放沿海港口城市”“充分利用国内和国外两种资源，开拓国内和国外两个市场”。

1985年2月18日，中共中央、国务院发出通知，在长江三角洲、珠江三角洲和闽南厦漳泉三角地区开辟沿海经济开放区，逐步形成贸—工—农型的生产结构，围绕这一中心，合理调整农业结构，搞好技术升级和出口创汇，并加强同内地的经济联系，带动内地的经济发展。长江三角洲地区工业基础雄厚，因此便采取发展外向型工业，走引进提高、扩大出口创汇的路子，工业化成为它的明显优势；珠江三角洲地区毗邻港、澳，交通发达，农副产品丰盛，因此，该地区充分利用这些优势，加快农村商品生产和销售的步伐；闽南三角地区与台湾隔海相望，是著名的侨乡，因此，该地区以出口为导向，以拳头产品为中心，实行专业化分工协作生产，发挥食品加工业的显著优势。

1988年4月，经七届全国人大批准，海南成为我国第31个省，同时也成了中国最大的经济特区。1988年，国务院又决定将辽东半岛、胶东半岛等一些沿海市、县列入沿海经济开放区。至此，我国已形成了“经济特区—沿海开放城市—沿海经济开放区—内地”这样一个多层次、有重点、点面结合的对外开放格局，在沿海形成了包括2个直辖市、25个省辖市、67个县约1.5亿人口的32万平方公里的对外开放前沿地带。

开放的大潮拍击着中国绵延万里的海岸，很快在中华大地上产生了奇特的效应。

它解决了中国工业化初期急需的资金、技术和管理问题。到1988年，我国累计批准外商独资、中外合资及合作经营的企业16000家，投资金额达280多亿元，14个沿海开放城市引进技术改造项目5000余项，成交额34.5亿美元，推动了企业的技术改造、产品更新换代和结构的调整。

它促进了国内的经济结构调整，使“文革”之前就已形成的重—轻—农结构向以制造业和加工工业为主的结构转变，“中国制造”以此为契机开始走向世界舞台。截至1988年，我国已与近200个国家和地区建立了广泛的贸易联系，10年内对外贸易额从381亿美元增长到1154亿美元。

它推动了中国对外经济技术合作新局面的形成。到1988年年底，全国已有84家对外承包工程和劳务合作公司与125个国家和地区签订了7500多项承包工程和劳务合作合同，总金额达106亿美元。

它带动了中国经济的发展。西方学者认为，1988年中国沿海开放地区的实际经济水平已接近了“亚洲四小龙”的水平，开放带的“中国龙”起飞了。

开放的浪潮在带来国外资金、技术和管理的同时，也给国内的企业管理带来了巨大的冲击。在现代企业管理方面，国有企业在与外商投资企业的比较与竞争中，体制、机制问题暴露无遗。于是，国有企业改革问题被提上了重要议事日程。1986年7月，国务院发布《国营企业实行劳动合同制暂行规定》《国营企业招用工人暂行规定》等4个规定。其中，《国营企业招用工人暂行规定》

明确提出“企业招用工人，应当公布招工简章，符合条件的城镇待业人员和国家规定允许从农村招用的人员，均可报考”。同年 12 月，国务院发布《关于深化企业改革，增强企业活力的若干规定》，提出要从经营自主权、股份制试点、厂长（经理）负责制、减少指令性计划等方面进一步给企业“松绑”，增强企业特别是大中型企业的活力。

如果说 1978 年是思想解放年，1979 年是农村改革年，1984 年是对外开放年，那么 1986 年则是企业改革年。增强企业活力作为中心议题被摆在了全国人民面前，劳动制度改革受到了社会的广泛关注。继城门开启一道缝之后，国有企业的围墙也打开了一段栅栏，农民进入国有企业务工成为当时重大的体制突破。

资本不是施舍和慈善，那些当年“夹着尾巴逃跑了”的“帝国主义”今天又“夹着钱包回来了”，他们看中的是中国低成本的劳动力优势和政策上的优惠。外商投资企业的大量登陆，对农村剩余劳动力的转移形成了巨大的拉力；粮食安全问题的解决（1984 年我国首次出现农民卖粮难问题），为国家允许农民工自由流动创造了条件；农业劳动生产率的提高，对农村剩余劳动力的转移形成了强大的推力；家庭联产承包责任制基础上的农业自由劳动者的出现，为农村剩余劳动力的转移创造了前提；国有企业改革尤其是国有企业劳动制度的改革，为农村剩余劳动力进厂、进城提供了可能；农民对改善自身生活条件的欲望，形成了农村剩余劳动力转移的内在动力。这些因素交织在一起，直接推动了中国历史上最大规模的农村剩余劳动力转移，中国农民工自此正式加入了中国工业化、城镇化的“大合唱”，拉开了改革开放“人口红利”的序幕。

1979 年深圳建市时，户籍人口 31.26 万人，暂住人口才 1500 人。

1983 年，15 万人涌入深圳。

1984 年，30 多万人涌入深圳。

1987 年，115.44 万深圳人口中，属于特区成立后移民而来的外来人口达 80 多万人，为深圳原住居民数量的两倍多。

1989 年，深圳暂住人口突破百万人，达 126.78 万人。

另一组关于全国农民工和流动人口总量的数字同样在快速攀升。

1984 年，全国农民工的数量约 200 万人。

1985 年 3 月，新华社报道称，全国流动人口已达 5000 万人（管理体制松动后的社会流动人口，不仅是农民工），平均每 22 个人中就有 1 个人在流动。

1986 年年底，全国登记在册的进城农民达 480 万人，加上未登记入册的估计达 1500 万人。

一些内地省份迫于农村人、地矛盾，更是把农村剩余劳动力的输出看成是“一场历史性的劳动变迁”。到 1987 年年底，四川省有组织和自发出省从事劳务的人数就达 230 万人；湖南省领导在考察广东后，把劳动输出看成是“无烟工业”，仅 1987 年全省有组织的输出劳动力就达 35 万人；河南、安徽等农村剩余劳动力多的省份，也都纷纷加入了组织动员农村剩余劳动力输出的行列。到了 1988 年，很多省市都在深圳设立了办事处，而劳务输出就是办事处的一项重要工作内容。

1987 年，中国共产党第十三次全国代表大会报告提出，农村中乡镇企业异军突起，有 8000 万农民转入或部分转入了非农产业。

1988 年 1 月 29 日，《人民日报》报道的数字称，仅珠三角地区外来打工者就数以百万计。

1989 年，这支农民组成的“流动大军”已达 3000 万人，并呈现出由内地向沿海、由北方向南方、由农村向城市的基本流动趋向。

与此同时，1984 年至 1988 年，全国乡镇企业从业人员达 9545 万人。

从 1978 年改革开放开始至 1989 年，中国的改革开放看上去并没有关于农民工的制度设计，从高层决策到体现国家意志的各类政策都没有涉及农民工问题。但是，当户籍管理制度、家庭联产承包责任制、城乡二元结构下的巨大城乡差别与改革开放所带来的工业化、城镇化、市场化和国际化相碰撞时，巨大的撞击和反射带来了社会结构的调整，农民工作为一个新的社会阶层正式登上了历史舞台。

从人数上看，1988 年乡镇企业就地转移的农民工与进城打工的农民工总数已经超过 1 亿人，与当时的国企职工人数相当。从性质上看，他们既不同于农民，又不同于工人，因为他们实际上已经离开了土地，却又没有“铁饭碗”保障，是以农民的身份在企业工作。从目的上看，他们都是以打工、赚钱、养家、改善生活为共同的追求。从手段上看，他们都是以出卖自己的劳动力作为谋生的工具。从工作方式上看，他们都是流水线上的螺丝钉或是服务业的搬运工，从事苦、脏、累、重、险的一线工作。从生活方式上看，他们虽然生活在城市，却与城市不发生太多的关系，他们的社交网络仍然建立在原有的乡土关系上。在政治上，他们没有特殊的要求，对改革开放带来的打工机遇持朴素的感激心态。在经济上，他们没有过高的奢望，虽然每个月的工资都比较低，但与农村种地相比，依然有比较强的满足感。在生活上，虽然他们没有多少福利保障，但农村留下的责任田为他们留下了生活的底钱。因此，他们虽然羡慕城市生活，却能以平和之心坦然面对。在社会定位上，他们没有城市职工的优越感，却也没有农民的失落感，在与过去比、与农民比的过程中，比上不足、比下有余。

就这样，在制度设计之外，在人们的意料之外，一个特殊的社会阶层——农民工阶层诞生了。

中国农民工阶层之所以被称为特殊阶层，是因为在世界上其他国家走向工业化、城镇化、现代化的过程中，进入城市的农民要么很快成为城市蓝领、白领或市民，要么很快返回农村成为农民，不存在以农民的身份长期在城市工作却又不被城市所接纳的问题。

中国农民工阶层之所以被称为特殊阶层，也因为社会和农民工自身对“农民工”身份认同上的特殊性。城里人认为农民工是乡下人或是来自乡下的游民，农村人则认为农民工是进城闯世界的人或者说是在城里做工赚钱的人。农民工虽已不认同自己的农村归属感或者说淡化了农村归属感，但同时又尚未能找到城市归属感，因而也就成为城乡之间的“第三元”。

中国农民工阶层之所以被称为特殊阶层，还因为尽管农民工客观上已成为工人阶级的一部分：与城里的工人有着相同的政治诉求、职业岗位和收入来源，但在当时的情况下，他们始终只能是“乡下人”，始终未被接纳到体制内，是一个游离于城乡二元结构之外的群体。

20世纪末，中国知识界和舆论界只把农民工指称为一个群体，很少把他们作为一个阶层来看待。实际上，群体始终只是一个“量”的概念，而阶层则是一个“质”的概念——直接涉及社会结构的组成。把农民工作为一个阶层来认识，更接近客观现实，更有利于社会转型问题的研究，更有利于社会的引导和农民工队伍自身的建设。

实际上，阶层的出现是一种社会进步的标志。如同生物进化要靠基因的传承与裂变一样，永恒的遗传与不变及其同一性，带来的只能是停滞与萎缩，只有裂变与差异才会带来进化和社会的进步。

阶层的出现又是一种历史的必然。一种经济结构和社会结构向另一种经济结构和社会结构转化过程中，必然会产生与新的经济结构和社会结构相联系的新的社会阶层。这种新的社会阶层对原有的经济结构和社会结构起着分化瓦解的作用，对新的经济结构和社会结构则起着催化和巩固的效应。

农民工阶层的出现是中国传统农业社会向工业化、城镇化和现代化转变的必然产物，是相对过剩的农业人口与相对稀缺的工业资本结合中的必然结果。它本身的形成纯属经济发展和经济转型的结果，不带有任何政治属性，但它作为“第三元”的存在，客观上又赋予工农联盟以新的内涵，成为新时期工农联盟的纽带。

这期间，中国出现了两种不同性质的劳动关系。马克思曾经批判过的雇佣关系开始出现，资本和劳动的博弈也从此登上中国的历史舞台，农民工也开启了与制度和资本的双重博弈。

这期间，体制改革是根本，对外开放本身就是体制改革的一个重要方面；

结构调整是关键，无论是农业内部的结构调整还是整个国家经济结构的调整，都是解放和发展生产力的重要举措；劳动力转移是结果，无论是就地转移到乡镇企业，还是转移到沿海开放区以及大中城市，在客观上都是中国工业化和城镇化的重要体现，都在加速着工业化和城镇化的进程。但是，在这一时期，国家对农村剩余劳动力的转移并没有刻意的制度安排和政策引导，即便是为农民打开的那道城门缝也是在“半推半就”之间完成的，农民工仍然处于一种自发的流动状态。

第四章 欲启还合的城门与欲罢不能的流动

20 世纪 80 年代中后期，中国从计划经济转向有计划的商品经济。这不仅是一种经济调节手段的转变，而且是生产方式的转变，同时也是经济体制的转变。这种转变意味着要突破把计划经济同商品经济对立起来的传统观念，自觉运用价值规律。同时，发展社会主义的商品经济和自觉运用价值规律，必然要求生产要素流动、供需相对平衡以及充分发挥价格杠杆的作用。

重要商品价格由国家管理，绝大多数商品价格放开，由市场调节，逐步实现“国家调控市场，市场引导企业”的价格改革总方向的确立，对厘清经济体制转变时期的价格关系，充分发挥价格杠杆对生产和生活要素的调节作用形成了很大的推力。但同时，这种价格“双轨制”无疑为倒买倒卖紧俏物资、囤积居奇牟取暴利等行为打开了方便之门。尤其是“官倒”的出现和20世纪80年代末的价格“闯关”（即由商品的计划价格和市场价格“双轨制”向统一的商品市场价格制度转变），对本来就处于转型期的流通领域形成了巨大的冲击。正是在这样的宏观背景下，国家提出要治理经济环境、整顿经济秩序，并采取强有力措施综合治理通货膨胀。

生产资料和生活资料价格高企，无情地导致了社会总供给与社会总需求的严重不平衡，压缩基本建设规模和社会集体购买力成了一种必然选择。经济上的规模压缩和财政上的紧缩又必然冲击实体经济，并由此直接影响劳动力的供需和流动。

与此同时，农业劳动生产率的提高所带来的大量农村剩余劳动力的流动恰如潮涌，刚开启的城门在这股大潮的撞击下再也无力闭合，由此开始了20世纪80年代末和90年代初农民工流动中的第一次撞击与反射。

就业“洼地”与“豁口”现象对农民工正向流动的市场调节与行政计划对农民工流动限制的逆向干预相碰撞，构成了这一时期农民工迁徙的主要社会特征。

第一节

“盲流”现象与欲启还合的城门

人的解放是解放和发展生产力的根本，也是一切改革和革命的动因。但人的解放是一个不断推进的过程，这一过程由于受各种客观条件和社会因素的制约，有时飞流向前，有时迂回曲折。中国的农民在经历了土地改革、家庭联产承包责任制和进城的三次解放之后，在960万平方公里的国土上形成了一支空前的流动大军。这支大军既是中国工业化和城镇化的推力和动力，也是中国实现工业化和城镇化的优势所在。

然而，在整个20世纪80年代，这支流动大军只是个自发的自然现象，人们对其认识还没有上升到自觉的程度，对其接受程度也没有达到自愿的高度。经济建设的规模和速度尚不足以完全吸纳这支流动大军，社会公共设施建设在这支流动大军面前逐渐呈现出难以承载的疲态。因此，这支流动大军在给工业化和城镇化提供要素支持并给整个社会带来活力的同时，也对原有的社会秩序形成了巨大的冲击。这种冲击足以使其从一个自然现象迅速转变为社会现象，并由此引起制度的反弹以及社会对农民工流动的讨论和再认识。

在农民工的历史上，1989年春节是一个特殊的节日。正是这个春节使中国的农民工“忽如一夜春风来”，浩浩荡荡地出现在社会公众和主流媒体面前。

1989年春节前的北京火车站人满为患，衣衫不整、操着南腔北调、手拎肩扛编织袋的农民工挤满了广场，以往排队购票的窗口变成了人挤人、人叠人的乱象。好不容易带着一身臭汗挤上火车的乘客发现，车厢里早已被挤得满满当当，连车厢连接处和厕所都站满了人，站台上还有人从火车车窗往里爬。

安徽省合肥市的大东门汽车站，这个春节前也成了一处“乱战”之地：开往安庆和阜阳的长途汽车成倍超载，尽管车上的人挤到连落脚都困难的程度，但还是有人硬拽着车门不放。一些实在挤不上去的农民工转而拦截过往的货车，只要是四个轮子的都不放过。

如此拥挤的乱象，不仅发生在北京和合肥。春节期间，全国多地交通运输告急。

广东告急：自正月初五开始，短短15天内，已有150万名外省农民工涌进广州。仅2月13日中午，聚集广州车站的外地农民工就达3.7万人。《广州日报》《羊城晚报》刊登报道《盲目的洪流》《失控的民工》，疾呼“广州并非遍地黄金”！

海口告急：新年刚过，数万农民工涌过琼州海峡，每天从新港进岛人数达1.1万人。岛上涌动着20万名外省农民工，严重影响着大特区的政治、经济秩序。

武汉告急：湖北及川、豫、赣、皖等临近省区的数十万农民工停留武昌站，由此转车南下或北上。从武昌站发出的火车严重超载，车簧压死，不能正点开出。

北京告急：过了正月十五，北京站每天的客流量仍高达23万人，超过平时客流量一倍多，其中70%是外省农民工。

至此，主流媒体的聚光灯，不得不投射到农民工身上。

2月26日晚，中央电视台《新闻联播》首次播出关于“盲流”群体的电视新闻。

3月2日早上，中央人民广播电台《新闻和报纸摘要》称，百万“盲流”南下，正制造着一堆堆“措手不及的社会问题”，必须引起广泛重视和关注。

在此前后，从《人民日报》到《光明日报》，从《工人日报》到《中国青年报》，有关“盲流”的报道罕见地占据了要闻版的位置。

1989年3月4日，《人民日报》发表消息称，流动人口大量盲目地涌进城市，其总数可达5000万人次。这意味着在当时的中国，每15个农民中便有1人颠沛往返于城乡之间。另有媒体惊呼：民工潮现象在一定程度上超过了当前经济发展的需求水平，造成了粮田撂荒，运输超载，城市交通、就业压力以及社会治安混乱等一系列问题，农村在呻吟，城市在喘息。

客观地说，从1985年政府允许农民自带口粮进城务工开始，进城的农民工呈几何级数增长，短短几年就达3000万人。然而，新中国成立后一直实行重工业优先，投资结构重型化倾向并未改变。这种通过农村积累资金，重点发展城市重工业的经济发展道路，对吸纳农村劳动力的转移成效甚微。1988年，中国农业、轻工业和重工业基本建设投资比例分别为3%、7.4%和44.8%，农业投资比重趋于下降，重工业投资比重上升，而重工业投资所创造的就业机会少，投资结构与就业结构不相适应。1988年，中国工业产值在总产值中的比重占75.7%，农业产值比重为24.3%，但工农业的就业结构却严重失衡，工业劳动力比重仅占 19.4%，农业劳动力比重仍然在 80% 以上。

工业化进程是农民工流动的基础。在经过了 20 世纪 80 年代中期的高速发展之后，生产资料的短缺问题日益凸显出来，再加上价格改革“闯关”之前的“价格双轨制”，带来了流通领域的各种乱象，导致物价飞涨。1988 年零售物价指数上升 18.5%，经济过热已十分明显。于是，在 1988 年召开的中共十三届三次全会上，确定“把明后两年改革和建设的重点突出地放到治理经济环境和整顿经济秩序上来”，主要是“压缩社会总需求，抑制通货膨胀”，坚决把基本建设规模压下来。经济上的紧缩，无疑会传导到农民工的流动上。

在社会转型的特殊时期，工业化和城镇化的进程和发展水平很大程度上要受到农业劳动生产率和农业发展水平的制约。1987 年和 1988 年，中国农村发生了严重的自然灾害，尤其是 1988 年，据国家统计局的资料显示，全国农田成灾面积达 2394 万亩，比 1987 年的成灾面积增加 20.9%，为 20 世纪 80 年代以来最严重的一年。农业受灾带来的是“双面效应”：一方面，它加快了农民进城的步伐；另一方面，它又从农产品和生活资料的供求关系上制约着工业化和城镇化进程，使城市的粮油副食供应不堪重负，尤其是粮食供应频频告急。1988 年，全国人均粮食占有量已从 1984 年的 393 千克跌到 359 千克，中国也从 1986 年前的粮食出口国变成了世界第三大粮食进口国，仅次于当时的日本和苏联。1989 年 1 月 16 日，时任农业部部长何康在北京透露：1988 年农村经济出现逆转，除糖料、烤烟外，粮、棉、油等主要农产品都未能完成国家计划。这种情况必然会影响政府的宏观决策，包括政府对农民工的政策。

多种因素的叠加导致向农民开启的城门又欲重新关闭。

1989 年 3 月 6 日，国务院办公厅发出紧急通知，要求各省市自治区和各部门做好严格控制民工盲目外出的工作。通知指出，春节过后，民工大量集中于东北和广东等地，致使铁路客流暴涨、车站旅客积压、列车严重超员，给铁路运输造成了极大的压力。一些民工到达上述地区后，因找不到工作而流落街头，大量民工的涌入也给当地治安造成了混乱。因此，要求各级人民政府加强

1978 对外出民工的管理，控制民工外出。

1989 年 4 月，民政部、公安部发出《关于进一步做好控制民工盲目外流的通知》，要求各地政府采取有效措施，严格控制当地民工盲目外出。

1989 年 5 月，广东省政府转批了省劳动局《关于整顿劳务市场秩序，加强劳动力管理的意见》，要求各级政府各部门认真清退来自外省和农村的劳动力，清退的重点是外省民工和农村劳动力。招用民工应根据当地粮食生产、市场供应能力等方面的承受力，综合考虑，按照先城镇后农村、先本地后外地、先省内后省外的原则，严格控制，统筹安排。

1991 1989 年 10 月，国务院发布《全民所有制企业临时工管理暂行规定》，明确要求企业需要临时工，原则上在城镇招用；确需从农村招用时，应报经设区的市或相当于设区的市一级劳动行政部门批准。从农村招用的临时工，不转户口和粮食关系。解除劳动合同后，来自农村的应当返回农村。

1990 年 4 月，国务院发出《关于做好劳动就业工作的通知》，提出“对农村劳动力进城务工，要运用法律、行政、经济的手段和搞好宣传教育，实行有效控制，严格管理”“对现有计划外用工，要按照国家政策做好清退工作，重点清退来自农村的计划外用工，使他们尽早返回农村劳动”。

1991 年 2 月，国务院办公厅《关于劝阻民工盲目去广东的通知》要求，各地人民政府要从严或暂停办理民工外出务工手续。回乡过节民工，如果没有签订续聘合同，要劝阻他们不要盲目进粤寻找工作，返回工作岗位的民工不要盲目带人到广东。对大量南下在途的民工，有关地区各级人民政府要组织力量，切实采取措施，就地进行劝阻。

1992 年 1 月，广东省与四川、湖南、广西、河南、贵州、安徽等省先后建立了劳务协作关系，就严格控制春节后大批民工进入广东等问题达成了协议。当年，广东省还明确要求企业在春运期间，一律停止新招外省劳动力。[3]

---

3 《南方都市报》特别报道组．洪流 [M]．花城出版社，2012–4.

至此，国家控制农民工流动的政策已经传达到基层，改革开放以来产生的大规模农民工进城现象出现了拐点。据国家统计局的资料显示，1989 年农村劳动力总量为 40939 万，其中农业劳动力为 32441 万，比重由上年的 78.5% 上升至 79.2%，回升 0.7 个百分点，回流劳动力总量达 1433 万人。非农业劳动力自 1978 年以来第一次出现绝对减少趋势，比 1989 年下降 1.3 个百分点。此外，1989 年全国共关停并转 300 多万个乡镇企业，其中有 350 万农民工弹性复归传统农业。城镇清退计划外用工 200 万人，相当一部分短期临时工也返回到农村，劳动力逆向调节的效果开始显现。

第二节

“豁口”现象与盲动中的必然

这一时期，发展有计划的商品经济是主基调。然而，发展商品经济就必然要尊重和运用价值规律。当价值规律与主观意志很强的计划体制相碰撞时，就产生了农民工流动的“豁口”现象。

一是职业流动的“豁口”。

家庭联产承包责任制的普遍实行，使农民从土地上解放出来，成为自己劳动力的主宰者，想干什么、想到哪里，完全由农民自己做主。尽管户籍管理制度依旧，但户籍只能管住身份，却不能再像以前那样把农民紧紧地按在土地上。这样，在户籍制与承包制之间就留下了农民职业流动的“豁口”。当这种职业流动的“豁口”与人多地少的矛盾交织在一起时，就产生了一种强大的推力，农村劳动力“水满溢出”的效应再也无法阻挡。有两组数字足以说明问题：1952 年到 1988 年，我国耕地面积从 15 亿多亩下降到 14 亿多亩，而农村的劳动力却从 1.1 亿上升到近 4 亿。据有关部门抽样调查发现，我国农村劳动力中有 40% 是“隐性的失业者”。在这种情况下，农村劳动力从“豁口”流入城市就是一种必然选择。

二是收入预期的“豁口”。

尽管政策要求农民工返乡务农，但种田效益差的客观现实让农民不愿务农。据安徽省统计局调查，1990 年至 1992 年，安徽农民人均收入年均递增仅为 3.7%，而人均负担则占上年纯收入的 7.06%。这一时期，中南部地区的省份农事收入与打工收入差四五倍，再加上“独臂和尚种田，千手观音提价”，化肥、农药、种子等价格高涨，农民辛苦一年也就换来个收支平衡。1988 年 10 月，山东省泰安市泰山区的一项夏粮生产成本调查表明，农民种粮每亩纯收入仅 0.27 元，基本无利可得，有的时候种田甚至亏本。

与此同时，城乡收入差距还在进一步拉大，当“一方水土养不了一方人”的时候，城市对农村剩余劳动力的诱惑就变得难以抵抗。据当时重庆市统计局测算，1988 年重庆市农村劳动力从事种植、林牧副渔、工业、建筑和运输业的劳均收入比值为 1∶3.4∶7.2∶3.9∶7.5，进城打工显然更有利于提高收入。这种城乡间收入上的巨大落差为农民工的职业流动留下了收益预期的“豁口”，进而形成磁铁效应，对农村剩余劳动力的流动和进城形成了吸引力。在改善生活的预期下，农村剩余劳动力除了进城别无选择。差别就是动力，动力推动劳动力流动。中国农民成了商品经济的实践者、市场经济的先行者。在价值规律的作用下，流动的浪潮已难以逆转。1989 年，全上海有 2 万名女农民工在“轻工不轻”的挡车工一线，装卸工则是清一色的农民工。当地劳动局称，全市农民工已达 50 万人，其中一半以上在翻砂、挡车、装卸、环卫等艰苦岗位，根本无法完全清退。

三是替代就业的“豁口”。

由于受计划体制和传统观念的影响，城里人有一种天生的优越感，对工作挑三拣四。据《瞭望》周刊报道，当时上海青年择业一般有三点要求：一是钱多；二是舒服；三是能开眼界。于是，“脏活累活靠阿乡，阿拉吃了白相相”，至于纺织、码头、环卫、公交等行业几乎没有正式工问津，钉鞋、修伞、做家具、修缮、服务等零活城里人更不愿做，贩运蔬菜水果以及捡废品虽然收入不低，但城里人拉不下面子。凡此种种，从一个侧面反映了城里人择业上逃避苦、脏、累、险、杂工种的倾向。这种择业观的存在，客观上又为农民工进城和职业流动预留了“替代就业”的“豁口”。[4]

即使在对“盲流”控制力度比较大的北京，当时也不乏听到这样的声音：

——市纺织行业近年来一直招用几千名计划外农民工做第一线挡车工。如按市里的要求全部清退，正常生产难以维持，因为城里人根本不愿干这种活。

——因市政建设的发展和职工队伍的自然减员，市政工程局第一线的工人每年至少要增加1000名，但在城里连一个人都难以招到。城里人宁愿闲着，也不肯钻下水道、修立交桥。如果不让农民工进京，北京市得“瘫”了。

——市建工总公司预言，要完成当年的工程计划，他们还得增加招用农民工。

除了大城市之外，数量众多的中小城市在用工上同样存在着很多“空白”。结果，一方面是城市本身存在着相当数量的过剩劳动力，另一方面则是在苦、脏、累、险等行业依然留有相当的就业“空白”。这些“空白”所形成的“替代就业”的“豁口”，成了农村剩余劳动力向城市流动的“洼地”，也成了政府控制不了的“盲区”。

四是所有制结构上“不可调控性”的“豁口”。

发展有计划的商品经济，价值规律调节着生产要素的流向与流量。尽管当时的计划体制仍有着巨大的推动或制约作用，但已不可能再像以前那样成为包治百病的良药了。逐渐增多的外资企业和个体工商户完全按照市场规则去运作，企业应有多大规模、应招收多少工人、应招收什么样的人，完全自主运作，政府的约束力非常有限。同时，农民工所流向的又主要是这类企业。这种所有制结构和不同类型的企业，为农民工进城和职业流动留下了“不可调控

4 葛象贤，屈维英．民工潮探源[J]．瞭望，1989（45）．

1978 性”的豁口。农民工流动这一看得见的现象，更多是被市场这一“看不见的手”所左右。

正是这种“豁口”现象的存在，才使农民工进城的步伐从未停止。由政府主导进行控制的政策，也只能带来农民工流动量的缩减，而不可能改变农民工流动的大趋势。

既然“豁口”现象不可避免，农民已经获得了择业的自由，社会对农民的活动区域难以限制，城市有着比农村好得多的生活环境，城市为农民留下了“替代就业”的空间，那么，农村剩余劳动力向城市尤其是发达的大中城市的
1991 流动就成了一股难以遏制的洪流。

尽管1989年开始的治理整顿和对农民工的逆向调节力度空前，但除了1989年的农民工绝对数量有所减少之外，从1990年这一数量又开始逐步回升。1990年，珠三角外来劳动力约400万人。1991年，这一数字已经上升至大约500万人。仅以宝安县（深圳市的前身）为例，1991年常住人口不到30万人，而外来流动人口在1988年为46万人，1990年为52万人，1991年已经达70万人。在劳务输出大省安徽，1988年外出劳动力55万人，占当年农村劳动力总量的2.3%；从1989年开始，每年外出劳动力递增110万人，到1992年高达500万人，占当年全省农村劳动力总量的20.66%。毫无疑问，流动仍然是农民工的主流现象，进城仍然是农民工的首要选择。

“豁口”现象实际上是一种市场现象，是经济规律调节劳动力的现象。“豁口”现象的存在，说明市场对农村劳动力存在着强大的需求，中国的农民工从一开始就与市场紧密联系在一起。

市场经济是一门高深的学问，不同的人有不同的理解，甚至东西方的经济学家对它的解释也完全不一样。而中国的农民工完全不懂市场经济理论，却有着另类的市场经济知识——感知经济学和实践经济学，即通过自己的行为去感受和实践价值规律这门高深的学问，并用最直白的语言和行动来告诉人们什么是市场经济。如果说市场是价值规律的晴雨表，那么，农民工则是市场的温度

计，市场的任何变化他们都能首先感应。他们从进城的第一天起，就完全受供求关系的支配，学会了从市场的“豁口”中“抢饭碗”的本领。这一时期，农民工进城的主要方式和渠道有三种：自己直接到城里找活儿干、基层政府组织劳务输出、亲友相传相带。但是，无论是哪种方式和渠道，都与市场“豁口”紧密相联。

1989年秋季，沈阳市鲁园劳务市场一度被当作非法劳务市场取缔，却几度清理又几度形成。到沈阳打工的农民习惯性地聚集在这里，多的时候七八百人至千人，少的时候也有200人左右。他们或蹲或站，面前都放着纸片，有的是旧报纸，上面写着“钟点工”“杂工”“焊工”“保姆”“木工”“瓦工”等用工信息。木工、泥瓦工等有手艺的人很快就被雇主领走了，而一些没有什么技能的人则要在这里多待些时日，有的甚至要一两个星期才能找到活儿干，他们中的绝大多数人都得从事“杂工”“保姆”等卖力气的活儿。安徽省阜阳县20多位农民工来到这个劳务市场，一个星期后还有5个人没找着活儿干，只好住在市场旁边的简易房继续等候。简易房内，4张双层床把房间挤得满满当当，每张床交3元钱就可以住上一夜。农民工们把这里作为进城打工的起点，在失望中等待，在等待中憧憬着未来。

类似这样的劳务市场，在当时的各大中城市特别是沿海城市普遍存在，就连北京的月坛公园、地坛公园都有“地下”劳务市场存在。不少农民工就是从这些“地下”劳务市场找到工作，开始了进城的苦旅。

这一时期，也有一些基层政府迫于农村剩余劳动力的压力开始组织农民进城打工。江西省广丰县在政府文件中提出，“广丰要想富，十万劳力要出去”。仅在1990年，该县的劳务输出就近7万人，各乡镇涌现出父子同行、夫妻携手、兄弟姐妹结伴外出打工的热潮，大规模跨省外出打工的序幕就此拉开。1990年，湖北省宜恩县把劳动服务公司改为劳动就业局，开启了长达10年的农村剩余劳动力劳务输出黄金时代，仅政府主导输出的务工人员就达14.96万人次。从1989年开始，四川省金堂县竹篙镇在东莞市的厚街设立办事处，由各家用人企业与办事处对接，选拔竹篙籍女工进东莞打工，实现农村剩余劳动力的输出。这种由政府外设机构管理输出劳务的模式效果显著，第一年输出600多人，第二年达到1000多人，以后逐年增长，劳务输出占竹篙镇劳动力总人口的71%，被称为“中国打工第一镇”。

当然，在这一时期农民工直接进城自己闯市场的并不多，大约占20%。基层政府有组织的劳务输出就更少，约占5%。绝大多数农民工进城的方式都是以“亲缘”和“地缘”为纽带，并伴以少量的“业缘”成分，亲友相传，犹如滚雪球一般。这种方式虽然看上去很原始，却在原始的盲动中透着对市场自觉的必然。

曾经有记者问农民工：这么多人都去一个城市，有那么多工作机会吗？农民工回答说：我们都是亲托亲、友托友互相提供情况的，人越多，越说明这里人气旺，机会也多。就像蜜蜂采蜜，蜂群越多，那里的花草肯定越茂盛，等到花粉快被采光时，蜜蜂就会赶往一个新发现的花丛。

虽然这种“蜜蜂效应”是农民工对市场的本能反应，朴实无华，却深得市场经济和价值规律的真谛，即机会等于价值体现。机会的多少，决定着农民工的流向与流量。价值规律这个主宰市场的“看不见的手”，在农民工身上体现得如此简单明了。

由于农民工进城本来就是自发产生而不是制度设计的结果，再加上这一时期国家进行治理整顿和调控生产要素，农民工流动既得不到政府的帮助，也得不到来自媒体的提示，什么地方有机会，什么地方能赚钱，只能靠中国传统文化中的“亲缘”“地缘”和“业缘”来传递信息。由此看来，中国的农民工从一开始就是自发地、在价值规律的调节下走向市场的，虽然在某些时候似乎盲目，却在盲目中透着必然。正因为他们与市场紧密相联，所以比体制内的工人更能适应市场的变化。他们的产生、发展和壮大与市场经济的形成、发展和完善以及改革的力度、开放的程度高度一致，以至于从农民工的流向与流量上，就能轻易判断出在中国这块土地上各区域经济的发展程度。

从农村流向城市，从内陆流向沿海，从西部流向东部，农民工就像一位高超的画师，用行动勾勒着不平衡的经济发展画卷。从这个意义上说，当时充斥媒体和文件的“盲流”概念并不能反映农民工进城流动的本质，反而暴露出社会对农民工进城流动的偏见和歧视。直到多年以后，这个问题才引起整个社会的正视。

尽管这一时期政府试图控制农民工的盲目流动，但在市场经济规律的作用下，农民工已形成滚滚洪流。或许在数量上因时因地有增有减，但这股洪流已不可阻挡。中国实现现代化之路是否顺利，在一定意义上将取决于能否顺利推进民工潮的健康发展。

本篇结语

“一五”期间，新中国成立之后第一次工业化所带来的人口流动，在自然灾害、极“左”思潮和国际环境的三重阻击下戛然而止。尽管工业化进程仍在缓慢地发展，但随着以户籍管理制度为核心的城乡二元结构的建立，城市大门始终对农民关闭。即便偶尔有农民进城打工或从事副业的现象，也为体制所不容。因此，那时的农民工只能算作“隐形”农民工。

家庭联产承包责任制是继新中国成立之初的“土地改革”之后农民的第二次解放。它在提高农业劳动生产率、推动农业内部结构调整的基础上，催生了“离土不离乡、进厂不进城”的农民工队伍。但由于就地就近转移，这些现代意义上的农民工并不构成流动和迁徙的主体。

城市经济体制改革、城市生活的多样化以及沿海对外开放带的形成，在承接国际产业资本转移的同时，也启动了中国的第二次工业化和城镇化进程。在农村富余劳动力“溢出效应”和工业化、城镇化“磁铁效应”以及“二元体制”“固化效应”的相互作用下，现代意义上的中国农民工正式形成，并构成了流动和迁徙的主体，中国农民工迁徙的壮丽画卷就此展开。

中国农民工的产生和发展虽然以工业化和城镇化为基础，却又始终与旧体制的改革和新体制的建立密切相关。只要体制改革的过程没有完成，中国农民工的大迁徙就必然会呈现出迂回曲折的特点。

第 二 篇

“双潮”叠加

1992—2001年

1992

2001

1992年，以邓小平南方谈话为起始，中国的改革开放进入新阶段。随着改革开放力度的加大和工业化的加速，农民工流动呈现出狂潮奔腾之势。1992年至2002年的10年间，在经历了1994年的国有企业改革和1997年至2000年的国企改革攻坚之后，体制内的职工也出现了“下岗潮”。当“民工潮”与“下岗潮”相碰撞时，便产生了各种波澜起伏的社会现象。

从1992年至2001年，工业化是发展的主基调，流动是农民工的主要趋势，与资本大鳄的博弈是农民工在迁徙征程中的主要社会特征。

人类的发展总是以思想解放为前提的。没有春秋战国时期的“诸子百家”，就没有秦王朝的统一和两千多年的封建统治；没有20世纪二三十年代的思想争鸣，就没有马克思主义在中国的传播和中国革命的胜利；没有1978年“真理标准问题”大讨论所带来的思想解放，就没有新中国的改革开放；没有1992年邓小平南方谈话所激发的思想解放，也不会有计划经济向市场经济的转型。

思想解放在推动经济转型的同时，也推动了经济体制的改革，同时加速了国际产业资本向中国的“梯度转移”，加快了中国工业化、城镇化和国际化的进程。随着这一进程的提速，农村剩余劳动力的转移力度进一步加大。农民工这个数量庞大的流动打工族成了中国在国际竞争中的一张王牌，使中国在经济一体化的国际分工中尽享廉价劳动力带来的比较优势。国际资本与农村剩余劳动力的结合，使中国生产的产品物美价廉，在国际中、低端的劳动密集型产品中具有比较大的竞争优势。“中国制造”从此登上历史舞台，并在不知不觉中走向全球。“人口红利”成为中国经济的重要助推力，并持续发挥着关键作用。

从凸显主观意志的计划经济转向认识和驾驭经济规律，是一个历史性的进步。这对于吸引外资、推动经济发展进而实行市场经济，确实起到了巨大的促进作用。但是，按照经济规律办事，就意味着资本在与劳动力供求的较量中占据优势地位。物以稀为贵，发展经济缺少的是资本，劳动力则供过于求。这就决定了资本是昂首挺胸地被请进来的，而农民工则是自发出现并供过于求的，农民工作为劳动力的提供者从一开始就处于下风。可以说，中国农民工群体的出现是自发的、个体的行为，不是政府行为。因此，中国农民工群体在初始阶段没有维护者，也没有制度保障——2000年之前，外商投资企业和私营企业里很少有工会组织，在各种制度中也很难找到维护农民工利益的制度设计。在这种原始状态下，农民工群体与贪婪的资本进行博弈，其残酷性可想而知。

与此同时，这一时期国有企业出现大量下岗职工，使农民工的生存环境更为恶劣，很多省市都相继出台了限制农民工务工的措施。农民工不仅要与资本博弈，还要与旧的管理体制博弈，“双重博弈”使农民工寸步难行。

在这场走向城市的大迁徙中，有的农民工成了资本这只机器大鳄的嘴中肉，倒在了大迁徙的途中，用生命为后来者画下了警示符；有的农民工用屈辱换得了生存，但这种“生存文化”让人颇感悲凉；还有的农民工为了保住自己不肯放弃的一丝尊严，不惜退出这场改变命运的大迁徙……

一个个特写镜头、一幕幕连续景象、一个个悲壮故事和一串串突发事件，记录下了这场大迁徙中的人生百态。

第五章

流动狂潮与生存状态

中国农村剩余劳动力流动所形成的“民工潮”，始终与中国的工业化、城镇化和经济结构相关联，而后者又受国家意志所左右。当发展社会主义市场经济、改革开放、吸引外资成为国家中心工作时，农村剩余劳动力转移的规模和速度就变得超乎想象。

1992年，邓小平南方谈话拉开了建设中国特色社会主义市场经济的序幕。邓小平指出，改革开放迈不开步子，要害是姓“资”还是姓“社”的问题。判断的标准，应该主要看是否有利于发展社会主义社会的生产力，是否有利于增强社会主义国家的综合国力，是否有利于提高人民的生活水平。计划多一点还是市场多一点，不是社会主义与资本主义的本质区别。计划经济不等于社会主义，资本主义也有计划；市场经济不等于资本主义，社会主义也有市场。计划和市场都是经济手段。社会主义的本质，是解放生产力，发展生产力，消灭剥削，消除两极分化，最终达到共同富裕。南方谈话内容公布后，举国上下精神振奋，以空前的热情和积极性去探索新路子，采取新措施，开拓新领域，国民经济很快出现了快速增长的势头，当年外资企业的数量大幅增加。

1992 年 10 月，中国共产党第十四次全国代表大会在北京召开。大会提出，中国经济体制改革的目标是建立社会主义市场经济体制，要围绕社会主义市场经济体制的建立，加快经济体制改革的步伐，进一步扩大对外开放，更多更好地利用国外资金、资源、技术和管理经验，调整和优化产业结构等。海内外舆论一致认为，中共十四大是推动中国改革开放向前发展的一座里程碑。

1992 年，在邓小平南方谈话和十四大精神推动下，深圳出现了十大热点：外商投资创历史新高；全国开始“炒”深圳股；股份制改造成大势；房地产业再度升温；深圳将成为区域性金融中心；旅游业升温；营造一个万商云集的“购物天堂”；深圳特区的面积将进一步扩大；更大规模的基建已经开始；关于深圳的舆论成为社会关注点。这些热点透露出一个明确的信息，即深圳掀起了一股投资潮、开发潮和创业潮。

随着南方谈话的春风和沿海对外开放所带来的新一轮外商投资潮，在“三年治理整顿”时期稍有延缓的民工潮再次掀起更大的潮头，并从此一浪高过一浪，再也没有停歇。

第一节
农民工的流量、流向与社会背景

最能反映民工潮所带来的冲击的仍然是铁路系统的“春运”。1993 年春节前后，有关方面对乘火车进出广东省和广东省内的乘客实行火车票浮动加价的办法，但这仍然挡不住民工流动的潮流。

1993年春天，《瞭望》周刊组织多地记者刊出组合式报道《民工潮——风起云涌又一年》，全景式反映了当年农民工的流动状况：

千百年来，没有什么能够削减中国人，尤其是农民过年的热烈劲头。有言道："过了初一过十五。"

可是，近年来的情况变了。

今年大年初二，外出打工的农民们就扛着铺盖卷成群结队地离乡上路了。他们从封闭的大山里，从难舍的亲情里，从浓重的年节氛围里走出来，走向城市，走向陌生的远方，走向金色的梦想……

今年的民工潮不但来得早，而且来势猛。往年潮头主要涌向岭南，而今年潮势所向，波及西南、中南、华东、京津地区等大半个中国。南京、上海、武昌、广州、成都、重庆、贵阳、南昌、蚌埠……一条条交通干线上所有的铁路枢纽站，几天之内都淹没在民工的海洋里。

重庆：百万"川军"兵临城下。川东21个县的约630万民工中，将近400万人从重庆铁路分局管辖内的广安、达县、渠县3个车站上车，而重庆分局每天的运送能力不过10万人，每天管辖区域内滞留人数多达20万人。

成都：成都是"春运"的重要站点，铁道部年年都派员坐镇，但今年客流来势之陡仍让人吃惊，仅民工就达百万之众，比去年多出20多万人。成都车站每天只能发送4.5万人，每天运走的还不如甩下的人多。车站新开了4个售票点，12个窗口，可最长的购票队伍仍蜿蜒300多米，从售票大厅甩到广场上，形成长长的龙。为维持秩序，打击犯罪，成都市动用了部队、公安、武警500多人在车站和广场执勤。

成都铁路局能派出的临时客车全部上阵，能力比去年同期提高了一倍，仍无济于事。

铁道部无奈，只得火速调集济南局、呼和浩特局和沈阳局的人和车日夜兼程，入川解困。

南京：熙熙攘攘的民工潮整整比往年提前 10 天，把南京站卷入了超历史的"春运"高峰——

当年按照日上车 7000 名旅客规模设计的南京站，今年春运日上车旅客连续几天突破了 4 万人大关，可是，广场上仍滞留着 2 万名左右的民工。虽然他们当中大多数人的目的地不过是距南京只有三四个小时路程的苏州、无锡、常州和上海，但"候车"的时间却长达两天至三天。

广东：节后第三天，到站民工 3.5 万人；第七天，到站民工突破 10 万人大关；此后连续一个星期，到站民工高居 13 万，高出广州火车站接卸能力的四五倍。从湖南、四川等地开来的列车趟趟超员，有的乘客身体在车厢里，腿却伸出了车外。[5]

如果说"春运"只是个窗口，只能反映农民工流动的现象，那么，数据则更能说明这股民工狂潮的真实性与可靠性。

据统计，1993 年全国乡镇企业的职工人数已达 1.12 亿人，跨省区流动打工的有 6200 万人。其中四川省跨地区流动的农民工达 1000 万人，占四川农村劳动力的 1/5，占全国流动农民工的 1/6，"川军"的规模已成为各路流动农民工大军之冠。安徽跨地区流动的农民工达 500 多万人，占当年全省农村劳动力总量的 20.66%，占全省农村剩余劳动力总数的 52.4%，但仍有 47.6% 的农村剩余劳动力需要寻求就业门路。如此大规模的民工潮，在世界工业化和城镇化

5 黄强，詹仲德，吴东萍，成建，李四清，迪斌，林晨. 民工潮——风起云涌又一年 [J]. 瞭望，1993（6）.

进程中绝无仅有。

另据1994年12月全国流动人口管理工作会议估计，当年流动人员人数在7000万人至8000万人之间。到了1997年，农村劳动力转移人数达8314.5万人；1998年农村劳动力转移人数为9546.5万人；1999年突破1亿人，达10107万人；2000年为11340万人。连续4年跨区域流动的农民工以每年1000万人的速度增长，平均增长率达10.9%。2001年后，虽然农民工的人数增速减缓，但仍保持在每年5%以上的增幅，流动农民工的总量再也没有少于1亿人。

这些农民工来自哪里，又主要流向哪里？

据当时的统计资料和记者调查显示，这支流动大军主要来自四川、河南、安徽、江西、湖南、湖北六省，约占跨省流动农民工的六成以上。

这六个省份之所以农民工多，一是因为这几个省都是内陆人口大省，工业不发达，乡镇企业发展缓慢，人多地少的矛盾突出，农业劳动生产率低，农业剩余劳动力过多的问题严峻，在人口大省、农业大省和工业化进程迟缓的环境下，农村剩余劳动力纷纷外出。二是因为在改革开放之初，这些地方就有不少农民工迫于生存外出闯荡，经过十多年的打拼，积攒了一些经验和业缘，一旦政策限制出现松动时，就会有更多亲友与他们一起结伴而行，这种由业缘带动的地缘和亲缘人口流动数量就像滚雪球一样，呈几何级数增长。三是因为这些地方的政府政策导向鼓励农村剩余劳动力外出，甚至把农民工外出打工作为改变经济落后的一条路径，即便是在1989年开始的三年治理整顿、国家限制农民工外流期间，这样的政策也一直在延续。

所有这些，都在客观上对农民工的"流动潮"起到了推波助澜的作用。"春运"期间，湖南、广西、安徽等省区的地方政府甚至主动出面协调铁路和公路客运部门，有计划地调专列或开专车到农民工集中的沿海城市接送本地的打工者。正是多方面因素共同作用，带来了始于1992年年底的农民工流动狂潮。

至于流向，绝大部分跨省流动的农民工都是"孔雀东南飞"——流向沿海经济开放带，而广东和上海以及苏南则是农民工流动的热点地区。

人们往往都认为，农民工文化水平不高、信息不灵通、对国家的政策走向了解不多，因而他们的流动带有很大的盲目性。其实，农民工对国家政策走向的了解要比城里职工敏感得多。因为自新中国成立以来，涉及农村生产关系调整和农业生产方面的政策最多，而每项政策几乎都与农民的利益相关，这就在实践中培养了农民对政策的敏感度。此外，他们的处境远不如城里人安逸和衣食无忧，始终在贫困线上挣扎，更需要从国家的政策取向中寻找改变自己生存条件的机会，这就使他们对政策的关注度要比城里人高得多。当国家决定开放东南沿海14个城市时，城里人可能并没有觉得会对自己的生活带来怎样的影

1992

响，而农民工则敏感地捕捉到这是改变自己生存状态的契机；当城里的新增劳动力心安理得地等待政府给安排工作时，农民工却放弃了农村“男耕女织”的田园生活，争先恐后地涌向东南沿海开放带。

在20世纪90年代之前，农民工的主要流向是珠江三角洲和深圳，闽南地区则以泉州和厦门为主，但农民工数量不多；20世纪90年代之后，随着浦东开发和长江三角洲工业化步伐的加快，对劳动力的需求增多，长三角成为继珠

2001

三角之后全国农民工流入量最多的地区。同时，农民工的流向带有很明显的地域特征：安徽、江西、湖北的农民工主要流向浦东和长江三角洲；四川、湖南、广西和江西赣州地区的农民工则主要流向深圳和珠江三角洲地区；河南、陕西的农民工主要流向北京、天津以及西部的乌鲁木齐；江苏和浙江早期外出流动的农民工，则随着本地区乡镇企业和家庭企业的发展，相当一部分人或成为当地企业的“白领”管理者，或成为私企的老板，只有很少一部分农民工仍然处于跨区域流动状态。

来自权威部门的调查和统计，更清晰地说明了当时农民工的主要流向。

据劳动部1994年《中国农村劳动力就业与流动状况调查》显示，跨省流动的农民工从业的主要去向以沿海地区居多。当年，农民工流入人数最多的5个省市依次是广东（18%）、江苏（10%）、上海（8%）、北京（8%）、新疆

（6%），有 71% 的出省打工者在地级以上城市工作。农民工的从业领域主要分布在三大行业，建筑行业占 43%，制造业占 24%，服务业占 11%。到了 1997 年之后，农民工流向广东的比重和从事制造业的农民工的比重都大幅上升。据国家统计局农调总队的调查，在 1997 年跨省流动的农民工中，到广东的人数占农民工总数的 49%，1998 年占总数的 49.4%，1999 年占总数的 50%，2000 年占总数的 51.6%。从 20 世纪 90 年代初直至 2000 年，在东部沿海地区就业的农民工占农民工总数的 80%~85%。

毫无疑问，这种流向与当时中国的对外开放步伐、工业化和城镇化进程基本一致。进入 20 世纪 90 年代以来，随着城市第二产业和第三产业的发展，全国掀起了城市建设热潮。全国各地的城市都成了大工地，需要大量的建筑工人。城里人不愿干这些"高强度、高危险、低技术含量"的工作，农民工从此成了建筑工人队伍的主力军。与此同时，20 世纪 90 年代中后期，广东省的城乡结构相对优化，在珠江三角洲形成了大片的城镇群，乡村城镇化初具规模，由广州、深圳、珠海构成的金三角，正在向大规模的三角形城市长廊迈进，为吸收流动农民工创造了条件。广东省的所有制结构相对优化，非国有企业、劳动密集型企业迅速发展，制造业占据"半壁江山"，尤其是广东的"三来一补"企业大量增加，对农民工的需求强势增长。农民工流动的"蜜蜂效应"，也使大量农民工向珠三角地区集中，农民工成为制造业产业工人的主体力量。在许多大中城市的第三产业中，农民工也成了餐饮等城市服务业的主体劳动力，以致每到春节放假农民工返乡时，城市生活都会骤然显现出诸多不便，城市农民工的不可或缺性和不可替代性也由此彰显。

始于 1992 年年底并贯穿于整个 20 世纪 90 年代的中国农民工大流动，到底有着怎样的社会背景？不能不说，这与中国的国情和发展的阶段性特征密切相关。

农业大国的根本属性是当时的中国基本国情。即便在 20 世纪 90 年代初，农村人口依然占总人口的 80% 以上，农村劳动力数量巨大，人多地少的矛盾突出。据劳动部劳动就业司和劳动部信息中心的调查，1994 年农村平均每户向集体承包耕地 5.54 亩，人均 1.3 亩，劳均 2.3 亩，有 46% 的农户人均不足 1 亩，21% 的农户劳均不足 1 亩。另据中国社会科学院所采用的系统仿真模型、趋势外延法和线性回归分析方法计算，从 20 世纪 90 年代中期直到 2000 年，同供给量相比，农业劳动力剩余量一直维持在 1 亿人左右。巨大的溢出效应强烈推动着农民工的外流，一旦时机成熟，就会奔腾而出。

城乡收入差距扩大和工农业产品存在价格“剪刀差”是当时的基本社会特征。由于我国长期实行城乡分割的二元结构，通过价格“剪刀差”和统购统销制度使农产品进城，而大量农村劳动力滞留在农村，导致城乡发展严重不平衡。据国家统计部门测算，1979 年至 1985 年间，价格“剪刀差”绝对额年递增 9.5%；1986 年至 1991 年间，年递增 16.9%，加大了 7.4 个百分点。另据统计分析，从 1984 年至 1994 年，我国城乡收入差距呈现扩大趋势，从 1∶1.28 扩大到 1∶1.39，在 1995 年至 1998 年呈现短暂的缩小趋势后，从 1999 年开始，收入差距又呈扩大的态势。城乡收入差距扩大的基本社会特征导致了城市的“磁场”效应，对农民形成了巨大的吸引力，以至于很多农民都把“进得城门”作为改变生活处境和改变人生轨迹的一条通道。

体制改革和发展市场经济是当时的基本中国特色。通过体制改革把广大农民解放出来，再把城市的大门打开，这是“挖渠”；通过打开国门发展市场经济，引进海外的资本、技术和管理，这是“放水”。“挖渠”与“放水”同步推动，就为农村剩余劳动力的转移、打破城乡二元结构、改变城乡关系打开了一条通道，拓展了一条新路。与以往不同的是，这次城门的开启已不再是“欲启还合”，而是城门洞开，拆除樊篱；农村劳动力的流动也不再是“水满溢出”和流向“豁口”，而是沿着“溢洪道”流向城市和工厂每一处的“劳动力洼地”；政策取向也不再是“消极应对”和“严格控制”，而是“逐步放开”和“积极引导”，让农村剩余劳动力与引进的资本结合，开启中国工业化和城镇化的进程，并以此在国际分工中形成有优势的竞争力。从此，农民工流动也由

“离土不离乡”发展到了“离土又离乡”的新阶段。

脱贫与发展是这一时期的基本共性目标。从农民工个人来说，通过外出打工既解决就业又摆脱贫穷，能从“共同贫困”的凝固体中分解出来，是他们在城乡二元体制下改变生存状态和寻找新起点的唯一出路。对于内地的劳动力输出大省来说，它们没有沿海省份的地利之便，缺少发展的资金积累，向外输出农民工便成为“体外造血”的重要手段，通过农民工的流动和输出，把农村剩余劳动力数量巨大这一劣势转变为劳动力资源丰富的优势。“输出一人，脱贫一户”，这是当时四川、安徽、河南、湖南等很多劳动力输出大省喊出的口号，在安徽阜阳、河南信阳、湖南衡阳等地甚至提出把劳动力输出作为“无烟产业”。于是，在这些“民工潮”的源头地区，农闲季节和年节过后，几乎每天都有班车直发广州、深圳、上海、苏州、北京、天津、南京、武汉等大城市和沿海地区。劳动力输入地较多的沿海省市在改革开放之后大量引进了海外资本，客观上需要吸收大量的劳动力。农民工的大量流入使劳动力的价格在供求规律的作用下相对较低，这又对进一步吸引资本形成了竞争力。整个珠江三角洲地区的企业，基本都是在海外资本与内地农民工的共同作用下兴起和发展的。

这几个方面的因素共同作用，在农民工流动问题上形成了合力，共同导演出农民工流动的阶段性特征。于是，中国农民工流动的壮阔景象最终成为人类发展史上史无前例的迁徙。

第 二 节
农民工的流动特征

农民工从农村走向城市，或者说农村人口城镇化的战略大转移从一开始就是农民自发的、个体的行为，而不是一种有组织的行为，虽为体制所允许，却不在体制设计的范围内。因此，这一时期农民工的流动呈现出自发性、竞争性、季节性、波动性和盲目性的特征。

一是自发性。这一时期虽然不乏有组织的劳务输出，而且比例呈上升趋势，比如，河南、安徽、湖南、四川和江西等省都把组织农村劳动力输出列为政府重要工作，有的市、县有组织的输出农村剩余劳动力占总量的20%左右，甚至更高，但就全国来说，有组织的农村剩余劳动力转移尚未达到10%。从总体情况来看，农民工进城寻找新的职业，大多是自发进行的。什么时候外出，到什么地方打工，完全由自己决定。一旦找到了工作，便在亲友间相互联络、牵线搭桥，将本地的亲朋好友介绍到自己所在的单位就业，由此逐步形成了以亲缘、地缘和业缘关系为纽带的务工群体。据调查显示，这种形式进城务工的农民工约占总数的80%。这种自发性和分散性的行为，在有组织的资本面前显得很脆弱，这也成为农民工自身合法权益受侵害的一个重要原因。

二是竞争性。大量拥有打工自由的农民工，面对大量拥有用工自主权、以中小型规模为主的多种经济成分的企业，形成了一种有别于计划经济体制的、谁也不能垄断的双方自由选择的供求关系。分散求职的农民工自然没有左右市场的条件，形式多样又各自独立的中小企业也不可能单独左右劳动力市场。因此，流动既使企业之间为了获得农民工作为劳动力在工资收入和劳动条件方面进行竞争，又促成了外来农民工与当地劳动者的竞争。这种劳动力市场竞争性的存在，促成了工资收入水平取决于劳动力市场的供求态势。在当时劳动力市场普遍供大于求的情况下，工资水平必然较低。这一方面展现了中国劳动力资源的比较优势，另一方面也说明企业效益离不开廉价劳动力。

三是季节性。在初始阶段，农村劳动力外出主要是在农闲季节，农忙季节回乡务农的现象比较普遍。这不仅体现在就地转移到乡镇企业的“离土不离乡”的农民工身上，也体现在常年外出打工的农民工身上。据统计，在四川省1993年出省的民工中，常年务工者为200多万人，季节性、临时性务工者为300多万人，在省内流动的常年性务工者和季节性务工者各占一半。在安徽省

500 多万外出劳动力中，常年外出和季节性外出的各占 50%，季节性外出多集中在夏收夏种、秋收秋种和春节前后，一年三个小周期。而常年性外出的务工者则集中在春节前返乡，春节后外出，一年一个大周期。

农民工的季节性流动特征说明，相当多的农民工兼营农业和非农产业，亦工亦农、亦城亦乡，流动就业。据《中国农村劳动力就业与流动状况调查》表明，若按收入来源划分，1994 年我国农村纯农户占 32.2%，兼业户占 65.4%，兼业户中非农业收入占 50% 以上的农户占 54%，兼营和非农业收入已占主体。但是，它也从另一个侧面说明，农民工与土地仍然有着千丝万缕的联系，土地的承包经营权是他们外出打拼的最后一道保障。很多农民工在低工资和无社会保障的情况下仍然进城打拼，所倚仗的也是家乡的土地。

四是波动性。由于农民工是自发地、分散地流动，再加上市场信息不对称和农民工供大于求，导致大部分农民工的就业情况很不稳定。虽然三资企业和民营企业的用工体制和用工形式本身就带有市场调节的竞争性，但竞争的主动权始终掌握在企业的手里。有的企业对工人好一些，有的差一些；有的企业刻意降低劳动安全标准，缺少劳动保护，也不受法律约束；老板开除工人可以不受处罚，工人不知道通过什么渠道维护自己的权益；政府职能部门不知道该做什么，也不知道该站在工人一边还是站在厂家一边，多数时候甚至刻意站在厂家一边，毕竟来找工作的农民工多，来投资的外商少，在把“招商引资”作为首要任务的情况下，职能部门难免“错位”。在这种情况下，“跳槽”是农民工的普遍行为。

据 1994 年外来农民工课题组的调查，在 1021 份样本中，有超过半数的人至少有过一次调换工作的经历。其中，只换过一次工作的占 24.8%，换过两次的占 35.2%，换过三次的占 26.5%，换过四次以上的占 13.5%。在这些人当中，平均调换工作 2.4 次，最少者 1 次，最多者 8 次。[6] 这种“跳槽”并不是完全经

6　外来农民工课题组.珠江三角洲外来农民工状况[J]．中国社会科学，1995（4）.

济理性的“趋优行为”，更多的是一种“避劣策略”。农民工“跳槽”不是为了获取更高的经济收入，而是为了离开当时所在的企业，至于去往何方，他们并未考虑。由于企业缺乏让农民工表达利益的制度化渠道，加上农民工利益受损缺乏组织维护，这种“跳槽”实际上是“避劣”反应和“逃避”方式。

从经济角度看，“跳槽”所引起的波动性明显带来了一系列负效应：对企业来说，一直处在雇佣—培训—流失—再雇佣的恶性循环；对农民工来说，不仅失去了一次工作和发展的机会，所交的押金（当时进企业交押金是普遍现象）以及滞留的工资等都会被企业扣留；对社会来说，由就业不稳定所引起的波动性和流动性加大了社会管理的成本和公共服务资源的压力。这是由农民工自身的特点及其所处的位置所决定的，尽管很无奈，但又是客观存在。

五是盲目性。由于信息不对称，尤其是用工需求信息渠道不畅，而且劳动力市场还不健全，农民工在自发外出打工的过程中充满了不确定性和盲目性。尽管从总体上来说，农民工在流向上能跟随着政策走，知道哪些地方开放力度大、开发热度高、发展机会多，但在流量上却是盲目的。在外出打拼的过程中，他们中的绝大多数人找到了自身的立足点，然而也有一小部分农民工因找不到工作而滞留在输入地。

据河南省农村社会经济调查队在辖区内 15 个县（市）的抽样调查显示，1993 年河南外出的 430 万民工中，有 4% 的人（约 17 万人）找不到工作。

北京大学“东莞民工课题组”在《东莞民工状况调查》中曾经这样分析找不到工作的农民工的去路：一是回家；二是打零工；三是通过非常渠道求取生存资料。据调查显示，选择回家的农民工并不多，一则因为家乡太远，二则因为挣不到钱也无颜见“江东父老”。打零工的以男性农民工居多，他们干着蹬三轮车、做装卸工、做建筑工人等工作。打这些零工的农民工比一般的打工族更辛苦，其中尤以装卸工生活条件最差。他们大多没有房子可住，晚上几十人一起蜷缩在立交桥下面过夜，白天就聚集在交通要道口等待雇佣，形成自发的劳动力市场。第三种出路虽为数不多，但造成的社会问题却最为严重，卖淫、偷盗、抢劫等违法犯罪行为很多与此有关。[7]

竞争性的用工市场、不透明的用工信息、自发式的流动方式、分散式的寻找工作，加之不规范的劳务市场、不健全的劳动管理制度和工会组织，客观上对农民工的工作环境、生存环境和自身合法权益形成了巨大的挑战。

第 三 节

农民工的生存状态

对新生活的希冀，对城市生活的向往，对改变自身命运的冲动，让农民工开始向工业化和城镇化大进军。但希冀总是与痛苦相伴的，梦虽美好，圆梦却要付出代价。这些从“恋土”“盼土”到“弃土”“离土”的农民工，在客观上推动中国工业化和城镇化进程的同时，自身也经受着磨难、洗礼和裂变，因为在他们面前的完全是一个未知的世界。

1992 年至 1993 年，在沿海开放城市以及珠江三角洲，农民工的生活和工作场景让人唏嘘——

《工人日报》采访报道了珠江三角洲多家“三来一补”企业，包括一家制衣厂、一家皮革厂和一家制鞋厂。三家企业都为农民工提供集体宿舍和职工食堂。食堂的卖饭窗口，摆着一盆米饭、一盆大白菜和一桶漂着几根菜叶的汤。正在就餐的农民工说，“天天都是白菜汤”，每周只有一次加餐，加餐时菜里会放一点肉。对于劳动强度很大的农民工来说，这样的伙食远远满足不了身体的营养需求。

珠江三角洲的外商投资企业大多提供集体宿舍供农民工居住，一间 20 平方米左右的房间放着 6 张双人床，12 个人共居一室，一点多余的空间也没有。

7　北京大学“东莞民工课题组”. 东莞民工状况调查 [J]. 战略与管理，1995（2）.

床下放满了脸盆和鞋子，衣服密密麻麻地挂在阳台上。在虎门镇一家建筑企业里，农民工睡在建筑工地上临时搭建的工棚里，一排木板，10 多张席子，一盏照明灯，什么电器也没有，灰尘大、不通风，苍蝇乱飞。在温州的小厂子里，农民工就住在小作坊内作业场所上方的隔层板上，靠梯子上下，用塑料编织袋挡风，人得弯着腰才能爬到床上。

皮革厂和制鞋厂总体工作环境要比建筑业好一些。车间里的流水线上方有悬吊的电风扇，农民工可以在岗位上坐着劳动，但是整个车间弥漫着一股刺鼻的异味。中国社会科学院社会学研究所外来农民工课题组在珠江三角洲进行的调查表明，受访农民工认为高温情况严重的占 33.7%，认为粉尘情况严重的占 38%，认为噪声严重的占 50.1%，认为工作毒性严重的占 28.9%，认为工作场所通风状况不好的占 39%。据全国总工会原经济工作部调查发现，制鞋类企业半数以上存在有毒有害气体危害，一些企业作业场地狭小，人员密集，基本没有安全防护设施。

这一时期，国家并没有出台统一的劳动合同法律法规。但是，由于珠江三角洲外来农民工数量庞大，广东便率先制定了有关劳动合同的法律规定。1988 年颁行的《广东省经济特区劳动条例》第九条明文规定，“劳动合同是用人单位与职工建立劳动关系而达成的协议。除法律另有规定外，用人单位招用职工，双方必须订立书面劳动合同”。由此开始，珠三角地区签订劳动合同就有了法律规范。

但是，1992 年年底至 1993 年，在《工人日报》采访调查的 20 多家企业里，农民工与厂方签订劳动合同的比例只有 35%，没有签订劳动合同的占 65%；一个有一千多名农民工的民营企业与农民工签订劳动合同的比例仅占 1%；在已签订的劳动合同中，有半数为无效合同，个别企业还有“受伤和意外概不负责”的违法合同。大部分没签劳动合同的农民工没有被纳入政府劳动管理的范畴，没有建立法律上的劳动关系，各项劳动权益均处于无保障的境况。他们的命运如何，在很大程度上取决于企业主的素质。

这一方面说明，农民工的法律意识和权益保障意识淡薄，不了解签订劳动合同对自身权益保护所具有的作用；另一方面也说明，企业经营者或者说企业主守法意识淡薄，不愿与农民工签订劳动合同。有的企业主甚至认为，“签订劳动合同反而制约了灵活的用工制度”。同时，这也反映出当时的劳动法规不健全，对厂方的行为规范不力。这种情况客观上造成了“老板想炒就炒”、农民工不想做随时走人的不稳定状态。

1988年颁布实施的《广东省经济特区劳动条例》和1993年颁布实施的《深圳经济特区劳务工条例》均明文规定，“职工每周工作时间不超过六日，每日工作时间不超过八小时；工人每月加班时间不得超过四十八小时”。但是，这些法规并未得到认真执行，超过50%的企业存在让员工过度加班的行为。

在20世纪90年代相当长的一个时期内，这种情况都没有得到改善。直到1997年全国总工会进行农民工问题调查时，仍有45.2%的农民工在完成劳动定额后需要加班，延长工时或安排节假日工作不能得到加班工资的占30.7%。有一些企业主提出，“要想多挣钱，就得多加班”，鼓励和引导农民工加班加点。甚至有些企业强迫农民工加班加点，不加班要以旷工论处，被倒扣钱或除名，而加班工资则是任意施给，有的加班一小时只付几角钱。由于长时间加班加点，很多农民工都疲劳不堪，往往是“走出厂房进了宿舍倒床便睡”，连看电视的时间和精力都没有。即便如此，算上加班工资在内，月均收入只有300多元的农民工约占40%，月均收入500元的不到20%，月均收入500元以上的是少数，还有不少企业农民工的月收入不到300元。据1993年广东开展的劳务大检查发现，有一些企业的工资水平远远低于当地的最低工资标准，连加班费在内的月工资仍不足200元。这种长时间加班加点和低工资的状况，正是珠三角地区改革开放之初劳动纠纷频发和停工、罢工事件不断的一个重要原因。

珠江三角洲早期的“三来一补”企业女性较多，但这里对女性农民工的特殊保护却很少。企业招工时多选择未婚青年，多签订短期合同，基本不承担

“四期”（经期、孕期、产期、哺乳期）的各项负担。女性农民工进入婚育年龄后续签合同的仅占三分之一，有个别企业甚至在厂规中列有怀孕要解除劳动合同的规定。因此，与国有企业和集体企业相比，早期的外商投资企业和民营企业对于女性劳动者的保护基本是空白。

还有一些农民工在跨省流动的过程中境况更差。东莞市虎门镇有过数百人的劳动力集市，没有找到固定工作的外来农民工聚在这里，等待需要散工或搬运工的雇主。与工厂里的农民工相比，做散工或搬运工的农民工地位更低，收入更少，劳动条件更艰苦。极少数长期找不到工作的女性农民工，在一些不法分子的胁迫下甚至走上了卖淫的歧路。

尽管新闻媒体当时调查和采访的企业相对有限，但至少从一个侧面反映了农民工流动之初的生存状况，也从一个侧面揭示了当时的农民工在流动过程中的劳动关系特征。一方面，农民工流动的政策性障碍已经扫除，从邓小平南方谈话和中共十四大决定建立社会主义市场经济体制之后，连续两年各级政府没有再出台限制农村劳动力转移的政策措施，农民工已经得到了比以前更大的经济空间和更多的就业机会，主体意识和权利意识开始发育，流动农民工已经具备了改变整个社会结构的数量和质量。另一方面，整个社会对农民工流动所引起的社会结构的变化并没有做好准备，制度上缺少设计，管理上规范缺失，社会组织渠道不畅，劳动关系严重倾斜。农民工的生产和生活状况并不乐观，一些企业对农民工的侵权行为屡屡发生。

第六章

纠纷频发与政府回应

工业化、城镇化、国际化、现代化是时代发展的一种必然趋势。欧美国家在工业化和城镇化进程中，通过殖民政策从全球掠夺资源，解决资本积累问题；通过向美洲和澳洲大陆侵略性移民，解决农业劳动力转移问题。即便是在这种情况下，劳资矛盾仍然尖锐，罢工事件频频发生，在工业化的初始阶段，劳资双方经常处于对立状态。

中国的工业化和城镇化进程是在资本积累严重不足和农业劳动力大量过剩的情况下起步的，再加上中国实行独立自主的外交政策，不可能走欧美国家工业化、城镇化的路子。抓住机遇，承接世界产业转移的浪潮，把人口众多的包袱转变为廉价劳动力的优势，通过消化吸收实现自身的工业化，这是唯一可行的思路。

邓小平南方谈话和中共十四大决定发展社会主义市场经济，把人们从“左”的思想束缚和计划体制中解放出来，通过体制改革释放“制度红利”，为中国的工业化和城镇化注入了新的动力。实行对外开放和开发沿海经济带的政策，不仅使外商看到了中国廉价劳动力优势，同时也使国内各级政府认识到人口众多的压力转变为“人口红利”的路径，从而对中国的工业化和城镇化形成拉力。大量剩余农村劳动力对转移的渴求，大量农民工负重、勤奋、坚韧与耐劳的品质，对中国的工业化和城镇化形成了巨大推动，在这种情况下，资本成了唯一的稀缺资源，也是中国实现工业化和城镇化的必要条件。只有让大量国际资本与中国农村大量剩余劳动力在企业的围墙内结合，才能解决中国工业化和城镇化所面临的资本积累不足和农业劳动力大量过剩的两大问题，才能使“制度红利”与“人口红利”形成叠加效应。

于是，招商引资成了这一时期的热点，也成了各级政府的工作重点。各省市政府纷纷在深圳和上海设立办事处，作为招商引资的窗口，各县市政府都把招商引资作为“硬指标”分解落实到人，基层政府更是设立“招商局”之类的机构，这种情况一直持续到2000年之后。这种做法确实加速了外商投资的步伐，加强了国内经济发达地区与不发达地区的横向经济联系。通过税收优惠和减免各种费用以及为外商创造良好的投资环境，吸引“三资”企业及港澳台资本落地，在一定程度上解决了工业化起飞阶段所需的资金和技术。但是，由于饥不择食，一些有毒有害和低端制造业的企业也乘虚而入，在对环境造成破坏的同时，也对从农村转移出来的大量农民工造成伤害。

第 一 节

不平衡对撞：强资本 vs 弱劳动

与“招商引资热”形成鲜明对比的是，相当多的地方政府并没有对劳动力市场的规范、劳动用工制度的建设、劳动关系的调节、农民工的权益维护等问题进行制度设计。从国家方面来说，正在酝酿对计划经济时期形成的用工形式进行改革，新的用工形式正在探索之中，尚无关于适应社会主义市场经济需要的劳动用工、劳动关系调节的法律、法规。从地方政府方面来说，政府是发展社会主义市场经济的直接推手，地方政府的领导和各职能部门“捆绑”招商，劳动用工、劳动力市场、劳动关系的调节基本不在其视野之内，更谈不上制度安排和机制建设。有的地方甚至用压低劳动力市场价格来“取悦”资本。个别地方政府（如广东省珠海市）尽管劳动管理起步较早，也建立了劳资关系协调机构，但由于受大气候的影响，其发挥的作用也相当有限。从企业方面来说，它的目的就是最大限度地攫取利润。企业主不是慈善家，利润和工资的“跷跷板”效应使他们尽可能地降低劳动条件和标准，压低工人工资，以此来获取最大利润。而这一时期引进的外资大多以中小企业为主，它们在管理上本身就缺少规范性，在缺少法律和制度约束的情况下，对农民工的权益侵害可想而知。

政府与资本强势结合，资金和技术稀缺问题迅速得以缓解，经济发展呈现出强劲势头。与此同时，劳动关系的脆弱性也暴露无遗。由于农村剩余劳动力转移的自发性和分散性，再加上这一时期三资企业（中外合资经营企业、中外合作经营企业、外商独资经营企业三类外商投资企业）和民营企业绝大多数没有建立工会组织，有些地方甚至把企业组建工会与引进外资的投资环境对立起来，阻碍企业工会的组建工作，因此，在政府、企业和职工的三边关系中，劳动者处于非常弱势的地位，劳动关系出现严重倾斜，农民工合法权益受侵害现象屡屡发生。

蛇口工业区作为中国最早实行对外开放的“窗口”，1983 年 6 月在其区内最具影响力的企业凯达玩具厂里就曾发生过劳资纠纷。100 多名女工抵制厂方每天强制加班 4~6 个小时，致使女工小白在岗位上昏倒。这是蛇口工业区也是当时整个特区的第一次集体停罢工事件。厂方则以处理一名带头停工者的工作“杀鸡儆猴”，激起员工强烈不满。经过 56 天的谈判，在工业区工会筹委会的努力下，带头停工的普通女工郑某回厂上班，“凯达事件”得以平息。这起改革开放以来的第一次重大停罢工事件，标志着资本和劳动的博弈从此登上中国的历史舞台。

“凯达事件”的发生和平息不是劳资纠纷的结束，而是劳资矛盾的发端。10 年之后，1993 年 5 月 15 日，凯达公司再起罢工潮，750 名员工联合上书蛇口工会，抗议厂方不尊重人格、福利待遇太差、加班加点超时劳动和工资偏低。随后，1300 多名员工集体停工。在工业区工会的严正交涉下，事件再次以外商接受员工全部意见、承诺普遍增加员工工资而收场。同样性质的事件前后 10 年反复发生，说明贪婪是资本的本质特征，倘若没有约束和规范，资本的嗜血性会随时在劳动者身上体现。好在蛇口工业区较早地设计了一套关于劳动用工问题的制度，有一个强有力的工会机构，能使劳资矛盾及时化解而不至于激化。其他地区则很少能像蛇口工业区这样，它们既没有对劳动关系的高度重视，也没有处理劳资矛盾的机制，它们在学习“蛇口模式”的管理经验和吸引外资投资的模式时，并没有复制蛇口工业区对劳动用工和劳资矛盾的处理方法。

作为农村剩余劳动力转移的主要渠道，三资企业和民营企业成了农民工流动的“就业场”。这里既没有国有企业职工所拥有的温情脉脉的“大锅饭”，也没有安逸无虞的“铁饭碗”，更没有社会福利的“安全网”，有的只是博弈和竞争、辛劳和无奈。这就注定了农民工参与中国工业化和城镇化之路，从一开始就是一个充满艰辛、相当痛苦而又不得不风雨兼程的过程。如果说发生在蛇口工业区的劳动争议只是一个起点和缩影的话，那么发生在其他各地的劳动纠纷则形成了一个面，从整体上勾勒出当时发生在农民工身上的劳动关系状况。

尽管并没有农民工权益受侵害事件以及由此引起的劳动纠纷的官方统计数据，但这一时期新闻媒体关于农民工权益受侵害的报道却普遍增加。作为中华全国总工会机关报的《工人日报》，此时高度关注农民工的生存状况。1993年年底，该报刊出《关于部分三资企业员工权益情况的调查》，从一个侧面反映了当时劳资矛盾的多发性和劳动关系的脆弱性。

今年1月至5月，全国有100多家三资企业发生了重大劳资纠纷。虽然发生纠纷的企业不到外企总数的1%，但其后果与影响不可低估。外企经营管理人员严重侵害中方员工的合法权益，是引发劳资纠纷的主要根源。

能靠体罚提高劳动生产率吗?

目前在我国部分三资企业尤其是一些小企业里，由于经营管理人员素质低下，再加上政府有关部门没有把有关法律覆盖到这些地方，以致新中国成立后企业里已绝迹的体罚、打骂工人等行径，又死灰复燃了。

天津一实业公司女工小刘向记者倾诉：小朱干完活后吃了一块泡泡糖，被外方管理人员责令手托着吐出的糖，从下午3点，一直站到晚9点下班；小戴因胃疼蹲在地上，被罚在几百人前示众；小吕与工友商量工作，被“工头”斥责，她刚辩解两句，外方工头就用机油喷她眼睛，用拳头打她脑袋……

体罚、打骂、侮辱人体，在一些地区的少数三资企业里时有发生。

青岛某纤维有限公司的工人，偶尔迟到，就被罚绕厂区跑步或面壁而立；某玩具公司怕工人夹带，令男性“保安”搜女工的身；广东某鞋厂工头经常打骂工人，而且，“打不许还手，骂不许还口”，否则“炒鱿鱼”；上海某鞋业有限公司规定工人上班时不许大小便、不许喝水、不准看病；福建莆田某鞋业公司别出心裁地创造了一些体罚工人的“绝招”：罚淋雨、罚晒太阳、罚学青蛙跳。

能让《包身工》的劳动环境重现吗？

新中国成立以来，中国工人摆脱了夏衍在《包身工》中所描绘的劳动场景，劳动条件、劳动环境得到了大大改善。然而在目前少数三资企业里，时光好像正在倒流。

4 月 23 日，记者见到了厦门某餐具有限公司的 10 多名员工，望着他们伸出的残指，真令人不寒而栗。这家企业 4 年间有记录的工伤事故达 38 起，夺走了员工们的几十个手指。

一个权威部门于 1991 年所作的抽样调查表明了少数外企工伤事故的高发率：“蛇口工业区 1 月至 5 月，发生工伤事故 32 起，全部发生在三资企业，其中 9 家是重复发生事故。一家仅有 290 人的合资企业，连续发生 9 起工伤事故。”有人统计，一年之中广东省宝安县三资企业员工前往政府申诉的工伤争议案高达 400 多起……

一位国际环境专家指出，现在呈现出这样一种趋势：境外资本正在有计划地将“夕阳工业”转向中国。青岛市某企业用聚氯乙烯粉末做塑料膜，不安任何防尘设备，工人吃饭时也不许停机；广东省有两家外资玩具厂连续发生 12 次有机化学药品中毒事件，3 人不幸身亡；珠海市抽查 7 家合资企业，苯、甲苯、二甲苯在空气中的含量超过国家标准 8~10 倍；天津市某独资企业工作岗位上苯含量超标达 200 多倍；广东省某市相关部门抽查 260 名三资企业员工的体检表，有 46 人贫血或白血球、血小板异常，初显血液病的前兆。在这些污染环境中工作的绝大多数是女工，她们结婚怀孕后，后果难测。

能不依国际规则和我国法律办事吗？

广东省劳动局曾向 17 家三资企业的 1.4 万多名员工做问卷调查，员工们反映，大部分企业日工作时间为 10~12 小时，而且没有休息日。珠海市某玩具公司装配 B 班工人，曾有一个月每人加班达 170~192 小时，最多加班达 214 小时；青岛市有的企业违反规定的 9 小时工作制，两家企业的职工从去年 11 月以来，每周都有 5 天工作超过 13 个小时；某电子有限公司开工一年多来，月人均加班达 100 小时；某针织有限公司强迫工人连续加班 72 小时，致使工人晕倒在工作台边；厦门市某合资企业规定，不加班者倒扣工资或辞退。

有些三资企业随意提高定额。珠海市一家合资公司的秒针车间，人班劳动定额为 4000 件，而在日本这一数量仅为 2500 件。

一些外企主管不与员工签订劳动合同，使大批员工就业无保障、失业无保险。去年，深圳进行过一次劳动执法大检查，在抽查的 2055 家企业、28 万名员工中，没办任何劳动手续者占 17.9%。汕头特区和珠海市没签劳动合同的企业，分别占到外企总数的 70% 和 90%。

某些外企为什么不与受聘员工签订劳动合同？其一，可以随意处罚、开除工人；其二，逃避为员工交纳社会保险，降低生产成本；其三，违法削减员工薪金。

有些外商虽与工人签订劳动合同，但所订条款本身就不合法。如上海市某合资企业，在合同中规定员工大小便时间，强令工人进厂“三年不许谈恋爱”“若不服从加班安排，一律开除”，等等。福州市一家独资企业在劳动合同中规定：员工试用期间发学徒工资，若合同未满要求离厂，须交数千元的“培训费”。可是，工人开始“学徒”，却要完成五级工的定额。结果，试工的“学徒”无人合格。[8]

8 曾晓明，田杰，丁国元．关于部分三资企业员工权益情况的调查 [N]．工人日报，1993-11-10．

这篇调查报告至少说明三个问题：一是劳动纠纷的普遍性，从天津、青岛、莆田、厦门到广东，对农民工的侵权事件普遍存在；二是侵权内容的广泛性，从加班加点、体罚、工伤到不对等的合同，对农民工的侵权涉及方方面面；三是侵权发生地的集中性，基本上都是在三资企业。雇佣关系与劳资矛盾是孪生的，因此，外资的大量进入在解决资本稀缺的同时，也带来了必然的劳资矛盾。政府和社会应正确对待劳资矛盾，规范劳动关系。

1992
2001

第二节

“葵涌大火”与《劳动法》的出台

尽管劳资矛盾频发在这一时期已经成为普遍现象，但并未引起人们的广泛关注，各地并未像重视资本那样来重视劳动关系。直至 1993 年发生在深圳市的一场特大火灾，才对整个社会形成了一个巨大的冲击波，把人们的聚焦点拉到了农民工身上。

1993 年 11 月 19 日，深圳市葵涌镇致丽工艺制品厂发生特大火灾事故，84 人葬身火海，20 人重伤。这是新中国成立以来发生的最大的火灾事故，震惊全国。虽然事故的原因很多，但诸多原因的背后，隐藏着一个关键的因素，即在一场不公平的博弈中，资本之手借助火神之口吞噬了 84 位农民工的生命。

当年的《南方周末》一篇报道记录下了这悲惨的一幕——

致丽工艺制品厂厂区是一幢三层的楼房，建于 1988 年。西面一小截是写字楼，东面全是生产用楼。一楼是仓库，二楼是流水生产线车间，三楼是制衣车间。这栋楼共有两个楼梯，东边的楼梯早已堵死，西边的楼梯也只能并排走两个人，厂房的四个大门有三个已被封死。据有关人士介绍，这是怕打工妹偷东西和提前下班才封死的。厂房开有很多大窗户，但南面的窗户用铁条焊死，北面的窗户除铁条外还加了细密的铁皮网。该厂主要生产工艺玩具，厂内放有大量的布、海绵、毛料等原材料，以及大量已制作好的儿童玩具。

"起火了！"保安人员提了一个灭火器，从二楼就往一楼冲，才到一楼，火势便烧到了二楼。保安人员才走几步，就被一股浓烈的毒气熏倒了。另一个人赶紧拧开消防栓，可惜，里面没水，刚好那天又刮东北风，火势"噌"地一下就蹿到三楼。"好像老天也要灭我们。"一名打工妹事后回忆说。一时间，喊声、哭声混成一片，300多名打工妹摸索着就往西边的楼梯口跑。"我叫谭红琼，是厂里的交货员。当时，我正在点数，看到别人跑，我也跟着跑。烟好大，人好挤，后面的人把我推倒了。我赶紧爬起来就往一楼跑，跑慢了，就要被人踩死。可跑到一楼，唯一出路已被大火封死了。我在厂里工作了那么久，也不知道正对楼梯口有扇门——从没开过。接着我就从人堆上又往二楼跑，但窗子又被堵死了。"

慌乱的打工妹们不停地呼喊着自己的亲人、老乡……他们有的被烧死，有的被踩死，有的因中毒窒息而死。

1时40分，葵涌镇两台消防车赶到现场，但只是杯水车薪，火势越烧越旺。龙岗区立即调动了7个消防支队。3时45分，收到市长专线电话后，罗湖、笋岗等4个支队20余辆消防车立即奔赴火灾现场。

有的消防队员爬上了二楼和三楼的窗子，用铁钳把窗户上的铁条给夹断，幸运的打工妹才由二楼、三楼往下跳，而楼下是坚硬的水泥地。

大约过了一个多小时，消防员才发现正对西边的楼梯口有个卷帘门已被焊死，便用斧头把那扇门劈开……

近4时，火势得到了控制；近5时，大火基本扑灭。

记者采访葵涌大火幸存者后披露的真相，更加令人震惊——

幸存者口述之一：

我是四川人，在东莞打工。我嫂嫂的妹妹已被烧死，我的弟弟为了救人也被烧成重伤，现在正在深圳市人民医院抢救。

那天，我正好来葵涌看我弟弟，忽然看见一股浓烟冒出来，听见几个女工在二楼呼喊救命。我迅速冲过去爬上二楼，一拳打碎玻璃，但是，没有办法啊，窗子上还有铁条，我用钳子夹了好久才夹开一个洞，跑出来了6个打工妹。

我听我弟说，今年3月，消防部门在消防检查中发现该厂存在严重火险隐患，如他们在楼梯过道上堆满了杂物、电线拉得像蜘蛛网等。检查组来厂时，他们曾打开这扇铁闸门，可检查组一走，他们就又封上了。这个厂是葵涌村和香港致高宏业公司合作兴办的来料加工厂。为什么我们的政府不对他们进行停业整顿呢？我嫂嫂的妹妹才16岁呀！

幸存者口述之二：

我4个妹妹都在大火中丧生了，其中一个是亲妹妹，另外三个是堂妹。我的妹妹在这里吃了苦，累得要死一个月才200元钱，加上加班工资也才300多一点，一个月的休息时间才一天，忙起来的时候，晚上睡觉都不安稳，有时上厕所也要规定时间，有时加班还要通宵。吃的饭里又有不少头发和沙粒，有时还有一股煤油味。晚上冲凉也全是冷水。[9]

9　佚名．魂断葵涌——深圳11·19火灾纪实[N]．南方周末，1993(11)．

1992

2001

鉴于事故的重大和在全国引起的影响，深圳市委和市政府立即成立了事故调查组，对事故的责任作出认定。致丽工艺制品厂的责任：无视国家安全生产法规，雇用无证电工，电线电器安装不符合安全要求，长期超负荷用电；厂房与仓库混用，在电源线下堆放大量可燃物品；堵塞消防通道，车间人员密度过大，没有建立防火安全制度和义务消防队；违反消防管理条例，接到火险隐患整改通知书后，只作了部分整改，重大火险隐患没有消除，却采取行贿等不正当手段获得了整改合格证；厂领导失职，在发生火灾时，没有组织指挥工人灭火和有秩序地撤离，只顾自己逃命。葵涌镇镇政府对致丽工艺制品厂的整改工作督促检查不力，尽管对致丽工艺制品厂的火险隐患完全了解，但没有严格要求和督促该厂整改；向整治小组行贿说情，向整治小组送了“生活补贴费”“伙食补助费”、旅游费等。市消防部门派往葵涌镇的整治小组有关人员收受钱款后，放弃原则，在重大火灾隐患没有整改的情况下仍发给工厂合格证。

从媒体对新闻事实的报道和政府对事故责任的认定来看，有几个问题是值得特别关注的——

其一，这栋楼共有两个楼梯，其中一个早已堵死，厂房的四个大门有三个被封死，窗户被铁条焊死，铁条外还加了细密的铁皮网。

其二，该厂电线电器安装不符合要求，长期超负荷用电，厂房与仓库混用，在电源线下堆放大量可燃物品，堵塞消防通道，没有建立防火安全制度和义务消防队，没有向公安部门进行防火设计申报。

其三，在消防整治期间，镇长写信要求整治小组给没有整改好的工厂发整改合格证。

其四，打工妹累得要死一个月才 200 元钱，加上加班工资才 300 元多一点，而一个月才休息一天，忙起来的时候，晚上睡觉都不安稳，有时上厕所也要规定时间。

一位叫王小芳的女工遇难前的一封家信，透露了她们的生活状况。

> 还是谈谈我工作的事吧，我将工资表示意如下，你们看一看。一共一百五十九元八毛七，不过工资的多少，还得由每月的货多货少以及价格的高低、做货的好孬决定，这个月经自己认真干，挣得了这点钱，我准备寄一百五十元回家。在生活上，我已经习惯了，每天两餐，早上买三毛钱的东西吃，菜是白菜，有时改善一下是豆腐、豆芽，白菜里有一点肉，身体也好，只是有时发（上）火，也许是水土不服吧。不过，这个请你们不要担心，我自己会处理好的。[10]

这些事实，揭示了当时的农民工和资本关系的实质。

从理论上讲或从纯经济的角度上讲，农民工与资本的关系是在双方自愿的基础上形成的，雇主获得巨大的利润，农民工获得满意的工资。农民工是工人阶级的一部分，是新鲜血液，是以国家主人翁的身份在外资企业和民营企业工作——很多理论工作者都认为，社会主义社会的劳动关系不是雇佣劳动条件下的剥削关系。但是，这些理论忽视了一个重要前提：农民工从一开始就是按照市场规律走向城市并与资本结合的，在“效率优先、兼顾公平”的原则下，政府并未为农民工设置一个公平的劳动环境，农民工的劳动关系、劳动条件和劳动收入，只能受经济规律和市场法则的自然调节。经济规律不分属性，市场法则严酷无情，在资本相对稀缺、农民工又供过于求的情况下，如果失去政府和法律的制约，资本与农民工的关系就是一种赤裸裸的雇佣剥削关系。一方面，雇主为了实现利润的最大化，尽可能地侵害农民工的各种权益；另一方面，为了得到微薄而又没有保障的工资，农民工不得不在恶劣危险的劳动环境中工作和生活。

葵涌大火的现实表明，在资本与农民工的博弈中，资本处于强势地位，在

10 佚名. 魂断葵涌——深圳 11 · 19 火灾纪实 [N]. 南方周末，1993（11）.

门窗被封的环境下劳动，其实质就是奴役劳动，也就是资本对农民工的奴役。

葵涌大火的残酷现实还表明，在资本所有者与农民工的博弈中，资本所有者处于主宰地位。他们拥有自己的社会关系支持网络，跟当地的某些政府官员和执法部门关系暧昧，违背法律法规的事可以通过各种手段去疏通。而农民工则完全背井离乡，来到一个一无所知的陌生环境，加上劳动力供过于求，他们不得不接受最低的工资，并且面对雇主的侵害只能忍气吞声，处于毫无争议的弱者地位。

葵涌大火的残酷现实更表明，在资本和农民工双方的关系上，政府没有足够重视创造和维护良好的博弈环境，没有注重制定和维护博弈的规则，没有注重管理和监督博弈双方力量对比的均衡和博弈结果的公平。有些地方政府对农民工认识存在偏差，转型时期制度建设滞后。有些地方政府官员片面追求政绩，只重视招商引资，不重视劳动环境；只重视经济增长速度，不重视劳动关系的公平，甚至把农民工的低工资和不交“三险”作为降低劳动成本和引进资本的优势，不仅没有在雇主与农民工的博弈中起到裁判的作用，反而加剧了农民工在博弈中的劣势。

西方经济学家关于雇主与雇员关系的理论有两种观点：一种观点认为，企业的组成形式是契约式的，雇主与雇员各自追求自己的利益，分别以利润最大化和个人效用最大化为目标，双方并无共同利益，其结果是双方在博弈中各自最大化地实现自己的目标；另一种观点认为，企业的组成形式是家庭式的，雇主与雇员同处一个屋檐下，存在共同目标，双方在合作中实现共同追求的利益，继而实现各自效用的最大化。

中国的经济学家很少涉猎雇主与农民工关系的理论，倒是一些工会工作者提出，既然社会主义是人民当家做主，那么农民工就是以国家主人的身份与资本结合的，不是一种单纯的雇佣关系。

在雇主与农民工关系的初始阶段，有三个关键环节决定着这种关系的走向：一是劳动力供大于求，工作岗位严重不足；二是资本匮乏，各地争相引资；

三是一些地方政府为引资提供了各种优惠条件，而对农民工却没有及时构建公平博弈的制度保障和劳动环境。在这种情况下，农民工根本没有力量与资本博弈，他们中的很多人与企业连基本的劳动合同都没有签。即使签了合同的，合同本身也多是一份不平等的契约。因此，这一时期雇主与农民工的关系是一种不完善的契约关系，双方基本上没有共同利益可言，其结果是资本在博弈中实现利润的最大化，而农民工中的大多数则只能维持基本的生存需要。

就雇主与农民工关系的长期发展趋势来看，将会趋向和谐和双赢。但这种和谐和双赢的关系真正实现取决于四个基本因素：一是确保资本与农民工公平博弈、维护农民工权益的法律法规体系的建立和完善，这是决定能否走向和谐和双赢关系的基础；二是政府制定双方公平博弈的规则、创造公平博弈的环境、监督博弈双方按法规和制度办事的职责是否到位，这是决定能否走向和谐和双赢的保证；三是资本拥有者的经营理念和价值取向是否以双赢为出发点，这是决定能否走向和谐和双赢的必要条件，日本企业所采取的“终身雇佣制”和德国企业所采取的“工人参与制”实际上都是和谐和双赢理念的体现；四是农民工利益的表达者和维护者的组织及职责是否到位，这是决定能否走向和谐和双赢的充分条件。只有这四个因素到位后，才能真正构成博弈的双方。

就在深圳市葵涌镇大火发生20多天之后，1993年12月13日，福州市马尾经济技术开发区内的台资企业高福纺织有限公司也因劳资纠纷引发特大火灾，造成61人死亡。

频发的劳资纠纷，特别是接连发生的两场特大火灾，举国震惊，也引发了高层领导和立法部门的高度关注，立法保护劳动者合法权益的话题进一步升温。

时任中共中央政治局委员、中华全国总工会主席尉健行同志指出，发生在深圳和福州的两起特大火灾事故，“充分暴露了少数外商投资企业违反我国法律法规，漠视安全生产，只顾赚钱，置工人死活于不顾的严重问题，也反映了一些企业基础工作的薄弱和管理的落后。维护职工合法权益，首先要保护职工生命和财产安全。工会对此必须高度重视”“对忽视安全生产、造成重大人身伤亡事故的领导者和责任者，要提请政府或有关部门依法追究其行政责任和法律责任”。

1994年，厦门市一台资企业发生重大劳资纠纷，1700多名员工为要求缩短工时、提高待遇举行集体罢工。时任中共中央总书记江泽民就此作出重要批示强调指出，“对保护职工合法权益问题应统盘解决，要有明确的法制。不能允许资本主义原始积累阶段的一套办法还在中国重演，特别是台商、港商，既要欢迎他们来投资，但也要他们严格遵守中国的法制”。[11]

1994年7月5日，全国人大颁布《中华人民共和国劳动法》，首次将经济转型时期的劳动政策上升到法律规范的层次。

1994年3月2日，时任劳动部部长李伯勇在八届人大常委会第六次会议上作关于《劳动法（草案）》的说明，详细分析《劳动法》的出台与劳资矛盾的关系。他说，“由于缺少比较完备的对劳动者合法权益加以保护的法律，在一些地方和企业，特别是在有些非公有制企业中，随意延长工时、克扣工资、拒绝提供必要的劳动保护，甚至侮辱和体罚工人的现象时有发生，以致酿成重大恶性案件”。参加《劳动法》起草工作的时任中华全国总工会副主席张国祥认为，发生在深圳和福州的两起大火加速了《劳动法》的出台，“大家感到，如果再不立法对劳动者权益加以保护，将会导致严重的社会问题”“不管付出多大辛劳、经历多少曲折，都要制定出《劳动法》，至少我们这些参与立法的人，这一信念从来没有模糊过”。

毫无疑问，《劳动法》在一定程度上起到了规范市场经济条件下的劳动关系和维护劳动者权益的作用。

中央高层重视、政府和立法部门对农民工中引发的劳资矛盾及时跟进，是改革开放以来的一个标志性事件。《劳动法》的出台，把劳动关系的调整纳入法治的轨道，这是劳动关系法治建设的里程碑，是该领域由人治走向法治的起

11　尉健行．尉健行谈工会工作[M]．北京：中国工人出版社，2015-4．

点，是中国宣布建立社会主义市场经济体制之后，劳动要素市场化调节的基础，也是中国政府在从计划经济转向市场经济之初，面对多种经济成分，应对劳动纠纷调解的依据。实际上，政府和立法部门根据劳资关系的发展，不断地提供调节依据和准绳，也成为这一时期调处劳资矛盾的一大特点。

1994 年 12 月 6 日，针对拖欠农民工工资问题以及日益突出的劳资矛盾问题，劳动部出台了《工资支付暂行规定》，对涉及工资支付的一系列问题进行了明文约束。

应当说，以《劳动法》为代表的一系列法律和法规的出台，具有很强的针对性，也为基层和企业调处劳动关系提供了准绳和依据。但是，1994 年起实行的分税制，极大地调动了地方政府发展经济和财政增收的积极性。主要来自企业所得税、增值税、营业税和土地出让金收入的地方财政收入结构，让地方政府更多地直接感受到资本要素对地方财政收入的贡献，而劳动力要素对地方财政收入贡献的直接感受却并不明显。这就导致地方政府在展现招商引资优势方面表现出强烈的积极性，对于农民工的劳动争议缺少工作的积极性和主动性，有的甚至害怕维护农民工权益会得罪资方、赶走企业，影响地方的经济发展。因此，一些政府官员对农民工遭遇的侵权行为大多“睁一只眼、闭一只眼”，有的甚至认为“三条腿的蛤蟆难找，两条腿的人多的是，你不想干走人，有的是人要来干”，对劳动关系的调节问题不闻不问。此外，劳动部门的劳动监察人员编制有限，人手不足。以香港与深圳为例，当时香港的劳动监察员与工人之比为 1∶4000，而深圳为 1∶23200；香港的劳动仲裁处有专职仲裁员 200 名，而深圳专职仲裁员编制仅 6 名。

各种主客观因素的叠加，使法律法规落地的概率大打折扣，有法不依、执法不严的问题比较普遍，以致在 10 年乃至 20 年之后，类似的侵权事件仍时有发生。这一方面说明，与《劳动法》相关的配套法规亟须进一步完善。另一方面说明，必须进一步加大劳动执法的监督检查力度。

第七章

生存与尊严

中国农村剩余劳动力的转移和农民工的流动，既是中国工业化、城镇化的重要组成部分，也是计划经济转向市场经济的必然结果，还是中国社会结构变化重组的重要标志。长期被固化在社会结构最底层的农民，通过参与工业化进程和进城打工，在改变自身生存状况的同时，也开始向城里人转变。但是，由于这种转变是在体制外进行的，所以转变的不是身份，而仅仅是职业。即便如此，他们的职业也与城里人不在同一个档次——同工不同酬、同岗不同酬、相同的岗位不同的福利待遇，更多从事苦、脏、累、险、重等城里人不愿从事的工作，实际上处在工业化和城镇化的最底层。在他们面前，那些体制内的城里人自然产生一种优越感，因为农民工付出的劳动量很大，得到的收入却很少，所从事的工作又是城里人所不愿意从事又离不开的苦活儿、累活儿、脏活儿。城里人把他们当成脏兮兮的“乡巴佬”“大老粗”，与他们保持距离，拒绝接纳。这就注定了农民工在融入城市生活的过程中，必然要面对各种艰辛。

第 一 节

歧视下的无奈

1992

身份不平等、岗位不平等、收入不平等、生活不平等必然带来认知上的歧视、管理上的歧视、经济上的歧视和人格上的歧视。农民工从进入工厂和进入城市的第一天起，就在与不平等和社会歧视抗争。

称谓上的歧视。如果说早期的“修鞋族”“保姆族”“卖菜族”的称谓，还是对从事某种特定职业的农民工的中性称谓的话，那么，兴起于20世纪80年代延续至整个20世纪90年代的“打工仔”和“打工妹”的称谓，则带有某种

2001

明显的歧视。这种对农民工的称呼始于广东，很快便普及全国。或许在粤语的地域文化中“仔”或“妹”的说法并无贬义，但这种称谓一旦成为庞大的农民工这个阶层的代名词时，歧视的特点就暴露无遗了。

起初，“打工仔”的称谓并未引起人们的注意。但随着农民工在社会经济活动中贡献的比例越来越大，称谓问题也引起了广泛关注。在2000年的第一次全国“两会”上，工会界的政协委员大声疾呼，反对歧视，要求正名。此后，依照有关部门的要求，主流新闻媒体开始在报道中使用“农民工”和“进城务工人员”的称谓。再后来，国务院在红头文件中明确使用“农民工”这个词，这个称谓得以最终确定。别小看称谓，它体现的是一种社会认知和社会态度，在中国名不正则言不顺，言不顺则事不成。

流动方式上的歧视。在20世纪80年代末和整个90年代，农民工自发性

的、分散性的流动方式都被称为“盲流”现象，是劳动力“无序”流动的体现，有的人甚至主张靠围追堵截等办法使其实现“有序”。很多大中型城市自发形成的劳务市场，在这一时期经常被地方政府部门以“非法劳务市场”的名义关闭。

“有序”是整个社会健康运行的基础，当然也是人们所期盼的。问题是怎样算“有序”，怎样才能“有序”，流动的自发性特征就一定会带来无序、就会形成“盲流”吗？1994年有一项对广东珠三角地区的调查显示，在回答“第一份工作是如何找到的”这一问题时，有71.2%的农民工表示是通过亲戚、朋友或老乡找到的，自己到可能用人的单位自荐占11%，通过城里劳务市场找到的占2.7%，通过老家政府组织劳务输出找到的占4.8%，还有一些是通过其他途径找到的。在回答“为什么要到那里做工”这一问题时，有72.1%的农民工表示是因为家里有亲戚、朋友或熟人在那里做工或是被介绍到那里去的，听说那里好找工作、挣钱容易的占5.8%。[12] 这些数据说明，尽管农民工的流动是自发的和分散的，但他们流动的渠道、选择的根据和流动的目的地，都有很强的针对性。农民工对沿海地区就业状况的了解以及中介服务，主要是通过亲朋好友和老乡这个关系网络来进行的，绝大多数在决定外出之前就已充分考虑了能否就业的问题，几乎每个环节都有个人关系可依靠，比有组织的输出还显得“有序”。相反，真正通过政府组织渠道找工作的却是极少数。这说明，农民工一开始就在走向市场、参与竞争中接受洗礼。农民工不经体制安排、不经劳务部门统一组织便进入市场的所谓“盲流”行为，正是市场经济规律进行市场调节的一种体现。

实际上，把农民工的自发流动称作“盲流”，既是站在旧体制的立场上以计划经济的思维方式来看待农民工现象的一种表现，也是一种“居高临下”的等级观念作祟。从本质上来说，农民工的自由流动、竞争上岗，代表的是社会

12 刘世定，王汉生，孙立平，郭于华．政府对外来农民工的管理[J]．管理世界，1995（6）．

主义市场经济体制下劳动力就业机制的发展方向，体现的是供求关系、价值规律和竞争规律的作用，不仅不应该被视作“盲流”而加以限制和围堵，反而应该以此为取向，把劳动用工上的“双轨制”（20世纪八九十年代用工制度实行计划调节、政府安置和市场调节、竞争上岗两种）取消，真正实现以市场为取向的统一的劳动用工制度和统一的劳动力市场，让市场规律发挥作用；而不是对劳动力市场进行人为的分割。后来的诸多改革举措也证明了这一点。

“污名”化歧视。自从1990年元旦晚会上演出小品《超生游击队》以来，农民工就在某一方面被视为“超生游击队”的代名词。小品以搞笑为能，农民工又是第一回以主角的形象在舞台上展示，视角新颖、主题新颖，在观众中引起了较强的冲击力，也反映了农民工群体的生存状况。但是，由此得出农民工就是“超生游击队”的结论，却失之偏颇和脱离实际。据1994年6月19日《广东劳务市场报》报道，广东省计划生育委员会的调查结论是，流动人口的一般生育率比非流动人口低34.5个百分点，生育高峰年龄比非流动人口推迟两岁，人口流动促进了晚婚晚育，反而降低了生育水平。1993年，珠江三角洲的出生率就低于广东的其他地区。显然，真正“超生”的不是农民工，而是留在农村的农民，是农村落后的劳动方式和“重男轻女”封建思想双重作用的结果。

更有甚者，20世纪80年代末和90年代初，有人统计说在广东发生的案件中，40%为外省“流民”所为；在广东的偷扒盗窃者，十之八九是外来工。姑且不论这种说法是否准确，但就农民工犯罪这一问题的社会根源来说，绝大多数是因为自身合法权益受侵犯、工资被拖欠等问题而引发的，他们也是受害者。人们对引发社会犯罪的根源不追究，却把“脏水”全部泼向农民工，显然有失公平。

管理歧视。中央社会治安综合治理委员会《关于加强流动人口管理工作的意见》提出，要实行统一的流动人口就业证和暂住证制度，凡是离开农村常住户口所在地跨地区务工经商人员外出前，须按规定在常住户口所在地劳动部门办理“外出人员就业登记卡”，到达目的地之后，须在当地公安机关和劳动部门办理“暂住证”和“外来人员就业证”，任何单位和个人不准雇佣无上述证件的外来人员。

1995年年底，吸纳农民工最多的广东省出台“六不准”，要求各地一个月内必须做到：一是用工单位一律不准新招收外省民工；二是返乡探亲的民工不准携带新民工就业；三是职介机构不准介绍外省民工就业；四是不准举办劳务或人才交流集市；五是外省驻粤劳务机构不准向本地组织劳务输出；六是任何组织、个人和新闻单位一律不准张贴、刊登和发布招聘外省劳动力的广告或信息。确因生产需要新招外来劳动力，要经劳动部门批准。

1996年5月，劳动部办公厅发布《关于“外出人员就业登记卡”发放和管理有关问题的通知》。至此，我国建立了一整套专门针对农民进城就业的证卡管理制度。在实践中，农民工除须持有身份证外，还被要求办理就业证、务工证、流动人员婚育证明、暂住证等。

“证”“卡”管理的本意在于引导农民工的有序流动，控制农民工流动的规模，但在实际执行过程中，农民工却面临着“办不完的证，交不完的费”的境况。据原国家计委2001年10月底的调查，涉及进城务工就业的收费名目繁多——暂住证工本费，外出就业登记卡工本费、管理费，外来人口管理费，外来人口就业证工本费，婚育证的工本费、管理费和检查费，子女教育的借读费和赞助费，健康凭证的工本费和检查费，培训费，租赁私房合同备案手续费，城市生活垃圾处理费，城市增容费和劳动调节费，可谓不一而足。一些基层劳动部门把“证”“卡”制度作为捞取收入的途径。办卡时，既不填写姓名，也不填写单位，只收取费用。内地劳务输出大省的一些基层劳动部门甚至派人背上成包的就业卡，到沿海地区的企业高价出售，把它作为一种谋利手段，无形中又增加了农民工的负担。倘若把这些证办全了，每个农民工要额外支出几百元的费用。

除去“证”“卡”制度在实际执行过程中带有明显“堵”的特征之外，城市管理部门的一些人更是对农民工持有偏见，动不动就对农民工进行检查、罚款和训斥。农民工上街必须“五证”俱全，少一证就可能被罚款，甚至被遣返。据清华大学社会学系李强教授2000年进行的一项调查表明，有28.4%的农民工曾经被城市工商、税务、治安管理人员等查抄过，比例超过四分之一，说明管理歧视的严重性。

认知歧视。制度上的不平等对待，必然带来社会大众对农民工的心理歧视。这一时期，城市社会对农民工普遍采取的是“经济吸入”和“社会拒入”的双重态度：一方面，城市的经济发展和人们的生活需要农民工这些廉价的劳动力从事一些苦、脏、累、险、重的工作；另一方面，社会体系又排斥他们。农民工既不能和城市职工一样同工同酬，更不能享受各种补贴和福利待遇。相当一些城市居民潜意识里轻视、排斥农民工，有的甚至是歧视、欺侮农民工，无论在公交车上还是在餐馆里，对农民工不是投以藐视的眼神就是避之唯恐不及，农民工稍有什么地方做得不好就会加以斥责。这种情况让农民工觉得无论自己怎样努力，也得不到城里人的尊重和认可，因而产生不公平感、被剥夺感和“低人一等”的想法。当这种情况被推到极端，就会导致一些心理脆弱的农民工进行报复式的犯罪，由此又会进一步带来城里人对农民工的歧视。显然，这种恶性循环对农民工、对社会、对城市发展都有百害而无一利。这种认知歧视严重影响到农民工对社会公平的感受。据北京大学社会学研究所1995年对广东外来农民工考察，在被调查的农民工中，有35.6%的人认为社会不太公平和很不公平，而且社会圈越是放大（工作单位—居住城市—整个社会），农民工的不公平感越强。这表明，保持公正性将是政府管理要面对的问题。

经济歧视与人格歧视。经济歧视集中表现在侵害农民工合法权益的现象相当严重，有的企业不与劳动者签订劳动合同或签订违反劳动政策法规的合同；有的企业违反国家工资政策，压低工资，克扣和拖欠工资；有的企业不遵守劳动安全规定，生产环境恶劣，并长期让工人加班加点，使安全事故屡屡发生，并由此引发了大量的劳资纠纷。人格歧视则集中表现在打骂和体罚农民工上，对农民工进行搜身等行为。据广东省总工会1996年对广东10市20

家合资企业的调查，有61%的企业让农民工加班加点，20.1%的企业不给加班补偿；28%的员工反映企业没有劳动保护规程；37.4%的员工受到开除威胁；17.6%的员工被搜身或见过别人被搜身；55.3%的女工没有生育假期；32.8%的员工没有签订劳动合同。如果说“乡下佬”和“打工仔”是一种称谓上的歧视的话，那么，搜身、体罚等则是对农民工人格尊严的直接伤害。

第二节

“孙天帅不跪”与频繁的搜身事件

经济歧视在侵害农民工合法权益的同时，也损害了企业的劳动关系，造成劳动争议频发，并由此影响企业的长远发展。因为企业本身就是资本和劳动的结合体，没有和谐的劳动关系，资本与劳动的组合就不会顺畅，企业的发展必然会受到制约，这是企业发展的一般规律。人格歧视在恶意侵犯农民工人格尊严的同时，也践踏了法律的尊严，冲击了社会的公平正义，并对制度本身提出了挑战，既容易引起社会的公愤，也是农民工心中无法抹去的痛。这一时期屡屡发生的农民工被迫下跪和被强迫搜身的事件，就足以证明这一点。

1995年3月，珠海市南山工业区瑞进电子有限公司的一位女工因过度疲劳在工作台上打盹。为了惩罚这名“违规”女工的行为，外商女老板突然让正在生产线上拼命干活的120多名来自内地的打工者跪下，并声称若有一人不从就罚其余人“永远跪着上班”。迫于无奈，绝大多数人在犹豫中淌着泪水跪下了。但是，就在工友们一个接一个跪下时，来自南阳的打工者孙天帅却一动不动。“跪下！”女老板向他咆哮。“请问，我为什么要跪下？”孙天帅压抑住心中的愤怒。“不跪你就滚蛋！”“我是中国人，死也不在洋老板面前跪下！”在女老板的辱骂声中，孙天帅离开了这个月薪1300元的难得的工作岗位。

“孙天帅不跪”的新闻经多家媒体报道后，在社会上引起了很大的反响，他甚至成了千万打工族传颂的英雄，许多企业表示愿意为其提供工作岗位。1996年10月7日，郑州大学现代管理学院专门为孙天帅举行了免试入学仪式。

这起事件之所以会在全国引起反响，主要原因恐怕在于“中国工人不跪洋老板”这个民族情结上。下跪，原本是中国古代人的一种礼仪，但这指的是主动下跪。进入现代社会，跪拜的礼仪早已取消，被迫下跪被认为是一种对人格的侮辱。尽管法律没有对此给予明确的界定，但在一个人民当家做主的社会里，这是不言而喻的。

“孙天帅不跪”的深层含义实际上是资本与人本的对冲。打工者下跪是他们为了生存而对资本的屈从，资本与打工者的地位强弱由此凸显。

孙天帅不下跪，捍卫打工者尊严的勇气可嘉，却因此而丢掉了饭碗。现实中，有多少农民工愿意或者说有能力为捍卫人格尊严而丢掉饭碗呢？恐怕少之又少。毕竟，农民工在走向工业化、城镇化的过程中，生存还是第一位的，而劳动权则是生存的保障。

本来，孙天帅不下跪也不应当丢饭碗，他完全可以拿起法律武器在捍卫自己人格尊严的同时，捍卫自己的劳动权。可惜的是，当时保护人格尊严的法律条文不多且笼而统之，法律责任不明确，农民工自身的法律意识也比较淡薄，在这种情况下，走人只能是唯一的选择。即便孙天帅敢于拿起法律武器与老板较真儿，他能耗得起长时间的法律诉讼过程吗？负担得起打官司的费用吗？从这个意义上说，孙天帅不下跪而走人，也是农民工面对资本强势时的一种无奈选择。

实际上，正是由于与农民工相关权益的法律的空白或不完善，也由于农民工自身的生存环境带来的无奈，才给资本在更大程度上和更大范围内侵害农民工的合法权益留下了张狂的空间。在这起下跪事件之后接连发生的非法搜身事件，就足以说明问题——

2000年7月4日上午下班时，深圳龙岗一台资企业弘扬手袋厂在清货时发现少了20多个小手袋，工厂负责人遂命令4名男保安对全厂500名农民工一个个搜身检查，不让搜身者就会被炒掉工作。

2000 年 7 月 28 日 ，深圳市观澜镇一家玩具厂对数百名工人搜身，男女各排成一队，由工厂男女保安员分头逐个地搜身。该厂有的工人说，他们来厂半年了，每天都被搜身，已经习惯了。

2001 年 9 月 28 日上午 11 时，深圳市宝安县松岗镇广田贴合纸业厂一名管理人员因丢失 5000 元原料款，其中三名来例假的女工还被搜身者拉开内裤，扯看卫生巾，以检查是否藏有钱款。

……

诸多搜身事件中，深圳市坑梓镇宝洋产业制品厂 56 名女工集体被搜身的恶性事件，让整个社会感到震惊。

2001 年 7 月 30 日，深圳市坑梓镇宝洋产业制品厂由于怀疑工厂女工偷窃假发，对人毛车间的 56 名女工强行搜身。第二天，厂方竟试图将女工全部辞退，并扣 7 天工资。8 月 2 日 ，56 名女工将工厂推上被告席，要求厂方赔礼道歉并赔偿精神损失费。

坑梓镇政府解决这一事件最初的意见是，“厂方按《劳动法》给女工一定经济补偿，56 名女工在 8 月 3 日 10 时前务必办理辞工手续离厂”。这令女工们甚是失望。后因为市政府和市总工会的介入，镇政府对“搜身事件”的态度有了极大的改观，并设立了专门的工作小组来处理“搜身事件”。

坐落于深圳市龙岗区坑梓镇的宝洋产业制品厂是韩国人在深圳开办的“三来一补”企业，全厂有近 3000 名员工，主要生产假发，出口至美国等地。

追踪这起事件发生过程中的诸多细节，足见性质恶劣程度。

当天下午 5 时 50 分许，工厂的 6 名女管理员（其中韩国人 1 名）及 5 名男管理员（其中韩国人 2 名）在工厂金处长的带领下突然闯进车间，关闭了所有的门窗，声称接到举报说有人偷头发，要进行检查。其中一名韩国管理员用韩语“咿咿呀呀”大叫了一通，旁边的中国籍管理员翻译道："他叫你们把手都举起来，放在后脑勺上站好。"当时，56 名女工被迫将双手抱于头后站立。3 名女管理员开始逐个搜身，动作极为粗鲁，个别女工稍有抵抗，就被她们掀开上下衣甚至内衣。强行搜身持续了 70 多分钟，从 56 名女工身上未搜出任何赃物。由于管理人员让女工们一直将手反扣抱于脑后，致使一半以上女工四肢麻木，有 3 名女工处于昏迷状态。

尽管一夜未眠，56 名女工第二天还要照常上班。因为没有休息好，女工们工作效率比平时要低。管理人员见状大发脾气："你们统统辞工，扣 7 天工资。"女工们当场表示辞工可以，但工厂要全部结算工资。"管理人员不答应我们的条件，就这样我们和他一直闹到上午 11 时 30 分下班。"女工们决定下午向龙岗区有关部门上告。

当天下午，56 名女工出了厂门，准备搭公共汽车去龙岗区政府。工厂的管理人员紧紧跟着她们，不准她们上车。女工们只有步行，走到坪山时，坑梓镇镇政府的有关领导及派出所民警赶来，劝她们回镇里解决问题。经协商，厂里答应赔款每人 2000 元钱。女工们不答应这个条件，决定以"厂方侵犯人格尊严及人身自由权"为由，到龙岗区人民法院坑梓法庭起诉工厂，要求厂方公开赔礼道歉并赔偿每位受辱女工精神损失费 3 万元及其他损失费 2000 元。8 月 2 日，坑梓法庭受理此案。[13]

这起事件在政府部门介入后得到了妥善解决：厂方公开道歉，并作了相应的精神损失赔偿，但由此引发的教训却发人深省。

《中华人民共和国劳动法》规定，用人单位有下列行为之一，由公安机关对责任人员处以十五日以下拘留、罚款或者警告；构成犯罪的，对责任人员依

13 陈文定，祁琳．深圳韩资工厂强行搜身，56 名女工联名控诉[N]．南方都市报，2001-8-3.

法追究刑事责任：

（一）以暴力、威胁或者非法限制人身自由的手段强迫劳动的；

（二）侮辱、体罚、殴打、非法搜查和拘禁劳动者的。

《民法通则》第五条规定，公民、法人的合法的民事权益受法律保护，任何组织和个人不得侵犯。

既然法律对搜身下跪之类的行为明令禁止，为什么这类现象还屡屡发生？这是一个不得不令人深思的问题。

第 三 节

社会歧视的背后

不懂中国法律，是很多发生搜身事件企业的老板常用的借口。然而，在他们自己的国家，法律就允许这样的事情发生吗？显然不是。越是经济发达的国家和地区，法律也相对较为健全，执法也比较严，违法的事一般是不敢妄为的。据媒体报道，曾任韩国总统金大中特别顾问的金至善教授生前对韩资企业那些侮辱打工者的处罚深感不解，因为在韩国也没有如此不尊重劳动者的现象。那么，为什么这些外资企业管理者竟敢在中国如此藐视法律、侵犯劳动者的尊严？

从浅层次来看，这暴露出中国在监管外资企业用工制度等方面存在的漏洞，对外资企业违反《劳动法》行为的惩罚力度不够。比如，龙岗区 500 多名工人被搜身，竟然仅仅罚款一万元。

从深层次来看，一是法律法规不完善，导致雇主能肆意侵害农民工合法权益，包括人格尊严，而不受到应有的惩罚。尽管依照《劳动法》的明确规定，农民工理当平等享有就业权、同工同酬权和人格尊严权，但事实上法律只对公民的权利作了笼统的规定，对于如何保障这些权利的实现，以及这些权利受到侵犯该如何追究、如何补救等问题却出现了缺失，致使法律保护不力。二是一些地方政府对民工潮有认知偏差，在农民工与雇主博弈时，一些地方政府并没有发挥自己应有的作用，甚至在某些情况下发挥了负面的作用，从而加剧了农民工在博弈中的劣势。如若不是这样的话，就很难理解，为什么下跪、搜身等违法侵权的事件都是在媒体报道之后才得以处理（尽管相当一部分处理也只是走过场）？为什么从来没有关于地方政府主动检查、发现问题并及时处理的报道？当权力失去裁判的立场而与资本相傍时，农民工的人格尊严还能得以保障吗？

是农民工不知道维护自己的人格尊严吗？尽管他们法律知识懂得较少，但人格的尊严是内心自然存在的。然而，与人格尊严相比较，生存需要则更加迫切。面对竞争激烈的劳动力市场和背井离乡的陌生环境，他们很珍惜自己的岗位，加上他们身上所具备的中国农民所具有的吃苦耐劳的性格，使他们能忍则忍，遇事则尽可能地退让，结果让厂方屡屡得逞甚至变本加厉。

从称谓歧视、流动方式歧视到管理歧视、认知歧视、经济歧视和人格尊严的歧视，既说明社会歧视的严重性，又反映了农民工从社会最底层向上流动的艰辛和不易。为什么社会歧视如此严重？尽管原因很多，但主要还是以下因素。

一是历史和认识因素。在中国漫长的封建社会时期，封建的等级制和官僚制使农民一直处在中国社会的最底层，他们的权益很容易被侵犯。新中国成立之后，虽然把农民从水深火热中解救出来，翻身成了国家主人，但封建社会的等级制和价值观念仍留在很多人的观念意识中。随着市场经济的发展，官本位的作风也时时抬头，“钱有多少、官有多大”成为相当一部分人的价值标准。农民工虽然进城务工，但仍然是农民的身份，被认为是城市中最底层的人。虽然他们人数众多，却一贫如洗，因而逐渐被人们轻视或歧视。

二是制度偏差因素。吸纳农民工的城市和地方政府一开始就对大量涌入城市的农民工持恐慌和排斥态度，在管理中给农民工设置了种种障碍。比如，对雇佣农民工收取管理费，实行外出打工证卡制度和收容遣送制，从一开始就体现了重资本、轻劳动的倾向。管理制度的传导，必然引起社会对农民工的偏见。这种制度偏差因素，实际上带有浓厚的计划经济管理体制的思维和视角。

三是农民工的工作性质因素。农民工所在的城市产业集中度一般都比较高，从事该产业的劳动力人数相对较多，同一种工作岗位的可替代性很强。农民工干的大多是非技术性的体力活儿，谁都可以做，这就使他们在就业岗位问题上根本没有选择的机会，在客观上为企业主对他们的经济歧视和人格歧视提供了空间。企业主可以在不给他们任何法律保证、无视他们的应有权利的情况下找到工作的替代者。这是强资本和弱劳动的一种体现。

当然，当时的法律法规不落实、不完善，缺少公平和平等的法治基础，也是一个重要原因。农民工的身份在一系列法律法规上的“另类”，是产生其他各种社会歧视的根本原因。资本与劳动的博弈从来不会“温良恭俭让”，只要没有法治保障，就会出现资本的侵权现象，这已为社会发展的实践所一再证明。

面对种种社会歧视，虽然法律规定不允许，但没有几个农民工耗得起时间、打得起官司；虽然地方政府有责任和义务保护农民工的合法权益，但在GDP硬指标的刚性推动下，对投资的饥渴远远大于对劳动者保护的需求，很少会宁可得罪资本所有者也要保护农民工合法权益。因此，这一时期消除对农民工的各种社会歧视只能靠道德伦理以及媒体的呼吁和谴责。

2014年7月，国务院出台《关于进一步推进户籍制度改革的意见》，明确提出进一步调整户口迁移政策，统一城乡户口登记制度，全面实施居住证制度，稳步推进义务教育、就业服务、基本养老、基本医疗卫生、住房保障等基本公共服务覆盖全部常住人口，到2020年实现1亿左右农业转移人口和其他常住人口在城镇落户。这种制度安排有利于消除身份歧视，而只有身份歧视被消除之后，其他的各种社会歧视才能逐渐淡出历史舞台。制度安排是产生社会歧视的原因，新的制度安排又是消除社会歧视的助推器。

社会歧视在侵犯农民工合法权益的同时，也在侵蚀着社会的公正和平等原则，同样也不利于资本的长远利益。毕竟资本只有和劳动者结合才能产生利润。如果一个地区或企业长期存在社会歧视，一旦当别的地区或企业出现新的就业机会时，那些饱受歧视的农民工很快就会流走，谁愿意长期待在一个连人格尊严都没有的地方？珠江三角洲后来出现的民工荒事实就充分证明了这一点，企业的老板们为他们的行为付出了长远的代价。

当然，任何事物都离不开阶段性的发展规律，社会歧视也是我国经济转轨和社会转型时期的一个阶段性特征，要彻底消除社会歧视，中国还有很长的一段路要走。

第八章

回流、断指与社会之痛

建立社会主义市场经济体制客观上要求全面改革计划经济的管理体制，建立全国统一的劳动用工制度和劳动力市场。这就意味着国有企业、集体企业与三资企业、民营企业在用工制度和用工形式上的统一和并轨，意味着“吃皇粮”的“城里人”与“带口粮”的“乡下人”在劳动用工问题上“双轨制”的终结。

第一节

“下岗潮”与对农民工的宏观调控

必须承认，国有企业实行“铁饭碗”和“大锅饭”的用工制度有其历史因素，在新中国成立之后和社会主义建设前期，对调动职工积极性、激发职工的主人翁责任感、推动企业发展和国家的经济建设都起到了积极作用。但由于这种体制把人的积极性和主动性全部建立在个人觉悟上，缺少机制保证，同时也由于国家在20世纪80年代前一直采取“低工资、高就业”的宏观政策取向，导致很多企业人浮于事、效率低下，效益普遍下滑，有的企业甚至成为“空壳子”。

外商的涌入和外资企业灵活的经营机制，对国有企业和集体企业形成了巨大的冲击，如果不改革，国有企业和集体企业都有在市场竞争中被淘汰之虞。正是在这样的大背景下，全国各地展开了多种形式的改革探索，从“放权、让利、承包”到“扩大企业经营自主权”，从“资金刺激”到“政策优惠”，各地“摸着石头过河”，大有“百花齐放”之势。这其中最具冲击力的当数江苏省徐州市于1991年进行的“砸三铁”。

所谓“砸三铁”，就是企业干部搬掉“铁交椅”，以工作实绩定升迁，以企业效益论英雄；打破“铁工资”，以企业收益定收入，亏损企业扭亏期间工资下浮；打破“铁饭碗”，以个人技能工效定岗位，实行定额定员，定期考核，择优上岗，动态组合，建立“厂内退养”和“厂内待业”制度，同时，深化企业内部机构改革，增强企业自我发展能力。由于“砸三铁”涉及计划经济体制下企业机制的核心和关键，涉及企业干部制度、用工制度和分配方式，很快便在全国范围内形成了一个巨大的冲击波。从1991年年底到1992年，全国200多个省市县级代表团纷纷前往访问和探路，国务院领导也前往“明察暗访”，并予以肯定。自此，徐州市“砸三铁”的做法开始波及全国。但由于这项改革涉及企业的干部制度和用工制度，涉及很多人的切身利益，因此各地多在中小企业试行，而且改革的力度和速度也由各地方政府因地制宜，酌情决定，全国尚未进行统一的部署。

经过几年的积极探索和经验总结，1997 年召开的党的十五大明确提出，“把国有企业改革同改组、改造、加强管理结合起来”“抓好大的，放活小的，对国有企业实行战略性改组”“实行鼓励兼并、规范破产、下岗分流、减员增效和再就业工程，形成企业优胜劣汰的竞争机制”。由此，连续 4 年的国企改革“攻坚战”开始了。企业有生有死、职工有进有出，逐渐成为常态；人往哪里去、钱从哪里来逐渐成为突出问题。

实际上，国企改革抓大放小、下岗分流、减员增效一直是贯穿整个 20 世纪 90 年代的改革主线，也是这一时期最主要的社会特征。一方面，国企改革涉及社会主义市场经济的根本，没有以国有企业为依托的生产资料公有制为主体的市场经济，就不能体现社会主义的制度特征，就会缺失走向共同富裕的经济基础，就不能体现社会主义能集中力量办大事的特征，人民群众的长远利益就没有保证，因此，改革势在必行。另一方面，大量的兼并、破产、分流和减员又必然涉及体制内职工的具体切身利益，在社会保障措施不健全的情况下，改革的力度和裁员的多少以及裁员程序和规则是否公平，都与社会稳定密切相关。由于社会稳定又是改革得以顺利进行的基础，因此，改革的力度又必须要与广大职工的承受程度相适应。在这种情况下，推动下岗职工再就业成为解决这种两难选择的一把钥匙。

据国家统计局的资料显示，1992 年国有企业职工人数为 10889 万人，1997 年为 10766 万人。五年时间，国有企业职工总人数基本没变。这说明在此期间国企改革分流出来的人数大体上与城市新增加的就业人数持平，分别在每年 1000 万左右。这一方面表明下岗分流人员通过“内退”、转岗等措施并没有对社会形成大的冲击，另一方面表明国有企业用工制度的“双轨制”并没有实质性的改变，企业人浮于事的状况也没有根本好转。因为在国有企业总数不增加的情况下，技术构成不断提高，经济结构没有实质性变化，而就业人数却维持原有水平，劳动力和资本只能在低效率的基础上结合。

1997 年之后，随着国企改革进入攻坚阶段，劳动用工上的“双轨制”开始并轨，向着统一的市场调节机制转变。各地区和一些大中型企业纷纷成立劳动服务公司，以期建立国企改革中的劳动力蓄水池，对下岗分流人员进行转岗培训、消化吸收。但随着改革力度的加大，国有企业下岗失业人员越来越多，下岗职工再就业的社会压力越来越大。

在此期间，没有统一的下岗失业人员的数字统计，但从国家统计局资料中的国有企业职工数字的变化情况里，便可推断出当时国企职工下岗分流的情况。

1997 年，国有企业职工人数为 10766 万人。

1998 年，国有企业职工人数为 8809 万人，比上年减少了 1957 万人。

1999 年，国有企业职工人数为 8336 万人，比上年减少了 473 万人。

2000 年，国有企业职工人数为 7878 万人，比上年减少了 458 万人。

2001 年，国有企业职工人数为 7409 万人，比上年减少了 469 万人。

2002 年，国有企业职工人数为 6924 万人，比上年减少了 485 万人。

依照以上数字推算，国有企业职工人数连续 5 年大幅下降，下岗分流职工总人数达 3842 万人。

与此同时，城镇集体企业的职工人数也大幅下降，从 1992 年的 3621 万人减少到 1997 年的 2817 万人，到 2000 年之后进一步减少为 1000 多万人。

从 1997 年到 2002 年，国有企业和城镇集体企业下岗分流人员总数达到 5000 多万人，差不多每年 1000 万人。这样的规模在中外历史上都很罕见，由此形成的巨大“下岗潮”无疑会对整个社会形成巨大的冲击。为缓解压力，国家对吸收下岗工人的企业实行税费优惠和减免的政策，同时采取“企业内退”“买断工龄”等措施，鼓励、引导下岗工人到社会上再就业。

这一时期形成的“下岗潮”既有城市劳动力总体过剩的因素，又有结构性失业的原因。一方面，社会上有大量苦、脏、累、险、重和流通行业的工作没人干，农民工进城实现“替代就业”；另一方面，国有企业大量下岗工人没事做，成为城市的弱势群体。

为了缓解这种结构性失业问题，进一步拓宽下岗工人再就业的通道，国家在这一时期对就业问题实行宏观调控，对使用外来农民工进行行政干预，以减轻城市就业压力。据全国总工会《1997 中国农民工问题调查》披露，当时各地普遍实行了以下调控原则和办法：一是对使用外来劳动力实行总量控制，用人单位必须事先申报并经批准后方可招用；二是坚持“先本市、后外地”“先城镇、后农村”“先调剂、后招收”的原则，招工程序必须经劳动力市场确认为招用本市劳动力已无法满足需求的，或调剂吸纳本市企业富余职工后仍不足的，方可招用外来农民工；三是对外来农民工实行就业凭证管理制度，被招用农民工必须具有身份证、外出务工许可证、健康和计划生育证明，并办理当地的务工证、暂住证等，如果没有这些证，就可能会被收容遣送；四是对使用外来农民工的行业工种，实行 A、B、C 三类管理，即按工种的劳动环境条件和职业声望地位，分为 A 类（可以使用）、B 类（调剂使用）、C 类（严格限制使用）进行控制，A 类实际上也就是城市招工难的一些苦、脏、累、险和有毒有害工种岗位；五是下达“清退”农民工指标，以期为下岗、失业人员腾出就业岗位，有的地方还把“清退”农民工任务的完成情况作为对劳动部门和企业单位的政绩考核项目；六是提高企业使用外来农民工的成本，除办证卡的各项收费外，一些地方按人头向企业收取数额不等的“外来劳动力管理费”“城市增容费”“副食价格调节金”“再就业调节基金”等。有的城市规定使用农民工缴纳“再就业调节基金”的标准是：A 类工种每人每年 100 元，B 类工种每人每年 200 元，C 类工种每人每年 400 元，使用外省劳动力再加收 50%。[14]

14 全国总工会政策研究室. 1997中国农民工问题调查[R]. 1997.

实行以上调控措施，对缓解城市就业矛盾、遏制农村富余劳动力流入城市起到了一定的作用，但同时也不可避免地带来了某些潜在的负面效应。

一些学者把当时政府对就业问题采取的宏观调控措施认为是为了维护城市职工的既得利益。实际上，这种看法存在很大的片面性。

对政府来说，在为了国家的长治久安和人民群众的长远利益，不得不牺牲小部分人的合法权益时，如何把改革的阵痛降到最低限度是政府的职责所在。毕竟，人的生活条件具有刚性原则。做出牺牲是顾全大局，减少牺牲是负责任的政府的体现。此后的经济和社会发展事实也证明，正是广大城市职工以牺牲岗位和降低收入为代价，为中国的体制改革和结构调整赢得了时间和空间，使中国能够用二三十年的时间就走完了西方发达国家用两三百年时间才能走完的发展市场经济的历程。没有城市职工的忍辱负重、自我牺牲和顾全大局，就没有社会的稳定，也不会有改革的一帆风顺。

对职工个人来说，就业是民生之本。与中国的农民每人都有“一亩三分地”不同，城市职工如果失去岗位，就失去了生活来源。因此，对他们来说，做出牺牲后如何再就业，就是“天大的事”。

从改革本身来看，中国的改革是为了解放和发展生产力，最终是为了造福人民，因此，它不能够也不应该在改革过程中再造一个新的贫困阶层。这也是当代中国的改革与古今中外的变革和革命的不同之处。它既不是一个阶级的兴起与另一个阶级的衰亡，也不是为了某一个阶层的利益而剥夺另一个阶层的利益，而是为了谋求最广大人民群众的利益。在“下岗潮”和“民工潮”的双面夹击下，政府的引导和调控是调节改革力度与职工承受程度、城市下岗职工与进城农民工之间关系的关键“阀门”。没有这个“阀门”，在经济转轨和社会转型的特殊时期，就没有整个社会的有序和稳定，改革和发展就缺少稳定的社会条件。

因此，在这种历史大变革的过程中，把摩擦和矛盾控制在社会可承受的范围内，是国家经济和社会政策制定过程中必须全面考虑和妥善解决的问题。当然，任何事情都有多面性，政府对就业问题的宏观调控虽在一定程度上缓解了城市职工“下岗潮”的冲击和压力，却在客观上为农村剩余劳动力的转移和农民工的流动设置了人为的障碍，给农民工的就业环境带来了非常不利的影响。

乡镇企业原本是农村剩余劳动力转移的重要渠道。从20世纪90年代初至1996年，乡镇企业平均每年吸收农民工600多万人。然而，进入20世纪90年代后期，随着市场机制的建立和改革的深化，乡镇企业创办初期的灵活机制和优惠政策逐渐弱化，产业结构与产品结构的不合理造成了产品积压和亏损，产权不明晰、激励和约束机制不健全导致了企业经营不善、竞争力不强，乡镇企业逐步走向衰落。1998年和2000年，以“苏南模式”为代表的乡镇企业分别进行了两次“面向市场、明晰产权”的大规模企业改制，一些乡镇企业实行股份制，另有一大批乡镇企业则实行了民营化，还有相当一部分乡镇企业在改制后进行了设备的更新换代，逐渐由劳动力密集型向资本密集型转变。种种因素叠加，导致乡镇企业已不再大量地吸纳农村剩余劳动力，有些年份甚至出现乡镇企业就业人数负增长。1997年和1998年，乡镇企业共减少就业人数971万人，虽然1999年新增就业人数167万人，2000年新增就业人数116万人，但仍未恢复到1996年的最高水平。此后几年，乡镇企业平均每年吸纳农村剩余劳动力都在100万人左右，而且每年吸纳的劳动力还在波动，而不是稳定地增长。显然，乡镇企业作为农民工就业的主渠道正在变窄，吸纳能力日益萎缩。

第 二 节
返乡回流、农业减收与农民工的再出发

城市就业实行宏观调控且“下岗”问题日趋突出，乡镇企业吸纳就业的能力又日趋下降，多种因素交织在一起带来了农民工的“返乡潮”或者说

“回流潮”。

在整个 20 世纪 90 年代，出现了两次规模较大的“回流潮”。第一次出现在 1994 年，当时并没有全国性的宏观数据记载，但已经作为一个宏观社会现象引起了专家学者的关注。他们认为，“民工潮”正在带动“创业潮”，并推动着农村小城镇建设。在湖南省衡阳市，农村劳动力由原来的“年轻人打扑克、妇女打毛线、老人打瞌睡”变为“先流动打工，再打道回府创业”。衡山县 5 万名打工者中，8000 人回乡创办了 120 多家企业。浙江省台州市 10 多年前出去的 40 多万打工者，已有近半数回流创办乡镇企业或经商，并吸引了来自全国 20 多个省的 30 万打工者就业。全国 2000 多万跨区域流动的农村劳动力中，
1992 回乡创业比例估计已有 2% ~ 3%。无论“民工潮”是否带动了“创业潮”，也无论“民工潮”带动“创业潮”的依据是否具有代表性和普遍性，农民工的回流现象已经确凿无疑。[15]

第二次农民工“返乡潮”或者说“回流潮”主要出现在 1997 年至 2000 年。据劳动保障部培训就业司和国家统计局农村调查总队的调查报告显示，1998 年往大城市就业的农村转移劳动力比例下降，在本乡内实现非农就业转
2001 移的比例也比上年下降 5%，在整个乡镇企业（包括乡外省内）实现非农就业转移的比例比上年下降 3.8%；返回农村劳动力占农村劳动力总数的 0.52%，为转移劳动力的 2.51%，在返回劳动力中由城市返回的为 43.3%；1999 年全国农村转移劳动力的增加幅度比上年大幅降低，仅为 1998 年全国农村转移劳动力增加数的 45%，说明转移的速度在下降；返回劳动力占农村劳动力总数的 0.526%，返回总量和由城市返回的比例基本与上年持平；2000 年返回劳动力占农村劳动力总数的 0.546%，由城市返回的劳动力占返回劳动力的 71%，返回总量和由城市返回的占比都有了一定程度的增加。尽管返回劳动力占比不大，但是考虑到农村劳动力总数庞大（1998 年达 4.6432 亿人），因此返乡农民

15 李培林 . 农民工：中国进城农民工的经济社会分析 [M]. 社会科学文献出版社 ,2003-4.

工的绝对数仍然比较大。

这些数据说明，农民工返乡与国企改革和劳动就业制度的转轨基本一致，就业问题上的国家宏观调控政策发挥了导向的作用；乡镇企业吸纳农民工数量已渐趋饱和，呈下降态势；返乡农民工中被动返回、返乡务农的居多，农民工向城市转移更加困难。

家庭联产承包责任制的推广和普遍实行，使中国的工业化和城镇化进程既有别于欧美等发达国家——不是通过“圈地运动”和土地私有化而产生一个赤贫阶层，也不是通过殖民地政策向海外移民，同时又有别于其他发展中国家——不是让农民一无所有地进城而不得不生活在城市的“贫民窟”。家庭联产承包责任制既是农民生存的保障线，又是农民解放自己、成为自由劳动力的前提和基础。在这个前提和基础上，农民要不要进城、什么时候进城自己说了算，农村剩余劳动力的转移和农民工的流动从一开始就按照市场经济的规律自发地进行，转移的规模和速度取决于经济发展的规模、速度和结构，并随着经济发展和市场的变化而波动。与此同时，这个前提和基础又为政府对农民工流动的宏观调控创造了必要的条件，尤其是在20世纪90年代两种用工制度并轨之时，鉴于劳动力供大于求的巨大压力和城市“下岗潮”的冲击，政府通过政策传导可以在不影响社会稳定的大格局下，通过调控农民工的流量和规模在经济发展和保障就业之间取得平衡，在控制和减少农民工、缓解城市就业压力的同时，又不至于让农民工无处可去，不影响农民工的生存问题。

但无论是市场规律的自发调节还是政府的行政干预或者说宏观调控，农民工流动的规模和速度的波动性都是一种必然现象。波动性本身就会带来两种流向：一种是与工业化和城镇化进程相一致的正向流动；另一种是与经济结构的变化调整以及政府的调控相一致的反向流动——农民工回流，只要工业化、城镇化的进程没有完结，这两种农民工的流向都是一种必然现象。实际上，在家庭联产承包责任制基础上的农民工流动、农民工流动中的市场调节和政府调控结合以及农民工的双向流动，共同构成了中国农村城镇化的特色和路径。农民工流得出、回得去本身就是中国农村城镇化特色的体现，因此，农民工的回流是正常现象，本不值得大惊小怪。但当这种回流与农业的减收相碰撞时，就会对农民的生存状况带来影响，并由此激发新一轮的流动。不同的是，新一轮的农民工流动注定是要在“下岗潮”的冲击和政策调控以及农业减收的夹击下进行的，这种大背景下的流动使得农民工的工作环境更为恶劣，并将为此付出代价。

20世纪90年代中后期，农民收入增速持续递减，成为经济发展中引人注目的突出问题。1997年，农民人均纯收入增长4.6%，增速比上年下降4.4个百分点；1998年，农民人均纯收入增长4.3%，增速下降0.3个百分点；1999年，农民人均纯收入增长3.8%，增速下降0.5个百分点；2000年，农民人均纯收入增长2.1%，增速下降1.7个百分点。农民收入连续四年增速减缓，是改革开放以来的第一次。在农民人均纯收入中，家庭种植业的经营收入呈明显下降趋势，而劳务报酬收入所占份额则增长迅速。从1997年到2000年，农民人均纯收入增长163元，而种植业纯收入则减少159元，劳务报酬增加了188元，这说明农业收入对农民收入增长的贡献越来越弱。1998年和1999年，农民来自农业的收入甚至出现负增长，而劳务报酬即农民工的打工收入对农民收入的增长贡献率则越来越高。显然，农村劳动力外出打工在解决农民就业和农民增收等问题上，已经扮演着不可替代的角色，起着越来越重要的作用。[16]

在一定程度上，农民工回流农村可以缓解国企改革所引发的城市“下岗潮”的就业压力。1998年，农业就业人数出现改革以来的第一次“倒灌”，比上年增加了108万人，1999年又比上年增加了526万人。与此同时，乡镇企业的就业人数却出现了负增长，1997年和1998年共减少就业人数971万人，1999年和2000年虽略有增加，但仍未达到1996年的水平。农业收入的减少、乡镇企业就业机会的减少，使农民工原本放缓的进城打工的脚步又一次加快了

16 李培林 . 农民工：中国进城农民工的经济社会分析 [M]. 社会科学文献出版社 ,2003-4.

节奏。在就业和收入预期的“双轮驱动”下，一度稍缓的“民工潮”掀起了更高的潮头，进入20世纪，流动的农民工已经突破了1亿人。他们就像非洲大草原上迁徙的角马，向着新的希冀不停地奔波。但在国有企业改革和城市就业压力较大的情况下，这股“民工潮”的流向也悄然发生了变化：他们只能更多地流向三资企业和民营企业。然而，这两类性质的企业绝大多数既缺少制度的规范，又处于政府管理的“边缘地带”，在地方政府以经济发展至上、企业以利润至上的客观环境下，等待农民工的将是与资本大鳄的博弈。

第 三 节

断指之痛与社会责任

1999年3月31日，《工人日报》在一版头条位置刊发了该报驻深圳记者孙覆海采写的《深圳部分外来劳务工安全状况堪忧》的文章，这是当时主流媒体中率先为伤残农民工呼吁的报道。报道认为，为深圳的经济奇迹作出巨大贡献的外来劳务工中的一部分人目前劳动安全状况令人忧虑。

从1998年年底至1999年3月上旬，记者从深圳市负责鉴定工伤的7个法医室获得了他们在1998年鉴定的12189例工伤情况。对此的分类统计表明：伤残程度为1%～29%的有10336人；伤残程度为30%～49%的有533人；伤残程度为50%～100%的有472人；有伤无残的有848人。

法医告诉记者，他们所鉴定的工伤中，90%以上都是断指、断掌或断臂。比因工致伤致残更为严重的是因工伤死亡。深圳市劳动局官员向记者透露，1998年深圳市工伤死亡达80多人。

综上调查，1998年深圳有这样两个数字：

——每天有31人因工致伤致残。

——每4天半有1人因工伤死亡。

记者调查发现，出工伤事故的多是外来劳务工，这部分人群具有年龄小、流动性大、文化层次偏低的特点。工伤事故大多发生在台资、港资等“三来一补”企业及个体私营企业里。

关于工伤原因，一位法医对记者说：工伤事故状况之所以这么严重，有一个重要原因，就是政府有关部门监管不力。

一位劳动部门的干部也补充说：政府有关部门对于引进外资认识上有误区，指导思想不对头。有的乡镇提出“不惜任何代价为外商、外企创造投资软环境”。而所谓“软环境”，说穿了就是牺牲工人的人身安全，牺牲原则，牺牲政府的政策、法规。

在采访中，许多方面的人士都对记者提出：外来劳务工是弱势人群，他们的合法权益最需要保障。而现在这部分人群恰恰处在保护的“空白地带”。这个问题亟须引起有关方面包括工会组织的高度重视。[17]

这篇报道见报后，引起了社会的广泛关注，国家经贸委、劳动人事部和全国总工会等部门派出联合调查组赴深圳调查和推动问题的解决。此后，中央有关部委又联合下发文件，强调“不能以牺牲劳动者的安全和健康来换取外资引进和经济增长”。深圳市及广东省珠三角地区展开了劳动安全隐患大检查，深圳市等地为此关停了上千家安全不达标的私企及“三来一补”企业。

然而，事情到此并没有结束。虽然中央高度重视，地方也采取了行动，但由于地方上政策执行的偏好以及政策的执行力问题，地方干部唯GDP论和劳动监管机制不健全，农民工的工伤断指问题并没有从根本上得以扭转。据浙

17　孙覆海．深圳部分外来劳务工安全状况堪忧 [N]．工人日报，1999-3-31．

江省总工会的调查，乐清市由劳动仲裁机构受理的断指工伤赔偿争议案 1998 年为 83 起，1999 年为 86 起，2000 年 1—6 月为 17 起；由市法院受理的断指、工伤人身损赔案件 1998 年为 15 起，1999 年为 25 起，2000 年 1—6 月为 24 起。浙江省领导高度重视，开展了专项整治。事隔两年之后，浙江省金华市的县级市永康市又爆出大量农民工断指伤残的新闻，引起了中央和国务院领导的高度重视，全国总工会派出人员进行调查。调查结果显示，2002 年 1—11 月，该市医疗机构共接诊工业制造所致断肢、断指外伤住院或手术 813 起（这个数字还不包括受伤后到外市、县就医人数），平均每天就有两个以上的人致残，一个县级市尚且如此，可见问题的严峻。

这一时期，新闻媒体对农民工的工伤断指问题给予了高度关注，中央领导对此也高度重视，几乎每起大的事故发生后，都要求严肃查处。但整治过后又接着发生，并未能从根本上得到扼制。

2005 年 4 月，《中国青年报》刊出报道《谁弄断了他们的手？断指之痛：这不是你的丑》，让人震惊之余更感到问题的严重性——

当记者见到打工者莫德富时，他正在咨询索赔的法律问题。他的左手一直藏在衬衫的衣摆下面，用右手捂着。我请求他把左手拿出来，他迟疑了一下，慢慢抬起左手。

那一瞬间给我的感觉是：恐怖。没有无名指，食指和中指是由脚趾移植的，大拇指和小指上布满疤痕。脚趾接在手上，指节很短，前端显得特别肥大，是一种触目惊心的不协调。

2004 年 6 月，莫德富的左手被油压机轧伤。中山市劳动能力鉴定委员会出具的职工劳动能力鉴定书的鉴定结论是：六级伤残。

莫德富打工不到两个月就遇到工伤，厂方没有为他买保险。住院一个月后，因为厂方拖欠医药费，他只得出院。伤口仍在化脓，他又自己掏钱买消炎药吃。

《广东省工伤保险条例》规定：对五级至十级残疾的职工，用人单位不能解除劳动关系，应当安排力所能及的工作。有一天，莫德富出厂办事，回去时保安就不让他进门了，从此他被赶出了工厂。

按照国家有关规定，工厂理应赔给莫德富所有由工伤保险基金支付的待遇，可他没拿到。

刘先进是陕西人。“1995 年，我坐了三天三夜的火车，到了广东，寻找美丽的梦。2002 年 1 月 17 日，那个对我来说永远都忘不了的日子。上班时，机器无情地扎坏我的手，我当时眼前一片黑。”

“第一次手术时间长达 8 小时，那种痛苦无法形容。在那段时间
1992 里精神的压力和肉体的痛苦使我快崩溃了。

“我伤好后，被鉴定为六级伤残。最让人心痛的是得不到合理的赔偿，厂里不给我工伤费，还扣压了我的一次性伤残补助金，把我赶了出来。”

王福，河南兰考人，17 岁。2004 年 2 月进厂，厂方既没有与他
2001 签劳动合同，也没有对他进行安全生产培训，就安排他进车间工作。

“2004 年 4 月 3 日下午，机器出了问题。我的右手手掌被冲压机死死压住，五根手指被活生生地切断了。我在车间里大叫，厂方叫保安送我去医院。过了一会儿，厂里领导拿钱来了，对医生说：‘不要给他接了，包一包就行。’”

“医生没有听他的，把四根手指接上了，但是大拇指却永远没有了……我们厂里的老板很厉害，厂里发生过很多工伤都没有赔偿过。我很害怕，不知道今后怎么办。厂里一分钱伙食费都没有给，也没有派人陪护。只有舅舅在照顾我，用他捡垃圾的钱给我买饭吃。”

张洪，湖南人，19 岁。2003 年 9 月 9 日进入惠州市某鞋厂。厂方没有和他签订劳动合同，也没有提供安全培训，便安排他操作冲床，还规定一天工作 11 个小时，一周工作 7 天。

9月29日，机器发生故障，轧伤张洪的右手，虽经救治，但他的食指和中指永久失去了功能。厂方拖欠了他4000多元的医疗费。张洪的父亲多次到惠州市劳动局反映情况，工作人员答应督促厂方。张洪手指发炎，日渐肿胀，也不见厂方到医院交钱。其父母多次去工厂催促，始终没见到老板。

……

发生断指事件最多的是个体工商户、私营企业和外商投资的中小企业，占工伤企业总数的80%以上；61.7%的工伤者没有与企业签订劳动合同，66.3%的被调查者每天平均工作时间为10.18小时；超过七成的被调查者没有任何休息日。[18]

为什么农民工的工伤断指事件屡屡发生却又屡禁不止？从见诸报端的事实来看，造成断指事件频发的原因首先是部分企业机器设备陈旧老化。改革开放之初，在一片引进外资、发展经济的呼声中，很多被国外淘汰的机器设备被“引”了进来。有一则报道披露，法院对深圳一家港资企业进行查封拍卖时，经专业机构鉴定，该企业的设备是20世纪20年代出厂的，已经没有任何拍卖价值。

没有给冲压设备安装安全保护装置是造成断指事故频发的主要原因。据浙江省乐清市相关部门的调查，2000年全市共有6897台冲床，安装防护装置的仅占总数的20%，大量的冲压设备没有保护装置，很容易造成职工伤残。

培训不足、仓促上岗也是重要原因。在《中国青年报》记者调查的40多位受伤者中，没有一位承认自己受过安全生产培训。据浙江省总工会的调查，2000年发生断指事件较多的乐清市，绝大多数小企业都没有培训新招来的工人，往往由熟练工示范一下就让新工人独立上岗操作，有的工人甚至上岗操作

18 蒋韡薇. 谁弄断了他们的手？断指之痛：这不是你的丑[N]. 中国青年报，2005-4-27.

不到 1 个小时就被轧断手指。

在这些原因的背后，更深层次的原因是法制法规的不健全，再就是地方政府的不作为和某些政府官员“傍资本”：引进资本时把关不严，一些设备明显陈旧老化却能在有关部门一路放行；劳动监察监督不力，日常监察机制不健全，媒体有曝光、领导有批示时就“刮风”式地检查一阵子，事过之后又一切照旧；GDP 是考核官员政绩的硬指标，农民工的相关问题包括工伤断指等事故则只是软指标，既没有被列入工作计划，又不与政绩考核相关联。只要 GDP 指标上去了，即便这些地方发生了农民工断指事件，官员照样可以升迁。《工人日报》在报道深圳市农民工断指问题之后，就被有关政府部门告上法庭，这种行为本身就昭示了农民工断指事件频发的深层因素。如果管理部门以关注 GDP 那样的急切态度去关注农民工的劳动条件和工作环境，以招商引资那样的热情去完善农民工的社会保障体系，依法处罚给农民工带来伤害的无良老板，那么，社会就不会出现那么多的“断指之痛”。

当然，把板子都打在地方政府的某些官员身上也不准确。从企业来说，在赚取最大限度利润的同时，放弃企业的社会责任也是一个重要的深层因素。

从企业参与市场竞争的组成来看，企业是一个经济细胞，它以利润最大化为目的。从企业作为社会的组成结构来看，企业又是一个社会细胞，它必须履行与企业相关的社会责任。

企业的社会责任包括维护企业的发展与企业所在地环境相协调的关系，即不能以牺牲周边环境为代价来换取自身的发展，而应当承担起企业发展对环境的责任，形成经济与环境的良性循环。

企业的社会责任还包括为企业职工缴纳社会保险费，为职工构建保障机制。尤其是制造类企业的工伤保险，是职工工伤后的托底制度，但由于此类保险完全是由企业缴费，因此，相当多的企业并没有给农民工买工伤保险，致使那些断指的农民工流血又流泪。2011 年，《人民日报》等多家媒体报道称，在江西省南昌市打工的农民工熊春根被钢筋打断左手拇指，因为工厂老板推脱不管，自己无力负担就医费用，不得不捧着断指黯然离开医院。在媒体最早报道农民工断指事件的12年之后，再次出现这类事件，至少说明工伤频发引发的断指事件并未得到根治，绝大多数农民工并没有买工伤保险。据《人民日报》2012年4月23日报道，江西省有730多万名农民工，只有106万人参加了工伤保险。在珠江三角洲地区，农民工一年的断指事件就达3万多起，多半不了了之。这些事件深刻地反映出农民工工伤有效救治体系的滞后以及企业方社会责任的缺失。

企业的社会责任也包括企业发展之后对社会回报的责任，即慈善事业。在现代化大生产的条件下，企业的发展离不开社会的支持，或者说社会的支持是企业发展所必须的软环境。当企业在赢得这样的软环境之后，它应当从利润中分割一部分作为对这个软环境提供者的利益回报。发达国家慈善事业发展较快的原因之一就是企业基于社会责任对社会进行回报。事实上，企业和社会只有在一种哺与反哺的互动中才能得以良性循环。

但是，企业社会责任的核心还是企业的人本理念。劳动者是以双重身份进入企业的：作为与资本相结合的劳动因素，他是经济人；作为人的集合体以及每个劳动者背后的社会关系和家庭关系的因素，他又是一个社会人。作为经济人，他是机械的；作为社会人，他则是能动的。企业社会责任的根本体现，就是要树立人本理念，关心人、爱护人、尊重人，不能通过透支劳动者的健康来换取企业的发展和利润的增长，更不能在劳动者遭受工伤之后将其一辞了之或不了了之。在不断改善劳动条件的前提下，为劳动者构建劳动保障的安全网，这才是企业社会责任的核心。

应当说，中国的国有企业在肩负起应承担的社会责任方面有着优良的传统，但是农民工进入的多是中小企业，其中相当一部分企业基本上没有社会责任可言。对于一些小的民营企业和个体工商户来说，尽可能压低劳动力的收入和最大限度地使用劳动力是获取“第一桶金”的捷径。对一些外资中小企业来说，他们在享受经济一体化和国际分工好处的同时，利用经济发展的梯度转移，把原本该淘汰的或本国已经不允许使用的设备转移到发展中国家，在最大限度地赚取利润的同时，也损害了工人健康，这种做法完全有悖于企业的社会责任，实际无异于谋财害命。

企业社会责任缺失的直接后果就是损害劳动者的身心健康，致使劳资关系矛盾加剧，破坏企业发展的软环境。长期后果则是影响农村的可持续发展，进而影响社会稳定。每一位农民工都是一户农民家庭的顶梁柱，这个顶梁柱受到侵害影响劳动能力时，他的家庭生活就会限入窘境。一旦这样的家庭多起来，在农村社会保障不到位的情况下，就会演变成严重的社会问题，农村的可持续发展就必然会受到制约。

1992

因此，企业的社会责任从微观上说，影响资本与劳动的关系和企业发展的软环境；从宏观上说，影响城乡统筹发展和农村的可持续发展，因而是一个重大的发展战略问题。

对这样一个重大的战略问题，仅仅靠社会提倡或企业的自觉性是远远不够的。在强化政府监管的前提下，应当把企业的社会责任上升到法律的层面，用法律条文把社会责任具体化、条文化，并制定出法律责任，从而使企业的社会责任具有刚化的标准。

2001

针对这一时期断指事故不断、工伤频发以及企业逃避社会责任等问题，为了从源头上维护劳动者尤其是农民工权益，国家不断出台和完善相关的法规和政策。这使农民工的工伤维权出现了重要的拐点。

2003 年 4 月 16 日，国务院第 5 次常务会议讨论通过《工伤保险条例》，并确定 2004 年 1 月 1 日起施行。《工伤保险条例》第一条就明确指出，“为了保障因工作遭受事故伤害或者患职业病的职工获得医疗救治和经济补偿，促进工伤预防和职业康复，分散用人单位的工伤风险，制定本条例”。《工伤保险条例》同时规定，中华人民共和国境内的各类企业、有雇工的个体工商户（以下称用人单位）应当依本条例规定参加工伤保险，为本单位全部职工或雇工（以下称职工）缴纳工伤保险费；职工发生工伤时，用人单位应当采取措施使工伤职工得到及时救治；本条例实施前已受到事故伤害或者患职业病的职工尚未完成工伤认定的，按本条例规定执行。

2004 年 6 月，劳动和社会保障部发布《关于农民工参加工伤保险有关问题的通知》，明确了各类用人单位招用的农民工均有享受工伤保险待遇的权利，对跨省流动的农民工一级至四级伤残长期待遇的支付，可试行一次性支付和长期支付两种方式，供农民工选择。这是中国在用工制度由二元体制转向一元体制过程中，首次把农民工断指等各类工伤纳入工伤保险的法规。

但是，由于《工伤保险条例》对不参加或逃避工伤保险的企业缺乏明确的责任追究和法规制约，因此，在实践执行过程中，企业的工伤保险参保率不高，农民工受工伤之后得不到及时治疗引发的劳动纠纷仍然不断。

2010 年 10 月 28 日，《中华人民共和国社会保险法》经全国人大常委会通过，并于 2011 年 7 月 1 日起施行。针对企业不缴纳工伤保险问题，《社会保险法》第 41 条明确规定："职工所在用人单位未依法缴纳工伤保险费，发生工伤事故的，由用人单位支付工伤保险待遇。用人单位不支付的，从工伤保险基金中先行支付。从工伤保险基金中先行支付的工伤保险待遇应当由用人单位偿还。用人单位不偿还的，社会保险经办机构可以依照本法第 63 条的规定追偿。"这就从法律上把企业的社会责任上升到国家社会保障的制度层面，为维护劳动者参加社会保险和享受社会保险待遇的合法权益提供了法律支撑。

外资企业和民营企业的企业责任缺失给农民工带来了"断指"的社会之痛。中央高层最终关注到这一问题，采取措施要求企业改善劳动条件，整治劳动环境，加强劳动监察，同时加强立法，从法律层面加强工伤保险等社会保障制度建设，避免农民工流血又流泪。毫无疑问，这是中国农民工群体发展历史进程中权益维护的又一个重要拐点。

1992

2001

第九章

“红与黑”的呐喊

农民工的流动从一开始就非制度安排，而是市场调节的结果。这就决定了农民工的流量和就业结构必然受到经济发展状况、经济结构和国企市场化改革的制约，尤其是在新千年之前，中国加入 WTO 进入了冲刺阶段，在外贸依存度不断加大的情况下，农民工的就业必然受到影响。

第一节

“四重奏”压力下的农民工就业态势

20 世纪末，我国农村剩余劳动力的转移和农民工流动面临“四大冲击”：

一是新增劳动力不断增长，新增劳动年龄人口进入高位平台。据原国家计委社会发展研究所课题组的测算，1999—2001 年，我国劳动年龄人口年平均增加数为 914 万人，2002—2005 年，年平均增加数为 1246 万人。劳动年龄人口人数的激增源于 1963 年以后的生育高峰，是由人口的年龄结构所决定的。新增劳动力的大幅增加，不仅意味着城市就业压力增大，也导致农村人多地少的矛盾更加突出，有待转移的剩余劳动力数量更大，农民工的流动将呈加速度式扩展。

二是城市“下岗潮”带来的就业压力增大。1998 年，中国城镇登记失业人数达 575 万人，同年年底滞留在再就业服务中心的下岗职工仍有 614 万人。1999 年，这近 1200 万人构成了我国城市劳动力的既有供给基础，同时，还有城市新增劳动就业人口需要消化。2000—2002 年，下岗职工仍以每年 400 万至 500 万人的规模增加。这种巨大的“下岗潮”压力与 20 世纪 90 年代末经济结构的调整相碰撞，无疑会对农村剩余劳动力的转移和农民工流动形成制约。

三是加入 WTO 所带来的冲击。从宏观上说，加入 WTO 之后，中国由于出口限制松动和美元贬值等因素，出口形势大幅度好转，制造业的比较优势得以进一步发挥。机电和高新技术产品成为拉动出口增长的主要动力，电子以及通信设备制造业 2002 年的交货值同比增长近 50%，远远高于纺织和服装业的出口增长速度。与此同时，外商投资企业保持较快增长，外商投资企业出口占中国出口总额的比重在 2001 年超过国有企业后，2002 年已达 51.7%。民营企业和集体企业成为外贸出口的又一支生力军，出口增幅高达 54.1%。外商直接投资的增长带动了国内就业机会的增长，这一点在服务业方面表现得更为明显。2002 年 1—7 月，中国服务业共吸收外资合同额 77.7 亿美元，同比增长 26.5%，实际吸收外资 59.3 亿美元，同比增长 76.5%，显然有利于服务业就业机会的增加。加入 WTO 之后，中国企业实行“走出去”战略，劳务输出开始启动。2002年1—11月，对外工程承包和劳务合作营业额15亿美元，11月底在国外的职工数达48.4万人。

世界市场是分层次的，中国处在垂直分工体系的低端。一方面，劳动力资源的比较优势在加入WTO之后有了更加广阔的发展余地；另一方面，加入WTO之后，我国必须大幅度地降低农产品关税水平。随着关税的降低和外国农产品的涌入，必将导致农民的大量失业。2000年10月5日出版的《远东经济评论》引用美国著名投资银行所罗门美邦的研究报告称，中国加入WTO的前5年，新增失业者中包括500万至1000万农民，大量农村无业人口或剩余劳动力将流入城市。同时，从就业的质量来说，中国加入WTO之后，虽然国际劳工组织倡导“体面的劳动”，并对劳动标准和劳动条件提出要求，但由于对资本的吸引和企业出于国际竞争力方面的考虑，一些简单、通用、熟练型工种的就业质量出现下降。一般说来，更长的劳动时间、更加恶劣的生产环境、更加低廉的小时工资、更加裸露的社会保障制度是就业向下竞争的主要标志，这是由资本的意志决定的。就业质量下降的一种极端表现是就业者的生命健康权受到严重侵害，这一点在农民工身上表现得最为明显，前文所提到的劳资纠纷、工伤断指等事件就说明了这一点。

中国加入WTO后，一些地方政府为了追求GDP的增长速度，不得不屈服于资本强权，人为地制造一种不利于劳动者生存和发展的环境；劳动者尤其是农民工迫于就业机会短缺的压力，往往会忍气吞声地接受这种现实。这就决定了在加入WTO之后的很长一段时间内，农民工的就业质量会在一定程度上向下发展，必然带来劳资纠纷和劳动争议的大量增加。正是在这种全球化的背景下，2001年全国各级劳动争议仲裁委员会共立案受理劳动争议案件15.5万件，比上年增长14.4%，涉及劳动者46.7万人。

四是农民减收、农业负担过重的冲击。2000年3月2日，湖北省监利县棋盘乡党委书记李昌平写给朱镕基总理的信，比较典型地体现着这种冲击——

开春以来，我们这儿的农民快跑光了。连续 20 多天来，“东风”大卡车（坐不起客车）没日没夜地满载着外出打工的农民奔向祖国四面八方的城市……今年人员外流和往年比有新的特点：一是盲流。过去一般是有目的地地流动，今年多数农民是抱着碰“运气”和“死也要死在城市，下辈子不做农民”的一种负气的心情外出。二是人数多、劳力多。过去外出打工的主要是部分女孩剩余劳力，现在是男女老少齐外出。三是弃田撂荒的多。过去出门一般都待农田包出去后再出门，今年根本不打招呼就走人。

我们这儿的田亩负担在 200 元 / 亩，另外还有人头负担 100 ~ 400 元 / 人不等，两项相加 350 元 / 人亩左右。一家五口种地 8 亩，全年经济负担 2500 ~ 3000 元（不含防汛抗灾、水利等劳动负担）。农民种地亩产 1000 斤谷子（0.4 元 / 斤），仅能保本（不算劳动负担），80% 的农民亏本。农民不论种不种田都必须缴纳人头费、宅基费、自留地费，丧失劳动力的 80 岁的老爷爷、老奶奶和刚刚出生的婴儿也一视同仁交几百元钱的人头负担。由于种田亏本，田无人种，负担只有往人头上加，有的村的人头负担高过 500 元 / 人。

……

“交足国家的、留足集体的，剩下全是自己的”，家庭联产承包责任制曾让亿万农民欢欣鼓舞。可是现在农民要交足国家的，留足集体的，就必须贴自己外出打工的血汗钱。负担的日益增加，农产品价格的逐年回落，被农民视为生命的土地已成为农民的沉重包袱。[19]

农民减收、农业负担过重导致种植业边际效益下降；种田亏本和经济规律的作用，加快了农民进城的步伐。在城市新增劳动力就业压力加大、“下岗潮”

19　李昌平. 一个乡党委书记的心里话——给朱总理的信 [J]. 南风窗，2002-12-3.

和加入 WTO 所带来的冲击的挤压下，农民工进城就业的难度进一步增大，民工潮的流向面临新的不确定性。

在就业压力下，一方面，城市就业空间被大大压缩；另一方面，随着经济的高速发展，制造业优势得以发挥。与此同时，经济发展对能源的需求大大增加。1993 年，国家放开煤炭价格试点，“计划煤”与“市场煤”实行价格“双轨制”。1995 年，国家对部分煤炭价格进行市场化改革，发电用煤实行指导价，非发电用煤价格放开。进入 2000 年之后，电煤指导价政策取消，煤炭价格全部与市场接轨，煤炭价格改革与煤炭企业改革差不多同步进行。在煤炭价格逐步放开的同时，乡镇煤炭企业和民营煤炭企业大幅增加，一些国企也把不少矿井转包给当地的民营企业。这样，在城市对农民工就业实行诸多限制的情况下，农民工的流向发生了变化，在继续流向沿海制造业、建筑业的同时，以煤矿为主的采掘业成了农民工流向的新领域，民营矿区变成了农民工争相赶赴的淘金“圣地”。

在煤炭大省山西，300 多万名农民工散落在全省的采煤一线。虽然井下采掘工作苦、脏、累、险、重，但每个月 400 ~ 500 元的收入对农民工仍然有着巨大的吸引力。因此，凡是有煤矿的地方，当地农民都就地就近转移。这些人一开始多在采掘一线，但随着外省农民工的大量流入，他们大多回到井面从事一般的管理和服务，把井下的采掘工作交给外省的农民工。《山西晚报》在一篇全省空心村调查报道中这样描述：“20 世纪 90 年代以来，大量村庄人口停止增长，常住人口大幅度减少，村庄败象日现。临汾市襄汾县永固乡永固村 4000 居民中近一半‘候鸟化’，常年打工；吕梁市离石区枣林乡任家山、松家峁两村约 40% 农户外迁；长治市平顺县东寺头乡从 2002 年以来，133 个村庄消失……”

据 1997 年的一份调查显示，在全国煤炭行业排名第二的河南省，全省煤炭行业有 70 万名职工，其中农民工总数为 33.57 万人，主要分布在井下采掘一线工作岗位，少部分在井下辅助岗位工作，已成为全省煤炭行业生产、建设的重要力量，其所占比重和重要作用已被用工企业和各级管理部门所肯定。在调查中，煤炭行业表示不会以“清退农民工”的做法来安置城市下岗职工，而且乡镇煤矿和个体煤矿招用的全部是农民工，不存在农民工与下岗职工再就业的矛盾问题。调查同时显示，农民工的工资收入均无低于当地最低工资标准的情况。

但是，采掘业并非都是农民工就业的“天堂”。在采掘业就业的农民工，大多要经受社会歧视、奴役式管理和矿难的三重考验。

整个 20 世纪 90 年代，对农民工就业和流动的社会歧视几乎无处不在，即便在远离大中城市的采掘业也不例外。1997 年，全国总工会曾在全国开展了
1992 “中国农民工问题调查”，一位井下采煤农民工的个案访谈相当典型。他的名字叫周树春，男，34 岁，高中文化，共青团员，是河南省鹤壁煤矿五矿采煤二队的采煤工，在本单位工作年限为 10 年。

> 我在亲属的介绍下，来到了矿山，当了一名协议工。煤矿上是
> 2001 很苦的，脏、乱、差的自然环境让人难忍受，可自己是有家室的人了，要忍。到了这个年龄，只有多挣钱，有一定的经济收入，才能体现出一个上有老人下有儿子、夫妻恩爱的（男人的）能力。
>
> 在城市里，我们到郊区租房，被问的第一句话便是：“你是正式工，还是协议工？”话语虽不多，却让我们受到了人格侮辱。
>
> 我们在矿山的工作时间特长，打疲劳仗，得不到很好的休息，好似奴隶，敢怒不敢言。矿向队要任务，队向班要任务，为“任务”二字不讲协议工的死活。哪一个敢言，轻者当班不记工，重者停止工作，罚款开除，我们只有忍。这样一来，我们从不习惯到习惯，就是心里觉得不好受。队长规定，请假找班长，班长不了解情况，让找队长，为请两天假，我们很下贱。说不少好话也不准（假），最后按旷工论处，总之请假不批。休班罚钱，旷工重罚，甚至开除等，心里最不

好受。当官的亲属订岗是八岗（采煤岗），干活是辅助岗（六岗或七岗的活儿），工资待遇相差很多，我们敢怒不敢言，否则，停止工作。

我就觉得农民协议工受歧视，农民工与正式工有高贵（低贱）之分：农民工违反劳动纪律可被开除，正式工则留矿使用。正式工歧视协议工。一个接班来的正式工曾对我说过这样一句话：工作面打疲劳仗，让那些“协议工蛋子”狠干，他们都干不了几年。[20]

这位叫周树春的农民工所在的是一家国有企业，从用工到管理总体上还算比较规范。即便如此，从对他的访谈中仍可看出重重的歧视痕迹。用工形式上的歧视：同为煤矿工人，农民工只能是协议轮换工。管理上的歧视：农民工只能忍气吞声，接受近于野蛮式的管理。使用上的歧视：农民工干，正式工看。结果上的歧视：同岗不同酬、同工不同酬。这种歧视在农民工心中打下了深深的烙印，“低人一等”的感受必将影响他们对社会的看法，甚至会影响到他们未来在社会上的行为准则。无论他们能否成为工人阶级的一部分，这种经历都只会产生负面效应。

如果说国有采掘业尚且存在各种歧视，那么，乡镇企业尤其是个体和民营企业的奴役式管理则更加普遍。1997 年 6 月，新闻媒体报道四川省中江县两名律师千里解救“黑窑奴工”的事件，让整个社会触目惊心。

1997 年 5 月 28 日，两名分别来自四川省中江县柴山乡和民主乡的农村妇女赶到中江县城，找到中江县经济律师事务所的邓学海和兰勤明，请他们设法营救正在山西省某砖厂打工的丈夫和女儿。她们出示了一封辗转递来的民工求救信，信上的文字文理不通，是一位名叫蒋营见的 58 岁男子托人记录下的一批中江老乡在山西被奴役

20 全国总工会政策研究室. 1997 中国农民工问题调查[R]. 1997.

关押、强制劳动的悲惨遭遇。

6月4日，两位律师与砖厂老板李小林谈判，要求放民工离厂。李小林一开始不同意放人，理由是他支付了民工们从中江到砖厂的一万多元路费，要走就得还路费。

事实上，中江民工一到砖厂就开始干活，老板从未付过他们一分钱工资。对于李小林的无理要求，律师们怒不可遏地予以痛斥，并责成他如数发放民工应得工资，李小林始终以砖厂效益不佳为由来搪塞。在太谷县劳动局及检察官的干预下，他最终同意放民工回家。律师就厂方不支付工资但同意放人的表态征询民工意见，16名中江民工无一例外地表示宁愿不要工资也要回家。中江民工初来时一共有43人，许多人因不堪折磨而陆续逃离砖厂，剩下的16人当中，还有两名女工在律师到砖厂的前几天逃走了。

律师打听到，在山西省太谷县任村乡东卜砖厂，中江民工全部被安排在制砖、晒砖、装窑等粗笨工序岗位。每天凌晨4点就得上班，晚上一般要到12点左右才能下班。遇上停电，民工们可以休息，但来电后，他们必须通宵工作。东卜砖厂对民工的吃饭时间也作严格限制，超过时限，下一顿就没饭吃。民工们不能打电话、不能发短信。有一人给家乡人打过一回电话，在三四人的监视监听之下，电话内容是“这里很好”。[21]

应当说，这16名农民工是幸运的，他们在两名律师以及输出地和输入地政府有关部门的帮助下逃出了奴役，从噩梦中醒来。类似的黑砖窑对农民工进行奴役式管理的绝非仅此一家，只不过是这家小砖窑撞到新闻记者的“枪口上”罢了。然而，“黑窑”对农民工奴役式管理也并没有随着这起事件而得到

21　杨键．“黑窑奴工”十年之痛[N]．新民周刊，2007（25）．

根治。此后，随着煤炭业“黄金10年”的到来，类似的事件更加令人发指。

第二节
南丹矿难与《安全生产法》的出台

如果说社会歧视、奴役式管理已经给农民工造成了巨大伤害的话，那么，这一时期多发的矿难带给农民工的则是生命之虞，带给社会的更是永远抹不去的痛。经济高速增长，带来了对能源和资源需求的“井喷”，价格放开使采掘业有利可图，转轨转制的胶着使管理混乱而无序。在这种情况下，转包经营、私挖乱采、以采代探、无证经营、违章操作等成了比较普遍的现象，能源和资源成了“唐僧肉”，矿难频发就成为必然结果，农民工自然就成了被伤害的对象。

2001年，中国煤矿事故一直居高不下。

2001年1月4日，湖南省新化县温塘镇小煤窑穿水，20名矿工遇难。

2001年2月28日，湖北省咸宁市叶家岭发生瓦斯爆炸，7人死亡。

2001年7月22日，江苏省徐州市贾汪区贾汪镇岗子村发生瓦斯爆炸，88人遇难。

2001年11月14日至11月22日，山西小煤窑9天发生5起事故，死亡上百人。

来自国家安全生产管理局的数据显示，2001年煤矿事故死亡人数为5965人，基本上全是农民工。

为什么这一时期矿难如此频发？矿难的背后究竟有哪些不为人知的因素？

几乎在中国的每一个煤矿，都挂有“安全生产、预防为主”的标语牌；在每一级政府组织里，都有安全生产监察机构；每一个矿在开工之前，都有一系列的安全程序要求。即便如此，中国的煤矿安全事故仍居世界之首。

安全生产欠账多与煤炭产量翻番的矛盾直接刺激着矿难事故的恶变。截至2003年，全国安全生产总欠账500亿元。当时，全国有安全生产系数的煤炭年产量是12亿吨，实际年产量达到了19.5亿吨，其中7.5亿吨煤是在没有安全保障的条件下生产的。相当多的小企业资金有限，在安全生产上投入不足，甚至根本不投入。生产工艺落后，机器设备陈旧，抵御风险能力较弱，安全措施缺乏，几乎是一个普遍现象，有不少煤矿使用的是已经被淘汰的设备和工艺，这种情况怎能保证不出安全事故？

市场需求井喷导致了产量翻番，利润倍增导致了疯狂开采，缺口拉大造成了事故频发，农民工的生命成了“埋单”的成本，“红与黑”的悲剧不断重演。一本万利或无本生意，最容易使人丧失理智，造成疯狂。不用投入就能生产出市场抢手的滚滚“乌金”，掠夺性开采也就在所难免，农民工生命受到威胁或摧残就成了必然的结果。

安全生产培训少与安全生产意识薄弱是导致安全生产事故的直接诱因。1985年之后，煤炭行业除极个别情况外，基本上没有再招收过体制内的正式职工。2000年之后，井下一线采煤的工人95%以上都是农民轮换工。这些农民工的生产成本很低，而且基本上也没有进行过正规的岗前培训，矿主对他们招之即来、挥之即去。在生活和家庭负担的压力下，矿工挣钱养家的压力冲淡了安全生产意识，加上安全知识匮乏，客观上为安全生产埋下了“隐性炸弹”。

安全生产培训原本就是煤矿企业的职责所在，是煤矿生产的必要程序。放弃培训或许是这些企业为了减少成本投入，或许是抱有侥幸心理，或许是为了急功近利，但无论哪一种，实质上都是对农民工生命的漠视。

事故成本过低则是安全生产事故频发的另一诱因。我国《工伤保险条例》规定的工伤标准太低，一次性工亡补助金仅为48个月至60个月的统筹地区上年度职工的月平均工资。20世纪90年代前期，一个工亡职工得到的补助金只有5万元左右。2003年之后，一些地区把工亡职工的补助金提高到20万元，而按当时的煤价，一个年产2万吨的小煤矿每天的纯利润也至少有10万元，这点赔偿根本不足以震慑用人单位。况且在井下采煤的农民工绝大多数没有参加工伤保险，一旦发生事故，不少矿主都采取瞒报等手段，致使农民工的生命安全更无保障。

安全生产管理薄弱、制度不落实和监督不力是导致安全生产事故频发的直接原因。实际上，中国在安全生产问题上不缺乏制度规定，缺的是怎样解决制度不落实和管理不得力的问题。比如，制度规定干部跟班作业，实际上却没有几家煤矿做到了。一些工人对安全生产最有发言权，但进行安全监察时，却没有几名一线工人参加。即使一线工人参加了，提了意见，矿主也不一定采纳，很多企业在被检查出安全生产隐患之后仍然置若罔闻。河南省大平山矿难发生之前，有关部门已经在执法检察中发现许多安全隐患，并下发了多份现场处理决定书，但这些决定书说在嘴上、写在纸上，就是没能落实在实际工作中，最终导致了矿难的发生。实际上，当时改制后的民营企业，安全生产工作基础非常薄弱：有的企业处于无主管部门、无工会组织、内部管理不规范的状态；有的企业经营管理人员法律观念淡薄，对安全生产法规知之甚少；有的企业干脆将安全管理机构撤销或与其他部门合并，使安全生产处于失控状态。

当然，在矿难频发的背后，更深层次的是腐败因素。在这方面，2001年7月17日在广西南丹矿井发生的重大透水事故，最能说明问题。新华社对这起重大事故进行了追踪和剖析——

7月17日凌晨3时许，南丹龙泉矿冶总厂拉甲坡矿发生特大透水事故，致使在拉甲坡、龙山和田角锌矿井下作业的81名矿工遇难。当天早晨7时许，拉甲坡矿矿长黎家西打电话给黎东明（南丹龙泉矿冶总厂负责人），说矿下出了很大的透水事故，估计死了很多人。

然而，直到17时，黎东明才第一次把事故情况报告给当时分管南丹矿业的县委副书记莫壮龙。此时，距事故发生时间已经过了14

个小时。他请求县里不要上报，由龙泉自己处理，保证不会出事。莫壮龙对黎东明说：“此事报告到我这里就到此为止，不要再向其他任何人报告。”21时，龙泉总厂副总经理王国亮受黎东明指派，找到莫壮龙和当时分管南丹矿业的副县长韦学光。王国亮说井下确实出事了，“大概有40多人去了（死了）”。莫壮龙和韦学光问“还有没有人有生还的可能”，王国亮说“没有”。

莫壮龙当即向时任南丹县委书记万瑞忠汇报，而万瑞忠并没有表示立即组织排险抢救，只是说“你们搞清楚情况，我先跟唐县长商量一下再说”。

而后，万瑞忠当面告诉了唐毓盛（时任南丹县县长）有关事故的情况，二人深感事故重大，一是“弄不好大家都死定了”，二是“如果龙泉被查封，南丹县的财政收入受极大影响”，于是都流露出瞒报的意思。万瑞忠交代唐毓盛，了解清楚龙泉矿是否有把握做好内部封锁信息的工作再做决定。22时，唐毓盛打电话给莫壮龙，要他和韦学光负责详细打探有关情况。

7月18日一上班，万瑞忠和唐毓盛就通了电话，约定晚上4人秘密商量有关事故处理的事情。18时许，莫壮龙、韦学光约见黎东明。黎东明说矿下可能死了70多人，并急切地问莫壮龙“是否上报”。莫壮龙问黎东明：“如果不上报，你内部一定稳得住吗？”黎东明把胸脯一拍：“完全能够，但是外面和上面就无能为力了。”莫壮龙交代黎东明：“死者家里困难的可以多给一点。”黎东明答道：“你放心，这点善心我还是有的。”

当晚，万瑞忠、唐毓盛、莫壮龙、韦学光在万瑞忠办公室召开碰头会，4人先后表态。

万瑞忠最后“拍板”：一是事故由龙泉自己处理，县里不往上报；二是由莫壮龙、韦学光与龙泉协调，主要任务是防止消息泄露，同时密切关注社会上的议论；三是如果上级机关知道了，就说龙泉从没有正式的事故书面报告，把责任全推给龙泉，责任由黎东明自己承担。

从7月下旬到8月初，万瑞忠、唐毓盛等人多次以书面或口头向上级汇报调查结果时，一直称发生了严重透水，但是没有事实和迹象证明有人员伤亡，传闻造成重大伤亡事故是没有事实依据的。万瑞忠特意叮嘱唐毓盛、莫壮龙、韦学光三人："如果实在被逼到最后'防线'，最多只能说公安部门调查发现有一人失踪。"

"7·17"事故已经引起党中央和国务院的密切关注，万瑞忠等人还是死不回头。8月2日，在万瑞忠主持召开的县四套班子会议上，唐毓盛说："听说事情已经惊动了中央，但我们还是没有发现发生重大事故的事实依据。"万瑞忠更是以"老大"的口吻发话："今天我到现场看了，很平静，没有一点发生事故的迹象，直到今天为止，我仍没有接到任何事故的文字汇报，自治区、地区和县里反复组织调查，也是这个结果。"他要求大家不要听信、参与传闻，做好自己的事。

就在万瑞忠等人欺上瞒下的时候，黎东明一伙人在县主要领导的默许甚至授意下，不择手段、绞尽脑汁封锁消息，企图将事故真相与81名死难矿工的冤魂一道埋进漆黑的矿井。

黎东明拿出400多万元用于死难者的赔偿，派手下分头到贵州独山、荔波和广西都安、宜州等地遇难者家中慰问。他们还把家属接到秘密地点协商赔偿事宜，超常规给每名遇难者家属5万至6.5万元不等的赔偿，企图用钱堵住家属的嘴，并威胁：有人来问，不要乱讲，如果讲出去，什么困难都不帮解决。此外，他们在做矿工"保密"工作时还威胁：谁也不许说出去，如果上面知道事故情况，企业被查封，大家都要丢饭碗。

7月27日，龙山矿里抽水时发现两具死难矿工尸体浮出水面。龙泉有关人员及两名民工悄悄将尸体连夜拉到外地火化，事后给每个民工 360 元，交代他们不要泄露。

事故发生后，矿工花名册被篡改。黎家西等所有管理人员都矢口否认发生了伤亡事故，拉甲坡安检科科长苏锦干脆说自己记忆差，“记不清”。

其实，“不敢上报”还有另外一个重要原因：据公诉人指控，万瑞忠在担任南丹县委书记期间，利用职务便利，18 次非法收受他人财物合计人民币 321.5798 万元，并为他人牟取利益，涉嫌受贿罪；唐毓盛在担任南丹县常务副县长、县委副书记、县长期间，利用职务便利，先后 14 次非法收受他人财物合计人民币 44.52 万元，1000 美元，并为他人牟取利益，还伙同他人挪用公款 95 万元人民币。如果把事故报上去，上级机关追查下来，他们害怕“老底”被翻出来。[22]

这次矿难事故十分典型。

一是体现在非法狂挖乱采上。包括发生特大事故的龙泉矿冶总厂所属的两个矿井在内的数百个民采矿窿，都属无证开采。打井采矿时一概没有图纸，没有在紧急情况下可兼作逃生用的排气口，没有必备的通风换气设备，中毒、工伤、崩塌等时有发生。在这种不择手段的狂挖乱采下，整个矿区变得险象环生，却没有人考虑到井下农民工的死活。

二是体现在官商勾结上。官员提供保护伞，矿主们输送利益。矿工们的生命在官商勾结的利益链条中，仅仅被视为普通的“生产资料”。矿工活着时矿主给他们支付微薄的工资，矿难后矿主再随意打发家属一点抚恤费。矿主敢于对 81 条人命的矿难隐而不报，里应外合、欺上瞒下、瞒天过海、掩盖真相，可见他们在利益上已经结成了“命运共同体”，而 81 位分别来自贵州、湖南等地的农民工则成了他们这个“共同体”的“殉葬者”。

22　蒋桂斌，刘水玉，杨越．南丹矿难瞒报黑幕揭开 [EB/OL]．新华网，2002-5-29．

由于引发矿难的根源没有得到根治，这一时期矿难频发：2002 年 6 月 20 日，黑龙江省鸡西煤矿就因矿主擅自对已经责令停产的煤矿组织生产导致瓦斯爆炸，夺去了百余人的生命；此后两天，山西繁峙县义兴寨金矿又发生爆炸，造成 37 名农民工遇难，矿主对遇难者抛尸灭迹，用金元宝和现金作为封笔、封口费收买 11 名记者；同年 6 月 25 日，河北又发生两起煤矿事故……据当时有关部门的统计，仅 2002 年上半年，全国矿山安全事故就达 2014 起，死亡 3393 人，其中绝大多数是农民工。

频发的矿难引起了媒体的高度关注，一些主流媒体记者化装成农民工“只身闯关”，在鞭笞黑心矿主生命意识冷漠和良知泯灭的同时，揭露资本与权力结盟的真相，批评监督不力等形式主义作风。可以说，整个社会已经形成了一个强大的舆论场。

频发的矿难引起了高层领导的震怒，国务院对几起重大事故派出调查组，同时对有关责任者“亮剑”：南丹矿难事故中，原县委书记被判处死刑，并先后对 128 名责任者进行了刑事追究或党纪、政纪处理；鸡西矿难和繁峙矿难的相关责任者也都受到了严肃处理。

鉴于矿难问题的严重性，在 2001 年之后，国家有关部委接连发了几个文件：

2002 年 4 月 3 日，国家安全生产监督管理局、公安部、监察部等 6 部委联合发布了《关于加强非煤矿山安全整治工作的意见》。

2002 年 4 月 25 日，国务院安全生产委员会办公室印发了《小煤矿安全生产基本条件》的通知，对小煤矿的安全生产提出了明确的标准。

2002 年 5 月 21 日，国务院安全生产委员会又印发了《深化煤矿安全专项整治实施方案》的通知，对煤矿安全专项整治提出具体要求。

2002 年 6 月 29 日，第九届全国人大常委会第二十八次会议通过了《中华人民共和国安全生产法》，这是新中国成立半个多世纪以来对于安全生产的沉痛教训的经验总结。它的 97 条规范，从生产经营单位的安全生产保障、从业人员的权利和义务、安全生产的监督管理，以及发生事故的紧急救援、调查处理和法律责任等各个不同角度指明了确保安全生产的途径和手段，从而在根本上把安全生产和保障从业人员生命安全问题纳入了法治的轨道。

南丹特大矿难以牺牲81位农民工的生命为代价，直接催生了《安全生产法》，成为中国农民工历史进程中的又一个重要节点。与《劳动法》的产生背景相一致，农民工进城的历史、农民工流动中的重大事件，成为劳动法治建设的直接推手和动因。而后者又进一步推动了经济发展、资源利用与劳动者权益保护的规范和有序。

当然，任何法律、法规，无论制定得多么完善都只是纸上的东西。要将纸上的东西变成现实，绝不是一件轻而易举的事，还必须靠制度、机制去落实，靠实施细则去细化、去贯彻，靠政府和执法部门去推动，靠监督人员去督导，靠广大从业人员去执行，否则，仍然容易流于形式。

本篇结语

邓小平南方谈话带来了新一轮思想解放，使人们从姓“资”、姓“社”的禁锢中解放出来。发展社会主义市场经济带来了经济转轨、体制转换、社会转型和结构调整，中国进入全面深化改革和扩大开放的新时期。

打开城门、国企改革、外资涌入、乡镇企业发展带来了对劳动力需求的扩张，农业改革、农民成为自由职业者、改变生存环境的冲动、城市收入预期的引力，推动着农村剩余劳动力转移。这些因素结合起来，带来了中国历史上规模空前的农民工大流动，剧烈地冲击着传统的城乡二元结构。

国企改革、两种用工制度的并轨带来了城市的“下岗潮”。为了在“民工潮”与“下岗潮”之间取得平衡，保持城市社会的平稳有序，政府对劳动用工制度采取了一系列宏观调控措施。

加入WTO在给中国的制造业带来劳动力竞争优势的同时，出于吸引外资和增强企业国际竞争力的考虑，企业用人向低端竞争，开始了一个“寻底过程”。在对农民工流动缺少制度设计和维权机制的情况下，制造行业的农民工与资本展开了不公平的博弈，农民工权益受侵害现象屡屡出现，劳动纠纷不断增多。

在“下岗潮”、加入WTO和能源与资源逐步开放的相互作用下，农民工开始流向采掘业。然而，私挖乱采、无证经营、管理无序、权力与资本“联姻”，导致矿难接连发生，给农民工的生命健康带来了巨大威胁。

虽然政府对农民工流动未做顶层设计，但在农民工与资本的博弈中，每当有重大事件发生时，中央政府总是能在第一时间做出回应，并在立法层面做出长远安排。无论是《劳动法》的出台，还是《安全生产法》的出台，都说明了这一点。

在农民工、资本和政府这三者关系中，由于资本的强势和一些地方政府“傍大款”，呈现倾斜的三角形，农民工走向城市仍然任重道远。

第　三　篇

前赴后继

2002—2011年

1978
1991
1992
2001
2002
2011
2012
2018

2002

2011

2002年之后，随着国企改革攻坚任务的完成和中国加入WTO，中国的工业化进入了“快车道”。与此相伴，中国的农民工流动也呈现出空前的势头，特别是新生代农民工的加入，更显现出前赴后继的状态。

2002年之后，中央政府从经济社会发展的全局对农民工问题进行顶层设计，推动一系列实际问题的解决，展现出政策走向与农民工流动良性互动的特点。

革除束缚农民工流动的旧的体制、机制，建立引导和服务农民工迁徙的新的制度和政策，成为这一时期农民工迁徙的主要社会特征。

这一时期，既是前期劳资矛盾积累的显性化时期，又是中央政府关于农民工政策出台的密集期。

2002年，党的十六大在北京举行，提出统筹城乡经济社会发展的战略构想。会议强调，必须从统筹城乡经济社会发展、逐步改变城乡二元结构高度来推进涉及“三农”问题的各项改革，城乡关系和“三农”问题关系到现代化建设的全局。“农村富余劳动力向非农产业和城镇转移，是工业化和现代化的必然趋势”“要消除不利于城镇化发展的体制和政策障碍，引导农村劳动力合理有序流动”。中国特色的社会主义体制决定了执政党的决策就是国家意志的体现。从此，中国进入工业支援农业、城市反哺农村的新阶段。

改革开放以来，中国的工业化和城镇化取得了长足的发展，城镇化率从1978年的17.92%提高到2003年的40.53%，提高了20多个百分点，超过了新中国成立之后前30年的总和。城镇化的发展为吸纳农村剩余劳动力的转移创造了客观基础，使中央政府有条件为农民工的流动进行顶层设计。这一时期，为了改善农民工进城务工的环境，中央政府出台了一系列政策措施。

2002 年 1 月，中共中央、国务院发布《关于做好 2002 年农业和农村工作的意见》，第一次提出了针对农民进城务工的“公平对待，合理引导，完善管理，搞好服务”十六字方针；国家计委要求面向农民工的七项收费在 2002 年 2 月底必须取消，分别是暂住费、暂住人口管理费、计划生育管理费、城市增容费、劳动调节费、外地务工经商人员管理服务费和外地建筑企业管理费。

2003 年 1 月，国务院办公厅《关于做好农民进城务工就业管理和服务工作的通知》提出，要“取消对农民进城务工就业的不合理限制”“不得将遣送对象扩大到农民工，更不得对农民工强制遣送和随意拘留审查”“各行业和工种尤其是特殊行业和工种要求的技术资格、健康等条件，对农民工和城镇居民应一视同仁”。

2004 年 1 月，中共中央、国务院《关于促进农民增加收入若干政策的意见》提出，“进城就业的农民已经成为产业工人的重要组成部分，为城市创造了财富、提供了税收，城市政府要切实把进城农民的职业培训、子女教育、劳动保障和其他服务和管理经费，纳入正常的财政预算”，要“保障进城就业农民的合法权益。进一步清理和取消针对农民进城就业的歧视性规定和不合理收费，简化农民跨地区就业和进城务工的各种手续”“健全有关法律法规，依法保障进城就业农民的各项权益”。这是国家第一次在政策层面承认农民工是工人阶级的组成部分，第一次要求城市政策把农民工进城就业的相关问题纳入政府管理服务范围，第一次从中央政策面要求取消对进城农民工的各种歧视性规定。

2005 年 1 月，中共中央、国务院《关于进一步加强农村工作提高农业综合生产能力若干政策的意见》发布，中央政策开始明确鼓励农民进城打工。同年 2 月，劳动和社会保障部发出《关于废止〈农村劳动力跨省流动就业管理暂行规定〉及有关配套文件的通知》，农村劳动者外出务工不再需要办理就业证卡。

2006年1月1日，中国取消农业税、屠宰税、牧业税、农村特产税，延续千年的农业税成为历史。同年“1号文件”《中共中央国务院关于推进社会主义新农村建设的若干意见》提出，“逐步建立务工农民社会保障制度，依法将务工农民全部纳入工伤保险范围，探索适合务工农民特点的大病医疗保障和养老保险办法”。这是最早提出解决农民工社会保障问题的国家纲领性文件。

2006年3月，国务院出台《关于解决农民工问题的若干意见》，第一次系统地就农民工问题制定解决措施。

2007年3月，第十一届全国人民代表大会代表名额和选举问题的决定草案中首次提出，“中国将首次在不断壮大的农民工队伍中产生全国人大代表”。

2008年“1号文件”《关于切实加强农业基础建设进一步促进农业发展农民增收的若干意见》提出，要“全面加强农民工权益保障，健全农民工社会保障制度”，中央和地方政府要做到“提供符合农民工特点的低租金房屋，加快大中城市户籍制度改革，探索在城镇有稳定职业和固定居所的农民登记为城市居民的办法”，尊重和维护好农民工在城市的居住权利。

2010年1月1日起，《城镇企业职工基本养老保险关系转移接续暂行办法》施行，包括农民工在内的参加城镇企业职工基本养老保险的所有人员，其基本养老保险关系可在跨省就业时随同转移。同年“2号文件”在突出加大城乡统筹发展力度时，首次提到“新生代农民工”这一概念。

2010年12月，国务院办公厅《关于开展国家教育体制改革试点的通知》中要求，完善农民工子女接受义务教育体制机制，并在北京、上海、安徽、广东、云南和新疆探索非本地户籍常住人口随迁子女非义务教育阶段教育保障制度。[23]

这一时期，中央政府的政策导向呈现三大明确特征：从被动应对转向主动

23 《南方都市报》特别报道组．洪流[M]. 花城出版社，2012-4.

引导；从微观上的事件处理转向宏观上的顶层设计；从管理为主转向服务和改善环境为主。农村剩余劳动力的转移和农民工流动作为中国经济发展的重要支撑和社会发展的重大社会现象，被列入国家经济社会发展的计划和规划，与经济发展和社会和谐被一同考虑、一起设计、一道推动。它已超越了“绿灯放行”原则，而是大局谋划，主动作为。

但是，由于旧体制的延后性、旧思维习惯的惰性、GDP 考核指标和地方利益以及官员的腐败问题影响，中央政策落地依然有一个过程。再加上资本与劳动者的强弱状况并未发生大的实质性变化，因此，劳资矛盾仍然不断发生，侵害农民工权益的事件不断出现，成为农民工流动中不和谐的音符。

第十章

“讨薪风暴”与土地财政

劳动力作为特殊商品进入劳动市场，是市场经济的重要特征。工资作为劳动力价值的实现形式，既是对劳动者付出有效劳动的薪酬，也是劳动者自身生存和发展的必要条件。付出劳动，生产产品，创造价值，领取薪酬，这是市场经济条件的通行规则，无论社会制度如何，在此问题上概无例外。

然而，就是这样一个天经地义的事，却成了农民工的一道“坎”。农民从农村向城市流动，到企业打工，初始的动机就是为了通过出卖自己的劳动力赚取收入，改善自己的家庭生活，为子女成长创造比较好的条件。但是，他们中的很多人在付出辛苦劳动之后，却并不能按时足额领到工资。工资拖欠成了他们的心头之痛，也成了发展市场经济初期中国特有的社会现象。

实际上，早在20世纪90年代初，媒体上就报道过拖欠农民工工资的事件。20世纪初之后，拖欠问题愈演愈烈，直至一个偶然事件的发生才引起整个社会的广泛关注。

第一节

风暴起于农妇实言

2003年年底，一场“讨薪风暴”在全国范围内平地而起，肇始是国务院总理温家宝考察途中一次行程安排外的“拐弯”。

“总理考察时经常临时决定停车，我们必须随时做好准备。”新华社摄影记者刘卫兵回忆道。2003年10月24日至26日，温家宝赴重庆、湖北三峡库区考察。24日下午5时许，奔波了近一天的随行人员大多已闭上眼睛在汽车上休息，记者们所乘坐的面包车突然停了。“后边总理的面包车没跟上来，赶紧回！”

2002

走过坑洼不平的泥泞小路，大家看到一处略显破旧的农舍前，温家宝总理正坐在木凳上和村民交谈。

打完猪草回家的熊德明向总理反映，丈夫李建民有2000多元的工钱已经拖欠一年，影响了孩子交学费。

“一会儿我到县里去，这事一定要跟县长说，拖欠农民的工资一定要还！”温家宝总理做出了承诺。

2011

当夜，熊德明和丈夫拿到了被拖欠的2240元工资。这一年，熊德明被评为2003年CCTV中国经济年度社会公益人物，由此成了农民工讨薪的代表。[24]

国务院总理为农民工讨薪，立即在全国掀起了一场“讨薪风暴”：熊德明

24 孙杰，黄豁．总理为农民追工钱[N].人民日报海外版，2003-10-28.

所在的重庆市开展“百日欠薪大检查”活动；北京市宣布凡是严重拖欠农民工工资的企业将被赶出北京建筑市场；江苏、广东、湖北等省也相继出台政策维护农民工权益。

然而，就在“讨薪风暴”刮起之时，2003年11月2日，广州市海珠区南洲路某楼盘工地却发生一起讨薪工人被打事件。25名工人在南洲路某楼盘工地讨薪时，遭遇30多名身着便服男子的毒打，其中3人还用灭火器向工人喷射干粉，造成多名民工受伤。这起农民工讨薪遭打事件经媒体报道后，引起了国务院的高度重视。温家宝总理批示强调，“解决拖欠农民工工资问题仍需高度重视”。国务院副总理曾培炎随即要求，建设部门“明年春节前务必把2003年年底前拖欠的农民工工资全部清欠完。中央一级财政性投资拖欠的建筑工程款基本清欠完成”。

2003年11月22日，国务院办公厅印发了《关于切实解决建设领域拖欠工程款问题的通知》，要求自2004年起，用3年时间基本解决建设领域拖欠工程款以及农民工工资问题。凡因工程项目业主拖欠建筑业企业工程款，致使建筑企业不能按时发放农民工和工人工资的，要严肃追究业主的责任；已获得工程款的建筑企业，要优先偿付拖欠农民工和工人的工资。

2003年12月9日，建设部、国家发改委、财政部、劳动和社会保障部、中国人民银行、中国银监会六部门联合召开电视电话会议。会议提出三条要求：认真清理房地产开发项目和政府投资工程拖欠的工程款；加强监察，严肃执法，努力保证农民工按时足额拿到工资，对有拖欠和克扣行为的企业，责令其立即补发，凡因工程项目业主拖欠建筑企业工程款，影响工资发放的，要严肃追究业主责任；加强综合治理，从源头上防止拖欠工程款的发生。

实际上，在总理为农民工讨薪之前，劳动和社会保障部、建设部就曾于2003年9月30日联合发文，要求认真开展清查工作，严厉打击拖欠和克扣农民工工资行为；加强对建设、开发项目的监管，确保建筑业企业农民工工资来源；加强对农民工劳动合同的管理，指导企业依法与农民工签订劳动合同；建立健全农民工工资支付监控制度；充分发挥协调劳动关系三方机制作用，共同采取措施解决拖欠农民工工资问题。

总理出面为农民工讨薪，这可能在世界上也绝无仅有。从国务院、部委到省市，层层发文，严令要求，其力度不可谓不大。由此，很快在全国迅速掀起了一场声势浩大的“清欠风暴”。据统计，仅在首次发起“清欠风暴”的2004年第一季度，便帮助农民工追回被拖欠的工资253.8亿元。其中，追回2003年当年拖欠的工资156.82亿元，超过当年拖欠工资总额的96%，此后，全国各地每年年底都要发动“清欠风暴”。

但是，由于欠薪问题并没有从体制和机制上解决问题，尽管从2003年之后每到元旦和春节之间都要刮一次“讨薪风暴”，欠薪问题却并未根本扭转，更谈不上根治。尽管每年“两节”期间的“讨薪风暴”刮得比较猛，确实能帮助农民工讨回一些被拖欠的工资，但在没有制度保证的情况下，原有的拖欠尚未清干净，新的拖欠又接着发生。“运动式”的清欠方式根治不了欠薪的顽疾。

这一时期，一方面农民工的自我维权意识在觉醒，社会舆论对农民工欠薪问题高度关注；另一方面欠薪问题依然照旧，不断有各种讨薪的新闻事件曝光。就在总理为农民工讨薪的第二年，《重庆晨报》又曝出法官为农民工讨薪的新闻。

2002

2011

重庆市开县人民法院丰乐法庭法官赵丕仁，为了给开县200余名民工讨回拖欠三年之久的355万元血汗钱，两上北京，并上书温家宝总理。在国务院信访局的限时督办下，2004年12月13日，工程承包方向开县民工兑付完了全部血汗钱。

1997年，家住开县镇东镇郭坪村的包工头赵富云承包了由“中铁二局四公司”和“中铁隧道局二处”承包的（湖南省株洲至贵州省六盘水铁路复线新小溪2号、3号隧道）工程。随后，赵富云组织了200余名开县民工到工地施工。2000年12月底，该工程竣工，结算工程款时共欠民工工资300余万元（后查，中铁隧道局二处将该工程包给了北京林同炎咨询有限公司，并支付了全部工程款）。3年来，包工头赵富云索要工钱无果。

2004年10月22日，民工推选李兴国、涂勇等3名民工代表，将包工头赵富云和中国铁路工程建设总公司（以下简称中铁总公司）告上开县法院。开县法院丰乐法庭受理此案后，指派老法官赵丕仁负责此案。赵丕仁先后赶赴酉阳县、贵州省镇远县，并两上北京找中铁总公司联系给付民工工资事宜。

11月初，赵丕仁再上北京，多次协调未果。赵丕仁最后找来包工头赵富云，两人一起饱含热泪向温总理写信，讲述了3年来讨薪的艰辛历程。此信被迅速转到国务院信访局，两天后，国务院信访局负责人批示，责成中铁总公司于10天内付清所拖欠的开县200余名民工工资。12月3日，“中铁二局公司”汇来了220万元欠薪；12月7日，北京林同炎咨询有限公司也汇来60万元欠薪；12月13日，剩余的75万元欠薪也到达开县法院账户。[25]

农民工要回了被拖欠的工资，法官帮助弱势群体打赢了官司，社会消除了一起因欠薪可能引发的劳动纠纷。然而，一位法官帮助农民工讨薪不成，只能“饱含热泪向温总理写信，讲述了3年来讨薪的艰辛历程”，最后在国务院信访局的直接干预下才解决了问题，这只能说明在现实中要解决农民工的欠薪问题是多么艰难，只能说明法律还不到位。本来，在一个法制健全的社会，法院是维持社会公平正义的法定场所，“司法是社会正义的最后一道防线”，凡是法院做出的裁决，任何人不得以任何借口推诿或拒绝执行。然而，开县丰乐法庭的判决非但不能马上生效，而且一拖再拖，即便是法官追讨也没有结果。在这种

25 李成明，徐守植．重庆开县法官上书温总理，为民工讨回欠薪300万[N]．重庆晨报，2004-12-16．

现象的背后，是一个庞大的农民工群体的无助与无奈。

无论是总理为农民工讨薪还是法官为农民工讨薪，都只是偶然事件。一个大国的总理不可能总是忙于为农民工讨薪，法院和法官也不可能整天忙于追讨农民工的工资。他们帮农民工讨薪，说明心里装着农民工，思想里有民本意识。对大多数被欠薪的农民工来说，他们不可能见到总理，也不可能遇到太多乐于帮助他们讨薪的法官，在解决欠薪问题上也就没有那么幸运了。正如农妇熊德明后来所说：“我从来没见过这么大的领导。如果总理来时没有招呼我坐过去，我一定会躲开；如果总理没有追根问底，我肯定不敢开口；如果总理不是把这件事放在心上，立刻帮我讨工资，我怕以后也不敢再反映欠薪的事了。”即便如此，总理走后熊德明还是一直担心“讲错了话”，因为当时村里被拖欠工资的不止她一家，可大家都没说。

第 二 节

“暴力讨薪”与王斌余讨薪杀人案

“总理讨薪”“法官讨薪”“媒体讨薪”……这一时期为农民工的讨薪力度之大前所未有，媒体对农民工欠薪问题关注度之高历史罕见。然而在此后的数年时间内，社会上仍然不断曝出关于农民工讨薪的各种信息，一方面是农民工讨薪引发的恶性事件不断，另一方面是暴力拒付和暴力对抗讨薪接连发生。

如上文所提及，《南方都市报》报道了 2003 年 11 月 2 日，在广州市海珠区南洲路某楼盘工地，讨薪的 25 名农民工被 30 多名身着便服的男子毒打，造成多名民工受伤。

据《工人日报》报道，2004 年 8 月 23 日，在西安紫薇地产开发有限公司，20 多名农民工讨薪被打，其中多人受伤。

据媒体报道，2006 年四川巴中籍农民工谢友远和大儿子谢宏生在陕西省宝鸡市一工地讨薪时，被一帮打手毒打，造成儿子死亡、父亲重伤的惨剧。

据新浪网消息，2006年5月31日，北京市朝阳区望京国际商业中心售楼处，100多名农民工向该处租户韩国JD公司讨薪时，遭不明身份者殴打，10余人受伤被送往医院。

……

与此同时，各种各样的讨薪方式乃至暴力讨薪的事件也不断发生：

2005年9月16日，广东省东莞市常平镇一家毛织厂内，一名农民工因讨薪未果，竟邀上七八个同乡手持菜刀砍老板和老板娘，致其受伤。

2005年9月21日，广东省广州市天河区燕塘路某公司发生一起讨薪事件，数十名讨薪农民工与70位保安发生冲突，有4人在现场受伤。

2005年12月31日，《金陵晚报》披露了一起发生在河北省唐山市的农民工“暴力讨薪”事件。在讨薪无路、被逼无奈下，数百民工押着某公司的工程部部长到政府部门，去要个支付薪金的“说法”。

2005年5月发生在宁夏回族自治区石嘴山市的农民工王斌余讨薪杀人案，更是在全国引起了巨大的震动。当年，新华网“新华视点”专栏曾经刊出报道《死囚王斌余的道白》，剥开这起恶性事件与恶性欠薪之间的关联——

> 经村里熟人介绍，我17岁就开始到甘肃天水市打工。随后几年又到了甘肃兰州，宁夏中卫、银川、石嘴山等地，在建筑行业打工，也曾蹬过三轮车。
>
> 刚开始在天水市干建筑活，一天工资11.5元，扣除4元伙食费，最后可以拿7.5元。随后，我14岁的弟弟也到这里来干活了，他一天拿5元。我们吃的是土豆、白菜加面，啥菜便宜就买啥，住在用木板支起来的大通铺上，几十个人挤一间。
>
> 有一年春天，我在2米多高的地方打钢筋，掉到了下面7米多深的井里，里面都是稀泥巴，我差点淹死。后来大家把我拉上去了，我

总算逃过一死，却大病一场。老板不给我看病，只给了几片感冒药。

2003年8月起，我一直跟着包工头陈某干活，他揽的都是又脏又累又危险的活儿。在石嘴山一家电厂做保温工时，一天27元。保温用的玻璃纤维扎得人浑身起红疙瘩，我忍受不了，老板就骂我偷懒。

吴华是工地的负责人。他经常平白无故地拿我们出气。他让我偷工地上的东西，我不干，他就打我、骂我。我们平常从早上7点干到晚上7点，有时候到晚上八九点才下班，只要天亮着就得干活儿。

我们的工资一般都是年底结算，平时我们用钱只能找他借。可即使结算清了工钱，仍要扣300元的滞保金。今年老板跟我们说，晚上加班就多加8元1角钱，但最后发工资的时候他们能赖掉就赖掉了。

去年我们签了劳动合同，合同上写了交医疗保险。结果有病根本拿不到，我胃病花了1000多元还是自己掏的。出了工伤他们根本不负责任，工地上一个小伙子腿被砸了还干活儿呢，后来干不下去只好回家了。

今年5月，父亲因为去年修房子腿被砸断一直没治好，家里急需用钱，再加上我身体一直不好，实在不想继续干下去了，就想要回今年挣的5000多元钱。可老板却只给了50元。

我气不过，就去找劳动部门，他们建议我到法院。法院说受理案子要3~6个月，时间太长，让我找劳动部门。劳动部门负责人立即给陈某打电话，说他违反《劳动法》。陈某却诬赖我看工地时偷了铝皮，不给我工钱，可我并没有偷。

5月11日，经劳动部门调解，包工头吴新国向劳动部门承诺5天内给我算清工资。谁知回到工地，吴华把我们宿舍的钥匙要走了，不让我们在工地上住。晚上，我和弟弟身上没钱，可住店一天最少要10元钱，我们就到吴新国家要点生活费。吴新国一直不开门，住在旁边的苏文才、苏志刚、苏香兰、吴华还有吴新国的老婆过来让我们走。吴华像骂狗一样骂我，用拳头打我的头，还用脚踢我，苏文才、苏志刚也一起打我和弟弟。我当时实在忍受不了，我受够了他们的气，就拿刀连捅了 5 个人。我当时十分害怕，就跑了，到河边洗干净血迹，就去公安局自首了。

我的愿望很简单，让我父亲、爷爷、奶奶过得好一点，他们苦了一辈子。我希望周围人都要有一颗善良的心，不要瞧不起我们农民工。我希望人和人之间都很友好，都能够互帮互助。我希望社会能够更多地关注我们农民工。[26]

王斌余讨薪杀人案说明，欠薪与讨薪已不再是企业或包工头与农民工之间的事，而直接涉及社会的安定与和谐社会的建设。这起事件带给整个社会的反思是沉重和发人深省的。

正如新华社“新华快评”《千万别漠视农民工的基本愿望》所言，拖欠、克扣农民工的工钱，表面上看伤害的是农民工兄弟，而实际上对社会安定与和谐的危害之大，是很多人想象不到的。一个“穷”字，让千千万万农民工背井离乡进城打工。工钱之低廉、工作之繁重、衣食之艰苦，甚至包括包工头的颐指气使和随处可见的歧视，他们都能忍受，只求能够按时足额拿到工钱，这是他们最基本的愿望。如果连这一点都守不住，他们就可能因绝望而心生愤怒，进而采取极端行为。王斌余杀人案就像一面镜子，照出了保护农民工合法权益工作存在的缺憾，显示出满足农民工按足额拿到工钱这个基本愿望是多么重要。

事实上，法律对支付工资问题早有明文规定，“工资应当以货币形式按月支付给劳动者本人。不得克扣或者无故拖欠劳动者的工资”。但是，大大小小

26 孟昭丽，刘佳婧，刘晓莉．死囚王斌余的道白 [EB/OL]．新华网，2005-9-4.

的包工头偏偏要“年底结算”工资，还变着法儿克扣、赖账。行政执法不力、打官司成本高昂，都在让农民工选择以“玩命”的办法讨要工钱。和农民工以跳楼、触高压电等自杀方式讨要工钱的事例相比，和一些农民工因为辛苦一年却见不着钱而走上了盗窃、抢劫等违法犯罪道路相比，王斌余杀人案敲响了更加急迫的警钟。

实际上，无论是暴力讨薪还是暴力拒讨都是违法的，都为社会所不容。王斌余讨薪杀人案并没有随着他的伏法而为农民工欠薪问题画上句号。之后的若干年，因讨薪而引发的恶性事件仍然不断发生。

第三节

土地财政、赊账建设是推手

一方面是中央高层不断采取措施制止欠薪问题，另一方面是欠薪问题不断发生而根治不了，不能不说这与当时的体制、机制和发展背景密切相关。

2002 **一是欠薪问题由来已久、规模巨大、积重难返、沉疴难治，靠每年一次的“风暴”已经解决不了问题。**据不完全统计，到2002年年底，仅中国建筑行业就累计拖欠工程款达3366亿元，其中至少200亿元是农民工的工资。另据2003年广东省人大代表反映，该省大约有66.4%的合资企业或私营企业拖欠、克扣或拒发职工工资。全国总工会的调查表明，到2005年全国拖欠农民工工资的总额已达1000亿元，其中以建筑业企业工资拖欠问题最严重。

2011 **二是多地政府实行土地财政、赊账建设，成为最大的欠债业主。**从20世纪90年代末到21世纪初的头10年，城市建设大规模上马，“形象工程”“城市名片”成了一大特色，全国成了一个大工地。一个法国代表团来北京访问时曾感叹，“整个欧洲建设用的塔吊还不及北京市的多”。各地为了给招商引资创造条件，纷纷由政府负责“三通一平”建设。这种情况又与世纪之交的中国城市住房制度改革相撞，由此带来了城市规模的急剧膨胀，捉襟见肘的财政收入与疯狂的扩张规模速度显然不相适应。除沿海少数省市完成了早期的财富积累之外，中国城市扩张不是在经济高速发展带来财富的高积累之后，而是与经济发展的规模同时推进，在中央财政投资不足的情况下，只能走土地财政和举债建设这条路。在这种情况下，政府成了债务链的顶端，政府欠开发商的钱和工程施工单位的钱，后者又把这种债务传导到二级和三级承包商，最后又都落到了农民工的欠薪上。正因为如此，农民工的欠薪问题如“野火烧不尽，春风吹又生”，怎么也清欠不完，有的地方政府甚至换了几任领导，但欠债、欠薪依旧，并且越拖解决的难度越大。

三是一些基层政府官员角色错位，与开发商互相勾结，置农民工的利益于不顾，进一步加重了欠薪问题的解决难度。从媒体的曝光来看，这一时期凡是腐败案件，都有官员与开发商勾结作案的背景。有的官员为了庇护和帮助开发商，对农民工讨要被拖欠的工资不仅四处推诿，甚至动用公权、公器来对付农民工，这也是农民工欠薪难题不易根治的症结之一。

四是农民工的维权机制缺位，导致中央有关农民工的政策难以落地。本来，相对企业来说，农民工就是弱势群体，必须依靠组织起来的力量与资本博弈，这也正是工会组织得以产生的根本原因。但在发展市场经济初期的很长一段时间内，工会组织并没有覆盖到外商投资企业和民营企业，本该由工会组织推动的工资集体协商机制和支付保障机制处于空白状态。在这种情况下，面对企业的拖欠，农民工并没有有效的应对渠道和应对办法，往往只能采取一些极端的个人行为。

五是建筑市场不规范，僧多粥少，工程层层转包，畸形的债务把农民工牢牢地拴在欠薪的基点上。据中华全国总工会公布的《关于建筑业农民工现状调查的简要情况》显示，中国建筑业农民工约有4000万人，占全国农民工总人数的30%以上，占建筑业一线人员的90%以上。据武汉大学农民工问题研究课题组2007年的一项调查显示，在农民工就业比较集中的制造业、建筑业和服务业中，建筑业的工资拖欠问题最为严重，达到 44.5%，[27] 建筑业成了农民工欠薪问题的重灾区。江苏省清理拖欠工程款和农民工工资协调领导小组办公室在对 2005 年春节前恶性讨薪事件的通报中，点名批评的 12 家单位和 12 起讨薪事件，无一不与建筑工程有关。

政府欠债，建筑行业僧多粥少，导致一些建筑单位为了承揽工程不得不先行垫资，尤其是二包或三包的施工队老板，包括一些总承包企业，都只能自己先出钱，否则就难以包到工程，由此带来了对农民工工资的大量拖欠。

还有一些包工头面对工程款的拖欠问题，干脆躲了起来，让农民工直接找当地政府和开发商，由此引发了不少农民工讨薪问题的群体性事件。

当然，也有一些黑包工头故意卷走农民工的血汗钱。因为他们认定农民工打不起官司，耗不起时间，在一个地方待不了多久，还缺乏讨要工钱的组织渠道，时间一长，被拖欠的工钱也就黄了。

面对讨薪事件的频发和农民工讨薪难的社会现实，不少学者和工会干部呼吁修改《刑法》，增加“拖欠工资薪酬罪”，对重大、恶性欠薪企业负责人追究刑事责任，以此来遏制拖欠农民工工资的丑恶现象。

2002

鉴于农民工欠薪问题的严重性、王斌余等暴力讨薪事件的警示性以及社会舆论的推动，2004 年 12 月 1 日，我国第一部《劳动保障监察条例》正式实施。该条例加大了对欠薪等侵犯劳动者权益行为的处罚力度，如拖欠和克扣工资的用人单位最高要付双倍赔偿，并将这笔赔偿直接支付给劳动者；用人单位克扣或无故拖欠劳动者工资报酬，支付的工资低于当地最低工资标准，解除劳动合同未依法给予劳动者经济补偿，逾期按应付金额 50% 以上一倍以下的标准向劳动者加付赔偿金，同时，对劳动监察人员渎职要进行追责。《劳动保障监察条例》的出台和实施，是政府高层对农民工欠薪问题所做出的呼应，也是维护农民工权益的法规保障，因此，也就必然成为农民工历史进程中一个有重

2011

27　简新华，黄锟．中国农民工最新情况调查报告[J]．中国人口、资源与环境，2007（17）．

要意义的节点。

法律法规作为具有强制力的社会规范，不能任由欠薪事件四处蔓延，践踏社会公正。只有让违法者切实把法律责任扛在肩上，才能从根本上攻克欠薪顽症。此次《劳动保障监察条例》的出台，让劳动者看到了解决问题的曙光。

但是，法律法规需要执法部门强有力地去落实和保障。如果执法缺乏力度或是不作为，再有力度的法律法规也会沦为看似锋利而实则无用的“棉花棒”，影响和削弱法律的权威和力量。

鉴于欠薪的复杂性和讨薪的难度，中央政府再次调整了彻底解决欠薪问题的时间表——到 2020 年，基本解决欠薪问题。

2002

2011

第十一章

“孙志刚事件”与收容遣送制度的终结

历史的发展往往会因为一些偶然事件而改变走向，制度的变革往往会因为一些极端事件而产生转折，农民工的历史往往会因为一些悲情的小人物而出现“拐点”，无数个“拐点”相连接就产生了一种浩浩荡荡的大趋势。

“孙志刚事件”是中国农民工历史中的一个“拐点”，尽管孙志刚本人并非农民工，但在他身上发生的事件与社会如何对待农民工有关，与政府部门如何管理农民工有关，与制度的存废与变革有关。因此，“孙志刚事件”在中国农民工流动和农民工发展的历史进程中，成为一个绕不过去的话题，也是一个重要的“里程悲”。

第 一 节

暂住证引发的悲剧

2003年3月17日晚上，大学毕业两年、任职于广州市某公司的湖北青年孙志刚因为缺少暂住证，被警察送至广州市“三无人员”（即无身份证、无暂住证、无用工证明的外来人员）收容遣送中转站收容。次日，孙志刚被送往一家收容人员救治站。在那里，孙志刚受到工作人员以及其他收容人员的野蛮殴打，并于3月20日死于这家救治站。后经媒体报道，此案引起了社会的广泛关注。大家在抨击收容人员救治站内野蛮和犯罪行径的同时，也对收容遣送制度本身提出了质疑。这一事件被称为“孙志刚事件”。

事随时迁，对于今天的人们来说，“孙志刚事件”已经在岁月的年轮中逐渐淡去。但是，它对农民工政策、农民工管理以及对社会舆论的影响，已经深刻地烙刻在历史之中。当时，《南方都市报》记者陈峰在报道中全面描述了这起事件的全过程。

> 孙志刚来广州才20多天。2001年，他毕业于武汉科技学院，之后在深圳一家公司工作。20多天前，他应聘来到广州一家服装公司。
>
> 因为刚来广州，孙志刚还没办理暂住证，当晚（3月17日）他出门时，也没随身携带身份证。
>
> 当晚11时左右，与孙志刚同住的成先生（化名）接到了一个手机打来的电话。孙志刚在电话中说，他因为没有暂住证而被带到了黄村街派出所。
>
> 孙志刚在电话中让成先生“带着身份证和钱”去保释他。于是，成先生和另一个同事立刻赶往黄村街派出所，到达时已接近晚上

12 时。

出于某种现在不为人所知的原因，成先生被警方告知“孙志刚有身份证也不能保释”。成先生很纳闷，于是打电话给广州本地的朋友。他的朋友告诉他，之所以警方不愿保释，可能有两种情况：一是孙志刚“犯了事”；二是孙志刚“顶了嘴”。

成先生回忆说，他后来在派出所的一个办公窗口看到了孙志刚，于是偷偷跟过去问他“怎么被抓的，有没有不合作”，孙志刚回答说“没干什么，才出来就被抓了”。成先生说，“他（孙志刚）承认跟警察顶过嘴，但他认为自己说的话不是很严重”。

3 月 19 日，孙志刚的朋友打电话询问收容站，这才知道孙志刚已经被送到医院（广州收容人员救治站）去了。在护理记录上，医院接收的时间是 3 月 18 日晚上 11 时 30 分。

20 日中午，当孙志刚的朋友再次打电话询问时，得到的回答让他们至今难以相信：孙志刚死了，死因是心脏病。

护理记录表明，入院时，孙志刚“失眠、心慌、尿频、恶心呕吐，意识清醒，表现安静”。在之后住院的时间里，孙志刚几乎一直处于“睡眠”状态，直到 3 月 20 日上午 10 时，护士查房时发现孙志刚“病情迅速变化，面色苍白、不语不动，呼吸微弱，血压已经测不到”。医生在上午 10 时 15 分采取注射肾上腺素等治疗手段，10 分钟后，宣布停止一切治疗。孙志刚走完了他 27 年的人生路。

护理记录上，孙志刚的死亡时间是 2003 年 3 月 20 日上午 10 时 25 分。

医院在护理记录中认为，孙志刚是猝死，死因是脑血管意外，心脏病突发。

但是，这个说法遭到了孙志刚家属和同学的反驳。孙志刚的父亲表示，从来不知道儿子有心脏病。

同样，法医尸检的结果也推翻了院方的诊断。在中山大学中山医学院法医鉴定中心4月18日出具的检验鉴定书中，明确指出:“综合分析，孙志刚符合大面积软组织损伤致创伤性休克死亡。”

虽然孙志刚的身体表面上看不出致命伤痕，但是在切开腰背部以后，法医发现，孙志刚的皮下组织出现了厚达3.5厘米的出血，其范围更是大到60厘米×50厘米。孙志刚生前是一个身高一米七四、肩宽背阔的小伙子，这么大的出血范围，意味着他整个背部差不多全都是出血区了。

“翻开肌肉，到处都是一坨一坨的血块。”4月3日，中山大学中山医学院法医鉴定中心解剖孙志刚尸体时，孙志刚的两个叔叔孙兵武和孙海松在现场目睹了解剖过程。“惨不忍睹！”孙兵武说，“尸体上没穿衣服，所以伤很明显。”

孙兵武说，他看到孙志刚双肩各有两个直径约1.5厘米的圆形黑印，每个膝盖上，也有五六个这样的黑印，这些黑印就像是“滴到白墙上的黑油漆那样明显”。孙兵武说，他当时听到一名参加尸体解剖的人说“这肯定是火烫的”。

孙兵武说，他看到在孙志刚的左肋部，有一团拳头大小的红肿，背部的伤甚至把负责尸检的医生“吓了一跳”，“从肩部到臀部，全是暗红色，还有很多条长条状伤痕”。医生从背部切下第一刀，随着手术刀划动，一条黑线显现，切下第二刀的时候，显现出一坨坨的黑血块。不过经法医检查，死者的其他内脏器官没有出现问题，“未见致死性病理改变”。

法医的尸检结果表明：孙志刚死亡的原因就是背部大面积的内伤。

鉴定书上的“分析说明”还指出，孙志刚的身体表面有多处挫擦伤，背部可以明显看到条形皮下出血，除了腰背部的大面积出血以外，肋间肌肉也可以看到大面积出血。

“从软组织大面积损伤到死亡，这个过程一般发生在72小时内。”广州市第一人民医院一名外科医生介绍：“软组织损伤导致细胞坏死出血，由于出血发生在体内，所以眼睛看不见，情况严重会导致广泛性血管内融血，这一症状也被称作DIC。DIC是治疗的转折点，一旦发生，患者一般会迅速死亡，极难救治。所以类似的治疗，早期都以止血、抗休克为主，目的是阻止病情进入DIC阶段，没有发生DIC，患者生还希望极大。”

按法医的说法，孙志刚体内的大出血是被钝物打击的结果，而且不止一次。“一次打击解释不了这么大面积的出血”，一名不愿意透露姓名的法医在看完尸检结果以后说。

从尸检结果看，孙志刚死前几天内被人殴打并最终致死已是不争的事实。[28]

其实，由收容遣送所造成的悲剧，“孙志刚事件”并非第一次。

1998年12月11日，广西壮族自治区初三学生黄钟声与同学一起到南宁市观看自治区40周年大庆盛况时不慎走失。黄钟声向交警求助，交警便打电话给“110”。“110”将黄钟声送到派出所，派出所又把他送到收容遣送站。在收容站，黄钟声遭到多人殴打，并被抢走手表等。这次收容导致黄钟声胸外伤，多根肋骨骨折，小小年纪就患上创伤性精神病。

1999年9月27日，由湖南怀化开往深圳西的604次列车上，一位年仅27岁的湖南籍女青年，因为没买车票、没带身份证，被列车乘警用绳索与另外两名男青年捆绑在一起长达5个多小时。由于不堪忍受，女青年跳窗身亡。经记者调查，一些乘警与收容所有约定，一旦发现类似无票、无身份证人员，就交

28 陈峰．被收容者孙志刚之死[N]．南方都市报，2003-4-25．

给收容所。乘警每交来一个人可以获得200元的“工作经费”。因此，有些乘警就把这种方式当作自己的“生财之道”，扣人之后不惜违反规定长途押运，送交收容所来牟取利益。

这些与收容相关的事件经媒体报道后得到了处理，但都没有引起整个社会的足够重视。直到“孙志刚事件”发生，高层领导做出批示，整个社会舆论哗然，对于收容遣送制度的反思才骤然开始。之所以如此，首先是因为孙志刚是个大学生，有身份证、有固定生活来源和住所，只是还没来得及办理暂住证，就被当作农民工收容且致死，这说明社会对农民工的歧视已经到了令人难以容忍的地步。哪个城里人出门会“三证”带齐全？又有哪个城里人因“三证”不全而被收容？这种社会歧视发展到一定程度，就会不可避免地丑化、恶化整个农民工阶层，进而撕裂整个社会的族群融合。从这个意义上说，“孙志刚事件”是社会歧视的必然结果。

就在“孙志刚事件”发生后，多家新闻媒体还跟踪报道了“馋嘴民工”偷吃“天价葡萄”事件。2003年8月7日，4名农民工进入北京农业科学院林业果树研究所葡萄研究园偷偷摘食葡萄。谁知，他们所摘食的葡萄竟是该研究所投资40万元、历经10年培育研制的新品种。2003年9月，北京市物价局对“天价葡萄”的评估价值为11220元，几位农民工随之被拘捕。此后经过两次退补侦查，北京市物价局最终于2004年5月认定，农民工偷吃的葡萄价值仅为376元，农民工随之被免于起诉。在这起事件中，农民工偷吃葡萄是事实，但“馋嘴”“天价”“起诉”等字眼儿以及媒体的污名化报道，无不含有对农民工的歧视成分。

更有甚者，2002年《江南时报》曾刊登过一则新闻，北京某公厕竟然打出了“禁止民工如厕，违者罚款50元”的标语。2004年《城市快报》也报道过大港区晨晖里农贸市场后一公厕外墙上，张贴着一份打印的标语，上面写着“禁止民工入内”六个大字。这种情况不改变，哪里能有社会的和谐？族群的撕裂必然会带来畸形的发展，这绝不是社会发展的福音。

第 二 节

收容遣送背后的黑色利益链

“孙志刚事件”之所以发生，收容遣送之所以激起公愤，与收容遣送站的恶行和黑幕密切相关。

据当时有关部门的统计，2002 年全国有 700 多个收容遣送站，每年都有 100 多万人被收容遣送返回原籍，其中收容人数最多的是广东省，每年有几十万人，其次是北京市、上海市。在一些地方，因收容而导致的死伤事件屡有发生，收容遣送站内打人、劫财行为屡见不鲜。

从表面上看，这些都是管理混乱，公职人员失职、失察、失责所致，但在这些表象的背后，却隐藏着专门收容农民工来牟取私利的黑色利益链条。

湖南省涟源市收容遣送站从 1996 年开始，通过给回扣与当地派出所勾结“收容”外来人员，并向每个被收容的人员收取 500 元至 800 元遣送费后放人。

据收容站原党支部书记郭先礼统计，从 1996 年到 2002 年 11 月，涟源收容站利用扣人索钱的手段，已经从一万多名农民工身上获取现金 320 万元。

在涟源市，收容站是一个很让人羡慕的单位。当地的农民说，站里的职工奖金和工资一年可以发到三四万元，而涟源钢铁厂（当地人公认的效益很好的企业）的职工一年的工资也不过两万元。

根据郭先礼和收容站职工 A（根据要求隐去其名字）的介绍，涟源市收容站的主要“致富”手段其实非常简单——和涟源市火车站订立口头协议，火车站派出所和联防队员以收容“三无人员”的名义，把经过涟源的农民工扣下来，由收容站接走。据郭先礼说，联防队员每抓一个农民工可以得到5元钱，而火车站则可以从每个农民工身上得到50元钱的回扣。

这些农民被接到收容站以后，立刻被搜身，如果身上搜出的钱足够的话，这名农民就可以幸运地免受监牢之灾，只要留下钱，便能带着一张名目为“生活费”的收据离开。如果身上带的钱不够，收容站就会向他家里拍电报，要求速带800元来涟源收容站接人，这叫“自保”。

收容站还有一些“辅助”的致富手段，如搜身时扣留下所有的零钱，到收容站探视被关的人一次收取10元钱，等等。在一张经手人为杜金辉的“今收到扣留物资”的表格中，吴六满等4位农民分别被搜出10元、1元7角、3元和11元。按郭先礼的统计，1997年和1998年，收容站从农民身上搜走的零钱共有5000元之多。

收益数额比重最大的当然还是向被收容人员收取的“遣返费”。据郭先礼的统计数字显示：1996年收容人数为600人，收取费用12万元；1997年收容人数为800人，收取费用18万元；1998年收容人数为1100人，收取费用28万元；1999年更是“大丰收”，收容人数达1400人，收取费用达到了32.5万元。

所有被收容站关过的人都对里面恶劣的住宿条件印象深刻。郭先礼介绍说，规定每个人一顿是四两米，然而层层克扣，管食堂的没有给足，只有七八成，到食堂以后，煮饭的和那些搞劳动的再多吃一点，其他被收容人员一天吃两餐也不一定能吃到四两米。

四川省广元市剑阁县的农民徐泽虎就是从广东被莫名其妙拉到湖南的。2003年1月10日，他在深圳下公交车时被深圳市南山分局收容，然后拉到了湖南怀化，后又被“中转”到了涟源。[29]

收容遣送站的管理人员基本上都是吃“皇粮”的公职人员。在“孙志刚事件”中，正是这些公职人员当起了打人凶手的“导演”，让先期被收容的人打后期被收容的人，颇似古罗马斗兽场上的奴隶角斗。孙志刚的家属为了申冤，到许多部门上访投诉却无一受理，如果不是媒体的曝光，最后的结果很难预料。这种对农民工的歧视和对生命的冷漠，说明收容遣送站的性质已经异化，已经与社会主义制度的性质相去甚远。湖南省涟源市收容遣送站勾结有关部门违法收容打工农民牟取暴利，更说明在发展市场经济的条件下，如果没有信仰、没有约束，如果公权与牟取私利相结合，那么，农民工只能沦为牺牲品。任其下去，族群的对立将会加剧，社会矛盾将会激化。

“孙志刚事件”也罢，涟源市收容站违法收容农民工牟取暴利也罢，其他因收容而引起的伤亡和纠纷也罢，归根结底都是收容遣送制度造成的恶果，给一些人随意侵害农民工权益、危害农民工人身安全提供了“合法”的基础。

我国的收容遣送制度始于1951年，当时主要针对国民党散兵游勇、妓女、社会无业游民等人群，政府通过组织其劳动改造，将其转化为从业人员予以安置。在当时特定的历史背景下，收容遣送对维护社会的稳定、维持社会秩序、促进无业人员的转化确实起到了积极的作用。1982年5月12日，由国务院制定的《城市流浪乞讨人员收容遣送办法》开始实施，同年10月15日，民政部和公安部又印发了《实施细则》。从这个《城市流浪乞讨人员收容遣送办法》开始，收容的救济性已不再是主要目的。该办法第一条开宗明义：“为了救济、教育和安置城市流浪乞讨人员，以维护城市社会秩序和安定团结，特制定本办法。”这就是说，收容的目的和着重点在于“维护城市社会秩序和安定团结”。1991年出台的国务院《关于收容遣送工作改革问题的意见》，将收容对象扩大

29 陈锋．前收容站书记披露收容黑幕[N]．北京青年报，2003-6-19．

到“无合法证件，无固定住所，无稳定经济来源”的“三无”人员。客观地说，改革开放之后，社会情况发生了变化，流动人口剧增，逃避计划生育的人、逃债的人增多。因此，1982 年的《城市流浪乞讨人员收容遣送办法》将乞讨者和“其他露宿街头生活无着的人”列为收容遣送对象尚可理解。但是，1991 年的《关于收容遣送工作改革问题的意见》直接把收容遣送的对象扩大到“三无”人员，则难免或直接带来收容范围的扩大和收容权力的滥用。尤其是该意见的实施正好与农民工的大流动以及政府要求农民工外出务工必须办暂住证、务工证等同步进行，客观上就把农民工纳入收容遣送的范畴。在实际执行过程中，身份证、暂住证和务工证“三证”缺一不可。

人们常说，好的制度能够制约恶魔的恶行，并且逐步将其塑造成天使；坏的制度会将天使拖进地狱，并使其最终成为恶魔。我们当然不能简单地判断收容遣送制度的好与坏，但它肯定不合时宜、不符潮流。它的制定宗旨是维护城市社会秩序和安定团结，地方官员会首先把不安定的因素都清走，以维护一方平安，“只要大部分人的利益保住了，少数人受点委屈，关他几天，也奈我不何”。把收容遣送对象扩大到“三无”人员，实际上就是把无暂住证和务工证的农民工涵盖在内，这是用计划经济体制下的管理方式和管理手段来对待社会主义市场经济体制下的要素流动。

把农民工按在土地上，通过限制流动来维护社会秩序，不可能带来社会的长治久安。中华民族是一个吃苦耐劳、勤奋上进的民族，勤劳是全体国民的一大特质。城市无业流浪乞讨人员的存在，更多的不是因为这些人“好吃懒做”，而是因为就业不足、社会保障不到位。解决之道无疑是要通过发展经济来促进就业，通过社会保障为“弱势群体”构建安全网。农民工的流动既是中国特色城镇化道路的具体实现路径，又是农民摆脱贫困、走向富裕的路径，尽管流动过程会对原有的社会设施和社会秩序形成冲击，但这种冲击又是推动社会发展和更高层次上的有序的必经阶段，最终结果必将是带来农民的增收、生活条件的改善和无业流浪乞讨人员的减少。如果人为地通过限制农民工流动来维护所谓的社会秩序，不仅不符合中国特色城镇化的要求，而且从长远来看，没有就业而又面临贫穷的农村剩余劳动力，将会导致更多的无业人员流浪乞讨，将会给城市社会发展带来更大的压力。

在实际执行过程中，很多地方往往把收容遣送作为维护社会治安的手段，在农民工流动压力较大的地区，往往又进一步把它延伸为对付农民工的手段，“孙志刚事件”和“涟源违法收容事件”都是如此。有些地方甚至把收容与市场经济相联系，把收容作为一桩大有“油水”的创收事业，收容之网越撒越大，这就使收容遣送犹如一把利剑，让农民工时刻提心吊胆。

第三节

从收容遣送走向引导服务

孙志刚是不幸的，27岁正值青春年华，大学毕业后在开放前沿地带搞平面设计，却因为一张小小的暂住证被收容，被毒打，最终被剥夺生命。

然而，孙志刚又是“幸运”的，他的悲剧引起全国各地和各界人士的强烈反响，凶手被审判并依法惩处。在他含冤离世4个多月后，2003年8月1日，1982年颁布的《城市流动乞讨人员收容遣送办法》被废止。他以生命为代价，为亿万流动的农民工解除了收容遣送制度，成为中国农民工历史发展进程中的重要节点。

2003年6月18日，国务院总理温家宝主持召开国务院常务会议。会议认为，20多年来，我国经济社会发展和人口流动状况已经发生了很大变化，1982年5月国务院发布实行的《城市流浪乞讨人员收容遣送办法》已经不适应新形势的需要，决定废止。

2003年6月20日，温家宝总理签署国务院第381号令，公布施行《城市生活无着的流浪乞讨人员救助管理办法》。该办法对城市生活无着的流浪乞讨人员的救助原则、救助站的设立和管理、为求助人员提供的救助内容、救助站工作人员的行为，以及违反者责任追究等都作了详细规定，并决定自 2003 年 8 月 1 日起施行。

两相比较，从收容遣送到救助管理，体现了政府从权力本位到义务本位的重大变化，从更多强调维护社会秩序向更多地为百姓安居乐业、自由生活提供福利转变，标志着中国政府对待农民工的管理政策以及政府在市场经济中的角色定位的重大变化，意味着执政为民这一理念在农民工这一群体里的实行。

1982 年的《城市流浪乞讨人员收容遣送办法》（下文称“原《办法》”）与 2003 年的《城市生活无着的流浪乞讨人员救助管理办法》（下文称“新《办法》”）存在重大差别——

在宗旨上，原《办法》强调“维护城市社会秩序和安定团结”，新《办法》突出“对在城市生活无着的流浪、乞讨人员实行救助，保障其基本生活权益，完善社会救助制度”。这就使新《办法》回归到制度救济的本位，从而割断了对流浪乞讨人员实行救助与维护社会秩序和安定团结的关系，使救助和保障基本生活权益成为唯一目的。

在救助对象上，原《办法》第一条就确定“家居农村流入城市乞讨的”，1991 年的《关于收容遣送工作改革问题的意见》更是把范围扩大到城市“无合法证件，无固定住所，无稳定经济来源”的“三无”人员。新《办法》则废除了原《办法》和《关于收容遣送工作改革问题的意见》中对“三无”人员尤其是农民工的歧视性规定，把救助范围明确地界定在“城市生活无着的流浪乞讨人员”，从而割断了有无暂住证与被收容遣送之间的关系，从制度上解除了农民工被收容遣送的后顾之忧。

在救助管理上，原《办法》强调收容遣送的强制性，要求“被收容人员必须服从收容、遣送”。新《办法》则取消了强制功能，要求救助站“不得限制受助人员离开救助站”“不得以任何借口组织受助人员从事生产劳动”。原《办法》从起草、制定到收容遣送的实施过程，公安机关全程介入。新《办法》则规定，“公安、卫生、交通、铁道、城管等部门应当在各自的职责范围内做好相关工作”，公安机关和其他行政机关工作人员，对流浪乞讨者“应当告知其向救助站求助”，对行动不便的人和老年人，“还应当引导、护送到救助站”。这意味着，公安机关只有告知、引导和护送的义务，没有任何强制色彩的权利，从而割断了社会救助与社会治安管理之间的关系，避免了过去被收容人员挨打的现象。

在救助经费上，原《办法》在《实施细则》中虽有“编造收容遣送经费预算，在民政事业费内列支”的规定，但在实际执行过程中，由于缺乏保障和经费不足，出现了不少制度性漏洞和腐败问题，一些工作人员甚至以此作为创收的手段。新《办法》规定县级以上城市人民政府“应当将救助工作所需经费列入财政预算，予以保障”，这就割断了社会救助与创收之间的联系，从制度上堵住了原收容遣送工作中腐败的漏洞。

在救助思路上，原《办法》突出堵的功能，新《办法》突出救济的功能。新《办法》明确规定，“国家鼓励、支持社会组织和个人救助流浪乞讨人员”。这是一种法规上的社会导向，表明国家倡导救助工作的社会化。同时，新《办法》在整体上透露出，提供社会救助是政府的重要职责，这不仅与现代社会发展的趋势相吻合，也开启了中国建立社会化救助体系的新阶段。

收容遣送制度的终结和《城市生活无着的流浪乞讨人员救助管理办法》的出台，昭示了不同的社会发展理念和对社会流动、社会秩序与社会发展关系的不同认知。在人类发展史上，社会流动从来都是社会活力的体现、社会进步的动力；社会秩序是社会稳定的基础和规范各种不同社会群体行为的社会制度的体现，是社会和谐的保证。人类社会发展的历史，就是不断地从流动到稳定、再到更高层次的流动及其基础上的有序的循环往复的过程。超稳定状态的社会结构阻碍社会流动，制约社会活力，不利于社会进步，从长远来看，必然会引发革命性的变革来打破超稳定状态，在新的动态中实现新的秩序。

如同生物学上的遗传和变异一样，完全的遗传带来的是基因的退化，只有遗传和变异的结合，才能带来生物的进化。管理制度是先进还是落后，就要看如何对待社会流动与社会秩序。当社会流动的趋势已经形成时，只有因势利导，在更高层次上实现流动和有序的平衡，才能顺应时势的变化，推动社会在有序中实现变革，从而促进生产力的发展和社会的进步。中国的农民工流动因生产力发展的需要而产生，因制度改革而形成，因此，尽管在流动中会带来这样或那样的社会问题，但归根结底是一股社会前进的洪流，如何对待它也成为衡量管理制度进步与落后的标志。

收容遣送制度的终结，昭示了中国政府从管理社会向治理社会的转变，对待农民工从限制向引导和服务的转变。当然，这个转变仅仅是个开始。由于农民工问题将伴随着中国工业化、城镇化和现代化的全过程，政府如何改变在农民工问题上的错位、越位和服务工作上的不到位，如何调节农民工与资本的关系，如何在市场的流动性、竞争性与社会的有序性、和谐性之间取得平衡，如何把农民工锻造成高素质、高技能的现代化产业大军，仍然有很长的一段路要走。2005 年，劳动和社会保障部颁发《关于废止〈农村劳动力跨省流动就业管理暂行规定〉及有关配套文件的通知》，国务院进一步废除了农民工外出务工办理证卡的有关规定，由此也开启了农民工流动和农村剩余劳动力转移完全由市场主导转向市场主导与政府引导相结合的新时期。

第十二章

“黑窑奴工”与政府问责

2000 年前后，住房制度改革全面启动，“福利房”渐次退出历史舞台。城市人口的迅速增加和城市规模的急剧扩张，使房地产市场呈井喷态势。同时，随着第一代农民工打工收入的积累，农村住房条件的改善已成普遍态势。这两种态势相互交织，带来了两大市场需求。一是建筑行业对农民工的需求。据国务院研究室《中国农民工调研报告》显示，2004 年农民工在建筑行业就业的比重为 22.9%，在中部地区和西部地区则达到 30.1% 和 37%。二是建筑行业对建筑材料的需求。尽管缺少全国性的统计数据，建材企业数量迅速增加却是不争的事实，小水泥厂、小砖窑在全国遍地开花。

2002 年 1 月，电煤指导价政策取消，煤炭价格完全市场化。在高速增长的市场需求的拉动下，煤炭价格不断上扬，由此开启了煤炭生产的10年“黄金时期”，煤炭企业从普遍亏损变为全面盈利。从2002年起，中国经济能源消耗的增长速度连续5年超过GDP的增长速度，煤炭在能源结构中所占的比例更是高达70%，对煤炭需求呈井喷态势。在需求井喷、价格放开、价格上涨的背景下，一些大型煤矿盲目扩张，矿井层层转包，一些小型煤矿低成本投入甚至“无本生利”，煤炭市场秩序混乱。

鉴于煤炭企业安全事故频发，2001年，国务院办公厅发出《关于进一步做好关闭整顿小煤矿和煤矿安全生产工作的通知》，要求加快小煤矿关闭工作进度，加大小煤矿整顿工作力度，加强监管，加大执法力度，切实做好安全生产工作。2002年，国务院安全生产委员会又印发了《深化煤矿安全专项整治实施方案》。2003年，国务院办公厅分别印发了《关于进一步加强煤矿安全生产工作的通知》和《关于深化安全生产专项整治工作的通知》，对煤矿的安全生产提出了明确的标准和要求。2006年，国务院办公厅转发安全监管总局等部门《关于进一步做好煤矿整治关闭工作意见的通知》，对煤矿整顿关闭工作的目标和任务、关闭煤矿的类型、加强和规范煤炭资源整合等提出要求。

尽管中央三令五申，但小煤窑仍然屡禁不止，安全生产事故仍然处于高发期。据国家安监总局公布的数据显示，2003年，全球产煤约50亿吨，死亡人数8000人左右；当年中国煤炭产量为16.6亿吨，占33.2%，而死亡人数则达6434人，占80.4%。2005年，中国的煤炭百万吨死亡率接近3，这个数字是一些发展中国家的10倍，是美国的100倍。

2003年和2004年，国务院办公厅连续两次发出通知，要求各级政府切实改善农民进城就业的环境、做好管理和服务工作，农民外出务工又进入了一个新的发展时期。据国家统计局抽样调查，2004年农村外出务工劳动力达11823万人，比2003年增加433万人。

2005年2月26日和3月23日，国务院总理温家宝先后两次对农民工问题做出批示，要求国务院研究室牵头，组织有关部门和有关地方以及部分专家，对农民工问题进行全面、系统、深入的调查研究，并在调研之后为国务院制定一个关于解决农民工问题的指导性文件。同年 4 月 4 日，由国务院研究室牵头，中央和国务院 17 个部门、8 个农民工输出或输入大省为成员单位，5 位从事农民工问题研究的专家组成的“农民工问题调研和起草组”成立。历经 10 个多月，课题组形成了一批调研成果，发布了《中国农民工问题研究总报告》，并起草了一个指导性文件。2006 年 1 月 18 日，温家宝总理主持国务院第 122 次常务会议，讨论通过了《关于解决农民工问题的若干意见》，并于 3 月底正式发布。这是改革开放以来第一份全面系统地针对农民工问题的纲领性文件，明确要求抓紧解决农民工工资偏低和拖欠问题，依法规范农民工管理，积极稳妥地解决农民工社会保障问题，健全维护农民工权益的保障机制，加强和改进对农民工工作的领导。

如果说收容遣送制度的终结是制度性歧视的结束，那么，2003 年的《关于做好农民进城务工就业管理和服务工作的通知》和 2006 年的《国务院关于解决农民工问题的若干意见》，则是中国高层对农民工流动和农民工权益制度性安排的开始。由此，政府的农民工政策从被动应对转到积极引导，从微观实践转到顶层设计，从限制农民工流动转到承认流动、接受流动、鼓励流动和引导流动。

第一节
“黑窑奴工”震惊全国

随着农民工政策的明朗，媒体对农民工群体给予了更多关注。但是，由于种种原因，基层政府在对待农民工问题上并没有出现明显好转，农民工的实际工作环境也没有出现“立竿见影”的变化。这一时期，农民工权益受侵害的现象仍较普遍，“黑窑奴工”事件和煤炭矿难接连发生，在社会上引起了一股强烈的冲击波。

从2004年4月至2007年6月，主流媒体和新媒体报道了多起“黑窑奴工”事件，引起舆论哗然。

2004年4月7日，中央电视台播出暗访定州小煤窑的节目，报道农民工被骗的经过，展示农民工被虐待、被奴役的情景，诘问“包身工何时见天日”！

2004年6月1日，《法制日报》刊出报道《民工惨死曝出新疆某砖厂“集中营”式管理内幕》——这里不是集中营，却像集中营一样剥夺民工的人身自由：身份证、通讯录、手机、钱物通通没收，不许外出，不许交谈，一言一行都受到监视，晚上睡觉10分钟点一次名，连上厕所也有人跟随……这里不是集中营，却像集中营一样强迫民工干活，而且每天只提供两顿饭，每顿饭只有一个100克的馒头和一碗能照见人影的面汤……这里不是集中营，却像集中营一样随意殴打民工，有的民工竟被殴打致死……

2006年第23期《民主与法制》杂志刊登报道《河北临西惊现残疾“包身工”》，披露河北临西黑砖厂老板、包工头奴役一群智障者——在汪江砖厂，一群聋哑或智力障碍的残疾人被打得遍体鳞伤，像牛马一样干着苦力活儿，不计工酬，更谈不上劳动保护和福利，有病或受工伤便被一脚踢开。

2007年6月7日，《山西晚报》公开披露山西省洪洞县广胜寺镇曹生村“黑窑奴工”事件，情节极为恶劣——

> 2006年年初，31名外地农民工来到临汾市洪洞县广胜寺镇曹生村一个黑砖场打工。这个黑砖场的老板是曹生村村支书王东己的长子王斌斌，工头是河南安阳人衡庭汉。砖场里的农民工每天面对的是打手们冰冷的铁棍以及狼狗的血盆大口。
>
> 据洪洞县刑警重案中队负责人介绍，31名农民工中的23人是从郑州和西安火车站被骗来的，他们早上5点开始上工，干到第二天

凌晨1点才能睡觉；睡觉的地方是一个黑屋子，里面没有床，只有铺着草席的砖地，冬天也不生火。打手把他们像赶牲口般关进黑屋子后反锁，30多人只能背靠背地“打地铺”，而门外则有5个打手和6条狼狗巡逻。他们的一日三餐就是吃馒头、喝凉水，没有任何蔬菜，而且每顿饭必须在15分钟内吃完。

而另外的8人则神志不清，“只知道自己叫什么”，但“爸妈的名字和老家在哪里则统统不知道”。这8人原来就是痴呆患者，还是被黑砖场折磨所致，现在仍是一个谜。

砖场的农民工只要动作稍慢，就会遭到打手无情殴打，因此，他们被解救时个个遍体鳞伤。而烧伤的原因是打手强迫农民工下窑去背还未冷却的砖块。因为没有工作服，他们一年多前穿的衣服仍然穿在身上。大部分人没有鞋子，脚部多被滚烫的砖窑烧伤。由于一年半没有洗澡、理发、刷牙，他们个个长发披肩、胡子拉碴、臭不可闻，“身上的泥垢能用刀子刮下来”。

2005年腊月，湖北打手赵延兵嫌甘肃农民工“刘宝”动作慢，竟用铁锹猛击“刘宝”的头部，致其当场昏迷，第二天死在黑屋子里。几名打手用塑料布将“刘宝”的尸体裹住，随便埋在了附近的荒山中。

遭受非人折磨时，这些农民工从来不知道反抗，也不敢逃跑。一年多来，这30多名外地农民工没有领到一分钱工资。由于靠山就近取土，该砖场的主要成本只是烧窑的煤炭。每块砖的成本只有0.036元，而售价在0.3元左右，几乎10倍的暴利。[30]

这些黑砖窑非法用工的严重问题经媒体披露后，引起国家高层领导的密切

30　李廷祯. 黑砖厂里，他们过着“奴隶”生活[N]. 山西晚报，2007-6-7.

关注，胡锦涛、温家宝、吴官正、李长春等领导人都作了重要批示。2007 年 6 月 13 日，全国总工会书记处书记、纪检组长张鸣起一行赶赴山西洪洞，对查处黑砖窑进行督察。到 2007 年 7 月底，山西全省共解救农民工 359 人，其中童工 15 人，年龄最小的 13 岁；查出有严重违法犯罪行为的砖瓦窑 17 户。在高层领导的重视下，这起震惊中外的黑砖窑事件中有 69 人被起诉，纪检监察部门对在事件中监管不力、失职渎职的 95 名党员干部、公职人员做出了党纪、政纪处分，涉及县处级领导干部 18 人；开除公职的 2 人，撤职的 24 人，降级的 19 人。这是改革开放以来，在涉及农民工问题上被起诉和被问责人数最多的一次。

2007 年 6 月 22 日，山西省召开“黑砖窑事件”通报会，时任省长于幼军代表省政府向受害农民工家属道歉，并向全省人民检讨。于幼军认为，“黑砖窑事件”暴露出山西省农村地区在劳动用工和流动人口管理方面存在着明显漏洞和薄弱环节，以及政府监管不到位等严重问题。长期以来，政府有关部门对农村地区的小作坊、小煤矿、小工厂等劳动用工问题疏于管理，基本处于失察和失控的状态。公安机关对农村流动人口的管理存在漏洞，工商部门对存在的无证砖窑没有及时发现并依法取缔。正是由于政府对农村地区社会管理的缺位和一些干部、公职人员的失职、渎职以及个别人的腐败行为，使一些农村地区非法用工，尤其是拐骗农民工，使用童工、智障人员等犯罪行为得以存在，使一些非法窑主得以为所欲为、滥施淫威，导致农民工流血流泪、遭受欺凌。

此外，这类事件暴露出山西省一些地方的农村基层组织软弱涣散，一些乡村基层党组织和政权组织未能认真履行职责，没有自觉地代表并维护群众利益，维护社会公平正义和法律尊严；个别村干部甚至包庇纵容黑窑主，充当黑后台和“保护伞”，当这些农民工的合法权益受到严重侵害时，这些村组织和干部却麻木不仁、熟视无睹，没有及时向上级政府和公安机关举报，耽误了打击犯罪分子和解救受害农民工的时机。

“黑砖窑事件”后，2007 年 9 月 3 日，山西省第十届人大常委会第三十二次会议决定，接受于幼军辞去山西省省长职务的请求。

第二节

矿难频发：天灾还是人祸

除了“黑窑奴工”，煤矿事故频发也给农民工的生命安全造成了巨大伤害。这一时期，煤炭需求增加、煤炭价格连涨，在监管不力的情况下，催生了众多小煤窑。这些小煤窑和部分较大煤矿投入不足，安全措施不到位，要么无证开采，要么靠疏通关系取证，滥挖乱采。这种情况下，煤矿事故频发就变得不可避免。

继2001年7月广西南丹矿井透水事故之后，中国重大煤矿事故接连不断。

2002年6月，黑龙江鸡西煤矿特大瓦斯爆炸事故，115人遇难。

2003年1月，江西丰城建新煤矿特大瓦斯爆炸事故，49人遇难。

2004年10月，河南大平煤矿特大瓦斯爆炸事故，148人遇难。

2004年11月，陕西铜川陈家山煤矿特大瓦斯爆炸事故，166人遇难。

2005年2月，辽宁孙家湾煤矿特大瓦斯爆炸事故，214人遇难。

2005年3月，山西朔州平鲁煤矿特大瓦斯爆炸事故，72人遇难。

2005年7月，新疆阜康神龙煤矿特大瓦斯爆炸事故，83人遇难。

2006年，仅山西省就发生了大同市左云县新井煤矿井下透水事故（56人遇难）、晋中市灵石县蔺家庄煤尘爆炸事故（53人遇难）、大同煤矿轩岗焦家寨瓦斯爆炸事故（35人遇难）。

2007年12月5日，山西洪洞县瑞之源煤业公司民营新窑煤矿发生爆炸事故，夺走了105名农民工的生命。国务院“12·5”事故调查组认为，该矿表面上六证齐全，实则“五毒俱全”。国家安监总局局长列出其五大严重违法违规问题：越层越界，非法盗采；违规作业，以掘代采；管理混乱，严重超员；盲目施救，蓄意迟报；长期非法盗采国家资源，始终没得到查处。“黑心矿主”一面疯狂盗采煤炭资源，一面最大限度地榨取矿工的“血汗”。据调查，他们对采煤业务层层转包，只求数量不问安全。矿工们反映矿主要钱不要人命，到底有多少矿工下井根本不问，事发后竟找不到一份完整的矿工花名册。时任山西省省长孟学农直言：“小煤矿危害工人生命，破坏生态环境，没有富裕一方百姓，而是让少数人发财，这种路子再也不能走下去了。”

这一时期矿难频发，固然是“黑心矿主”私挖乱采、违法违规所致，但在这一表面现象的背后，则是一些地方基层政府管理的缺失和一些基层政府工作人员的不作为，更深层次的原因则是官煤勾结、贪污腐败。当无良业主与地方管理人员结成“利益共同体”时，矿难的发生和农民工生命安全受到侵害就成了一种必然。

鉴于这起重大责任事故所造成的生命财产损失和社会影响，山西省委再次祭起问责制：市长公开道歉并被免职，6 名公职人员因受贿和玩忽职守罪分别被判处 2 年至 8 年有期徒刑。

然而，就在“12·5”事故处理完不到一年，2008 年 9 月 8 日，山西省临汾市襄汾县新塔矿业有限公司尾矿库又发生特别重大溃坝事故，造成 277 人遇难。国务院事故调查组认为，这是一起特别重大责任事故，在社会上造成了特别恶劣的影响。2008 年 9 月，山西省省长孟学农引咎辞职，主管副省长被免职。

第 三 节

政策执行力何以层层递减

对于煤矿的安全生产，中央政府一直非常关注，国务院办公厅分别于 2001 年、2003 年和 2006 年就安全生产和煤矿整顿关闭问题发布多个通知文件，提出具体要求。对发生重特大安全事故以及严重侵害农民工合法权益事件的处理，中央政府毫不手软，“政府问责”被高调祭起，从市长到先后两任省长请辞，力度之大前所未有。

然而，在领导高度重视、农民工政策走向非常明晰的情况下，一些地方仍然对农民工采取漠视的态度，听任无良企业伤害农民工的身心健康和生命安全，类似“黑窑奴工”的恶性事件接连发生。

一方面是国家关于农民工的政策日趋完善，另一方面却是恶性侵害农民工合法权益的事件接连不断。为什么国家政策在实际执行中被层层“打折”？中国究竟应当走一条怎样的治理煤矿之路？这是“黑窑奴工”和频发矿难事故带来的拷问。

导致国家政策执行力逐层递减的原因首先是利益过滤机制的选择。不少专家和学者认为，在财经“分灶吃饭”的情况下，地方是相对独立的利益主体，下级对上级政策执行与否往往以自身或自己所在层级的利益损益情况作为选择标准。得益越多越乐于执行，受损越多越不乐于执行。如果地方行政机关觉得上级的政策内容触犯了自身利益或是有悖于自身所在层级的利益，就往往会以各种借口变通、拖延或不执行这些政策，由此带来了选择性执行的现象。在中央与地方财政“分灶吃饭”、基层政府事权大于财权、财政收入支出相对困难的情况下，一些地方尤其是基层行政单位选择性执行政策又会进一步产生地方保护主义。这一时期，发展经济始终是第一位的，这既有利于增强地方的经济实力，又有利于加码自身的“政绩”。因此，只要是有利于地方经济发展的事，基层政府都充当第一推手。至于农民工问题，虽然政策有要求，但这既是软指标，农民工又大多是外乡人，敷衍塞责就成了很自然的事情，滞后执行就是一种过滤选择。

正因为如此，才导致在国家农民工政策已从被动限制走向积极引导的大背景下，多地仍然不断出现“黑窑奴工”。《河北临西惊现残疾“包身工”》中的汪江砖厂是乡里的骨干企业，每年缴纳不少税金，老板社会关系复杂，方方面面都打点得很好；山西洪洞广胜寺镇曹生村的黑砖厂就是村支书的儿子开设的，乡镇干部和派出所片警经常去村支书家办事。如果不是地方保护，如果不是个人私利，如果不是利益过滤机制下的选择性执行，砖厂的黑烟囱早就把它暴露在了众目睽睽之下，不可能会屡禁不止。

导致国家政策执行力逐层递减的原因还有利益输送机制的侵蚀。所谓利益输送机制，就是一些不法砖厂和煤矿的老板通过贿赂、请客送礼、主管官员入股分红等方法与地方干部结成利益共同体，在地方织就一张利益保护的大网，借此规避中央关于农民工和其他的有关政策。中国的煤炭行业，尤其是地方的一些中小煤矿，煤炭财富与权力的“联姻”由来已久，成为煤矿运转的润滑剂和潜规则，直接后果就是以利益为纽带，将地方官员与矿主捆绑在一起。一些地方官员对非法开采和安全隐患睁一只眼、闭一只眼，从中得利。一旦发生矿难，官员们就成为这些矿主的保护伞，导致煤炭事故不断、根治又很艰难的状况。

这一时期，山西发生多起矿难，大多与“官煤勾结”有关。其中，2007年洪洞“12·5”矿难事后查明，以副市长为首的临汾三级煤炭行业管理官员，均在接受贿赂后放松监管，最终导致惨剧发生。在煤老板的行贿记录中，市、县、乡均有煤炭行业管理官员的名字在案，三级煤炭行业管理官员与煤老板一起，构筑了一个完整的利益链条。当煤老板的“权力保护”需求与地方煤炭行业管理官员的“权力寻租”相结合时，利益至上被推到了极致，国家的资源政策、农民工政策、农民工生命安全通通被抛到脑后。

在当时，由利益输送造成的官煤勾结—矿难频发—农民工受害这一问题并非个别现象。在新疆阜康、广东兴宁等特别重大矿难中，均相继暴露出政府工作人员投资入股、违规发放相关证照、充当保护伞等黑幕，官煤勾结问题浮出水面。

为了遏制这一问题，斩断利益输送链条，中央纪委、监察部、国务院国资委、国家安监总局联合发出《关于清理纠正国家机关工作人员和国有企业负责人投资入股煤矿问题的通知》。该通知指出，煤矿安全生产事故频发的一个重要原因，是“有少数国家机关工作人员和国有企业负责人在煤矿投资入股，公开或暗中包庇袒护非法矿主，使一些不具备安全生产条件和非法煤矿未能停产整顿或关闭取缔”。该通知要求各级党的机关、国家机关、人民团体、事业单位的工作人员和国有企业负责人，“凡本人或以他人名义已经投资入股煤矿的，要在2005年9月22日之前撤出投资，并向本单位纪检监察或人事部门报告并登记”，“对逾期没有如实登记撤出投资或隐瞒事实真相、采取其他手段继续投资入股办矿的人员，一经查出，一律就地免职，然后依照有关规定严肃处理”。到2006年3月，共有4878人申报，登记入股金额达7.37亿元。2006年4月，监察部再次发出通知，要求坚决防止弄虚作假、“明撤暗持”等问题，要从维护中央权威的高度清理“红顶矿主”，违者进行责任追究。

当然，由于利益输送机制具有利己性、紧密性、本源性和排他性，仅凭一个通知还远远不能从根本上解决问题。在此之后发生的矿难中，仍不时曝出因利益输送而出现的腐败丑闻。

导致国家政策执行力逐层递减的原因更有政府问责制的缺失。所有的黑砖窑事件和绝大多数煤矿安全生产事故，几乎都有基层政府失察、政府工作人员失责问题，都有对国家政策和法规执行监督不力和渎职行为问题，都有一些基层政府管理的失位问题。由于缺少严格的问责制，使基层政府工作人员和基层的一些执法监察人员自觉或不自觉地按个人偏好或是否利己的潜规则来决定自己的行为：或者工作马马虎虎，敷衍塞责，违令抗命，极不负责；或者阳奉阴违，弄虚作假，欺上瞒下，胡作非为；或者擅离职守，该管不管，该作不作，听之任之；或者对上面的政策进行歪曲、篡改、肢解和抵触，甚至为满足自己的贪欲而贪赃枉法；或者麻木不仁，熟视无睹，不闻不问，听之任之；或者只罚不管，以罚代管，失职渎职，肆意妄为，甚至狼狈为奸。由此，必然会造成国家政策在执行过程中被层层打折，甚至名存实亡，根本就得不到贯彻执行，造成基层政府在市场监管上失察、失控，在履行职能和执行政策上缺位、失位。

尽管这一时期在煤矿的安全生产上国家已经实行问责制和“一票否决”制，但这种问责大多是在事故发生后，并没有细化和落实到平时监管的各个环节、各个监管人身上，作用大打折扣。毕竟，在市场经济条件下，随着利益关系的多元化和主体行为的利益化，如果没有配套的问责体系，没有问责型的政府，即使再好的政策也会在执行过程中走样。

导致国家政策执行力逐层递减的根本原因是社会底线意识的扭曲。类似“黑窑奴工”这样的恶性事件，社会主义国家在制度性质到政策要求上，都绝不允许发生和存在。但是，事实上不仅发生了，而且较长时期内一直存在，显示出从窑主到地方公职人员在社会底线意识上的扭曲和对生命意识的冷漠。

一是社会价值底线的扭曲。一个人如果没有社会价值底线，就如同行尸走肉，如同禽兽；一个社会如果没有社会价值底线，就会成为一盘散沙，混乱无序。从汉朝开始，中国在2000多年的历史发展进程中，维系社会价值底线的一直是儒家文化中的“忠、孝、仁、义、礼、智、信”等理念。

新中国成立后，人们有了新的精神信仰和价值追求，维系着整个社会的有序与和谐。打开国门之后，随着西方多元文化的东进和渗透，不少基层干部和青年人在价值理念和价值追求上出现了真空带，在思想上尚未形成一种内化于心、外化于行的价值理念和行为准则。

换言之，改革开放和发展市场经济是在人们的思想理念出现部分真空的情况下进行的。这就容易导致价值理念的错位和价值底线的扭曲：市场经济是什么？是商品经济。商品交换靠什么？靠一般等价物，也就是钱。怎样才能获得更多的钱？在价格双轨制和改革开放之初，行政权力的审批是最直接、最省力的获得钱的捷径。于是，“钱有多少，官有多大”就成了一些人的价值标准、价值追求和人生准则。为了获得更多的暴利，“毒大米”“注水肉”“激素鱼”无所不有，“超时加班”“拖欠工资”“黑窑奴工”无所不用其极，“官商勾结”“官煤勾结”“官矿勾结”“买官卖官”无所不做。价值理念和价值追求是人生的本源，是左右人们一切言行的动因。一个人如果价值理念和价值追求出现了问题，什么行为都会做得出；一个社会如果价值理念和价值追求出现偏差，社会的底线就会被扭曲。在这种情况下，正确的政策得不到执行、中央政府的政令不能畅通，处于社会底层的农民工权益屡屡受侵害，就都成了一种必然的逻辑。

二是对生命意识的冷漠。“黑窑奴工”的存在绝非一时。1997年，四川中江两名律师千里解救农民工就已经使“黑窑奴工”问题曝光。2001年5月，《燕赵都市报》也报道了《河北再曝现代奴隶，民工常被往死里打》。直到2007年山西洪洞黑砖窑事件的曝光和被查处，时间跨度长达10年。如果不是窑主良知的泯灭和地方官员对农民工的歧视和对生命的集体冷漠，就不可能容许“黑窑奴工”这类亵渎人性的事情在光天化日之下存在如此之久。不得不说，金钱贪欲至上，良知的泯灭和社会责任的消失是导致农民工遭遇压榨的深层原因。

底线意识是整个社会健康运行的基本保证。底线意识的缺失，必然带来社会秩序的紊乱，受害的一定是处在城市社会最底层的农民工，败坏的则是党和政府的形象。好在中央高层的高度重视使这一问题得到遏制，否则，将会有更多的人要为此付出生命的代价。但要从根本上消除产生这些问题的土壤，还有很长的路要走。中国农民工的成长壮大，注定要经过浴火重生般的磨炼。

2002

2011

▲ 1993年1月25日，大年初三，在全国四大民工潮源头之一的安徽阜阳火车站排队的农民工。

▼ 1993年1月25日，大年初三，安徽阜阳火车站广场上，正在维持秩序的民警。

► 1994年，大年初一，上海吴淞口海港码头的农民工宿舍里，山东省沂蒙山区的农民工因买不到火车票而在滞留地过春节。

◀ 1995年，春运期间，上海火车站首次出现“团体民工候车预约登记处”，标志着全国开始力促农民工有序流动。

◀ 1995年，农历大年三十，上海寅丰毛纺厂的车间里，因买不到返乡火车票而滞留上海过年的女农民工举办“喜迎新春联谊会”。

▼　2002年12月8日，在工会组织的干预下，福建泉州的一位企业主提着水果登门看望此前在他的企业受伤不被赔偿的农民工。

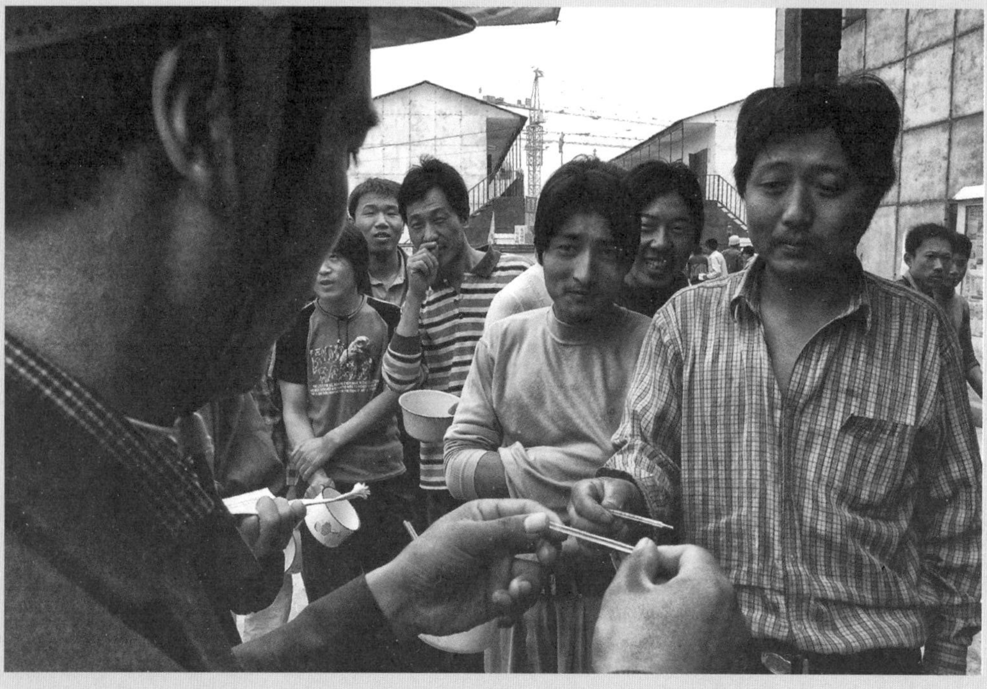

▲ 2003年5月9日，因北京发生“非典”疫情而滞留在国家大剧院建设工地的农民工。

▲ 2004年11月15日，沂南县布鞋城里，企业主在黑板上通告：“不请假、不准假、缺勤者勾上月帐，缺一天勾一天，缺半天勾半天，并不发工资。”

▲ 2004年11月16日，在一家私营企业排队领工钱的农民工。

▲ 2005年4月9日，河南省信阳市街头，从农村来到信阳市招工市场寻找采茶工作的农民工。

▶ 2006年6月28日，三峡工地，完成施工任务即将离开的湖北籍农民工有些恋恋不舍。

▼ 2008年3月12日，我国首次以农民工身份当选全国人大代表的三位农民工来到全国总工会职工维权中心考察。

▼ 2009年9月11日，深圳市一家制造企业培训员工的大课堂。2009年，亚洲金融危机，深圳市制造业因订单断崖式下跌导致员工没活儿可干。多数企业借此机会举办培训班，以提升企业实力和留住熟练工人。

◀ 2009年2月11日，广东省东莞市一家通讯设备制造企业的生产线上，一位新员工因操作失误出了次品而流泪。

▼ 2013年7月6日，辽宁省葫芦岛市开发区的车间里，一位母亲带着女儿打工。

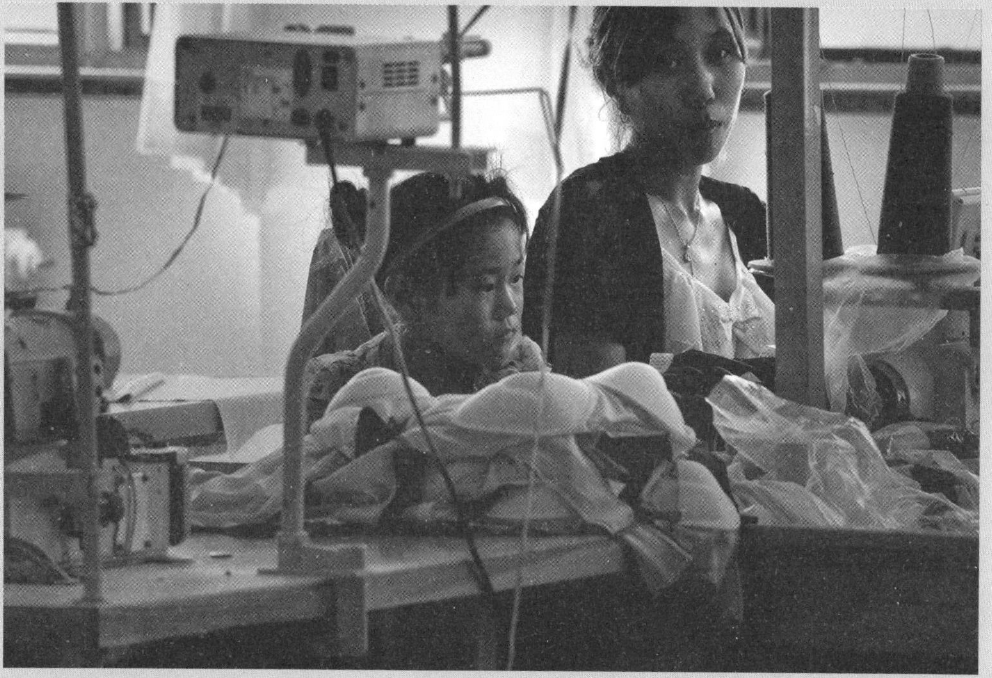

▼ 2016年12月14日，云南省丽香特大桥建设工地上的农民工午餐后小憩。手机已经成为他们生活中不可或缺的一部分。

第十三章

开胸验肺与职业病“四问”

从1992年中共十四大确定建立社会主义市场经济体制到21世纪的前10年，对资本的需求或者说对投资的饥渴几乎是全国性的。除了北京、上海这样的特大城市尚对外来投资设置一定的门槛之外，绝大多数省市对外来投资只有政策优惠，没有任何门槛。

正是在这样一种大的发展背景下，制造业、日用化工业以及医药行业的一些有毒、有害的企业开始进入中国内地。这类企业在发达国家已不允许存在，新兴工业化国家也已开始向外驱赶它们，但当时中国一些饥不择食的地方却为它们留出了生存空间。这些随着外商投资潮裹挟而来的有毒有害设施，不仅给生态文明带来了污染，而且给农民工群体的生命健康带来了巨大的伤害。早在1996年，全国总工会经济工作部便在调查报告中反映，福建泉州、福州、莆田三市2483家制鞋企业中，有95%的企业存在苯、甲苯、二甲苯等有毒有害气体危害。对泉州10家鞋厂的20个刷胶点检测，苯浓度超标达23.3倍，甲苯浓度超标13.9倍，二甲苯浓度超标0.9倍。这些企业的作业场地狭小，人员密集，基本没有安全防护设施。缺乏苯中毒的危害和预防知识的农民工就在这样的作业环境中工作，为日后的疾病和不幸种下了苦果。若干年后，这些抱着致富梦而来的青年农民工将不得不拖着患有疾病的身体回家。

1997年到2000年的国企改革攻坚和"抓大放小"，催生了一大批民营企业。各地各级政府对民营企业的鼓励、扶持和优惠，使21世纪初民营企业进一步蓬勃发展。到2008年，民营企业已经成为农民工就业的主战场，全国1亿多名农民工绝大部分在民营企业就业。但在众多的民营企业包括乡镇企业（2000年之后，经过两次改制，相当多的乡镇企业已经改为民营企业）中，劳动条件和安全卫生状况较差的不在少数。20世纪90年代后期，某省对24254家乡镇企业进行调查后发现，有60%以上的乡镇企业存在较大的职业危害问题，对尘毒作业有防护设施的仅占27.8%，这就为农民工的身心健康埋下了重大隐患。由于职业危害具有比较长的潜伏期，农民工的职业流动性又比较大，因此，职业病问题在当时并不突出。但是，随着时间的推移，职业病问题终将浮出水面。

第一节

苯中毒、尘肺病震动高层

2002年3月15日，《京华时报》记者祁胜勇报道的河北省高碑店市农民工苯中毒事件，使农民工职业病问题浮出水面。

浑身血斑，鼻子出血，口舌溃烂，牙龈的肉一剔就掉，牙齿一碰就倒；为了擦拭长流不断的鼻血，一个晚上竟用去两大篮子的卫生纸……在河北省高碑店市白沟镇一家皮包厂打工的4名河南少女，无一例外地患上了重症再生障碍性贫血，其中两人已被病魔吞噬。那么，夺去这些青春少女生命和健康的杀手是什么？是一种叫“苯”的化工原料。

18岁的张艳艳家在许昌县陈曹乡后孙汪村。2001年年初，她和村里的伙伴一起，到河北省高碑店市白沟镇的一家私人皮包加工厂打工，一个月赚300多元。该厂设在一个农户家中，她和3个女孩、3个男孩在两间屋里加工皮包。屋内不通风，有很浓的胶水味。到了晚上，她们几个女孩就睡在工作间里，闻久了，她和同伴们感到头昏沉沉的。今年春节后，她又去打工，没几天就感到头部很重，随后鼻子开始流血，病情加重。3月6日，她已走不成路，被哥哥搀上了返乡的火车，3月8日住进许昌市中心医院。经医院诊断，张艳艳患的是重症再生障碍性贫血。

在医院的入出院登记表上，女孩赵小歌已于2月死亡。

去年正月初十，17岁的小歌和同村的伙伴一起，去河北省高碑店市白沟镇的一家皮包厂打工。工作间的门窗封闭很严，屋里胶水的气味更大了，小歌她们整天感到头晕。她们是计件工，为了赶活儿，经常把材料拿到住室干，在床头刷胶水、粘皮包，许多胶水粘到了手上。2001年年底，她和几个工友开始出现发烧、出血斑、牙龈溃烂等症状。腊月十一，小歌回到家之前，在白沟镇已经病了一个月，发烧到41摄氏度，浑身出血斑，牙龈溃烂。当地的小医院把她的病当作感冒治，一直治不好。她害怕扣工钱，坚持着到了过年放假，回到家后一病不起……全村的乡亲知道小歌的不幸后，纷纷凑钱给她看病。然而，此时已无法挽救她年轻的生命了。

据分析，加工皮包所用的胶水中，含有一种叫“苯”的化工原料，这是一种有毒的可挥发性物品，人们长时间在充满这种有毒气体的环境中工作，会对身体造成严重危害，引发多种疾病。

由于苯的黏性强、挥发快，价格又十分便宜，现在不少皮箱厂、礼品厂、玩具厂、鞋厂、塑胶厂、家具厂都大量使用含有苯或纯苯的黏胶，作业场所苯的浓度往往超过国家标准的几倍甚至几十倍。但是，厂家却没有给打工者提供任何劳动保护。[31]

对于新闻媒体的报道，中央领导高度关注。

2002 年 3 月 28 日，朱镕基总理作出重要批示：“此案可能带有全国性（北京丰台区已发现类似事件），为了保护劳动人民生命健康，严明法纪，必须首先严厉惩处有关人员，对非法经营（均为地下工厂，无证生产）、偷税逃税、使用童工、无视劳动保护害人致死等违法犯罪行为依法治罪；二要保护劳工利益，责令涉案企业、工场发还工资，给予民工补偿，对中毒致死人员给予抚恤费，致病者给予医疗赔偿；三要举一反三，加强劳动保护立法，对使用苯类有毒物质作为溶剂的胶粘剂、装饰材料等的企业，必须规定明确的劳动保护条件（如产品质量认证、车间通风条件、检测手段等）。最后应将此事通报全国，要求各省、区、市组织全面检查，有案必查，有错必纠，对人民生命健康负责，对违法违规、伤天害理者绳之以法。”

遵照朱镕基总理指示，3 月 28 日，国务院派出工作组赴高碑店市，会同河北省人民政府调查处理这一事件。此后，国务院于 4 月 13 日就此事件向各省市发出《关于河北省高碑店市农民工苯中毒事件的通报》。该通报指出，当地一些箱包生产企业和个体作坊业主无视农民工的生命安全，违反劳动保护规定，在使用含苯及其化合物的胶粘剂时，没有采取必要的职业卫生防护和安全

31　祁胜勇．4 打工妹苯中毒身患绝症，无良老板置若罔闻 [N]．京华时报，2002-3-15．

生产措施，导致作业场所苯类有毒气体的浓度严重超标。这些农民工在苯类有毒气体浓度严重超标的作业场所中劳动，业主也没给他们配备必要的职业卫生防护用品，有的业主甚至让农民工吃、住、工作在同一房间。长时间接触高浓度的苯类气体，致使部分农民工苯中毒甚至死亡。

调查还发现，高碑店市的一些箱包生产企业和个体作坊的劳动用工管理混乱，私招滥雇问题严重。绝大多数企业和个体作坊没有与农民工签订劳动合同，有的企业和个体作坊违法使用童工，当地人民政府已发现并送返了 24 名童工。劳动者权益受到严重侵犯，农民工一般每天要工作 10 小时以上，多数企业和个体作坊没有执行国家有关工资支付和加班工资的规定，农民工工资水平低，月工资一般只有 200~300 元，而且多数是半年甚至一年才能领到工资。违规生产经营问题突出，在高碑店市的 2099 家箱包生产企业和个体作坊中，办理了工商营业执照的只有 428 家。偷漏税的问题比较普遍，在工作组抽查的 92 家企业和个体作坊中，绝大多数企业和个体作坊不能提供纳税证明，涉及农民工中毒病、亡的 10 家个体作坊均欠税款，其中 3 家欠税额在 1 万元以上，6 家从未纳过税。

该通报还指出，河北省高碑店市几年前已经发生过类似的有毒有害气体致人死亡事件。1999 年在高碑店市白沟镇的打工者中就有 3 名农民工被诊断患再生障碍性贫血，其中 1 人发病 4 个月后死亡。最近此类事件再度发生，且死亡和患病人数大幅度增加，说明该市箱包生产企业和个体作坊在生产经营、安全生产和劳动者权益保护等方面存在的问题相当严重。当地一些不法业主见利忘义，无视国家法律法规和劳动者的生命健康；一些乡镇领导不负责任，甚至纵容不法业主的违法活动，对发生在本乡镇的问题视而不见，放任不管；一些地方领导官僚主义严重，对本地区存在的大量违法犯罪活动监督检查和惩处不力；一些职能部门和监管单位严重失职，执法不严，甚至玩忽职守。这也反映出有关地区和部分干部为人民服务的宗旨淡薄，对劳动人民缺乏深厚的感情。河北省高碑店市中毒事件的发生，使劳动者的生命健康受到了极大的危害，造成了恶劣的社会影响，损害了党和政府的形象，也影响了当地的经济发展，性质是极其恶劣的，教训是十分深刻的。

为了保护劳动者的身体健康和生命安全，维护劳动者的合法权益，严肃法规政纪，国务院要求：

（一）痛下决心，彻底整改。第一，要规范箱包生产行业和个体作坊的经营行为，将其全部纳入规范化的管理渠道。第二，彻底整治有毒有害作业场所，按照职业卫生标准进行逐户检查，达不到标准的一律关闭。第三，切实维护劳动者的合法权益。

（二）建章立制，定期检查。要积极探索治本之策，从制度、机制、管理体制上解决问题，建立一整套行之有效的规章制度和监管办法。要建立作业场所有毒有害物质的检测制度，并定期对在有毒有害场所从事作业的人员进行职业健康检查。

（三）高度负责，处理善后。抓紧对本地所有接触含苯材料的从业人员进行体检，保证患病人员得到及时有效的治疗，认真做好死亡、患病人员及家属的抚恤、赔偿工作。

2002

（四）严肃法纪，严厉查处。对违反职业卫生和安全生产法律法规造成农民工重大病亡事故、违反税法偷税漏税的业主，要依法追究刑事责任。要认真调查基层干部是否包庇作案，严肃查处涉案人员。对在此次事件中负有责任的领导干部和管理人员，要依法依纪予以追究。

鉴于此类问题在全国其他地方也不同程度地存在，为了杜绝此类事件的发生，国务院决定，在全国范围内开展一次有毒有害化学品生产、销售和使用的专项整治，并作为全国整顿和规范市场经济秩序的一个重要内容。

2011

从理论上来说，高碑店市农民工苯中毒事件对全国各地都应当是一次非常大的警示：总理有批示，调查有结果，处理有意见，整改有要求，高碑店市也确实在全市开展了专项整治工作。那么，类似的事件在全国就不应该再发生。然而，仅仅事隔一年之后，就有媒体曝出福建省仙游县外来农民工患职业病事件。2003 年 6 月 16 日，温家宝总理作出重要批示，要求严肃执法，对不顾工人生命安全的企业依法追究责任，并公开通报，以儆效尤。

2003 年 6 月 23 日，劳动保障部、卫生部、公安部、全国总工会等组成联合工作组赶赴福建省仙游县。

据调查，仙游县东湖村有 63 家石英粉（砂）加工作坊，加工设备简陋、工艺落后，除 2 家是手工湿式作业外，其他 61 家均为干式生产。加工作业场所不具备基本的通风防尘设施，出料、筛粉、包装过程中扬尘严重；个人粉尘防护用品质量不合格，无法起到有效的防护作用；除业主进行过简单的口头交代外，务工人员没有经过任何职业卫生培训。工作组对其中 4 个作业场所的抽样测试结果表明，除 1 个湿式作业场所外，3 个干式作业场所 9 个采样点中有 8 个粉尘浓度严重超标，最高超标 361 倍，且 60% 的粉尘为极易吸入的细微粉尘颗粒。吸入此类粉尘对人体危害极大。据对 18 个曾在东湖村务工的贵州籍农民工死亡案例进行调查，其中 9 人被确诊为矽肺病患者，1 人有典型矽肺并发症状。对从东湖村务工返乡的 89 名贵州籍农民工进行身体检查时发现，其中 46 人确诊患矽肺病。对东湖村现有的 201 名外来农民工进行身体检查时发现，14 人患矽肺病。

调查中还发现，仙游县东湖村石英加工作坊属严重违法违规经营，63 家加工作坊都是无名称、无工商登记、无职工健康档案的非法生产经营实体。石英加工场所存在安全隐患，作业现场电源线头和闸刀裸露，电动传送皮带没有安装防护罩。劳动用工管理极不规范，所有加工作坊都没有用工记录，更没有与外来农民工签订劳动合同。

国务院在对福建省仙游县外来农民工患职业病事件的通报中指出，东湖村石英加工作坊在职业病防治和劳动者权益保护方面存在的问题相当严重。石英加工作坊业主违反国家有关法律法规规定，漠视劳动者的身体健康和生命安全；一些地方领导官僚主义严重，对东湖村非法石英加工中存在的职业病危害问题放任不管；一些职能部门严重失职，有法不依、执法不严、监管不力。

为了保护劳动者的身体健康和生命安全，维护劳动者的合法权益，严肃法规政纪，国务院要求：

（一）坚决取缔违规生产经营场所。福建省仙游县东湖村石英加工作坊存在职业病危害严重、劳动保护条件简陋、劳动用工管理混乱、无照生产经营等严重违法违规问题，必须依法予以取缔。

（二）严肃追究有关业主和责任人员的责任。对查明造成劳动者职业伤害后果的业主，提请司法机关或有关执法部门进行调查处理，依法追究责任。对地方政府及有关职能部门的责任人员，严格按照有关法律法规和党纪政纪的规定追究责任。福建省政府要将处理结果报国务院。

（三）妥善处理善后工作。对目前在东湖村从事石英加工工作并确诊患矽肺病的人员，福建省政府要责令业主立即给予治疗和赔偿。对已返回原籍、经查证确因在东湖村务工患矽肺病死亡和病残的人员，福建省政府要积极与贵州省有关方面进行协调，认真做好对死亡、患病人员及家属的赔偿、治疗、抚恤工作。

（四）深入开展职业卫生检查、清理和整顿。在前一阶段工作基础上，福建省政府要对全省的职业卫生状况进行检查，扩大调查范围，摸清基本情况，严肃查处各种违法行为，推进职业病防治工作的深入开展。

鉴于一些乡镇企业、农村个体工商户和家庭作坊存在着不同程度的职业病危害隐患，国务院决定，由卫生部会同劳动保障部、农业部、安全监管局、工商总局、全国总工会等，在全国组织开展一次有针对性的职业病防治专项整治活动。

连续两年，先后两任总理作批示，先后两次由相关部委组成联合调查组，先后两次以国务院的名义向全国发出通报，先后两次要求在全国进行专项治理，重视程度之高，工作力度之大，可谓前所未有。即便如此，职业病危害对农民工生命健康的侵蚀却并没有消失。

2004 年 5 月 27 日，全国安全生产宣传教育工作会议透露，中国实际接触有害作业的人数、职业病患者累积数、死亡人数和新发生病例数，都是世界上最高的。每年有70万人患各种职业病，其中报告病例为1.3万人，各类职业中毒现象越来越严重。

2005年4月18日，卫生部负责人在第10届职业性呼吸系统疾病国际会议上透露，中国有毒有害企业超过1600万家。每年13.6万死于职业病的人中，大部分是农民工。在制造业大省广东，约有1000万职工接触职业危害因素，农民工仍然是其中的主体。

2006年11月14日，《北京青年报》报道了西南合成制药股份有限公司二分厂酮基布洛芬车间4名职工因患职业病死亡的事件，卫生部为此发出通报，并要求北京、江苏、湖北、重庆等9个省市卫生行政部门对同类企业进行安全卫生检查。

据卫生部门统计，截至2006年年底，中国累计报告职业病67.6万例，其中尘肺病累计发病61万多例，病人多分布于煤炭、冶金、化工、制造、坑道建设等行业。

2007年，全国总工会在《第六次中国职工状况调查》中指出，职业危害正在快速转移，正在由城市、工业区向农村迅速转移，由东部向中西部转移，由大中型企业向中小型企业转移。职业危害有进一步蔓延的趋势，其分布日益广泛，影响日益严重。

据卫生部门统计，2009年，中国新发各类职业病18128例。尘肺病仍是最严重的职业病，占职业病报告总例数的79.96%，超过半数的尘肺病患者分布在中小企业。

第 二 节

职业病悲情维权与体制之间

2009年，发生在湖南和河南的两起职业病事件，使农民工职业病维权以悲情的方式进入公众视野，引起了整个社会的高度关注。

2009 年 5 月 22 日至 6 月 3 日，150 名湖南省耒阳市农民工在深圳市职业病防治院进行尘肺病检查，其中，处于尘肺病三期的有 13 人，二期的有 21 人，一期的有 15 人，需复查的有 10 人。这份名单引发了一场曾在深圳做风钻工的湖南省耒阳籍农民工长达几个月的维权风波。这些为深圳城市建设作出巨大贡献的风钻工患职业病的悲情经历在社会上引起了巨大反响，也引起了人们对经济发展与农民工权益维护问题的反思。

另一起农民工职业病维权的悲情事件，则是河南省新密市农民工张海超“开胸验肺”，因其具有的高度典型性而引起全国关注。

2009 年 7 月 10 日，《东方今报》刊登报道《工人为证明患职业病坚持开胸验肺》，个中细节令人瞠目——

新密市一企业工人张海超工作 3 年多后，被多家医院诊断为尘肺，但企业却拒绝为其提供相关资料。在向上级主管部门多次投诉后，他取得了去做正式鉴定的机会，但郑州市职业病防治所为其做
2002 出了“肺结核”的诊断。

为寻求真相，28 岁的张海超跑到郑大一附院，不顾医生劝阻，坚持“开胸验肺”，用一个人的无奈之举，揭穿了谎言。

张海超是新密市刘寨镇老寨村村民，2004 年 6 月，他到新密市曲梁乡的郑州振东耐磨材料有限公司（以下简称振东公司）上班，先后从事过杂工、破碎、开压力机等工作。2007 年下半年，他感到身
2011 体不适，主要表现为胸闷、咳嗽，他也没太在意，一直当作感冒来治，但效果不好。

2007 年 10 月，张海超从振东公司离职不久，又到郑州市第六人民医院检查。医生怀疑他是肺结核，但不能确诊。此后，意识到问题严重性的张海超先后去郑州市二院、省胸科医院、省人民医院、北

京协和医院、首都医科大学朝阳医院、北京大学第三附属医院等数家医院检查，医生们都给出了一致的结论：职业病——尘肺。

按照国家职业病防治法的有关规定，职业病的鉴定由当地职业病防治所进行。职业病诊断、鉴定需要用人单位出具相关证明，如组织机构代码、职工工作时间、从事工种等。

由于振东公司不配合，张海超无法到职业病防治所进行鉴定，而其他综合类医院又无权对职业病进行鉴定。无奈之下，张海超于2009年2月7日到新密市政府有关部门求助。5月，新密市信访局表态，由郑州市职业病防治所进行鉴定。5月25日，郑州市职业病防治所出具了诊断证明，鉴定结果是“无尘肺0期（医学观察）合并肺结核”，给出的意见是进行肺结核诊治，建议到综合医院进一步诊治。

张海超决定“开胸验肺”，弄清自己的病情。6月1日，张海超来到郑大一附院门诊，6月9日住院。6月22日，他不顾医生劝阻，做了开胸手术。

胸部一打开，医生就发现了肺上的大量粉尘，肉眼可见。医生还为张海超做了肺部切片检验，排除了肺结核的可能。在郑大一附院出具的张海超的“出院诊断”中，写明了“尘肺合并感染”，医嘱第1条就是“到职业病防治所进行进一步治疗”。

郑州市职业病防治所鉴定张海超为“肺结核”的诊断证明中，有3个人的签名，其中王晓光为医技科主任。王晓光说他们是从胸片上得出张海超患的是肺结核的结论，如果张海超认为是误诊，需要提供切片检验。而如何纠正这个“误诊”，不归他管。

职业病防治法规定，当事人对市级职业病鉴定结论不服的，可向上一级卫生行政部门申请再鉴定。然而经历了这么多，张海超已无力应付了。

近两年的维权求医，张海超花费近9万元，早已是债台高筑。

为了省些医药费，他现在只好转院到县级医院，虽然他入了农村医疗合作保险，但医院认为他是工伤，不在医保范围。“开胸后我找过新密市信访局，一位科长说，他们只认郑州市职业病防治所的鉴定结论。”[32]

为什么职业病恶性事件接连不断、职业病案例一直呈高发态势?

地方利益取向和GDP至上是导致职业病恶性事件的首要原因。之所以会产生职业病，主要是有毒有害、高污染、高噪声、高粉尘企业在不具备安全卫生劳动的条件下让职工长期作业所带来的后果。2002年5月1日施行的《中华人民共和国职业病防治法》规定，新建、扩建、改建建设项目和技术改造、技术引进项目可能产生职业病危害的，建设单位在可行性论证阶段应当向卫生行政部门提交职业病危害预评价报告。未提交预评价报告或者预评价报告未经卫生部门审核同意的，有关部门不得批准该建设项目。建设项目的职业病防护设施所需费用应当纳入建设项目工程预算，并与主体工程同时设计、同时施工、同时投入生产和使用。职业病危害严重的建设项目的防护设施设计，应当经卫生行政部门进行卫生审查，符合国家职业卫生标准和卫生要求的，方可施工。但是在实际工作中，所有发生职业病的企业都没有对职业病的防护做到“三同时”，都没有在可行性论证阶段向卫生行政部门提交职业病危害预评价报告，然而，却又都能在一个地方长期存在。这不能不说与地方政府在发展过程中的地方利益取向和GDP至上密切相关。

为吸引投资，保护地方经济，一些地方政府不惜降低投资门槛，对存在职业病危害的新建、改建、扩建项目和技术改造项目的立项、准入、监管过程把关不严。专家分析称，用人单位进行职业病危害预评价的大约只占建设项目的10%，大量未经职业病危害预评价和未做到“三同时”审查的企业开工投产，

32 申子仲. 工人为证明患职业病坚持开胸验肺[N]. 东方今报，2009-7-10.

2002

2011

导致大量劳动者接触职业病危害因素。为提高GDP增长速度，增加个人政绩，一些地方政府官员对一些有毒有害、高粉尘的小加工厂、小作坊不闻、不问、不检查、不监督，放任不管，甚至姑息纵容，导致大量农民工长期在有毒有害和高粉尘环境下劳动，为职业病的高发埋下了隐患的种子。

本来，企业是防治职业病的源头。但正是这个源头被“污染”了，才导致职业病频发。尽管国务院多次以重大职业病事件为契机在全国开展专项整治，然而，由于这些企业的存在与地方利益和个人政绩相联系，而后者又具有刚性特征，因此，运动式的整治并没有带来预期的效果。只要这类企业大量存在，职业病的高发态势就在所难免。

为什么形成职业病的有毒有害和高粉尘作业环境长期没有人管？

对有毒有害和高粉尘作业环境，无须精密仪器监测，人的“五官”便可感知，只要到作业场所转一转、看一看、闻一闻便会知晓。然而，为什么如此简单的事就没有人做、没有人管？背后的原因较为复杂。

企业主体责任不落实，漠视农民工的安全与健康是首要原因。有的企业不按照有关法律、规定的要求建立和实施有效预防和控制职业病危害的制度、措施，不依法为职工提供必要的安全卫生设施，不发放防护用品，不对职工进行定期的体检；有的企业通过轮换用工、反复换人等手段规避可能出现的职业病问题，把有毒有害的生产流程层层转包，使从事有毒有害工种的农民工的劳动关系复杂化，以此故意逃避安全生产责任。这些企业多是民营企业和三资企业，利用农民工对就业和增加收入的渴求以及对职业病防护的无知来赚取高额利润，实际上无异于谋财害命。由于违法的成本太小，如果不是撞在“枪口上”甚至都不需要什么成本，所以企业主更倾向于为这种利益的“剪刀差”冒险。

政府职能部门缺位，监督责任不落实是重要原因。对有毒有害和高粉尘作业等与职业病相关的作业，国家有要求，法律有规定，政府有专责部门和专事之人，按说只要职责到位，只要监督有力，再刁钻的企业主也不可能蒙混过关。像白沟镇的箱包制造业远近闻名，广东的制鞋业全国独大，政府职能部门对此不可能不知道，只要职能部门的有关工作人员到现场去看看箱包和鞋子的生产过程，隐藏在表层繁华背后的有毒有害作业环境就会大白于天下，很多农民工就会免受日后的职业病之苦。遗憾的是，正因为职能部门的缺位、政府工作人员的不作为和失职、渎职，才导致有毒有害作业环境的长期存在。从已经调查处理的重大职业病事件来看，有的乡镇领导纵容不法业主的违法活动，有的地方领导官僚主义严重，不负责任；有的职能部门和监管单位严重失职，甚至玩忽职守，执政为民的理念在这些地方已经跑偏。权力不受到监督，必然产生腐败，企业不受到监管，必然胡作非为，尤其是在暴利的驱使下，什么情况都有可能发生，受害的则总是农民工。

农民工职业安全知识的缺乏和工作流动性大也是这种情况得以长期存在的重要因素。20 世纪 90 年代和 21 世纪初，农民工在进城之前接受职业培训的很少，进城之后接受上岗培训的比例也不高。据辽宁省总工会 2002 年的调查显示，在该省非公企业中，不按规定进行安全培训的达 70% 以上，矿山企业达 90%。那些分布在偏僻乡镇的小煤矿问题更多，矿主不愿花钱进行培训，只对新工人简单讲解一下作业常识和程序就让他们上班。由于缺乏必要的培训，大多数农民工对职业安全卫生知识知之甚少，从上岗开始就潜藏着职业病的危机。再加上农民工的工作流动性较大、短期行为较多、寻求工作不易等因素，很少有人因为劳动条件和职业卫生环境问题而较真。全国总工会 2007 年的第六次全国职工队伍状况调查表明，有四成多的职工与单位订立的劳动合同缺少劳动保护和劳动条件的内容，有两成多的职工对此不清楚。这种情况与职业病的潜伏期特征相碰撞，使农民工丧失了必要的警觉性，给有毒有害作业留下了空间，也为日后的职业病埋下了祸根。

为什么农民工的职业病鉴定这么难？

农民工长期在有毒有害和高粉尘、高污染的环境下工作，身体健康受到损害，进行职业病检查是理所当然的，这既是法律要求企业应履行的责任，也是法律赋予农民工的权利。但在现实生活中，职业病检查和职业病鉴定却困难重重，以至于农民工张海超竟然只能通过“开胸验肺”才能达到对职业病进行鉴定的目的。

2009年7月10日，《东方今报》关于农民工张海超“开胸验肺”的报道刊出后，引起了整个社会的震惊。在谴责业主没有良知、职业病防治所不作为和政府监管失责失位的同时，人们把反思的目光聚焦到制度本身。不能不说，“开胸验肺”的悲情事件戳穿了现实的制度之漏。

2002年5月1日施行的《中华人民共和国职业病防治法》第三十九条规定，“职业病诊断应当由省级以上人民政府卫生行政部门批准的医疗卫生机构承担”。第四十条规定，“劳动者可以在用人单位所在地或者本人居住地依法承担职业病诊断的医疗卫生机构进行职业病诊断”。第四十八条规定，“职业病诊断、鉴定需要用人单位提供有关职业卫生和健康监护等资料时，用人单位应当如实提供，劳动者和有关机构也应当提供与职业病诊断、鉴定相关的资料”。2002年卫生部通过的《职业病诊断与鉴定管理办法》第十一条进一步明确规定:“申请职业病诊断时应当提供:（一）职业史、既往史;（二）职业健康监护档案复印件;（三）职业健康检查结果;（四）工作场所历年职业病危害因素检测、评价资料;（五）诊断机构要求提供的其他必需的材料。”

然而，在现实生活中，正是这些规定直接导致了“开胸验肺”事件的发生。张海超只能在郑州市职业病防治所进行诊断，没有别的选择，而恰恰是这家职业病防治所给出的诊断结果是“肺结核”，在其他所有医院检查的结果都属无效，即使是北京协和医院这样声名显赫的大医院给出的尘肺病结论也无济于事。与此同时，由于业主公司拒绝提供鉴定所需要的各种证明，张海超自己无法提供齐全的申请职业病鉴定所需要的材料，他的职业病无法被鉴定，不得不以牺牲身体和尊严为代价，以“自残”的方式，开胸验肺，自证其病。

由卫生行政部门指定专门的职业病鉴定机构，本意可能是要强调或突出职业病鉴定的权威性，但指定的结果就是职业病诊断权的垄断。这不仅有悖于市场经济的规律，而且在法律缺乏对职业病鉴定机构的监督规定的情况下，垄断很容易带来误诊、漏诊、不作为等行为，甚至在利益的诱惑下会带来腐败。郑州市职业病防治所把张海超的尘肺病诊断为肺结核，如果是“误诊”，凭什么还能成为职业病的权威鉴定机构？如果不是误诊，更说明让这样的机构拥有决定职业病患者权益的“生杀予夺”大权有多么危险。至于让当事的企业提供有关资料更是荒谬，除了计划经济之外，有哪家民营企业愿意“自证其罪”？得了职业病，还得单位开具证明才能鉴定，说是让高污染企业凭良心办事，其实恰恰给企业留下了能钻的空子。

当然，法律也好，制度也罢，都离不开制定时的社会背景。《职业病防治法》和卫生部的《职业病诊断与鉴定管理办法》的制定起草时期，正是我国由计划经济向市场经济转变的时期，难免在职业病防治的主体、法律责任、职工职业病权益维护等问题上存在漏洞。在社会舆论和“开胸验肺”等事件的推动下，《职业病防治法》于 2011 年重新修改，废除了一些对农民工职业病权益维护不利的条款，明确了职业病防治中的法律责任。

应当说，张海超“开胸验肺”以悲情的方式唤起了整个社会对职业病问题的高度关注，推动了《职业病防治法》的修改完善，也推动了政府和高层以问题为导向的治理方式的变化，说明高层对待农民工的态度已由顺其自然走向完善法规和制度维权。尽管地方政府地方利益的相对独立性使政策和法规在被执行时会被打折扣，法律的真正落地相对滞后，但毕竟法规和制度的完善是第一位的，哪怕是向前迈进一小步，也会使农民工的权益维护向前迈进一大步。

农民工从田间地头流向城市，走进工厂，他们以健康的体魄和吃苦耐劳的精神，为企业和社会创造了大量财富，但职业病却悄悄地吞噬着他们的健康。从这个意义上说，悲情的“开胸验肺”是治理农民工职业病的惊世猛药，成为农民工维权史上的一个重要节点。

为什么受职业病伤害的总是农民工？

从当时媒体的报道来看，农民工受职业病伤害大体有如下几方面原因：

一是劳动力人数众多与就业岗位稀缺的矛盾导致农民工在工作性质和岗位选择上几乎没有回旋的余地，绝大多数农民工都工作在苦、脏、累、险、重的一线。全国总工会2002年进行的第五次全国职工队伍状况调查表明，从事制造业的农民工占69.2%，从事建筑业的农民工占11.9%，从事采掘业的农民工占3.8%；而在制造业里的废弃资源和废旧材料回收加工业职工中，农民工比例高达91.6%，在皮革、毛皮、羽绒及其制品业职工中，农民工占75.7%，在采矿业里的非金属矿采选业职工中，农民工占71.43%。农民工成为苦、脏、累、险和有毒有害行业职工队伍的主体，他们从事的都是劳动强度最大、最不安全和最易产生职业病的工种工作，这就在客观上为农民工遭受职业病伤害埋下了祸根。

二是地方利益、地方形象、个人政绩和GDP偏好相结合，织就了一张地方保护的大网，一些地方甚至出现在发生职业病事故后，当地政府捂盖子，帮助企业逃避责任的事情。本来，面对无良的业主，农民工就处于弱势地位，再加上地方保护主义对一些无良业主的庇护和纵容，农民工受害的结局就可想而知。

三是缺少组织力量的维护。工会是包括农民工在内的广大职工自己的群众组织，是职工利益包括农民工利益的代表者和维护者。但是，这一时期大多数民营企业和外商投资企业都没有建立工会，不少外商投资企业甚至拒绝建立工会。为了把广大农民工吸收到工会中来，全国总工会以沃尔玛为突破口推动外商投资企业的建会工作，全国总工会和省市三级工会一起做工作，才把工会成立起来，足见在这些地方建立工会的难度之大。同时，一些乡镇企业和民营企业虽然成立了工会，却难以真正发挥作用：有的工会干部本身就是业主的亲朋好友，自然站在业主一边；有的工会干部因“饭碗”受制于业主，不敢或不愿维护农民工权益；有的工会干部虽有维权之心，但面对地方保护主义和业主的“联网”却无维权之力。正因为如此，当农民工面对无良业主和地方保护主义双重压力时，当松散的打工者个人面对掌握着各种资源和手段的企业时，他们的受害只能显得无奈、无助和悲情。

四是农民工的工伤保险不健全，缺少赔偿机制。按照规定，农民工进入企业之后就应当建立工伤保险。但由于工伤保险费是由企业单方面缴纳的，很多企业为了降低成本便不为农民工办理工伤保险。一旦出现职业病或是工伤问题，这些企业的业主就利用职业病潜伏期长与农民工工作流动性大的矛盾，逃避工伤保险的主体责任，往往通过解雇农民工了事，致使农民工在职业病和工伤问题上的权益屡屡受到侵害。

这一时期的农民工职业病患者的权益维护，基本上都按照“媒体曝光—领导批示—专项整治—调查处理”的路子来实现。它既说明农民工职业病患者的权益维护要走向制度和机制保证还有一个漫长的过程，也说明农民工的权益维护包括职业病患者的权益维护客观上需要建立党政主导、工会运作、媒体监督的大格局。中国的经济发展，绝不能以牺牲一代劳动力的健康为代价，这也是时代的警示！

第十四章

时代人物与追求有产

伴随着改革开放，中国经济发展的投资推动型和出口拉动型特征日益明显，尤其是加入 WTO 之后，中国经济的对外依存度明显提高。中国经济与世界经济的一体化进程明显加快，国际经济的波动对中国经济的影响程度大大加强。2008 年，由美国次贷危机引发的国际金融危机对我国的国民经济和中小企业造成了严重的冲击。

第 一 节

金融危机冲击下的农民工就业

国际金融危机使中小企业的融资难成为突出问题。尽管面对金融危机，国家实施了适度宽松的货币政策，但新增信贷投放主要流向地方政府和大企业。根据有关方面的统计，2009 年前两个月，国内 14 家银行授信总额度达 4.52 万亿元，其中对地方政府授信 3.49 万亿元，对中小企业授信只有 1956 万元，还不到总规模的 1/20。中小企业应急性的资金难以获得，维持资金链的需求难以满足，不少小企业因为资金链断裂而倒闭。

国际金融危机导致外部需求下降，国外订单大幅度减少，部分中小企业因此而减产或停产。据中国社会科学院《中国经济报告》透露，与国际金融危机前相比，外向型企业的出口量和订单量下降幅度为 20% ~ 50%。2009 年年初，厦门约有三成以上中小企业的出口订单大幅减少，前 4 个月的出口交货值同比下降了 23%。

国际金融危机带来汇率和原材料价格的剧烈波动，导致进出口贸易环境持续恶化。据专家测算，仅金融危机爆发以来的 1 年时间里，因人民币升值和美元贬值就使企业利润空间缩水 20% 左右。受此影响，一些竞争力不强的中小企业成本上升，出口量下降，整个经营雪上加霜。宁波有 2000 多家文具企业，产品 90% 对外出口。2008 年，受金融危机影响，外向型文具企业关、停、并、转的比例高达 20% 以上，行业综合开工率从 60% 降至 40% 以下，文具出口成本因汇率波动上升 20% ~ 40%。

国际金融危机也加速了产业梯度转移的步伐。在中国最早实行对外开放的东南沿海地区，有相当一批制造业企业低成本、低利润，缺乏自主品牌和技术含量，缺乏核心竞争力。经过 20 多年的发展，尤其是在国际金融危机的大背景下，一味靠低成本、低利润已经难以为继，劳动、环境、土地、资源等各项成本的上升趋势不可逆转。在外需急剧萎缩和内需不足的条件下，大量中小企业开启了新一轮的迁移，从沿海向内地、从中国向越南等东南亚国家转移，向企业用地、用电、用水、用工等成本更低以及政策更优惠的地区转移，由此给原来的工业区带来了关、停、并、转的浪潮，使金融危机的影响进一步扩大。2008 年上半年，在广东的五六千家鞋厂中，就有 1000 多家关闭。

2008 年 12 月 15 日，由中国社会科学院发布的《社会蓝皮书》称，由美国次贷危机演变成的国际金融危机，对中国的经济社会产生了深刻的影响，其中最为突出的是对就业的影响。据人力资源和社会保障部统计，在中国 1.3 亿外出就业的农民工中，有 2000 万人因金融危机失业返乡，这种状况是近十几年来罕见的。因此，处理好待业农民工的就业问题成了各级政府的新挑战。2008 年 12 月 20 日，国务院办公厅发出《切实做好当前农民工工作的通知》。该通知强调，农民工是“我国改革开放和工业化、城镇化进程中涌现的一支新型劳动大军”，已成为“我国产业工人的重要组成部分”，农民工工作“直接关系农村经济发展和农民增收，关系经济社会发展全局”，必须予以高度重视。

针对金融危机对就业的冲击，中国政府首次为稳定农民工就业打出“组合拳”。人力资源和社会保障部门在全国部署开展“春风行动”，采取了多项措施，旨在帮助求职农民工尽快实现就业：一是强化就业服务，让农民工就业有门路，求职有信息；二是部署开展大规模的农民工职业培训，提高农民工就业技能；三是落实减轻企业负担的政策，稳定在岗农民工就业岗位；四是制定落实扶持政策，鼓励农民工返乡创业，促进以创业带动就业；五是部署开展清理整顿人力资源市场专项行动，保障农民工求职的合法权益。各地政府也纷纷采取措施，因地施策。农民工返乡人数和就业记录数据定期上报，官方的调研机构陆续发布关注农民工就业的报告，地方政府出资为农民工集体办班培训。

《中国经济周刊》集中采访了农民工输出最多的皖、豫、湘、赣、川、渝六省市返乡农民工的再就业状况和当地省市政府所采取的措施，刊出组合式报道《两千万民工失业返乡近年罕见，成各级政府新挑战》，勾勒政府在推动农民工就业问题上的“行动图”。从当时主流媒体的报道来看，一些农民工输出大省针对“返乡潮”纷纷制定了可操作性措施——

湖南：以技能培训拓宽就业渠道。2008年，湖南共有1200万农民在外务工，劳务收入840亿元，务工收入占农民人均纯收入的44%。2008年10月以来，200多万名农民工因失去工作岗位返乡。为此，湖南省相关部门鼓励返乡农民工接受职业技能培训，初、高中毕业生可免试就读技工院校，并给予每人每年1500元学费补贴；愿意接受技能培训的，给予每人600元培训补贴；对年龄偏大、文化基础较差的农村劳动力，重点开展以社区服务业、家庭手工业等为主的实用技能培训；对有一定文化程度的青年农民，重点开展技术含量高、就业前景好的制造业、交通运输业、建筑业等技术培训；对有创业需求和具备相应条件的农村劳动者，组织开展中高级专项技术培训。

河南：“1号文件”助农民工就地、就近就业。河南省为中国第一劳务输出大省，外出务工农民人数高达2000余万人。截至2009年1月20日，河南省返乡农民工达950万人，约占外出就业人数的30%；回家过节的农民工570万人，约占返乡农民工总数的60%；另有约100万人因其他原因返乡，约占外出就业人数的10%。2009年，河南省政府发出《关于切实做好当前农民工工作的通知》（即当年河南省政府的“1号文件”），一次性提出了23条帮助返乡农民工就业、创业的具体政策措施。

安徽：五大措施助力农民工“返乡创业”。据测算，2008年安徽全省劳务输出达1165万人，劳务输出净收入总额约为700亿元，务工收入已占农民工工资收入的60%以上。为进一步促进区域经济发展、推动农民工返乡创业，安徽省相关部门建立了农民工返乡创业扶持专项补助资金，实施“创业扶持工程”，通过政策、场地、培训、服务和维权五大扶持措施，在全省建成创业园124个、创业街123条，并叠加落实岗位补贴、社保补贴、税费减免、小额贷款等一系列优惠政策。

重庆：财政投入稳定就业岗位。重庆农民工总量有786万人，其中在重庆市以外的省、区、市打工的达424万人，平均每8个重庆人中就有1个在外省市打工。从2008年10月至2009年1月10日，全市农民工回流返乡到村总计58万余人，占外出务工总人数的7.5%。2009年，重庆市财政直接投入6亿元用于稳定就业岗位，并大力支持农民工投身新农村建设，吸纳返乡农民工就地就近转移就业。

四川：参与灾区重建，拓展就业空间。四川省是人口大省，也是劳务输出大省。改革开放以来，全省2000万“川军”外出务工。受国际金融危机的影响，截至2009年2月，返乡农民工高达212万人。四川省及时出台了《关于促进农民工稳定就业，切实解决失业返乡农民工有关问题的意见》，在促进失业返乡农民工稳定就业、实施技能培训、开展就业帮扶、扶持创业等方面提出了21条优惠扶持政策。各地通过参与“5·12”地震的灾区重建，促进百万返乡农民工再就业。[33]

从当时主流媒体的报道来看，国务院各部门和劳动力输出地的省市为促进农民工就业打出组合拳，力度空前之大，在改革开放以来和农民工流动的历史进程中还是第一次。它鲜明地昭示了政策的“风向标”：政府对农民工流动不再是阻止—默认—放行，即所谓“红灯”“黄灯”“绿灯”这么简单，也不再是自然流动和单纯的市场调节这样一种方式，而是利用政府这只“看得见的手”去撬动市场这只“看不见的手”，双手发力、共同推动，把农民工就业问题推向新高度。政府不是被动应付，而是主动作为；不是把农民工仅仅看成生产要素，而是当作工人阶级的主体；不是把农民工就业看成农民工个人的行为，而是作为各级政府的首要职责，民生政府的形象豁然凸显。这意味着以金融危机为契机，中国政府的农民工政策迈上了新高度。2008年，《中华人民共和国就

33 汪孝宗，曹昌，王勇，董显平，夏一仁，黄冬．两千万农民工失业返乡近年罕见，成各级政府新挑战[J]．中国经济周刊，2009-3-2．

业促进法》正式出台，进一步把促进农民工稳定就业上升到法律层面，凸显了国家意志中对农民工就业问题的高度关注。

第二节

《劳动合同法》冲击波

面对金融危机的冲击，中国政府对农民工的就业问题采取了史无前例的行动。同样，面对多年来农民工的合法权益维护问题，中国政府也给予了高度关注。

在2005年9月，全国人大常委会执法检查组在进行《劳动法》执法检查时就发现，一些用人单位为规避对劳动者的义务，不与劳动者订立书面劳动合同，甚至不承认与劳动者存在事实劳动关系，农民工劳动合同签订率只有30%左右，中小型非公企业劳动合同签订率还不到20%。劳动合同短期化明显，签订3年以下劳动合同的约占60%，大部分劳动合同期限在一年以内。有的用人单位滥用试用期，通过设定较长的试用期规避对劳动者应尽的法定责任；有的用人单位随意设立违约金或扣押劳动者的身份证，限制劳动者的择业自由和合理流动；有的用人单位滥用“劳务派遣工”的用工形式，规避对劳动者的法定义务。有的劳动合同内容不规范、条款不具体甚至违法，如有的合同规定，劳动者“生老病死都与企业无关”“发生事故企业不负任何责任”等，严重侵犯劳动者合法权益，影响劳动关系的和谐稳定。

正是在这样的现实背景下，2005年12月28日，何鲁丽副委员长在全国人大常委会上作执法检查报告时，明确建议加快《劳动合同法》的制定。

2006年3月20日，全国人大办公厅将《劳动合同法（草案）》向社会公布，广泛征求意见。次日，《人民日报》全文刊载了这部法律草案。一个月之后，共收到各类意见191849件，创下了新中国成立以来立法史上之最。

2007年6月29日，在第十届全国人大常委会第二十八次会议上，历经4次审议的《劳动合同法》以145票赞成、0票反对、1人未按表决器获高票通过。

2008年1月1日，《劳动合同法》开始实施。从此，劳动者特别是农民工的合法权益维护问题被纳入法制轨道。《劳动合同法》开宗明义："为了完善劳动合同制度，明确劳动合同双方当事人的权利和义务，保护劳动者的合法权益，构建和发展和谐稳定的劳动关系，制定本法。"《劳动合同法》对合同期限、裁员补偿、工龄计算、缴纳保险、执行当地最低工资标准、劳动合同试用期、竞业限制等方面，都有明确的条款规定。按照《劳动合同法》的规定，企业不与劳动者签书面合同，只要事实上存在劳动关系，劳动者也受法律保护；遭遇恶意欠薪，劳动者将获得赔偿金；用人单位非法限制人身自由，劳动者可以随时解除劳动合同；劳动合同试用期，非技术性岗位不得超过1个月，技术性岗位不得超过2个月，高级专业技工岗位不得超过6个月，同一用人单位与同一劳动者只能约定一次试用。规定用人单位不得在以下情形下擅自解除劳动合同：一是从事接触职业病危害作业的劳动者未进行离岗前职业健康检查，或者疑似职业病病人在诊断或者医学观察期间的；二是在本单位患职业病或者因工负伤并被确认丧失或者部分丧失劳动能力的；三是患职业病或因工伤丧失或部分丧失劳动能力的；四是女职工在孕期、产期、哺乳期的；五是在本单位连续工作满十五年，且距法定退休年龄不足五年的；六是法律、行政法规规定的其他情形。

应当说，这是我国改革开放以来第一部系统维护包括农民工在内的劳动者合法权益的法律。它既体现了执政党执政为民的宗旨，也对解决现实生活中农民工合法权益受侵害的问题具有很强的针对性，成为中国农民工历史进程中的一个标志性事件。但是，由于《劳动合同法》的出台和实施正好与国际金融危机的海啸全面来袭直接对撞，关于《劳动合同法》的争议也迅速扩散开来。

一些持反对意见的人认为：一是"政府以立法的形式干涉了合约自由"；

二是《劳动合同法》的严格要求限制了劳动力市场的灵活性；三是直接拉高了企业的用工成本。在金融危机还不见底的时候，《劳动合同法》的实施会使企业的直接成本提高20%~30%，为降低企业抵抗金融危机的压力，应暂停实施。也有一些学者认为，金融危机给国内的就业形势带来了更大的压力，《劳动合同法》是保护劳动者权益的法律，但在迫切需要解决就业问题的情况下，用工人数在一定数量以下的小企业应该豁免。还有一些学者甚至认为，2008年上半年6.7万个中小企业倒闭，2000万人被解雇，"这部法律就是重要原因"。

一些持支持意见的人认为，中小企业生产成本增加或倒闭与《劳动合同法》实施没有必然联系，金融危机不能当作违反《劳动合同法》的挡箭牌。长期以来，不少地方"以资为本"，把牺牲劳动者合法权益作为招商引资的优惠条件。不少企业在享受各种优惠政策带来的红利的同时，通过损害劳动者的合法权益来降低成本，而不是在企业的发展方式上下功夫。对于这些企业来说，增加的是违法成本，因为违法解除劳动合同时，企业要付给职工双倍的经济补偿；不签劳动合同，企业需要付给职工双倍的工资。这些问题和不缴保险费问题一样，都属于违法责任问题，和企业用工成本不是一个概念。对于签订劳动合同、加班给工资、缴纳社会保险的守法企业来说，基本不增加成本。况且中国的劳动力价格本来就很低廉，有的地方农民工工资多年都没有上涨。如果只能靠低违法成本和侵犯农民工的合法权益来维持生存，那么，这样的企业倒闭对社会而言是好事。

一些外资企业的在华商会也纷纷参与到这场《劳动合同法》的争议中来。2006年4月，在《劳动合同法（草案）》向社会公布之后，上海美国商会、欧盟商会分别向全国人大法工委提交公开意见，明确表达不同意见，认为草案中严格的规定将限制用人单位的灵活性，并将最终造成中国生产成本的提高，从而迫使外国公司重新考虑其投资或是否继续在中国的业务。同时，美国、欧盟的工会组织和媒体也加入这场讨论中。

在《劳动合同法》实施前夜，部分企事业单位都忙着"规范"各自的用工形式。从2007年10月开始，华为集团安排7000多名工作满8年以上的老员工“辞职”，变成新人后再应聘上岗，职位和待遇基本不变，唯一变化的是再次签订劳动合同和重新计算工龄。为此，华为集团支付给“辞职”老员工的赔偿金额总计约10亿元，一时成为媒体关注的热点。华为集团认为，这是为了激发企业的活力和创造力，让员工重新签合同也是为了厘清劳动关系。2008年7月，广东省高级人民法院和广东省劳动争议仲裁委员会联合制定下发了《关于适用〈劳动争议调解仲裁法〉〈劳动合同法〉若干问题的指导意见》，明确规定，“迫使劳动者辞职后重新与其签订劳动合同，使劳动者‘工龄归零’等行为被认定为无效”。该意见对类似华为的做法进行了限制。

《劳动合同法》实施之后，一些企业担心与劳动者签订两次劳动合同之后就要转为无固定期限劳动合同。为了突破《劳动合同法》对用人单位的约束，这些企业不再直接和员工签订劳动合同，而改由劳务派遣公司派遣。由此导致劳务派遣单位数量大幅增加，劳务派遣规模迅速扩大，建筑业等行业使用的员工绝大多数为劳务派遣工。

2008年9月，《劳动合同法实施条例》正式公布实施。有关方面表示，无固定期限劳动合同绝非“铁饭碗”和“终身制”，《劳动合同法》给企业留出了充分的用工自主空间。尽管如此，也并未能抑制劳务派遣现象的扩张。直至2014年1月，人力资源和社会保障部发布《劳务派遣暂行规定》，对用人单位劳务派遣用工比例做出明确规定，使用的被派遣劳动者数量不得超过其用工总量的10%，才使劳务派遣问题得以规范。

改革开放以来，很少有一部法律的出台能够像《劳动合同法》一样引起如此大的社会冲击波。之所以如此，以下三种因素不可忽视。

一是由金融危机引发的小微企业倒闭潮与《劳动合同法》的实施交织在一起，法律成了“替罪羔羊”。有关统计表明，我国6%的民营企业5年内破产，85%的民营小微企业在10年内消亡。由于金融危机带来了原材料价格的上涨和融资难问题，加剧了小微企业破产倒闭的频率，再加上沿海地区特别是珠三角地区借金融危机调整经济结构，坚决“腾笼换鸟”，结果导致上述地区低端产业链压缩，农民工失业回流。这与《劳动合同法》并无直接关系。

二是“资本优先”的发展理念很有市场，以人为本的发展理念尚未真正落地。劳务派遣单位数量的增加和劳务派遣工规模的扩大，说明社会对农民工合法权益的保护并未形成广泛的共识，劳务派遣单位和实际用工单位在农民工身上找到了他们利益最大化的共同点——损害劳动者的合法权益来换取自身的发展。

三是企业主和农民工博弈的平台不健全、呈倾斜状。在中国，企业主处于经济强势地位，具有对劳动关系的控制权和管理权，具有优越的社会资源，具有畅通的参政议政渠道，他们的话语权比较容易产生政策效应。而农民工虽然人数众多，却一直处于弱势地位：就业供过于求，管理制度不够规范，参政缺少渠道，在2008年之前，还没有一位农民工担任全国人大代表或全国政协委员，他们的声音很难冲出企业的围墙。如果没有政府的立法保护，他们的合法权益就很难得到有效维护。

2008年12月25日，全国人大常委会执法检查组发布执法检查报告，证实没有一家企业因贯彻实施《劳动合同法》而倒闭。另据人力资源和社会保障部对26个省区市的调查统计显示，《劳动合同法》实施以后，劳动合同签订率上升，2008年上半年企业劳动合同签订率提高了3 ~ 8个百分点；社会保险参保人数也大幅增加，签订短期劳动合同的数量也明显减少。

2008年5月1日，《劳动争议调解仲裁法》正式实施。与《劳动法》相比较，《劳动争议调解仲裁法》在多个方面进行了修改和完善：劳动仲裁案件将不再收取任何费用，劳动争议仲裁委员会经费将由财政部门予以保障，从而降低了劳动者的维权费用；延长了申请时效，由《劳动法》规定的60天延长为一年，为劳动者申请仲裁预留了足够的时间；部分案件实行“一裁终局”，减少了程序问题对劳动者维权的影响；规定讨薪可向法院申请强制执行，为农民工讨薪问题的解决提供了保障。

《劳动合同法》与《劳动争议调解仲裁法》结合，为农民工合法权益的维护构筑了强大的法律支撑。农民工的合法权益维护问题从此受到广泛的重视。把农民工的劳动关系真正纳入法治的轨道进行调节，把农民工的合法权益上升到法律高度来保护，这无疑是农民工历史进程中的重要转折点。

2008 年，时任中共中央总书记、国家主席胡锦涛在经济全球化与工会国际论坛开幕式上提出："让广大劳动者实现体面劳动，是以人为本的要求，是时代精神的体现，也是尊重和保障人权的重要内容。"这是中国最高领导人首次在国际论坛上把体面劳动与中国共产党的执政宗旨相联系，并作为尊重和保障人权的重要内容，向世界做出的承诺，也反映了党对广大劳动者体面劳动问题的关注。

第 三 节

农民工登上政治舞台

2008 年，中华全国总工会发布《2003—2008 年中国工会维护职工合法权益蓝皮书》。截至当年 9 月，全国工会农民工会员已达 7216.6 万人，农民工入会率超过 50%。截至当年年底，世界 500 强等跨国公司在华总部建会率达 83%，全国外商投资企业以及港澳台投资企业工会会员已达 1584.1 万人。

对亿万中国农民工来说，2008 年注定是历史发展进程中的一个重要时间节点：政府从来没有像今天这样积极、主动、多渠道、多举措地关注农民工的就业，侵权问题的解决从来没有像今天这样被纳入组织维护、法律维护的框架和轨道，农民工的政治权益从来没有像今天这样受到全社会的广泛关注。

2007 年 3 月 8 日，在北京人民大会堂里，第十届全国人大第五次会议正在举行。受全国人大常委会委托，全国人大常委会副委员长、秘书长盛华仁对十一届全国人大代表名额和选举问题的决定（草案）进行说明。

依据《中国工人》杂志后来的报道，共有7个部分的说明大约2000字，其中第6部分“关于一线工人、农民代表名额”更是只有208个字。但是，它却意味着在国家最高权力机关的组成人员中，农民工全国人大代表“零的尴尬”即将结束，亿万农民工实现自身权益表达的一天即将到来。

盛华仁说，“我国农民工队伍不断壮大，已成为产业工人的重要组成部分，他们在全国人大中也应有适当名额的代表”。在第十一届全国人大代表选举中，“在农民工比较集中的省、直辖市，应有农民工代表”。

毫无疑问，市场经济条件下利益群体的多元化成为中国社会的重要特征，存在不同群体利益的差别性与同一群体利益诉求的一致性，需要借助协商才能实现各方利益的最大公约数。

农民工代表进入国家权力机关，既是中国社会结构现状的客观要求，更是党和政府培育新生群体政治力量的需要。一旦它真正成长起来，农民工与资本博弈的天平就不会再像以往那样倾斜，法律和决策的制定将会进一步公平和公正，中国农民工阶层的利益诉求才能得到更加直接有效的表达。

2007年下半年，各地省级人大换届工作正式启动，并将在新一届省级人大首次会议上选举出本地十一届全国人大代表。

2007年11月14日，广东省人大常委会公开透露，十一届广东省人大将有6名农民工代表，分别来自广州（2名）、深圳（2名）、佛山（1名）和东莞（1名）。作为拥有超过2300万农民工的中国流动人口第一大省，这将是农民工第一次当选省级人大代表。

“农民工”与“人大代表”的身份融合，成为这一轮省级人大换届的最大亮点。在北京，2名农民工正式当选十三届北京市人大代表；在上海，2名农民工正式当选十二届上海市人大代表；在重庆，51位农民工正式当选三届重庆市人大代表……几乎每一个省（区、市），都有农民工当选省级人大代表。

至此，农民工全国人大代表的出现，已经水到渠成。

2008年1月21日，广东省十一届人大一次会议举行第三次全体会议，佛山市三水区新明珠陶瓷集团销售员胡小燕成为全国第一个当选全国人大代表的农民工。

5天以后，重庆市三届人大一次会议举行第三次全体会议，重庆建工市政第一有限公司路面处农工班班长康厚明当选第十一届全国人大代表。

此后3天，上海市十三届人大一次会议举行第三次全体会议。打工妹朱雪芹的名字，和习近平一道出现在上海市十一届全国人大代表64人名单中。

十一届全国人大共有代表2978名，农民工身份代表共有3人。这是中国民主政治历史的一小步，却是中国农民工阶层登上政治舞台的一大步。

2008年3月，十一届全国人大一次会议在北京举行。聚光灯前，农民工代表难免有几分稚嫩；讨论会上，他们多少有一点忐忑。但是，作为第一代农民工全国人大代表，胡小燕、朱雪芹、康厚明依然努力表现出“最完美的自己”，为农民工社会保障问题仗义执言，为农民工拖欠工资问题发声，为农民工住房困难问题建言。

在三位农民工当选全国人大代表4年后，新华社报道了他们的履职情况——

他们是普通的“草根”，出生在农村，因贫穷而辍学，随中国改革开放的洪流背起行囊涌入陌生的城市。

四年来的每个春天里，三位农民工全国人大代表走进国家最高权力机关，带来2.4亿农民工的心语和诉求。

胡小燕：佛山市三水区新明珠陶瓷集团销售经理

“人不是生来就会‘代表’，我一点一滴边学边做。”2008年1月，胡小燕通过无记名投票成为我国首位农民工全国人大代表。3月5日，人民大会堂28排90号座位上，她认真听温总理作报告，把关于农民工的内容全做了标记。7日，总理来到广东代表团，总理慈祥的目光让她忘记紧张。她提出的“优化农民工生活与技能环境”和

“改善留守儿童的教育”等建议得到认可。

2009年，在人大系统组织下，胡小燕5次到外省实地考察，10多次参加各级人大会议和培训，通过调研、网络、电话等渠道，收集农民工诉求，归纳形成建议。

“不是说有困难找我就直接解决了。我有过无力感，但坚持着。我愿意当好民意的‘桥梁’。”信息公开后她没有换手机号，“电话那头的故事，总能在我身上或身边找到影子”。

2010年，胡小燕提出“农民工逐步享受市民待遇”的建议。“希望更多人像我这样，通过不懈努力融入城市，享受跟城里人一样的待遇。”

2011年，小燕又关注起农民工子女入学和空巢老人等问题。

朱雪芹：上海华日服装有限公司工会主席

2008年3月5日，人民大会堂12排24号座位上，朱雪芹聆听温总理作政府工作报告。“报告写进农民工的心里头，听了很令人振奋。我仔细记了关系到农民工的八个方面——廉租房、养老待遇、生育保险等。我真切感受到，农民工的地位越来越高。”

2009年，朱雪芹成立工作室，为农民工排忧解难。她利用春节长假，到睢宁老家走访乡里，探问国际金融危机对农民工的实际影响。

2010年，朱雪芹建议出台相关法律法规，建立工资保障金制度，避免拖欠农民工工资事件再发生。

“我期待再过20年，农民工这个名词从中国人的话语中逐步淡出，取而代之的是一个新型产业工人的群像。”

2011年，朱雪芹的工作室在人力资源与社会保障部、中华全国总工会、中华全国妇女联合会支持下，开展“春风行动”专项就业服务活动，收集空岗信息，首批发布招聘岗位约5万个。

“我最关注的是农民工在城市的住房、培训和子女就学问题。70后、80后是当前农民工大军的主体，他们的孩子正在或即将进入学龄，希望城市公租房、廉租房能向农民工供应。”

康厚明：重庆建工市政第一有限公司路面处农工班班长

2008年，当选全国人大代表后，康厚明首次来到人民大会堂，带来了“完善农民工社会保障”“农民工职业病预防和治疗”等建议。

2009年，围绕养老保险转移接续难，他再次提出“完善农民工社会保障”的建议。

2010年，他三提“完善农民工社会保障”建议，着眼基本养老保险全国统筹。

“经常有不认识的农民工打电话向我反映困难。工地、火车站是我调研的好去处。”最近，康厚明了解到一名川籍农民工在西藏打工时不慎从8米多高的脚手架上摔下，建筑公司又没给买工伤保险。“今年两会，我打算就‘农民工工伤保险’和‘低资质建筑公司故意逃避付薪致农民工求债无主’提建议。”他说。[34]

以3位农民工代表走进国家最高权力机关为起始，中国农民工正式走上政治舞台。尽管人数很少，却是“零的突破”。它改变了参政渠道上长期存在的一种悖论现象：资方总人数占比并不大，参政议政的人数占比却相对较大；农民工人数已达两亿人，参政议政的人数却长期为零。既然实现了“零的突破”，它就为这个群体未来成长的政治空间带来无数想象。虽然一开始他们的参政水平不高，但毕竟是登上中国政治舞台的新起点。虽然他们仍以打工为主，但毕竟实现了政治诉求的畅通。既然可以登上国家最高权力机关的舞台，那么，其他的政治舞台早晚会闪现他们的身影。虽然在2000多位全国人大代表中声音

34 余晓洁，孙奕，华春雨，崔清新．三位农民工全国人大代表履职记[EB/OL]．新华网，2011-3-2．

微弱，但毕竟有了一个可以发出声音的平台，身后还有支持公平博弈的政府和社会舆论的力量。

实际上，全国人民代表大会也是一个政治博弈的平台，各个阶层、各种群体都试图在这个平台上影响国家的政策走向。农民工代表的产生和参与，既是一股新生群体政治力量的培育，又是博弈平台的完善。当这股新生力量成长起来之后，农民工与资本博弈的力量会更加强大，同时，中国的民主政治又增添了新的内涵，这才是3位农民工全国人大代表在象征性背后的实质意义所在。

2013年3月，北京，十二届全国人大一次会议即将开幕。大会发言人傅莹透露，本届全国人大代表中有31位农民工代表。从3到31，中国最高国家权力机关有了更多农民工的存在。

第一代农民工全国人大代表中，只有朱雪芹当选连任。胡小燕成了一名公务员，中国社会阶层流动的通道正在打开。康厚明的身影依然出现在人民大会堂，只不过换成了中国共产党全国代表大会的会场。2012年11月召开的党的十八大，26位农民工党代表中，就包括康厚明。

中国农民工的权利保障呈现出高层次、多样化的鲜明特点。这意味着每一
2002 次国家重要会议上，都会有更多来自农民工群体的“民意空气”吹到会场，为这个庞大的劳动者群体未来成长的政治舞台带来无限空间。

后来的实践发展对此给出了最好的诠释。

2018年3月5日，十三届全国人大一次会议在北京开幕，农民工代表人数从31人增加到45人。他们的身上，依然保留着胡小燕、朱雪芹和康厚明当选那个年代的印记——出身农村，进城打工，从最普通、最辛苦的岗位起步。
2011 但是，他们拥有了更高的政治觉悟和知识素养，更善于运用民主的力量实现自身群体的利益表达。在亿万农民工流动到工人阶级的历史进程里，他们借助政策和体制的力量，致力实现农民工阶层与工人阶级的“无缝对接”，推进中国社会结构的整合与稳定。

无论还有多少稚嫩和忐忑，农民工全国人大代表的每一次利益表达，都构

成了中国民主政治生活的生动细节。不同社会阶层的政策博弈，正在因为他们的出现变得更加公正和公平。

第 四 节

时代人物与打工经济

中国农民工经过改革开放40年的洗礼，不仅在国内的政治、经济和社会生活中引起广泛关注，而且影响所及已经超出国界。

2009年12月16日，中国深圳的肖红霞、彭春霞、黄冬艳、邱小院、李春英、邓涛、曹彬共7名普通打工者，入选美国《时代》周刊年度新闻人物。《时代》周刊称，中国经济顺利实现“保八”，在世界主要经济体中继续保持最快的发展速度，并带领世界走向经济复苏，功劳首先要归功于中国千千万万勤劳坚韧的普通工人。[35]

在介绍“中国工人”这一群体时，《时代》周刊这样描述：“在深圳一家LED工厂，《时代》周刊的记者遇到了一群年轻的男女，他们都是外地来深圳的务工人员，同时也是推动中国经济快速增长的动力……”

在《时代》周刊刊出的4名中国女工的介绍中，肖红霞被排在第一位。17岁那年，她初中毕业，和堂姐南下到广东打工。起初，她跟堂姐在饶平一家相框厂做工，每月800元工资。在这个厂，肖红霞干了一年多。为了赚得更多，也为了让老家的父母过得更好，肖红霞辞职后只身一人来到深圳。

从1994年到2009年，肖红霞先后在14家工厂打过工，5年前进入莱依迪光电科技（深圳）有限公司，在这个公司待的时间也最长。1998年回家过春节时，肖红霞经人介绍认识了老公张治儒。2000年成家结婚后，丈夫张治

35 张国防.深圳4名女工登上《时代周刊》成中国工人代表[EB/OL].深圳新闻网，2009-12-20.

儒也来到深圳打工，2003年有了一个女儿，一家人十分幸福。

1999年，刚满16周岁的邱小院独自来到深圳八卦岭一家电子厂工作，每月工资仅500元。邱小院省吃俭用，将大部分工资寄给弟弟读书、生活。

直到2002年，邱小院进入了莱依迪光电科技（深圳）有限公司，她开心地发现，这个公司比之前的电子厂有更广阔的发展前途，它有先进的管理经验、先进的电子制作设备和严格的管理制度。邱小院凭着自己此前在电子厂的技能，很快就从一个普工升任为测试、封胶组组长，工资也飞涨到2000多元。

2006年，邱小院与同一家公司的一位维修工相爱结婚，并在当年生下一个可爱的女儿。尽管邱小院现在是公司的管理人员，但她并没有留在公司继续发展的长远打算。她希望拥有自己的一番事业，不管是开个小商店，还是开个公司自己打拼，都是不错的选择。邱小院认为自从有了女儿和丈夫后，她的生活就多了一份寄托。

像数以百万计的中国农村青年女性一样，彭春霞17岁就随着农民工流动大军来到深圳，2006年她进入莱依迪光电科技（深圳）有限公司。她平时不爱说话，但工作起来十分认真，很利索，人也很勤快。她做的活都很细腻，质量也很好，年年被公司评为“优秀员工”。

彭春霞姐妹三人，她排老二。她不喜欢玩，也不上网，更少逛街，来深圳3年了，只去过3次关内。相比同龄人，她更加朴实，不化妆也不染头发。虽然工作任务很繁重，每周只有星期天能休息，但也比上几代人的生活好多了。她喜欢这里的生活，觉得有工作可做就是幸福的。

执行采访任务的《时代》周刊记者承认，他拍摄的这几名工人只是普通的打工者，他并没有做过任何事先设定条件的挑选。正因为这样，他们才更能代表成千上万的中国工人。从一个侧面上说，他们也是中国经济高速发展的象征。一个国家就算有再好的经济政策，也必须由最基层或者一线的工人来落实。中国经济快速发展，带动了全球经济的发展，而这一切都离不开千千万万一线工人的艰苦劳动和聪明才智。他们作为全球唯一上《时代》周刊年度人物榜的群体人物，实至名归。

改革开放30多年来，中国经济取得了长足的发展。2010年年底，日本内阁发布的数字显示，日本2010年名义GDP为54742亿美元，比中国少4044亿美元，中国超过日本正式成为第二大经济体。自此，日本终结了第二次世界大战后多年仅次于美国的“经济奇迹”。

发端于改革开放的中国农民工群体，已经成为中国工业化、城镇化、市场化和国际化的重要建设力量。正如国务院办公厅在2008年12月20日发出的《切实做好当前农民工工作的通知》中指出的那样，农民工是中国改革开放和工业化、城镇化进程中涌现出的一支新型劳动力大军，已成为产业工人的重要组成部分，其作用和影响无处不在。据有关资料显示，2008年，全国第二产业的就业人员中，农民工占57.6%，其中加工制造业占68%，建筑业占80%；在全国第三产业从业人员中，农民工占52%，城市建筑、环保、家政、餐饮服务人员90%都是农民工。无疑，农民工群体已经成为推动经济社会发展的主体力量。

尽管GDP没有对农民工的贡献进行单独统计，但在中国经济的发展进程里，这一群体的作用已经展现无遗。

深圳是中国农民工的第一市。这个昔日的宝安县城自从成为特区之后，城市规模迅速扩张。2007年年底，常住人口861.55万人。其中户籍人口212.38万人，占常住人口比重24.7%；非户籍人口649.17万人，占比达75.3%。截至2011年年底，全市农民工达613万人，占全市常住人口的58.6%。如果把已经转为市民的农民工算在内，人数则更多且占比更大。这个昔日的边陲小镇，如今已发展成为具有一定国际影响力的现代化、国际化大都市。这个都市的每座高楼都起于农民工之手，从而成为城市符号，每个市民都是城市建设和农民工贡献的见证者。深圳，无疑是永恒的农民工记忆的丰碑。

改革开放30多年来，“中国制造”已经成为中国经济的“品牌”。无论你走到世界的哪个角落，几乎都能见到中国制造的产品，从机械制造到电子产品，再到日常生活用品，应有尽有。2004—2005年度，中国外商投资企业500强排行榜中，制造业企业有405家，占81%。排名前10位的企业中，除上海大众汽车销售有限公司外，全部都是制造业领域的企业，而制造业企业的劳动力主体力量一直是农民工。2002年《第五次中国职工状况调查》显示，从事制造业的农民工占69.2%。到2008年，农民工在制造业从业人员中的占比仍然保持在68%的高位，而制造业对整个GDP的贡献占1/3。可以说，是农民工推动了“中国制造”，而“中国制造”又帮助中国顶住了国际金融危机的冲击。如果没有中国农民工的巨大作用和贡献，中国经济在国际金融危机中就不可能独善其身。

农民工的作用不仅体现在“中国制造”、城市建设、三产服务、矿山采掘等方面，他们对中国农村的经济社会发展，对城乡二元结构的改变，对区域发展不平衡的缓解，同样起着不可替代的作用。据《中国农村劳动力就业及流动状况》披露，1999年，农村转移劳动力（跨区域流动的农民工）往家庭汇寄的现金平均值为4452元，比1998年增长了25%，汇寄款总额为4499亿元；2000年，农村转移劳动力平均寄带回家的款额为4522.15元，比上年增长1.6%，汇寄款总额达5128亿元，相当于当年中央政府对农村地区的全部财政投入。而四川、河南、安徽、江西、湖南等农民工输出大省，每年农民工汇回家乡的钱都在200亿元以上。此后几年，虽没有这方面的公开数据披露，但这一趋势仍在持续，“打工收入”已经成为农村发展和农民增收的主渠道。据2008年1月24日《广州日报》报道，2007年，广东的外省农民工汇带回家的劳务收入达1300多亿元，位居全国第一，仅通过邮局汇兑渠道寄往各地的款项就超过700亿元。这些“打工收入”不仅弥补了城乡差距，改善了农民的生活，也加速了农村乡村文明的建设进程。

第五节

走向有产的追求

经过40年的浴火淬炼，中国的农民工不仅成为城市服务的主体和“中国制造”的支撑，同时，他们自己也在市场经济的洗礼中不断成长。他们中的一部分人已经从生产流水线上的普通工人或城市第三产业的一名普通服务人员走进创业、立业的企业家行列，以自己的所作所为引领着市场，以自己的经历见证农民工的昨天、今天和明天。

这些农民工中的佼佼者在为经济社会发展作出重大贡献的同时，也已经蜕变了自己的农民工身份。他们不再是进城谋生的“打工者”，而是走向有产阶层的“领头羊”。他们以自己的努力昭示了中国农民工的未来走向，以自身的实践诠释了政治经济学中一个新的原理——社会主义就是要让全体人民逐步走向有产，以自身的成长经历揭示了中国工业化、城镇化、现代化和国际化不同于西方发达国家的特质。

从英国的“圈地运动”到法国的“工业革命”，现代西方的工业化、城镇化和现代化是从剥夺农民、使其一无所有开始的，从而产生了资本所需要的自由劳动者。工业化、城镇化和现代化的过程，就是资本对劳动的支配和劳动对资本的依附过程。工业化、城镇化、现代化的结果，就是经济资本主义的形成，资产阶级和无产阶级的对立，贫困的积累与财富的积累呈现两个极端。在此基础上，产生了马克思主义——对剩余价值分析和批判及其基础上的社会主义革命的学说。

不可否认，现代资本主义为了缓解社会矛盾，在缓和劳资对立、强化资本的社会责任、保障劳动者的基本生活、调节社会分配、建立社会公正等问题上，借鉴了马克思主义的理论成果，采取了很多补救措施。因此，中国在实现工业化、城镇化和现代化过程中，也有一个借鉴西方经验、吸收他们好的做法和少走弯路的阶级，但不能拿后资本主义来和我国的社会主义初级阶段现状相比。将中西方工业化、城镇化和现代化的起点和路径对比看，我国的工业化、城镇化和现代化过程的“中国特色”还是体现得比较鲜明的。

中国的工业化、城镇化和现代化是以改革开放为起始的。进城的农民工都不是在失去土地的情况下成为自由劳动者的。改善生活进而改变命运的欲望，成了农民走向城市的原始动力。工业化、城镇化和现代化的过程既是资本和农民工的博弈过程，又是政府调控劳动关系的过程。政府既是发展经济的推手，又是农民工合法权益的政策制定者。虽然侵犯农民工合法权益的事件时有发生，却又都能得到及时处理。工业化、城镇化和现代化的结果，是农民工财富的增加和相当一部分农民工加入了城市有产者的行列。即便他们中的一些人在城市站不住脚，仍然可以回到农村这块赖以生存的土地上。

对于有产的再认识，也从舆论上帮助人们走出认识误区，从“仇富”走向“求富”。我们的政治经济学一度总是把财富、资产与资本主义、资产阶级画等号，而社会主义除了“一大二公”的体制外，似乎再无别的内容。实际上，无产阶级政党在从革命党转变为执政党之后，它的新使命已经是充分利用执政资源，遵循经济和社会发展规律，发挥资本的市场效应，消灭贫困，撬动中国社会的现代化进程。

由于中国的农民工与西方的无产者形成的前提不同，过程有区别，结果也不一样，这就在客观上决定了中国的工业化、城镇化和现代化进程不会像西方那样在剧烈变动中带有对抗性，不会制造出一个对立的无产阶级。但是，它却不可避免地在城乡二元结构之外形成了一个第三元——农民工阶层。如何使这个阶层渐进地融入城市文明，如何使他们中的绝大多数人逐步变成有产者，既是对执政者的考验，也是中国现代化进程能否有序和谐的关键。

第十五章

富士康“十二连跳”与新生代农民工的困惑

2010年，中共中央1号文件《关于加大统筹城乡发展力度，进一步夯实农业农村发展基础的若干意见》首次明确提出，“采取有针对性措施，着力解决新生代农民工问题”。所谓新生代农民工是指出生于20世纪80年代和90年代、年龄在16周岁以上、在异地以非农就业为主的农业户籍人口。据国家统计局公布的数据，2009年外出新生代农民工数量是8900万人，如果将8445万就地转移农民工中的新生代群体考虑进来，我国现阶段新生代农民工总数在1亿人左右。

第一节

新生代农民工的特点和困惑

新生代农民工不仅年纪轻，而且生活起点、生活经历、受教育程度都与老一代农民工有较大不同。他们中无论是跟随父母移居城市的，还是留守农村之后再进城的，都是伴随着改革开放成长起来的一代。“再苦不能苦孩子”，这是中国农民的普遍观念，再加上改革开放所带来的物质生活条件的改善，这一代人虽然户籍在农村，但大多没有真正感受过生活的艰辛，更没有过从事农业和农活的经历。他们出生以后就上学，上完学以后就进城打工。相对于上一代农民工，新生代农民工的学历普遍在初中以上，接受过高中及以上教育的比例占1/3左右，但他们对农业、农村、土地逐渐疏远，吃苦耐劳的韧劲相对不足，对城市五光十色的时尚生活却耳濡目染，接触较多且接受较快。起点决定高度，经历影响诉求。因此，新生代农民工虽然也踏着他们先辈的足迹进城打工闯荡，但他们的诉求已和先辈们大相径庭。

2010年3月至5月，全国总工会与多部门组成联合调研组，对新生代农民工进行了全国性调查研究和实证分析，形成了《关于新生代农民工问题的研究报告》。从这次历时两个多月的全国性调研来看，新生代农民工具有六大特点：

外出就业动机从“改善生活”向“体验生活、追求梦想”转变。“挣票子、盖房子、娶妻子、生孩子”，改善家庭生活是老一代农民工外出就业的主要目的。20世纪60年代出生的农民工中占76.2%的人第一选择是“出来挣钱”。而20世纪80年代出生的农民工中，选择“刚毕业，出来锻炼自己”“学一门技术”以及“在家乡没意思”的人高达71.4%，用农民工自己的话来说，就是“体验生活，实现梦想”。

对劳动权益的诉求，从单纯要求实现基本劳动权益向追求体面劳动和发展机会转变。老一代农民工所面临的社会背景是极端匮乏的农村非农就业机会和比较困难的农村生活，以及严重失衡的劳动力市场供大于求的状况，因而他们外出就业只要能找到工作、能挣钱就行，对劳动权益的诉求相对较低。而新生代农民工对劳动权益的诉求则向更高层次发展。那种工资不高、吃住不包、合同不签、保险不上、发展机会不大的单位，相当一部分人不愿去。他们就业选择不仅看重工资等硬件，更看重福利待遇、工厂环境以及发展机会等软件。广东省的一项调查显示，相比传统农民工，新生代农民工在更脏、更累的建筑业、农业就业的比重分别低 8.6 个百分点和 4.4 个百分点，而在相对干净或轻松一点的制造业和服务业就业的比重分别高 8.5 个百分点和 2.3 个百分点；在 100 人以下的小企业就业的比重低 6.7 个百分点，而在 1000 人以上的规模较大的企业就业的比重则高 8.1 个百分点。

对职业角色的认同由农民向工人转变，对职业发展的定位由亦工亦农向非农就业转变。调查表明，20 世纪 80 年代出生的农民工认为自己是“农民”的只有 32.3%，比老一代农民工低 22.5 个百分点；认为自己是“工人 / 打工者”的占 32.3%，高出老一代农民工 10.3 个百分点。在 20 世纪 90 年代出生的农民工中，认为自己是“农民”的仅占 11.3%，是老一代农民工的 1/5；认为自己是“工人 / 打工者”的占 34.5%，是老一代农民工的两倍多。

对务工城市的心态，从“过客”心理向期盼在务工地长期稳定生活转变。老一代农民工候鸟式的打工方式和亦工亦农的经历造就了他们城市“过客”的心理。而新生代农民工缺少这样的经历，他们更希望留在城市，更渴望稳定的生活。清华大学对农民工家庭的一项调查显示，老一代农民工中有 89.7% 的人表示将来一定会回到家乡定居，只有 10.3% 的人表示不回家乡定居；新生代农民工中有 55.9% 的人准备将来“在打工城市买房定居”。显然，新生代农民工希望在务工地长期稳定的生活愿望更强烈。

维权意识日益增强，维权方式由个体式维权向群体式维权转变。老一代农民工在自身合法权益受侵害时，往往维权意识较弱，维权能力不高，更多的是采取忍气吞声或被动恳求的方式解决。而新生代农民工在中国民主化、法治化、信息化程度不断提高的社会大背景下，对获得平等的就业权、劳动和社会保障权、教育和发展权、政治参与权、话语表达权以及公共服务权等方面，都比父辈有更高的期待，维权态度由被动“恳求”向主动“抗争”转变。据调查，当自身权益受到侵害时，新生代农民工中因为怕被报复而不向有关部门投诉的只有 6.5%；采取投诉行为时，以群体投诉方式进行的，新生代农民工为 45.5%，高出传统农民工 17.6 个百分点；对“如果你的单位发生了由劳动争议引发的集体行动，你会怎么做”这一问题，表示“涉及自身利益就参加”的，在新生代农民工中的比例为 52.4%，高出老一代农民工 11.4 个百分点，表示“不参加”的为 26.4%，比老一代农民工低 7.3 个百分点。显然，新生代农民工的维权意识、维权方式都明显有别于老一代农民工。

对外出生活的追求，从忽略向期盼精神、情感生活需求得到更好的满足转变。老一代农民工外出务工时年龄较大，大多已婚，他们对精神情感生活大多采取无所谓的态度。而新生代农民工正处于婚恋期和情感高依赖期，他们更渴望在外出就业的同时，有亲情和爱情在身边，可以交流思想，有困惑能够倾诉。据上海市松江区的调查，新生代农民工对婚姻、家庭关系和人际交往的关注，仅次于工作和学习，成为他们最关注的前三项事情之一。另据国家统计局的调研，2006 年在租赁房和自有房中居住的老一代农民工只有 20.1%；而在新生代农民工中，住在租赁房和自买房中的比例上升到 37.7%。这从一个侧面说明，新生代农民工对精神、情感和家庭归宿有更强需求。[36]

新生代农民工在自身诉求发生多方面变化的同时，与农民工关系密切的客观现实却并未发生实质性的变化。城乡二元结构的制度性羁绊没有发生根本改变；企业对农民工行政命令式和机器人式的管理方式没有实质改变；农民工仍

36 中国工运研究所．新生代农民工：问题、研判、对策建议 [M]，中国工人出版社，2011（11）.

处于低收入阶层的实际状况没有变化；农民工权益维护渠道不畅的问题也没发生实质性好转。在这种变与不变的冲突中，在新生代农民工的主观愿望与社会的客观现实碰撞中，形成了梦想与困惑的悖论。

新生代农民工追求生活方式的变化与他们低收入的矛盾，带来了生活困境。新生代农民工缺少老一代农民工的节俭品质，从小接触的生活方式就是时尚的。他们进城打工的目的之一就是要提升自己的生活质量，追求体面生活。但是，当他们进入社会、走上劳动岗位时却发现，自己的劳动所得与对生活改善的预期存在着很大差距。全国总工会 2010 年 3 月开展的新生代农民工调查显示，在接受调查的 1000 家企业中，新生代农民工的平均月收入为 1747.87 元，仅为城镇企业职工平均月收入（3046.61 元）的 57.4%，比老一代农民工（1915.14 元）还低 167.27 元。另据深圳市总工会的调查，2010 年深圳的新生代农民工即使通过加班获得的月平均工资也只有 1838.6 元，大约为 2009 年深圳市在岗职工月平均工资的 47%，他们的每月所得基本上只能维持其本人的最低生活水平，大多数甚至要靠精打细算节俭度日。因此，在与企业发生过劳动争议的新生代农民工中，31.6% 的人认为“劳动报酬低”是引发争议的最重要因素。

新生代农民工追求个人发展的愿景与他们技能滞后的矛盾，带来了发展困境。新生代农民工与老一代农民工相比较，接受过高中及以上教育的比例为 31% 左右，高出农民工总体水平 7.6 个百分点；接受过职业培训的人员比例达 36.9%，高出老一代农民工 14 个百分点。新生代农民工与城市同龄劳动者相比，在接受的教育质量、职业培训的针对性和技能培训的专业性上都有较大的差距，虽无具体的数字来说明，但在师资力量、教学平台、培训机构、职业标准等方面差距都是显而易见的。新生代农民工的职业技能水平与社会需求相比较，仍存在很大的落差。据中国劳动力市场网发布的信息，2009 年城市劳动力市场对高中及以上文化程度的劳动力需求占总需求的 60.2%，对初中及以下文化程度的劳动力需求仅占 39.8%。新生代农民工中受教育程度正好与市场需求形成反差，他们中的大多数人不得不进入低端劳务市场展开竞争，这种“僧多粥少”的竞争无疑是恶性竞争。对于城市劳动力中高端市场，需求量最大的是受过专门职业教育，具有一定专业技能的中专、职高和技校水平的劳动力，占总需求的 56.6%。新生代农民工虽然有三成左右接受过高中教育，但真正具有高职和专业技能的人只有两成左右。这就是说，新生代农民工的知识水平和技能状况与市场需求存在很大差距，并不能真正适应市场发展的需要。尽管他们中的一些人希望通过边工作、边学习来提高自己的职业技能，但鉴于他们的工作时间（一般都在 10 小时以上）和劳动强度，真正能做到岗位学习的人很少。按照现实的技能水平估算，只有大约三成的人能够在城市长期稳定就业。这样，他们追求发展的愿望就会在现实的困境中变为失望。

新生代农民工追求权利平等的观念与劳资关系倾斜的矛盾，带来了公平困境。新生代农民工与老一代农民工相比较，对得到同等“公民待遇”的渴望更加强烈，对获得平等的就业权、社会保障权、政治参与权、意见话语权以及得到公共服务等都有比父辈更多的愿景。深圳市总工会的一项调查表明，新生代农民工中有 46% 的人希望选出更多的农民工人大代表，有 28.6% 的人希望在工作地有参选资格。但是，他们的组织化程度低，维权平台不健全，诉求渠道不畅通，由此产生了权益维护上的困惑。据全国总工会 2010 年 3 月对 1000 家已建工会的企业调查，新生代的农民工入会率仅为 44.6%，低于传统农民工 11.4 个百分点；有 68.2% 的人劳动合同没有具体约定月工资数额，有 16.8% 的人并未持有合同的正式文本。另据一项广东省进行的调查显示，2009 年，新生代农民工的合同签订率只有 61.6%；除了国有企业之外，在绝大多数民营企业和外商投资企业里，民主参与权基本得不到体现。在这种情况下，新生代农民工的维权意识与社会现实存在着很大的落差，当他们的合法权益受侵害时，往往以“群体性事件”或者以极端的方式暴露在世人面前。这一时期劳动关系中的群体性事件多发，不得不说与此密切相关。

新生代农民工追求人文关怀的精神生活与企业追逐利润最大化的发展方

式的矛盾，带来了精神困境。新生代农民工仍处于“半成人”阶段，对思想沟通和情感交流的需求更强。上海市总工会的一项调查表明，19.1% 的新生代农民工反映精神压力来自“缺少可以倾诉的朋友和渠道”，40% 的农民工希望工会组织“关心职工的心理问题和情感问题”，同时，他们追求文化娱乐生活的愿望十分强烈，表现出比其父辈更多的文化需求。但是，由于大型劳动密集型企业多属于低利润经营，一般都地处郊县的偏僻乡镇，为管理成千上万的外来人员，企业大多选择封闭式集体宿舍管理，中小型的劳动密集型企业更是文化娱乐设施奇缺。面对“机械式作业、三班倒式生产、封闭式管理、服从式的运转”，新生代农民工普遍面临“想交友没时间、想恋爱没人选、想倾诉没对象、想活动没设施”的困境。据调查，新生代农民工认为管理者和普通员工之间的关系不融洽的最主要原因就是“管理者不关心职工疾苦”（占 32.4%），老一代农民工则认为最主要原因是“收入及福利待遇差距过大”（占 23%）。另据中国青少年研究中心的调查，在北京接受调查的建筑业农民工中，超过七成的人将“感情孤独”作为困难的首选。这说明，新生代农民工在梦想与现实的落差中，承受着更多的精神焦虑。

新生代农民工追求融入城市与城乡二元结构等制度的矛盾，带来了角色认同困境和未来归属困境。与老一代农民工相比较，新生代农民工更渴望融入城市。据上海市总工会的调查，有 16.7% 的人“本来就随父母或亲戚生活在上海”，有 66.7% 的人当初选择来上海打工的理由是“改变自己和下一代的命运，扎根在上海生活”。深圳市总工会的调查则显示，有 76.9% 的新生代农民工希望政府能给予与城市户籍市民一样的公共服务和公共福利。但是，社会的客观现实却是以户籍制度为核心的城乡二元体制仍旧存在，附属在户籍制度基础上的子女教育和社会保障等基本公共服务并未覆盖农民工。据教育部 2008 年发布的一项研究报告，农民工随迁子女在公办小学就读的比例，北京为 63%，上海为 49%，广州为 34.6%。另据全国总工会的调查，新生代农民工中享有养老、医疗、失业保险的比例分别为 21.3%、34.8% 和 8.5%，尽管有少数城市在试点户籍制度的改革，但并没有大面积的实质上的突破。在这种情况下，一方面，新生代农民工长时间脱离户籍所在地的社会环境，也没有像老一代农民工对家乡的情感依赖，对乡村产生了一种距离感和陌生感。对他们来说，土地不再是最后的保障，老家不再是最后的归宿，城市不再是他们打工的驿站，而是他们流动的方向和向往的归宿。另一方面，新生代农民工与老一代农民工一样，客观上外出打工只不过是增加家庭收入的手段，而不能成为改变身份的渠道。他们虽然生活、工作在城市，却不能享有城里人的政治、经济和社会权利，被城市“边缘化”。既不能融入城市社会，又难以回归农村社会，使他们成为“城市的孤岛”和“农村的逃兵”，处于在市民与农民之间游离的尴尬状态。这种特殊的角色，导致他们很容易对未来产生无助和迷惘。

第 二 节

富士康“十二连跳”冲击波

梦想与现实的反差、追求与桎梏的碰撞、城乡之间的边缘化、城市生活的底层化给新生代农民工带来了思想上的困惑、情感上的失落、行动上的茫然和心理上的冲突。这种困惑、失落、茫然和冲突，又往往会导致他们在内心深处的挣扎和在社会行为上的极端做法。这一时期发生的几起比较大的农民工问题事件，无不与此密切关联。

从 2010 年 1 月至 5 月，台资在内地最大的投资企业之一富士康接连发生了 12 起新生代农民工跳楼事件，引起了社会舆论和中央高层的关注。

据《南方日报》、《京华时报》、新华网等多家媒体报道，从 2010 年 1 月 23 日至当年 5 月 26 日，富士康连续发生了 12 起农民工跳楼事件：2010 年 1 月 23 日，19 岁的马姓男工在富士康华南培训处跳楼身亡；2010 年 3 月 11 日，富士康龙华基地，一名 20 多岁李姓男工在生活区 C2 宿舍楼 5 楼坠亡；2010

年3月17日，富士康龙华园区一名田姓女工从宿舍楼跳下摔伤；2010年3月29日，一名湖南籍男工在龙华园区坠楼死亡；2010年4月6日，富士康观澜工厂C8栋宿舍一名19岁江西籍饶姓女工从宿舍楼坠楼受伤；2010年4月7日下午，富士康观澜工厂一名18岁云南籍宁姓女工从厂外宿舍楼坠亡；2010年5月6日，一名入职不到一年的24岁男性员工在富士康龙华总部招待所6楼坠楼身亡；2010年5月11日，一名富士康女工在租住的龙华街道水斗富豪新村11巷某栋住宅楼坠亡；2010年5月14日，在富士康龙华厂区的福华宿舍，一名安徽籍梁姓员工坠亡；2010年5月21日，富士康一名21岁男性员工跳楼身亡；2010年5月25日，富士康观澜园区华南培训中心一名员工坠亡；2010年5月26日，富士康深圳龙华厂区C2宿舍一名男性员工坠楼身亡……

2010年5月26日，富士康公司企业集团董事长兼总裁郭台铭对接连出现的员工跳楼自杀事件公开道歉。

富士康“十二连跳”引起了中央高层的重视。多位中央领导对此专门做出重要批示，中共广东省委主要领导在深圳开会进行专题研究，深圳市为此成立了主要领导挂帅的专门工作小组，3位副市长先后前往富士康深入调研，查找原因，研究对策。

富士康“十二连跳”冲击波引起了社会各界的关注。作为富士康举足轻重的合作伙伴的苹果公司发布公开声明，“对自杀事件感到悲伤和不安”，并派出调查小组独立评估富士康如何处理这些事件，表示将继续对公司产品基地进行监察。另一家合作伙伴戴尔公司也声明，在公司的供应链范围内，如果有任何有关工作条件恶劣的通报，公司都会调查，并采取适当的行动。

震惊中国的富士康“十二连跳”，暴露的是现代加工企业里劳动者所陷入的精神困境。

管理上缺少人文关怀。在物质层面，富士康待遇优厚，仅在中国内地就吸引了80万名打工者入职。但在精神层面，企业缺少人文关怀，管理制度存在缺失。例如，员工上班不能说话，厂房内除单调的机器声，其他什么都没有；

工人必须找到别人代班才能上厕所。由于工时长，还要加班，工人回到宿舍时，室友不是在加班就是在睡觉，很少交谈。作为这座庞大生产机器的一颗螺丝钉，富士康普工的工作极其简单而枯燥，时间一久，容易产生与世隔绝的感觉，非常苦闷。

员工间缺少社会交流。富士康普工的流动性非常大，很多部门过几天再看就看到很多新面孔，同车间的普工之间平时都很少打交道，更谈不上彼此熟悉。普工与主管之间，除了工作上的来往，彼此之间也交流甚少。由于企业内部层次划分非常明显，不同层次员工的工作性质及生活圈子截然不同。沟通的缺失，更加剧了情感的孤独。

发展上看不到前景和希望。有不少富士康的员工工作很短一段时间就选择走人，因为在他们看来，继续干下去看不到职位提升或者收入上升的空间。富士康生产流水线上的大部分工人，收入在四五年内都很难有什么提升。与老一代农民工“改善生活”的愿望和诉求不同，新生代农民工走出农村，就是以改变身份和自我发展为动力。当他们看不到自己的前景时，一些人便难免心灰意懒，诱发悲观厌世情绪。

2002 与富士康“十二连跳”同时发生的，还有佛山的“本田罢工”事件。所不同的是，“十二连跳”是以悲情的方式唤起社会对新生代农民工的关注，“本田罢工”事件则带有更多劳资对抗的色彩。

2010年5月17日，本田汽车零部件公司近百名员工因不满工资低、福利待遇差，停工一天。5月21日，因传言公司已赴湛江等地大量招聘新工人，公司不会给员工加薪，员工们开始第二轮停工。5月26日本田宣布新工资调
2011 整方案，工人不接受，继续罢工。5月27日，本田公司发布消息，由于零部件供应中断，4家在华整车工厂均被迫停工。本次“停工门”事件，有媒体称根源是本田佛山零部件公司的工人对薪酬体系不满，本田公司在这家零部件公司派驻了30人左右的日本支援者，他们的年薪与中国工人相差50倍，这成为引发工人情绪的主要原因。参加停工或罢工事件的人数最多时达千余人，且主

要是新生代农民工。

2011 年 1 月 18 日，《国际先驱导报》刊发了《新生代农民工犯罪调查》。报道显示，2008 年和 2009 年，扬州市三成刑事案件的罪犯是新生代农民工；济南市超五成刑事案件是新生代农民工所为；2010 年 1 月至 10 月，在北京市顺义区人民法院受理的刑事案件中，新生代农民工占全部刑事案件被告人总数的 39%，新生代农民工的犯罪具有普遍性，“应引起足够的重视”。对新生代农民工犯罪的原因，中国青少年研究中心法律所时任副所长郭开元认为，制度缺位是新生代农民工犯罪的重要原因；社会融入困难问题容易导致新生代农民工产生犯罪心理；权益保护的虚置和权益受侵害是新生代农民工犯罪的重要影响因素；具体原因具有多样性特征，因受教育程度和性别不同而有所差异。

富士康“十二连跳”事件反映的是新生代农民工对人文关怀的精神追求与机械式作业和封闭式管理之间的矛盾，是梦想破裂的绝望和逃避。“本田罢工事件”反映的是新生代农民工对权利平等的追求与强资本、弱劳动的矛盾，是权利意识的觉醒和对抗。刑事犯罪问题反映的是新生代农民工对生活方式变化的追求与制度环境的矛盾，是尊严缺失后的报复和犯罪。无论哪种情况，都会对新生代农民工自身、对家庭、对社会造成巨大伤害。

三种情况虽然表现形式不同，但都有一个共性特征，即新生代农民工在向新型产业工人转型的过程中，面对现实的困境，往往会采取极端的方式进行抗争。这种情况如果延续下去，就会在更大的范围和更多的层次上引发对抗，不仅会影响经济发展环境，而且会影响社会的和谐与稳定。如何面对 1 亿新生代农民工的融入问题，已成为不容回避的话题，必须明确政策取向。

在人类发展史上，西方发达国家的工业化、城镇化过程是以剥夺农民的土地为前提的，一无所有的无产者与资本的对抗伴随着整个工业化、城镇化的进程，尽管后工业化时期国家采取了一系列高福利政策试图缓和资本与劳动的对立，但斗争—妥协—再斗争—再妥协一直是他们的典型特征，以至于用了近 300 年才完成了工业化和城镇化的过程。中国的工业化和城镇化进程是以改革开放为起始的，土地经营承包制使农民成为自由劳动者，他们在不失去土地承包经营权的前提下进城打工或亦工亦农，为工业化和城镇化进程提供劳动力支撑。因此，对老一代农民工来说，外出打工不过是增加家庭收入和改善生活质量的手段，即使在城市打工中遭遇挫折或失败，还有农村的土地承包作为退路。土地为他们解除了后顾之忧，化解了他们外出打工的社会风险，所以，他们在经济上对城市没有依赖感，在心理上对城市没有归属感。因此，尽管他们在打工过程中也遭遇过一系列的不公，但并未引起规模性的社会对抗行为。

相比之下，新生代农民工则全然不同。他们中的一些人出生在城市，却没有城市户口；户籍在农村，但农村土地承包经营的长周期（30 年不变）决定了他们并没有土地经营承包权的保障；他们向往城市生活和城市发展，但城市却拒绝接纳；他们试图摆脱农村，但户籍制度又总把他们与农村紧紧联系在一起，他们成了城市留不下、农村回不去的“边缘人”。这种情况如果长期得不到改变，在权利意识逐渐觉醒的情况下，在价值取向多元化的趋势下，新生代农民工归属和出路的困境，势必会对整个社会的各个方面形成剧烈的冲击，在不同层面出现一定程度的对抗行为。希冀激发动力，困境诱发对抗，这是人类
2002 社会行为的一种规律。

第 三 节
打造新生代农民工上升通道

2011 是和谐融入还是碰撞对抗，关乎中国特色的工业化和城镇化发展道路顺利与否，关乎中国共产党的长期执政稳定与否，也关乎中国社会转型的和谐与否。要避免历史上每一个新阶层的出现总是伴随着剧烈社会震荡现象的发生，就必须要拓宽制度渠道，调适政策措施，搭建发展平台，为新生代农民工创造归属环境。新生代农民工登上历史舞台，必然会在希冀中经历磨难、在嬗变中

淬火重生。但他们是中国工人阶级的未来，是中国制造和中国创造的未来。没有他们的汗水和智慧，就没有实体经济的发展和服务业的社会化；没有他们的融入和向往，就没有中国特色的城镇化。面对他们的梦想与困惑，我们应该怎样为他们的成长降低成本，为他们的融入减少代价，为他们的发展提供契机，为他们的未来架设桥梁，这已成为我国工业化、城镇化、市场化和国际化绕不过去的坎。

政府层面拓宽制度平台，拆除计划经济旧体制的樊篱，打造上升通道，给他们以希望，给他们以动力，这是迎接亿万新生代农民工走上历史舞台的根本。毫无疑问，制度平台具有根本性和关键性特征。制度缺位所带来的农民工身份上的限制、城市对农民工的歧视和排斥、政治经济待遇上的不平等、就业与受教育的困境、社会保障和救济制度的欠缺等社会现实，往往是导致新生代农民工采取极端行为的主要原因。这一时期的制度缺位主要表现在新生代农民工（当然也包括老一代农民工）的市民身份缺位，新生代农民工自身接受职业教育和技能培训机会匮乏，随迁子女公平就学的教育制度缺位，新生代农民工在失业保险、医疗保险和养老保险等社会保障制度的缺位，新生代农民工文化生活设施匮乏，公共服务均等化的文化制度缺位。

改革开放的过程，就是不断改革旧制度、建立新体制的过程，就是在制度变革的基础上政策不断调整的过程。中国共产党之所以能够长期执政，一个重要原因就是能根据广大人民群众的要求和生产力发展水平，不断改革体制、调整政策，使之符合绝大多数人的利益诉求。对新生代农民工来说，拓宽制度平台最重要的无疑是户籍制度以及依附于其的社会保障制度的改革。正如国务院总理温家宝 2010 年年初与网友在线交流时所言："如果说最症结的问题，就是推进户籍制度改革，让那些长期在城市生活和工作，并具备一定条件的农民工融入城市。"2011 年年底，国家民政部专门发布了《关于促进农民工融入城市社区的意见》，对农民工融入城市问题提出了具体政策和要求，拉开了农民工融入城市社区问题的序幕。当然，要真正让新生代农民工顺利融入，仅这一项政策还远远不够，这只是“万里长征的第一步”。

企业层面拓宽发展平台，营造共赢环境，增强凝聚力，这是迎接亿万新生代农民工走上历史舞台的关键。任何一个企业都必须由资本和劳动者构成一个实体。资本所得和劳动者所得在总量不变的情况下，往往此消彼长。如果只有资本所有者的积极性，而没有广大劳动者的积极性，这种此消彼长的博弈就难免导致劳动关系的紧张，进而影响企业的发展；如果既有资本所有者的积极性又有广大劳动者的积极性，劳动者的创造性得以发挥，资本的作用也会因此而最大化，双方共同作用的结果使“蛋糕”做大，最终实现资方与劳方合作共赢，企业的发展就会步入良性循环的轨道。中外企业发展的实践证明，一个企业的生存周期如果是 5 年，靠的是运气；如果是 10 年，靠的是运气加机遇；如果是 20 年，靠的是运气、机遇加能力；如果是 30 年至 50 年，靠的是资本所有者与劳动者结成利益共同体；如果 50 年至 100 年，靠的是品牌和命运共同体，资本所有者与劳动者风雨同舟、休戚与共。

实际上，很多国有企业在职工技能的提升上、企业文化的构建上、职工生活的关爱上、工作环境的体面上、职工权益的保障上、管理者与员工的互动上，都不乏成功的做法和典型经验，对企业发展和劳动关系的和谐都起到了积极的推动作用。即便是西方发达国家，同样很注重企业员工的权益和员工的个人发展，正因为企业和员工能利益与共、命运与共，激发起员工的积极性和创造性，才能在激烈的城市竞争中成就一大批百年以上的品牌企业，这也是一些发达国家成为制造业强国的关键所在。中国经过改革开放，已经成为制造业大国，但还没有成为制造业强国。强与不强主要取决于企业品牌的创新和企业核心竞争力的强弱，而品牌创新和核心竞争力又与企业全体员工的积极性和创造性密切相关。一个没有员工积极性和创造性、不关心员工成长、不能与员工利益共享的企业，是不可能具有核心竞争力和不可替代性的，也不可能在市场竞争中做大做强。2008 年，当世界性的金融危机波及我国时，东南沿海一带一些过去主要靠损害劳动者权益而获取利润的低端制造企业纷纷倒闭，农民工

“用脚投票”就是对企业管理方式最好的诠释。

拓展组织平台，增强组织力量，畅通诉求渠道，加强精准服务，这是迎接新生代农民工走上历史舞台的保障。群众的力量在组织，群团组织具有利益博弈平台的特征。农民工从进入企业的第一天，他们就是分散的，在强大的资本面前处于弱势地位。在这种情况下，他们的收入多少、劳动条件好坏、各项权益的保障，都只能凭资本所有者的良心。然而，资本对利润贪婪的天性，决定了它的良知是靠不住的。因此，加入工会等群团组织，依靠组织的力量与资本博弈，就成为一种必然选择。

中国的工会虽不像西方工会那样通过罢工等手段与资本所有者对抗，但它通过集体协商、集体谈判、参与立法和参与政策制定等方式和渠道同样可以维护农民工的合法权益，并且由于它建设性的维权特征（既维护职工的合法权益，又维护企业的发展），更容易在资本和劳动者之间协商达成两者的最大公约数。诚然，也有一些基层工会不敢或不擅于维护职工合法权益，怕因此丢掉自己的饭碗。还有一些企业工会主席本身就是企业主的亲属，因而不愿维护职工合法权益。但这些毕竟只是少数，而且这些问题是可以通过工会自身的改革来推动解决的。就总体而言，构建和谐劳动关系始终是中国工会组织的一条工作主线。鉴于新生代农民工入会率不高的现状，这一时期全国总工会提出了“组织起来，切实维权”的工作方针，并组织实施了“千万农民工援助行动”，开展农民工工资支付专项检查，并参与整治非法用工专项行动，开展为农民工送政策、送岗位、送安全、送健康、送文化等活动，建立和完善农民工输出地与输入地工会组织的“双向维权机制”。当然，相对于亿万农民工的需求来说，这仅仅是一个开始。

共青团作为青年团组织，在团结、引导和帮助青年农民工问题上同样肩负着责任和使命，同样能发挥重要作用。2010 年 12 月至 2011 年 2 月 18 日，共青团广东省委面向全省遴选 100 名新生代产业工人，资助他们进行为期 2.5~5 年的本科学历教育，他们可以根据自身兴趣，选择经济、法学、中文等 12 个专业。北京大学则根据新生代工人的特点、需求以及广东产业转型升级的实际，开设相关基础及专业课程。进北大的100名农民工学员，在学习过程中或学成毕业后，由共青团广东省委提供学业保障和就业支持。尽管100名相对于亿万新生代农民工来说只是凤毛麟角，但毕竟让他们看到了希望。

本篇结语

2002年至2011年的10年间，中国农民工流动的势头不减，流量更大，流域更广；随着新生代农民工的加入，“民工潮”前赴后继，如惊涛拍岸。

中共十六大强调，农村富余劳动力向非农产业和城镇转移，是工业化和现代化的必然趋势。要清除不利于城镇化发展的体制和政策障碍，引导农村劳动力合理有序流动。自此，消除农民工流动的体制性障碍成了中央高层的政策取向。

旧有体制的滞后性障碍与农民工维权意识的觉醒对撞，加上前期劳动关系隐患的显性化，导致这一时期矛盾多发。但伴随着每起事件的解决，都带来了体制、法规和新政策的诞生。

国际金融危机既凸显了中国农民工的作用，又对农民工流动形成冲击。各级政府的主动作为表明，整个社会主流对农民工的认知已达到了一个新高度。《关于解决农民工问题的若干意见》出台以及《劳动合同法》和《社会保险法》的公布实施，表明推动农民工融入城镇、维护农民工合法权益已经上升为国家意志并纳入法治的轨道。

国家政策走向与农民工尤其是新生代农民工的希冀和期盼相合拍，决定了农民工的融入已是大势所趋，尽管融入的过程还有迂回曲折，但融入的步伐将会加速，融入的方式将会多样，融入的方向不会改变。社会应为这种融入更多地畅通渠道和搭建平台。

1978

1991
1992

2001
2002

2011
2012

2018

第　四　篇

走向融合

2012—2018年

2012

2018

经过21世纪前10年高速发展的工业化吸收和消化期之后，一度浩浩荡荡的民工潮已是波澜不惊。2012年，农民工总量仍在增长，增速却已经明显回落，从2012年至2016年，外出农民工数量呈逐年回落态势，增速分别为3%、1.7%、1.3%、0.4%、0.3%，2017年增速有所回升。“刘易斯拐点”已经到来，并在劳动力供给上体现出明显特征。

从2012年到2018年，农民工流动的结构性变化呈现出三大趋势：一是外出农民工中省内流动占比逐年提高，2017年省内流动农民工增量占外出农民工增量的96.4%；二是西部地区农民工增量占比不断增加，2017年西部地区农民工增量占新增农民工的52.2%；三是农民工老年化倾向加快，新生代农民工成为主体，2017年50岁以上农民工占21.3%，老一代农民工占全国农民工总量的49.5%，新生代农民工占比首次过半，占总量的50.5%。前两个趋势与这一时期国内经济结构调整和产业二次梯度转移密切相关。后一个趋势则对农民工的合法权益维护提出了新要求：老一代农民工的养老问题，新生代农民工的住房、增收、子女教育，等等。

从2012年到2018年，农民工流动的最大社会特征就是融入城市。经历了与资本和旧体制的博弈后，迁徙的目的地已近在咫尺，新的体制和政策正在为农民工融入创造条件。

2012年，中国经济的列车在连续20年保持两位数增速以后，终于矗立在世界经济的前台。7.8%的GDP增速，依然在世界主要经济体中位于前列，但已经从高速发展转向中高速发展，前期高速发展所积累的矛盾开始显现，结构性问题突出，经济发展呈现“换挡减速”和“结构调整”态势。

与此同时，举世瞩目的经济体制改革进入了深水区和攻坚区。好改的已经改了，好革的也已经革了，改革的红利虽然仍在释放，但边际效应的递减趋势已经出现，亟须新一轮改革攻坚为中国的经济发展注入新的动力牵引。

事关全局的执政党中央换届如期进行。虽然五年一次的换届大会只是惯例，但较之以往不同的是，中共十八大是继往开来新阶段的标志，新中国成立之后出生的新一代领导人将成为举国体制的领导核心。中国将以此为新起点，开启走向民族复兴的新征程。

2013年，中共十八届三中全会做出了《全面深化改革若干重大问题的决定》（以下简称《决定》）。以十八届三中全会为起始的新一轮改革，更加注重顶层设计和宏观驾驭，更加注重改革的系统性、整体性和协同性。会议提出要紧紧围绕使市场在资源配置中起决定性作用来深化经济体制改革，并就加快发展社会主义市场经济、民主政治、先进文化、和谐社会、生态文明做出了全面部署。如果说以十一届三中全会为起始的第一轮改革强调“效率优先、兼顾公平”为原则，那么，以十八届三中全会为起始的新一轮改革则以注重“公平、公正，惠及民生”为原则。《决定》强调，要“紧紧围绕更好保障和改善民生、促进社会公平正义深化体制改革，改革收入分配制度，促进共同富裕，推进社会领域制度创新，推进基本公共服务均等化，加快形成科学有效的社会治理体制，确保社会既充满活力又和谐有序”。在涉及农民工的问题上，《决定》明确提出，“推进农业转移人口市民化，逐步把符合条件的农业转移人口转为城镇居民。创新人口管理，加快户籍制度改革，全面放开建制镇和小城市落户限制，有序放开中等城市落户限制，合理确定大城市落户条件，严格控制特大城市人口规模。稳步推进城镇基本公共服务常住人口全覆盖，把进城落户农民完全纳入城镇住房和社会保障体系，在农村参加的养老保险和医疗保险规范接入城镇社保体系。建立财政转移支付同农业转移人口市民化挂钩机制”。这是迄今为止，中共中央决定以体制改革的深化推动农民工市民化和融入城镇的最明确政策取向以及最完整的综合举措。以此为标志，中国农民工开启了融入城镇、走向现代文明的新阶段。

2014年，国务院办公厅转发了有关部门关于提高农民工养老保险和医疗保险统筹层次及社保关系转移接续等文件，使农民工的社保问题有了制度规范和制度保证。

2015年，中共中央、国务院颁布《关于构建和谐劳动关系的意见》，从8个方面提出了26条构建和谐劳动关系的举措，标志着资本和劳动的关系从弱势劳动、过度劳动向和谐劳动和共享经济的转变。资本与劳动的强弱失衡问题，将逐步通过有关职能部门的作为而走向缓解。2015年，多个大中城市开始探索把房地产市场的去库存与向农民工提供公租房和廉租房相结合。

2016年，各省市户籍制度改革全面启动，全国31个省市自治区宣布取消城市和农村的户籍性质之分、大城市开启“积分落户”模式。这一年，政府工作报告提出要解决“三个1亿人”问题（实现1亿左右农业转移人口和其他常住人品在城镇落户，完成约1亿人居住的棚户区和城中村改造，引导约1亿人在中西部地区就近城镇化），农民工融入城镇被纳入各级政府的工作议程。

2017年，中央全面深化改革领导小组第32次会议审议通过《新时期产业工人队伍建设改革方案》，对包括农民工在内的新型产业工人队伍建设问题作出具体部署。

2017年10月，举世瞩目的中国共产党第十九次全国代表大会在北京隆重开幕，从此中国特色社会主义进入新时代，开启了中国特色社会主义的新征程。十九大报告中宣布，中国已有8000多万农业转移人口成为城镇居民。他指出，中国特色社会主义进入新时代，社会主要矛盾已经转化为人民日益增长的美好生活需要和不平衡不充分的发展之间的矛盾。主要社会矛盾的变化，对党和国家工作提出了许多新要求。

在与农民工相关的就业、社保和城镇化等问题上，十九大报告提出，要坚持就业优先战略和积极就业政策，大规模开展职业技能培训，注重解决结构性就业矛盾，鼓励创业带动就业。促进农民工多渠道就业创业。破除妨碍劳动力、人才社会性流动的体制机制弊端，使人人都有通过辛勤劳动实现自身发展的机会。要完善城镇职工基本养老保险和城乡居民基本养老保险制度，尽快实现养老保险全国统筹。完善统一的城乡居民基本医疗保险制度和大病统筹保险制度。完善失业、工伤保险制度。建立全国统一的社会保险公共服务平台。要以城市群为主体构建大中小城市和小城镇协调发展的城镇格局，加快农业转移人口市民化。

这是一个中华民族从站起来、富起来到强起来的新时代，是人的全面发展、社会全面进步和走向共同富裕的新时代，也是中国农民工追求美好生活并加速融入城镇的新时代。中国农民工在40年的迁徙过程中，迎来了融合的春天。

党的十八大以来的五年，中央高层加强了农民工融入城镇的顶层设计，农民工市民化政策体系和工作机制不断完善。党中央、国务院先后印发了《国家新型城镇化规划（2014—2020年）》《国务院关于进一步推进户籍制度改革的意见》《国务院关于进一步做好为农民工服务工作的意见》《国务院关于实施支持农业转移人口市民化若干财政政策的通知》等重要政策文件，确定了有序推进农民工市民化的总体目标和“四个着力”的工作布局，明确了一系列政策措施。国务院以及县级以上地方政府都成立了农民工工作领导小组，推动农民工工作的落实。五年来，我国的城镇化率年均提高1.2个百分点，8000多万农业转移人口成为城镇居民。脱贫攻坚取得决定性进展，6000多万贫困人口稳定脱贫，贫困发生率从10.2%下降到4%以下。城乡居民收入增速超过经济增速，农民工月均收入从2012年的2290元增加到2017年的3485元，年均增长8.8%，中等收入群体持续扩大。

过去的五年，农民工就业规模不断扩大，劳动权益得到了更好的维护。各级政府都把促进农民工就业作为重要的民生工作加以推动。2017年，农民工总量达到2.87亿人，比2012年增加2391万人，年均增长1.8%。针对拖欠农民工工资这一顽疾，2016 年 1 月 17 日，国务院办公厅发布《关于全面治理拖欠农民工工资问题的意见》(以下简称《意见》)，要求全面规范企业工资支付行为，健全工资支付监控和保障制度，推进企业工资支付诚信体系建设，依法处置拖欠工资案例，改进建设领域工程款支付管理和用工方式，对治理农民工欠薪问题作了全面部署。为了确保《意见》的贯彻落实，切实加大清欠力度。2017 年，国务院办公厅又发出《关于印发保障农民工工资支付工作考核办法的通知》，农民工工资拖欠问题从此被纳入政府考核范畴。各地通过建立健全农民工实名制管理、工资支付专用账户、工资保证金等制度，实行拖欠农民工工资“黑名单”管理制度和联合惩戒机制，定期开展专项执法检查，加强农民工法律援助等公共法律服务，被拖欠工资的农民工比重 2017 年下降到 0.5%，为历年来最低。

2018 年 2 月 26 日，人社部有关负责同志向媒体介绍了我国保障农民工工资支付的“两金、三制、一入罪”的行动。“两金”就是工资保证金、欠薪应急周转金；“三制”就是农民工实名制管理制度、工资按月足额支付制度、工程领域的农民工工资专用账户制度；“一入罪”就是对恶意欠薪涉嫌犯罪的依法移送司法机关，追究刑事责任。他还同时宣布，到 2020 年基本实现农民工工资无拖欠。

新征程、新特点、新探索、新战略、新举措，以工业化转型升级为基础，以国家发展战略为目标，以农民工自身素质提高为支撑，以深化体制改革为动力，中国农民工开启了融入城市的新征程。与“民工潮”兴起阶段相比，融入的征程少了些纷繁嘈杂；与“民工潮”的发展阶段相比，融入的过程少了些撞击与反射。就像日夜奔腾不息的长江，当它即将汇入蓝色海洋时，显得更宽阔、平静与和谐。

2012

2018

第十六章

农民工的嬗变与新型产业工人队伍的锻造

在中国改革开放和发展市场经济的历程中，2012 年有着诸多与以往不同的特质：经济增长速度从两位数的高速增长转向个位数的中高速增长；经济结构中第三产业的产值开始居于首位；劳动力供给总量尽管仍在增加，但增幅已开始逐年递减，“刘易斯拐点”开始显现，人均国民生产总值突破 6000 美元大关，“中等收入陷阱”的风险逐渐增加；经济长期高速增长带来资源和环境等制约因素，并暴露出一系列大大小小的问题。这一切表明，中国经济的结构式调整和生产方式的转变已不可避免，由此必然给农民工队伍带来新的要求和契机。

第 一 节

新常态下的新挑战

从1993年到2012年，中国致力于建立社会主义市场经济体制，经济发展走的是一条以“衣食住行”需求为导向、以“三来一补”和“进口替代”为策略、以出口拉动和投资驱动为动力的路子，在近20年的时间里始终保持两位数的增长速度，创造了人类发展史上的奇迹。但是，随着2008年国际金融危机的冲击和发酵，全球经济普遍不景气，增长和复苏乏力，需求下降，进入深度调整期。发达国家将“再工业化”作为重塑竞争优势的重要战略，发出向实体经济回归的信号，贸易保护主义抬头，不确定因素增多。2018年4月以来，美国对中国发动的贸易战，尽管背后有多种因素，但“美国优先”的贸易保护主义显然是一个重要原因。对中国来说，外部需求萎缩将成为常态化，出口拉动的边际效应已经出现拐点。

在改革开放以来的发展历程中，尽管集约式增长屡被中央高层提及并倡导，但总体而言，中国多个地区的经济发展一直是规模速度型的粗放增长模式。由于受资源和环境的制约，这种以浪费资源、牺牲环境为代价的发展方式，已经到了难以为继的地步。2013年，中国GDP占世界的比重为12.3%，但能源消费总量占比为20%，粗钢占比44%，水泥占比57%，原油、铁矿石等主要能源、矿产资源的对外依存度持续上升；环境污染严重，中重度污染耕地已达5000万亩，近6000万城镇人口饮用水水源水质不合格，京津冀、长三角及部分中部地区大中城市大气污染严重，雾霾等极端天气增多，温室气体排放量急剧增大，已成为世界第一大排放国。这种透支性、污染性的粗放发展，导致资源的可持续性和环境的承载能力都已达到或接近上限，不得不走向终结。

投资驱动一直是过去 30 多年中国经济强劲增长的动力之一。但由于中国经济社会发展不平衡，利益的地方化特征明显，以政府投入为主要特征之一的投资驱动与利益的地方化相联系，就很容易造成重复建设和投资效率的递减。与此同时，在经济下行压力增大的情况下，政府出台的 4 万亿投资在刺激经济增长的同时，带来产能过剩问题。到 2012 年年底，我国钢铁、水泥、电解铝、平板玻璃和船舶的产能利用率仅分别为 72%、73.7%、71.9%、73.1% 和 75%，明显低于国际一般水平，仅河北省的钢产量就相当于欧洲钢产量的总和，一些特种钢材还需进口，结构不合理问题突出。显然，去产能、调结构已成必然趋势。因为产能尤其是制造业的全面产能过剩，必然会带来行业的萧条，“钢材卖出白菜价”就是一种最直白的诠释。由此可见，尽管投资驱动仍然是经济发展的一种选项，但它已经不可能再起到经济增长发动机的作用。

廉价劳动力既是“中国制造”在世界经济分工中的优势所在，也是推动中国经济近 20 年来以两位数的经济增长率增长的关键。廉价劳动力的主体就是农民工。中国农民工体量庞大、供给持续性强、自身能吃苦耐劳和忍辱负重等特点，成就了 30 多年来形成的“中国制造”。处于改革开放前沿地区的珠江三角洲地区城市群和工业区的兴起，基本上靠的是海外资本和内地劳动力在这片土地上结合所创造的奇迹。尽管改革开放初期引进的制造业多数处于产业链的低端，企业利润率较低，但通过压低劳动力价格、降低劳动条件标准，甚至是损害农民工的合法权益，资本所有者仍然赚得盆满钵满。

随着新生代农民工逐渐成为主体，他们的维权意愿更强烈，维权方式更具有群体性和对抗性的特征，国家维护农民工合法权益的政策也逐渐完善，“血汗工厂”已难以立足。与此同时，农民工的供给也发生了趋势性的变化。尽管农民工总量由 2008 年的 22542 万人持续上升到 2014 年的 27395 万人，但年增长率却从 2010 年和 2011 年的高峰开始逐年回落。2012 年农民工总量为 26261 万人，比上年增长 3.89%，2013 年为 26894 万人，比上年增长 2.41%，2014 年比上年增长 1.86%，“刘易斯拐点”已经到来。此外，中国的人口老龄化明显加速。农民工增量相对数的增速放缓与“银色浪潮”交织，导致中国“人口红利”的边际效应逐步递减，这也就意味着虽然中国仍然有廉价劳动力优势，但是靠廉价劳动力这一要素驱动的拐点已经出现。

在上述几个因素的相互作用下，从2012年开始，中国的经济发展进入“三期叠加”时期。“三期”是指增长速度进入换挡期、结构调整面临阵痛期、前期刺激政策进入消化期。根据国家统计局的数据显示，2012年我国的经济增长率为7.8%，2013年为7.7%，2014年为7.4%，2015年为6.9%。

2012年，我国的产业结构也发生了标志性转变，GDP中三次产业的比例关系由过去的“二三一”顺序变为“三二一”，第三产业的占比首次超过以制造业为主的第二产业。这种状况在2013年和2014年继续保持，到2015年，服务业在GDP中的比重增至50.5%，首次占据“半壁江山”。另据商务部统计显示，2014年，如果加上第三地融资再投资，中国的对外投资规模在1400亿美元左右，约高出中国利用外资200亿美元，中国首次成为资本净输出国，从而意味着中国资本短缺时代的结束和中国从商品输出大国走向资本输出大国。由于中国在速度上和结构上的这种变化，导致中国的经济发展进入一个新阶段、新常态。

2014年5月，习近平在考察河南的行程中，第一次提及“新常态”。2014年11月9日，习近平在亚太经合组织工商领导人峰会开幕式上的演讲中首次阐述了新常态，明确了新常态的主要特点：速度——从高速增长转向中高速增长；结构——经济结构不断优化升级；动力——以要素驱动、投资驱动转向创新驱动。认识新常态，适应新常态，引领新常态，就是要走出一条质量更高、效益更好、结构更优、优势充分发挥和释放的发展新路，推动中国经济向形态更高级、分工更优化、结构更合理的阶段演进，促进经济社会平稳健康发展。

中国的农民工是伴随着改革开放以及工业化和城镇化的进程产生和发展的。经济结构的调整和经济发展方式的变化，不仅意味着旧的规模速度型粗放式生产方式的终结，也意味着农民工就业结构和发展方式的变化，并对整个经济社会的发展形成了一个巨大的冲击波。

农民工的知识和技能状况与市场对劳动力需求结构的不相适应是新常态面临的挑战之一。据中国劳动力市场网发布的信息，城市劳动力市场对高中及以上文化程度的劳动力需求占总需求的60%左右，对初中及以下文化程度的劳动力需求仅占不到40%。对受过专职教育、具有一定专业技能的中专、职高和技校水平的劳动力需求占总需求的56.6%，对一般体力型的劳动力需求也仅占三成多。但从劳动力供给的情况来看，接受过高中及以上教育的农民工比例以及接受过专门技能培训的农民工比例，均在三成左右。农民工的劳动力供给结构与市场需求结构明显不相适应，甚至刚好相反，必然带来多重后果。

一是就业结构与产业结构不相适应，在一定程度上降低了劳动对经济发展的促进功能，制约了产业结构的升级步伐。就业结构与产业结构具有正相关的联动和促进作用，产业结构的升级在客观上会带动就业结构的优化，而就业结构的优化则为产业结构的升级创造条件。尽管产业结构起着基础性和决定性的作用，但就业结构同样会对产业结构具有反作用——促进或制约。二者不适应的程度越大，制约的作用和力度也就越大。

二是产业结构调整和优化的加速与劳动力尤其是作为产业工人主体的农民工的职业教育和技能培训的滞后，必然会带来结构性的失业，影响就业的稳定性。调查显示，新生代农民工更换工作的平均次数远远高于老一代农民工，他们每年变换工作为0.26次，老一代农民工为0.09次，前者是后者的2.9倍。

三是技工荒与就业难并存，制约了农民工收入水平的提高。劳动技能与收入水平同样是一种正相关的关系，技能水平越高，收入水平就越高。在很多大中城市以及长三角和珠三角地区，技工的收入水平普遍高于体力型的普通工人，基本达到中层管理人员的水平。那些提供“苦力”的体力型农民工的收入水平，相当一部分只能达到当地的最低工资标准。这种低工资的就业方式，既不利于新生代农民工的自身发展，又不利于新型产业工人队伍的打造；既容易引发劳资矛盾和劳动关系的不和谐，又不利于消除社会的两极分化。

经济发展速度调整换挡与企业利润缩减、成本上升的矛盾，外需萎缩、内需不足与产能过剩的矛盾，调结构、转方式、技术创新与劳动力素质不适应的矛盾，扩大内需与收入差距扩大的矛盾，使中国面临“中等收入陷阱”的风险增加，这是新常态面临的又一个重大挑战。

所谓“中等收入陷阱”，通常是指一个经济体在从中等收入向高收入迈进的过程中，既不能重复又难以摆脱以往由低收入进入中等收入的发展模式，经济增长出现停滞和徘徊，人均国民收入难以突破 1 万美元。进入这个时期，经济快速发展积累的矛盾集中爆发，原有的增长机制和发展模式无法有效应对由此形成的系统性风险。相当一部分发展中国家长期在中等收入阶段徘徊，迟迟不能进入高收入国家行列。《人民论坛》曾在征求 50 位国内知名专家意见的基础上，列出了“中等收入陷阱”国家的 10 个方面特征，包括经济增长回落或停滞、民主乱象、贫富分化、腐败多发、过度城镇化、社会公共服务短缺、就业困难、社会动荡、信仰缺失、金融体系脆弱。截至 2014 年，拉美地区国家在“中等收入陷阱”平均滞留时间为 40 年，其中智利 43 年、乌拉圭 41 年、墨西哥 40 年、巴西 39 年、哥伦比亚 35 年、阿根廷长达 52 年。[37]

按照世界银行的标准，2012 年我国人均国民生产总值达到 6100 美元，已经进入中等收入偏上国家的行列，同样存在绝大多数发展中国家在发展进程中遇到的一些共性问题，存在“中等收入陷阱”的风险。

中国经济进入新常态的首要标志首先是经济增速开始放缓，经济发展由过去的高速增长转向中高速增长，我国的比较优势产业主要是劳动密集型和资源密集型产业，在进入中等收入水平之后，由于劳动力成本提高和资源价格上涨以及环境问题的制约，资本的回报率降低，低成本优势逐步丧失，在低端市场难以与低收入国家竞争，在中高端市场由于研发能力和人力资本技能结构的制约，又难以与高收入国家抗衡。在这种上挤下压的竞争环境中，一部分劳动和

37　张占斌．中国经济新常态的提出及背景 [EB/OL]．光明网，2016-1-9.

资源密集型的外商投资企业可能面临新一轮的产业梯度转移，由此可能会对劳动力就业造成冲击。

中国是世界第二贸易大国和第一出口大国，与世界经济的联系越来越频繁，也越来越复杂。在世界经济复苏乏力和孤立主义日益抬头的情况下，对外经济关系的不断扩展和加深，既加大了我国对外部经济发展的依赖，又孕育着不断增加的贸易摩擦，使我国频繁受到国际经济波动的冲击。与此同时，拉动疲软的内需又受到收入差距拉大的制约。中低收入居民消费严重不足，消费需求对经济增长的拉动作用不明显，经济增长动力不足。尽管我国收入差距的扩大伴随着各社会群体收入绝对值的增加，使收入差距扩大所带来的风险有所下降，但是绝对收入增加掩盖了行业和行业之间的工资差别，掩盖了各行各业工资增长快慢不均的真相。普通居民高储蓄、低消费的状况并未改变，现实存在着“被增长”“被平均”“被中产”等问题，普通民众消费信心仍然不足。这说明，中国的经济发展要从出口拉动和投资驱动转向内需拉动，还有一个艰难过程，还需要通过深化体制改革来释放。新的增长动力尚未完全形成。

技术创新驱动不足、人力资本积累缓慢制约了经济结构调整和经济发展方式的转换，也是导致“中等收入陷阱”的风险之一。现代经济增长理论认为，当物质资本增长到一定程度之后，由于成本的上升和资本的边际效用递减，经济增长必然放缓。这时，技术进步和人力资本的积累就成为推动经济快速增长的主要动力。在中国，规模速度型粗放式增长方式受到资源环境等因素的制约已经难以为继，经济结构的调整和产业结构的升级迫在眉睫。同时，制度创新和技术创新偏弱，创新驱动不足。

从制度创新的角度看，虽然体制改革不断深化，但过度行政化的科技教育资源配置方式，导致科技资源浪费严重，教育资源效力不佳，很多产业竞争力不强，核心技术受制于人，企业急需的科研和技术人才稀缺，市场需求不旺的“万金油”式高校毕业生却找不到工作，面临“毕业即失业”的尴尬。

从技术创新的角度看，技术创新弱导致内需不足和有效供给不足。中国是制造业大国，中国游客却从世界各地购买消费品，这不是因为中国商品匮乏，而是中国的有效供给不足并由此带来有效需求不足，进而造成国内市场难以发现新的投资机会，难以产生创新产业和新产品，不少产品还停留在“模仿”和“进口替代”阶段。虽然从规模和效益的角度看，中国进入世界500强的企业不少，但是垄断性企业的多，与国外大企业合作加工的多，具有自主知识产权的知名品牌却很少。如果中国企业迟迟不能掌握核心技术，没有自己的品牌和销售渠道，产业也就会迟迟无法升级，就不能在国际产业链的分工中占据高端。2018年4月16日，美国商务部宣布，禁止美国企业向中兴通讯销售一切产品，时间长达7年，禁令立即生效。这对在核心零部件上依赖美国的中兴通讯而言，无异于釜底抽薪。这起事件从一个侧面说明，在国际市场上，谁掌握了核心技术和拥有自己的品牌，谁就能在竞争中占据有利位置；谁坚持创新驱动，谁就能拥有主动权。如果仍然留在低端，不仅成本升高、边际效益下滑，而且在与东南亚的一些欠发达国家激烈竞争时不具优势。这种“高不成、低不就”的状况一旦长期形成，就难免会掉入“中等收入陷阱”。

此外，中国的人力资本积累不够，劳动力技能结构与产业结构的调整和发展不相适应，也在一定程度上制约了创新驱动和增长方式的转变。国家统计局河南调查总队课题组对河南省新常态下农民工就业的适应性研究表明，作为劳动力主体的农民工就业结构与产业结构的协调系数，从2011年的0.88一路降至2014年的0.79，2015年止降回升至0.82，这说明产业结构的优化升级速度快于大批新型产业工人的产生速度，导致就业结构不能在短期内迅速跟上产业结构升级的步伐。这种情况如果持续，势必会对产业结构的转型形成制约，滞缓结构调整升级。发达国家的发展实践证明，产业结构的调整升级必须与产业工人的技能升级相一致，必须以高技能的产业工人队伍做支撑。从历次调查的状况来看，中国在这方面显然还有很长的路要走。

除了上述因素之外，以往高增长时期积累的一些矛盾，如投资和消费关系失衡、城乡区域发展不协调、资源环境约束等“转型陷阱”，房地产等市场泡沫化的“资产泡沫陷阱”，规模巨大的外汇储备安全问题的“美元陷阱”，劳动适龄人口绝对数量的减少和老年人口激增的“人口陷阱”等，都是影响中国走出“中等收入陷阱”的重要因素，都是新常态下面临的新矛盾和新问题。

第 二 节
应对挑战的有利条件与打造新型产业工人队伍的必要性

如何走出“中等收入陷阱”，既是经济新常态必须面临的重要挑战，又是中华民族伟大复兴必须跨过去的一道坎。中国特色的社会主义市场经济体制使我们既面临着与其他发展中国家一样的共性问题，又具备解决这些问题的特殊条件。从现实状况来看，中国具备了走出“中等收入陷阱”的诸多有利条件，主要表现在以下几个方面：

一是“人口红利”延伸与“人才红利”开发并举推动要素驱动。中国的劳动力供给增量在2012年前后达到峰值，随后出现增幅递减，劳动力市场从无限供给转向有限供给，廉价劳动力的优势随之逐渐消失，而廉价劳动力正是中国改革开放前30多年经济发展的重要驱动力。面对劳动力供给的拐点，中国采取了延迟退休和单独二孩政策：“盘活存量”——以熟练劳动力劳动年限的延长弥补新增劳动力的下降，在总量上保持平衡，继续保持劳动力市场优势，拓展劳动力红利的边际效应；“激活增量”——以生育政策的改变对冲人口老年化的消极影响，以此维持“世界工厂”快速运转所需的廉价劳动力支撑，减少其对经济发展的负面影响。与此同时，政府通过一系列措施，充分挖掘、培养和形成人才优势，以人才红利的增加推动经济结构的转型和升级。截至2013年，我国大专及以上学历的人口已经超过1亿人。直接影响创新能力的“研究人员总规模”，在2010年就已达到121万人，首次超越美国的119.8万人，跃居世界第一。尽管这并不能说明我国的创新能力从此就是世界首位，但是在维持熟练劳动力供给情况短期基本不变的情况下，进一步释放“人才红利”，经济转型中的创新驱动就有了保障。

二是通过解决“户籍城镇化”和“人口城镇化”的差异，以及工业化和城镇化的协调推进，解决“三驾马车”中长期存在的内需拉动短板问题。拉美国家长期陷入“中等收入陷阱”的一个重要原因就是过度城镇化。大量的农民涌进城市却又找不到工作，在城乡接合部就形成了大量的贫民窟。而中国的情况则正好相反，城镇化滞后于工业化。2013年，中国的城镇化率尽管已经达到53.7%，但城市户籍人口却只有30%多，在总量上和结构上都远远低于现阶段的经济发展水平。如果把人口城镇化率与户籍城镇化率之间相差的近20个百分点算上，再加上正在推进的农村新型城镇化建设，中国的城镇化建设空间巨大，可以为经济发展提供足够的动力。2016年，国务院总理李克强在政府工作报告中提出，要有序推进农业人口市民化，推动户籍制度改革，实行不同规模城市的差别化落户政策，把有能力、有意愿并长期在城镇务工经商的农民工及其家属逐步转为城镇居民。今后一个时期，着重解决好现有“三个1亿人”问题。同时，优化东部地区城镇化结构，提升城镇化质量和水平。“三个1亿人”问题的解决，既有效弥补了过去政府在公共服务上的短板，缓解了过去30多年在工业化和城镇化高速发展过程中积累的一些矛盾，又为中国跨越“中等收入陷阱”提供了动力，创造了条件。就其规模来说，全世界绝无仅有。

三是通过梯度转移和劳动力跨行业调整解决经济结构调整中所带来的劳动力过剩和就业压力问题，继续保持中国劳动力的比较优势。中国地域广阔，发展不平衡，回旋空间大。东部地区在承接第三次工业革命浪潮所带来的产业转移30多年后，完成了以制造业为主的一个发展周期，在金融危机的冲击下逐渐向中高端的产业链转型，开始摆脱廉价劳动力驱动的发展模式，向创新驱动发展模式转变。与此同时，中西部地区仍然兼有劳动力优势和资源环境优势。在这种情况下，中国经济发展模式转型升级过程中的产业转移多数不是一次性完成，不是直接转移到其他发展中国家（尽管有直接转移到越南等国的，但在数量和规模上不占主体），而是在国内实行二次转移，从东部向劳动力价格相对廉价、土地价格更加便宜和资源条件更好的中西部地区转移。这种转移既解决了中西部地区农村剩余劳动力的就地就近就业问题，又减少了每年中西部地区农民工大量向东部流动所带来的社会压力，还有利于东、中、西部的均衡发展，加速中西部地区的工业化和城镇化进程。

据国家统计局发布的《全国农民工监测调查报告》显示，2014 年，在中部地区务工的农民工为 5793 万人，是发生金融危机的 2008 年 1859 万人的 3.12 倍；在西部地区务工的农民工为 5105 万人，是 2008 年 2165 万人的 2.36 倍，而东部地区的农民工数量仅仅增加了 64.84%。

此外，在经济结构调整中由于去产能政策所带来的下岗失业压力，也通过跨行业培训和就业得以缓解。虽然钢材、煤炭和建材行业去产能带来了大量的下岗失业问题，但是，数据经济、医养经济和休闲观光旅游经济的崛起又吸纳了大量劳动力。据有关人士透露，2016 年，仅数据经济中的快递业就吸纳了 400 万名农民工。这样，中国在经济转型过程中就可以减少许多发展中国家出现的高失业率的冲击。

四是通过深化体制改革释放“制度红利”缓解社会矛盾。政府改革通过转变职能和转换角色，真正成为服务型政府，充分发挥市场在资源配置中的作用。宏观改革通过财税、金融和行政管理改革为企业减少负担、解决困难、降低成本、激发活力；通过土地制度和城乡管理体制改革，推进要素平等交换和公共资源均衡配置，推进城镇化与农业现代化的同步发展；通过改革分配制度和社会制度来缓解分配不公、收入差距过大以及社会保障机制不健全等矛盾，为经济转型和走出“中等收入陷阱”构建“安全网”和“减震器”；通过资本市场改革打破垄断，推动平等竞争，实现资源有效配置，解决小微企业融资难、融资贵的问题，为企业转型升级和创新驱动创造条件。中国 30 多年来经济起飞的过程，就是体制改革不断深化的过程，改革就是解放生产力。在经济新常态下通过进一步的改革，让一切劳动、知识、技术管理、资本的活力竞相迸发，让一切创造财富的源泉充分涌流，让发展成果更多更公平地惠及全体成员，从而为中国走出“中等收入陷阱”提供制度保障。

这些有利条件为中国应对经济新常态下的新挑战、为中国走出“中等收入陷阱”提供了可能，创造了条件。但是，中国要真正走出“中等收入陷阱”，实现经济结构的转型升级，在以“互联网+”为特征的工业4.0时代迎头赶上发达国家，实现中华民族的伟大复兴，还必须精心打造一代知识全面、技能精湛、爱岗敬业的新型产业工人队伍。实现农民工的职业化转型，是应对一切挑战、化危为机的根本。这种必要性主要体现在以下几方面。

一是必须打造出一支高技能的新型产业工人队伍，才能托起“中国制造”的明天。经济结构的调整必须以产业工人队伍的技能调整做支撑，产业的升级必须以产业工人的技能提升做保证，产品的有效供给必须以产业工人劳动的有效价值为前提，新产品的开发和新业态的产生必须以产业工人的技术创新、工艺革新和发明创造为基础。中国是制造业大国却不是制造业强国，是劳动力大国却不是劳动力强国。“大”与“强”的区别关键在于劳动力队伍技能素质的高低上，以及由此带来的生产商品的有效性和市场的竞争性上。中国的汽车占有量居世界首位，但是，街上跑的汽车没有几辆是我国自主知识产权的汽车。德国不是汽车消费大国，其汽车消费肯定不如中国，却拥有世界知名的三大品牌，占据世界汽车市场的头把交椅。市场竞争主要是商品的价值和使用价值的竞争，价值和使用价值的背后则是劳动的竞争。在同等条件下，劳动的竞争又主要取决于劳动的技术含量和由此带来的商品质量。中国要从制造业大国走向制造业强国，从劳动力大国走向劳动力强国，从低端产业链走向高端产业链，就必须造就一代高素质、高技能的劳动大军，必须培养一代掌握现代科技知识和劳动技能的新型产业工人队伍。无论是供给侧结构性改革还是经济新常态条件下我们强调的创新驱动，都离不开其中最为关键的劳动者技能素质因素。而今天的中国，产业工人的主体已经是新生代农民工。因此，实现农民工的素质提升和职业化转型是大势所趋，是经济社会发展的一种必然选择，错过了这个契机，我们将会付出沉重的代价。

二是必须打造一支高技能的新型产业工人队伍，才能避免社会的两极分化和“城市病”。社会的两极分化和巨大的贫富差距是发展中国家陷入“中等收入陷阱”的共性问题，中国同样存在贫富两极分化的现象。要避免发展中国家因两极分化导致社会不稳定的现象在中国经济转型过程中发生，除了加大社会分配制度的改革、构建困难群众的“安全网”之外，还必须在堵住歪门邪道的同时，打开致富正道，让人们通过诚实劳动和创造性劳动富起来，而劳动者尤其是产业工人技能素质的提升就是一把打开致富之门的钥匙。如果作为新型产业工人主体的两亿多农民工被拒绝于中产阶层之外，社会就无和谐可言。只有通过对农民工技能素质的提升和实现农民工向产业工人职业化的转型，为社会财富的直接创造者和处于社会底层的群体打开走向致富和进入中产阶层的通道，才能避免两极分化，才能推动经济转型与社会的和谐，才能打造一支支撑明日中国发展的新型产业工人队伍。

农民工的技能素质提升和实现向新型产业工人的职业化转型也是打破城乡二元结构、避免发展中国家在经济和社会转型过程中出现“城市病”现象的一把钥匙。中国的城乡二元结构是在特定历史条件下形成的，这种以出生地决定职业、身份和福利分享的体制注定要退出历史舞台。事实上，已有多个省市正在探索改变城乡二元结构的方式和办法。随着城乡一体化进程的加速，中国的城镇化率必然会迅速提高。那么，中国是否会出现拉美国家的“城市病”？关键要看农民工技能素质提升以及向新型产业工人转型的程度。如果技能素质提升和转型的进度与经济结构的转型升级相一致，农民工进城就业和进城生活基本同步，人口的城镇化、就业的城镇化与城市规模的扩张就能形成良性互动。如果技能素质提升和向产业工人的转型滞后于经济结构的转型升级，进城就业和进城生活不同步，既会制约城镇化的进程，又会增加城镇化进程中患“城市病”的风险。因为没有技能武装的人在经济转型升级的情况下向城市大量集中，必然存在就业难的风险，而当大量找不到工作的人生活在城市又聚集在一起时，离“城市病”就不远了。即使未来城乡之间不存在二元结构的体制性障碍，也不能指望今天的农民明天就能进城当工人，毕竟城与乡、企业与农村在生活习惯上、劳动技能上、素质要求上都不一样。从这个意义上说，在破除户籍门槛之后，农民在城乡之间流动和进行身份置换的新门槛就是技能素质，因为只有有一技之长的人才能在城市立足。

第三节

实践推动与国家战略

实际上，农民工的技能素质提升和向新型产业工人转型在这一时期不仅必要而且可能。

从国家层面来看，经济发展进入新常态、新阶段，发展方式要从规模速度型粗放式增长转向质量效率型集约式增长，发展动力要从要素投资驱动转向创新驱动，客观上需要人力资本积累的提升。与此同时，国家经过多年的发展也已经具备了提升人力资本积累的财经实力。

从企业层面来看，供给侧结构性改革提高产品质量和有效供给、降低成本和提高产品竞争力客观上需要一批技能素质型的劳动力队伍做支撑，这一时期企业普遍出现的技工荒以及技工工资大幅高于普通工人工资的现实就是最好的证明。

从职工尤其是农民工自身来看，对体面生活的渴望和对自身发展的追求，客观上都需要他们提升自身的素质技能。这一时期进行的各种调查的结果都表明，新生代农民工中希望参加技能培训提升自我的人在70%左右，这说明他们希望通过技能素质提升和实现向新型产业工人的职业化转型、进而融入城市的欲望非常强烈。只要具备一定的外部条件，稍加引导就会掀起一股技能素质提升的社会潮流。

正是在这样的时代背景下，农民工技能素质提升工程作为国家战略拉开了帷幕。这项战略起步于 2010 年。2012 年之后进入了顶层设计、密集推动和全面实施阶段。

2010 年 1 月，国务院办公厅发布《关于进一步做好农民工培训工作的指导意见》，明确了农民工培训工作的基本原则和主要目标，提出统筹规划和明确培训重点，创新农民工培训机制；以省级统筹为重点，建立规范的培训资金管理制度；充分发挥企业培训促进就业的作用；努力提高培训质量，强化培训能力建设，加强农民工培训的组织领导。这是改革开放以来国家关于农民工培训问题的第一份系统的文件规定。2010 年 10 月，国务院又印发了《关于加强职业培训促进就业的意见》，要求各地区、各部门做好面向城镇全体劳动者的职业培训工作，明确对城乡劳动者职业培训和职业技能鉴定的各项补贴政策。

2012 年，中共中央、国务院印发《关于加快推进农业科技创新持续增强农产品供给保障能力的若干意见》，再次强调要以提高科技素质、职业技能、经营能力为核心，大规模开展农村实用人才培训，扩大培训规模，提高补助标准，对未升学的农村高初中毕业生免费提供农业技能培训，对农民工返乡创业项目给予补助和贷款支持。

2014 年 9 月，国务院下发《关于进一步做好为农民工服务工作的意见》，首次明确提出实施农民工职业技能提升计划。该意见要求对在岗农民工开展岗位技能提升培训，对具备中级以上职业技能的农民工开展高技能人才培训，将农民工纳入终身职业培训体系。鼓励企业组织农民工进行培训，符合相关规定的，对企业给予培训补贴。鼓励大中型企业联合技工院校、职业院校，建设一批农民工实训基地。

2015 年 6 月，国务院办公厅下发《关于支持农民工等人员返乡创业的意见》，首次对返乡创业农民工的培训提出要求。该意见指出，各地要紧密结合返乡农民工等人员的创业特点、需求和地域经济特色，编制实施专项培训计划，整合现有培训资源，开发有针对性的培训项目，加强创业师资队伍建设，采取培训机构面授、远程网络互动等方式有效开展创业培训，扩大培训覆盖范围，提高培训的可获得性，并按规定给予创业培训补贴。在与这份文件同时公布的《鼓励农民工等人员返乡创业三年行动计划纲要（2015—2017年）》中，专门列出了一条“创业培训专项行动计划”，并责成人社部等部门负责。

2015年，中央和国务院各部委纷纷开展农民工职业技能培训行动：人社部开展农民工职业技能提升的“春潮行动”；教育部开展岗位证书培训行动；科技部开展“星火计划”培训；住建部开展城乡建设行业农民工技能培训；农业部开展“阳光工程”培训行动；扶贫办开展“雨露计划”培训行动；全国总工会开展技能培训促就业行动；共青团中央开展青年农民工培训；全国妇联开展女性农民工技能培训等。从2015年起，我国每年培训农民工2000万人次，包括开展农民工就业技能培训1000万人次，对已就业的农民工开展岗位技能提升培训1000万人次。另外，从初级工到中级工，再到高级工乃至技师，开展技术人才培训100万人次。

与此同时，全国各地也在积极探索农民工技能培训的各种有效方式。

作为劳动力输入地，广东省佛山市遵循市场规律，突出企业、行业培养技能人才的主体作用。以企业办学校的方式培养技能人才，鼓励企业申办职业技能鉴定机构，依托企业和行业协会举办职业技能竞赛，推进企业技能人才评价，突破技能人才只有通过职业鉴定（考试）才能获得水平评定的单一方式，将劳动者技能水平的评价交由企业行业说了算，避免培训和使用两张皮。企业对符合条件的员工直接认定相应职业等级，以此推动员工的技能素质提升。政府则主抓鉴定考核，实施技能晋升培训补贴政策，以考核结果引导培训过程，培训过程由培训机构自我管理，培训市场向所有劳动者公平开放，以获得国家职业资格证书为发放补贴的最终条件。2014年，佛山市培训各类技能人才达34.5万人次，其中先进制造业和第三产业比重超过60%，与国家调整经济结构的要求相一致。

作为劳动力输出地，河南省信阳市平桥区创新培训形式，形成了“职业学校＋实施基地＋企业”的“平桥培训模式”。以深化校企合作为抓手，以专业与产业对接为导向，进行专业共建、师资共享、人才共育、责任共担的劳动力培训和人才培养机制，让参与学习和培训的人一入学就与企业签订就业协议，不出校门就能实现学习、实训、就业的全过程，增强了学习和培训的针对性与实效性，从而达到“专业与产业对接、就学与就业一体、招工与招商同步”的效果。

作为农民工输出大省的安徽，省总工会从2011年起开展全额资助农民工上大学活动，每年都有100多名农民工跨入大学的校门，工会系统的农民工“求学圆梦”行动就此展开。这些大学生手持“双证”——毕业证和职业技能证，将会成为经济转型升级的有用之才。

对农民工尤其是新生代农民工来说，追求体面工作、自我发展是他们的共性诉求，职业教育和技能培训则是他们通往理想彼岸的“金桥”。据统计，上海电大每年招收的专科、本科学历人数中，有21.8%是新生代农民工。他们希望通过提升学历增加融入城镇的筹码，获取更好的工作岗位。

从中央到地方，从企业到农民工自身，对职业教育和技能素质提升都非常重视，但客观地说，取得的成效与实际需求相比仍然差距较大。到2015年，我国农民工中接受过职业技能培训的仅占30%，缺乏技能成为他们融入城镇、成为新型产业工人的重要障碍。打造一支新型的产业工人大军，实现农民工的职业化转型，还有很长的路要走，必须以进一步深化改革做支撑。

打造新型产业工人队伍、实现农民工的职业化转型必须要有新思路。

所谓新思路就是要把打造新型产业工人队伍上升为国家战略，宏观驾驭，顶层设计，实现“三同步”，即国家和地方经济社会发展规划与新型产业工人队伍建设规划同步、国家高等教育发展与职业教育发展同步、国家年度就业计划与农民工的年度培训计划同步。

通过“三同步”，首先要为新型产业工人队伍建设搭建政治上的晋升平台。历史的经验表明，任何一个社会想要长治久安，就必须为社会各阶层尤其是中下社会阶层畅通晋升通道。2.87亿农民工登上历史舞台成为当代工人阶级的一部分和产业工人的主体，通过搭建政治上的晋升平台让他们中的优秀代表参与到治国理政的政治进程中，既是民主政治建设的体现，又是社会长治久安的客观要求。尽管从 2008 年开始，十一届全国人大代表中有 3 名农民工代表，到 2013 年第十二届全国人大代表选举中全国有 31 名农民工当选为代表，但总体比例仍然较低，尤其是农民工在省市一级人大代表和政协委员中所占的比例就更低。全国总工会的一项调查表明，22 个省（区、市）十二届人大代表人数与前几届相比增加了 111 名，工人代表人数却减少了 98 人（农民工代表没有进行单独统计），有 7 个省（区、市）只有 1 名一线职工是政协委员，这种情况与中国的民主政治进程不相适应。改变这种状况，让更多的农民工代表进入参政议政的行列，充分反映农民工阶层的政治诉求，显然是大势所趋。新中国成立初期，曾培养了一大批工人进入各级领导岗位，有的甚至进入国家领导层。今天实行产业工人到党政机关和群团组织挂职或兼职，对于落实执政为民的理念和稳定共产党的长期执政都有百利而无一害。

2017 年 2 月，中央全面深化改革领导小组第三十二次会议审议通过了《新时期产业工人队伍建设改革方案》，把打造以农民工为主体的新型产业工人队伍上升为国家战略，这对中国今后一个时期的经济社会建设无疑将具有深远的意义。与此同时，《中国制造 2025》作为中国政府实施制造强国战略第一个十年的行动纲领，为中国工业的转型升级描绘出中期愿景。但是，要想真正落实好《新时期产业工人队伍建设改革方案》，还需要进一步密切与工业发展规划之间的内在联系，以推进相关领域体制改革作为支撑。

在构筑政治上的参与平台和晋升平台的同时，还必须构建经济上的致富平台和城市融入平台。中国要跨过“中等收入陷阱”，全面建成小康社会，必须不断发展和壮大中等收入阶层。建设新型的产业工人队伍，让他们通过技能素质提升增加劳动的价值，提高劳动所得和收入水平，就可以为 2.87 亿农民工敞开劳动致富和走向中产的渠道。没有 2.87 亿农民工的小康不可能是全面的小康，没有 2.87 亿农民工中的佼佼者率先进入中产行列，这个中产阶层就是畸形的。人们都知道橄榄形的社会结构最有利于社会的稳定和发展，问题是橄榄形的社会结构应如何形成？靠税收杠杆可以调节高收入群体，靠提高最低工资和各种保障线可以减少贫困人口，而中等收入群体的增加必须通过技能素质的提升带动劳动致富。如果直接从事物质生产的人不能靠劳动致富，那么，投机取巧、弄虚作假、歪门邪道就会大行其道。因此，必须把新型产业工人队伍的培养与打造和社会结构的升级以及农民工的致富紧密联系在一起，这样才能提供动力支撑。如果新生代农民工无法融入城市，工业化和城镇化的进程就必然会受到制约；如果农民工无法融入城市，就没有以人为核心的中国特色的城镇化。长此下去，中国的城乡一体化进程和经济可持续发展就必然会受到制约。

打造新型产业工人队伍、实现农民工的职业化转型必须有新体制。

所谓新体制首先是从体制上厘清关系、整合资源，改变“九龙治水”的状况。现在的农民工职业技能提升工作至少涉及人社部、教育部、科技部、住建部、农业部、扶贫办以及全国总工会、共青团和妇联等部门，虽然面铺得很大却政出多门，难以整合资源形成集约化优势。如果在政府机构改革中把农民工的技能素质提升和打造新型产业工人队伍明确一个综合部门主管，统一政策，协调推进，效果肯定要好得多。

所谓新体制还应当包括明确政府与市场在农民工技能素质提升工程中的角色定位。过去那种政府部门管钱、管政策、管职业资格、管培训的统管模式弊端甚多，必须把农民工技能素质提升工程的主体交给企业，让企业在结构调整升级和市场竞争中完成农民工的职业转换。政府的职能就是制定政策、发放补贴、监管服务，这样才能调动企业的积极性，增强教育培训的针对性，提高国家用于技能素质提升资金的有效性。

所谓新体制也包括在体制上打破学历教育与职业教育相隔离的樊篱，改变学历教育相对过剩和职业教育供给不足的局面。虽然2014年国务院印发了《关于加快发展现代职业教育的决定》，教育部、人社部等6部门印发了《现代职业教育体系建设规划（2014—2020年）》，但是由于职业教育与学历教育不衔接，公务员等公职人员的考试甚至干部晋升都以学历为门槛，这种现实的导向造成了职业教育热不起来、学历教育凉不下去的状况。如果从体制上确保职业教育与学历教育相一致，职校生能持“双证”——学历证和职业资格证走向社会，再辅之以技能培训与职业资格晋升相联系，那么，农民工的技能素质提升和打造新型产业工人队伍就能呈加速度式的发展，这就是体制的推力。

打造新型产业工人队伍，实现农民工的职业化转型还必须要有新的实现方式。

事实上，各地在实践中已经进行了多种方式的探索，包括企业办校培训式、校企结合式、行业协会主办式、社会力量参与式（如温暖工程、李兆基基金、百县百万农民及万名乡村医生培训等）、学校+实训基地+企业式等。同时，各地还开发职业标准，将企业岗位要求扩展为全国通用的行业统一标准，将全体技能劳动力纳入培训鉴定体系，让所有劳动者都能得到相应的技能等级评价并享受相应的待遇。改革评价方式，突破技能人才只有通过职业技能鉴定（考试）才能获得水平评定的单一方式，推进企业技能人才评价，将职业标准与生产岗位实际要求相衔接，将职业能力考核与工作业绩评定相联系，以企业、行业的标准作为技能人才的评价标准，对符合条件的员工直接认定相应的职业等级，并对技能人才的培训实行信息化管理。各种探索都为农民工的技能素质提升和产业工人队伍的打造架起了“立交桥”，只要各级政府因势利导、顺势而为，就能走出一条中国特色的新型产业大军成长之路。

总之，提升农民工的技能素质，培养一代新型产业工人队伍，不仅是中国经济发展调结构、转方式、换动力的客观需要，也是走出“中等收入陷阱”、造就中产阶层的重要举措，更是中国制造走向中国创造、劳动力大国走向劳动力强国的一把钥匙。谁掌握了新型产业工人队伍，谁就掌握了中国的未来。

第十七章

农民工的社保与社会公平

中国的农民工伴随着改革开放的进程而产生，伴随着中国的工业化和城镇化的发展而壮大。从1978年的改革元年算起，到2013年已历时35年。当年20多岁的青年人，如今已逐步迈入老年人的行列。但是，中国的社会保障制度却并没有做好迎接农民工老龄化的准备。

2013年2月26日，《东方早报》刊登报道《第一代农民工面临高龄困境：养老问题将在5年内集中爆发》，关注50岁以上农民工群体的打工生活、背后的辛酸以及即将到来的养老困局。此后，中央电视台、新华社、《人民日报》和人民网等中央主流媒体对中国高龄农民工的现象和问题进行了集中报道……第一代农民工的社保问题由此进入人们的视野。

为了全面、及时、准确地反映农民工的数量、流向、收支和社保等情况，国家统计局于2008年年底建立了农民工统计监测调查制度。统计数据显示：2009年全国农民工总量为22978万人，50岁以上农民工占12.2%，达2803万人；2010年全国农民工总量为24223万人，50岁以上农民工占12.9%，达3124万人；2011年，全国农民工总量为25278万人，50岁以上农民工占14.3%，达3614万人；2012年全国农民工总量为26261万人，50岁以上农民工占15.1%，达3969万人；2013年全国农民工总量为26894万人，50岁以上农民工占15.2%，达4097万人；2014年全国农民工总量为27395万人，50岁以上农民工占17.1%，达4684万人；2015年全国农民工总量为27747万人，50岁以上农民工所占比重为17.9%，达4957万人；2016年全国农民工总量为28170万人，50岁以上农民工占19.2%，达5409万人；2017年全国农民工总量为28652万人，50岁以上农民工占21.3%，达6103万人。

从全国农民工监测调查报告公布的数据来看，50岁以上的高龄农民工呈现出数量巨大和参保率低两大特点。2015年，50岁以上高龄农民工约5000万人，而当年农民工养老保险的参保率只有17%左右。考虑到此前农民工的参保率更低且参保的时间不长，高龄农民工的社保缺位和“社保拖欠”问题日益凸显出来。

第一节

低保险率背后的社会因素

在中国，社会保障通常是指养老保险、工伤保险、医疗保险、失业保险和生育保险，统称“五险”。企业职工的“五险”分为企业缴费和个人缴费两部分。企业缴费部分实质上是职工为企业所创造的利润的一部分用于“二次分配”，是为职工养老、工伤、医疗、失业和生育构建一张社会的“安全网”，是把职工自己创造的一部分价值用来保障他们的未来，同时带有不同社会阶层的共济性。就其性质来说，保障缺失、社保拖欠与克扣工资、工资拖欠一样，都是对农民工合法权益的一种剥夺和侵害，两者只有眼前权益与长远权益的差别。从后果来看，两者都会影响社会稳定。克扣工资和工资拖欠往往导致农民工个体（微观）的或集体（中观）的极端行为，影响企业发展和政府形象，社保缺失和社保拖欠则会导致整个社会群体（宏观）的抗争，引发倾向性的社会问题，甚至会影响社会的稳定。由于“五险”兑现和使用的滞后性特征，决定了引发社会矛盾滞后性的特点。但是，滞后不等于会自动消失或自动化解，反而会带来矛盾的积累，积累起来的矛盾如果得不到及时缓解，一旦爆发对社会的冲击反而会更大。

由于受城乡二元体制的影响，中国农民工的社保缺失和社保拖欠问题由来已久，呈现出时间长、跨度大、人数多和阶段性的特征。从1978年改革开放后中国农民工产生到1998年的20年时间里，农民工的社保基本处于空白状态。从1999年到2008年，各地因地制宜开始探索农民工的社保办法。2009年以后，才从地方到中央，逐渐形成了一套具有中国特色的农民工社保之路。据国家统计局农民工监测调查报告提供的数据显示，2009年至2014年，外出农民工参加社会保障的比例分别为：2009年，养老保险为7.6%，工伤保险为21.8%，医疗保险为12.2%，失业保险为3.9%，生育保险为2.4%；2010年分别为9.5%、24.1%、14.3%、4.9%和2.9%；2011年分别为13%、23.6%、16.7%、8%和5.6%；2012年分别为14.3%、24%、16.9%、8.4%和6.1%；2013年分别为15.7%、28.5%、17.6%、9.1%和6.6%；2014年分别为16.7%、26.2%、17.6%、10.5%和7.8%。总体上看，不仅“五险”参保比例低，而且增长缓慢。为什么农民工的社保问题会呈现出如此长的滞后性，是什么因素导致了中国农民工的社保缺失和社保拖欠现象如此之久？具体分析不难发现如下原因。

社保意识的缺失。新中国成立之后，与城乡二元分割的户籍制度相适应，社保制度也是二元体制。城镇职工和国家公职人员的社保制度逐步完善，且实现了全国性的统筹。农村的社保制度除了“五保”户之外，基本处于空白状态。农民的养老、医疗等社保问题主要依赖耕种土地，而土地的耕作又需要劳动力，因此“养儿防老”成为农民的普遍理念。正是在这一理念的驱动下，农村“重男轻女”和超计划生育成为普遍现象。老一代农民工到城市打工和流动就业，主要原因是农村太穷、农民太苦，主要目的是增加收入、改善生活，解决房子、妻子（成家）、孩子（子女上学）等问题。他们在主观上就把自己当成城市过客，对城市没有依赖感和归属感，仍然把自己的归宿放在农村。他们对城市职工的社保问题不知情，也不关心，仍然把自己的养老等社会保障问题托付给土地和家庭子女。正是这样一种理念和心态，导致老一代农民工从未把社保问题当重点。大多数第一代农民工所关心的，始终是收入的高低和劳动条件的好与差。

农民工的流动性和低收入的制约。早期的农民工外出务工的时间与农业的季节性相关，农忙时回家种地，农闲时外出打工。他们流动到城市之后，由于打工群体“僧多粥少”，劳动力市场充满了竞争。这种流动性和竞争性导致了工作的短期性和不稳定性，在客观上也制约了农民工社保问题的解决。此外，农民工的低收入状况也在一定程度上影响了农民工对社保问题的态度。据调查，在深圳出台全国第一个涉及农民工的地方社保制度之前的1998年，全国农民工的劳均年收入只有5807元，平均月收入480多元，其中的61%都寄回家或带回家，这种收入水平很难让农民工再从中拿出一部分缴纳社会保险。即便是国务院发文要求在农村进行养老保障试点的2009年，老一代农民工的平均月收入仅为城镇企业职工月收入的60%左右，约为1915.14元，新生代农民工的收入则更低，月收入只有1747.87元，约为城镇职工的57.4%。低收入导致了农民工眼前利益（生活所需）与长远利益（养老）的矛盾，也导致了农民工的流动性与工作的不稳定性和社保统筹层次低的矛盾，严重影响和制约了农民工参加社保的积极性。

企业降低成本和获取高额利润的本能。在没有外力强约束的情况下，企业不想也不愿为农民工的社保埋单。本来企业的利润是劳动者通过劳动创造的，利润中的一部分除了用于支付职工的工资之外，为职工购买养老、医疗、工伤、失业等保险本身就是职工合法权益的一部分，也是一种国际通行的规则。不论社会制度如何，不论企业所有制性质如何，也不论企业职工的身份如何，只要劳动者进入企业，只要企业正常生产不倒闭，支付职工工资和社会保险都是天经地义的。但是，道理归道理，规则是规则，资本的本性就是获取最大限度的利润。只要有空子可钻，资本所有者是绝不会放过的。况且在改革开放的前 20 年时间里，国家并没有制定统一和完善的农民工社保制度和法规，这也在客观上为企业不给农民工缴纳社会保险打开了逃漏之门。事实上，在外商投资企业和民营企业最初大发展的年代，农民工社保费的缺失和拖欠是一个普遍的社会现象，甚至普遍到麻木的程度。

地方政府的不作为和乱作为。政府在社保问题上主要有两项职责：一是制定相关的社保政策；二是监督社保政策的落地和实施。在改革开放前 20 年，农民工的社保政策处于空白状态。各地并没有像发展经济那样来探索农民工社保制度的建立，也谈不上监督实施的问题。反过来，由于政府是地方经济发展的最大推手，政府部门承担着招商引资的重任，GDP 考核成为衡量干部的硬指标，加上“先生产、后生活”“先发展、后福利”的传统理念的影响，不少地方政府都把压低农民工的劳动力价格、降低用工成本、不缴或少缴社会保险作为吸引外商或外来投资的筹码，公开喊出“三通一平、不交五险、欢迎投资”的口号。这种对资本的献媚不仅是一些地方政府乱作为的表现，更是以牺牲农民工的未来保障做赌注，换取一时的 GDP 数据和个人政绩，为社会经济的可持续发展以及农民工的后续保障埋下了隐患。

制度和规章确立的滞后性及其带来的延误。有关农民工社保制度的确立，在我国大体经历了三个发展阶段：第一阶段从 1978 年到 1998 年，是制度缺失阶段；第二阶段从 1999 年到 2009 年，是“百花齐放”和各地探索阶段；第三阶段从 2009 年到 2018 年，是走向统筹和保障实施阶段。从总体上看，农民工的社保制度要落后于农民工队伍发展的实际，而国家层面的社保统筹基本上与农民工转换成产业工人主体相适应。

第 二 节

养老保险的模式与退保风波

深圳市是我国农民工的高度聚集区，也是农民工社保制度的率先制定者。

1999 年 1 月 1 日《深圳经济特区企业员工社会养老保险条例》开始实施。这部由政府劳动与社会保障部门管理和操作的地方性法规，首次把农民工养老保险纳入城市社保体制。该条例规定，深圳市户籍员工的养老保险缴费比例为员工缴费工资的 17%，其中员工按本人缴费工资的 5% 缴纳，企业按员工个人缴费工资的 12% 缴纳。非深圳市户籍员工的养老保险缴费比例为员工缴费工资的 10%，其中非户籍员工按本人缴费工资的 3% 缴纳，企业按员工个人缴费工资的 7% 缴纳。

2000 年 12 月，深圳市人大常委会通过《关于修改〈深圳经济特区企业员工基本养老保险条例〉的决定》，把外来务工者即农民工的缴费比例提高到缴费工资的 13%，其中员工按本人工资的 5% 缴纳，企业按员工缴费工资的 8% 缴纳；户籍员工的缴费比例降低到 14%，其中员工按本人工资的 5% 缴纳，企业按 9% 缴纳。在养老金的支付上，该决定规定户籍职工在深圳可按月领取养老金，非户籍职工即农民工在达到退休年龄时，将其个人账户的积累额转入其户籍所在地的社会保险机构或者一次性支付给本人，但在缴费年限上，需累计缴满 15 年。修改后的《深圳经济特区企业员工基本养老保险条例》的积极意义和示范效应是明显的，农民工这个庞大群体的养老保险问题，由此真正纳入政府的施政范畴。但是，该条例在对农民工的缴费比例、养老金支付等问题上，仍然存在户籍与非户籍的一定差别性，尤其是规定非本市户籍员工在享受退休金前需累计缴满 15 年，才能按月领取养老金，这就在客观上使流动性很强的农民工仍然难以在退休年龄享受到深圳市按月发放的养老保险。正因为如此，它在调动农民工参加社保积极性的同时，也为后来的“退保风波”埋下了伏笔。

继深圳之后，天津、北京、上海、成都、郑州、重庆等地陆续出台了解决农民工养老保险问题的地方性法规和制度。这些地方性的实践探索和制度，大致可以归纳为六种不同的模式。

一是“城保模式”，即把农民工社保纳入城镇社保，执行同一政策，但当农民工和企业终止或解除劳动关系后，社保机构大都将其个人账户的资金一次性发给本人，同时终结养老关系。广东、甘肃、河南、陕西等省基本都采取了这种“城保模式”。

二是“综保模式”，即把农民工的养老、工伤、医疗三项保险捆绑在一起，按比率较低的费率缴费，如上海规定综合率为 12.5%，成都为 20%。

三是“双低模式”，即低成本进入、低标准享受。这一模式是在城镇职工养老保险制度的基础上，通过降低缴费基数和缴费比例等方式，降低农民工的参保成本，相对应的养老保险待遇也适当降低。重庆 2007 年推出的政策就采取了这种模式，杭州采取的也是这种模式。[38]

四是“农保模式”，即将农民工纳入流出地的农村社会保障体系。截至 2012 年年底，“新农保”制度基本实现了对农村的全覆盖，相当一部分农民工尤其是老一代农民工选择的就是这种养老保险方式。

五是“单侧城保模式”，即在养老保险的缴费侧模仿城镇职工基本养老保险的制度架构，在另一侧通常是支付侧，则采用完全不同于城镇职工基本养老保险的做法。比如，天津和北京设计了农民工养老保险制度的社会统筹和个人账户相结合的模式，在参保缴费基数上以最低工资为标准，有利于农民工的参保，但

38 吴红婴,钟良,申剑丽,赵飞飞.深圳出现大量外省农民工退保现象引发关注[N].21世纪经济报道，2009-3-30.

在基础养老金的待遇计算方法和支付方式上则与城镇养老保险制度完全不同。

六是“个人账户模式”，即在农民工养老保险制度中只引进类似城镇职工基本养老保险制度个人账户的部分，基本没有社会统筹，是一种完全积累制的养老保险制度。比如，重庆市 2007 年 5 月印发的《重庆市农民工养老保险试行办法》规定，建立农民工养老保险个人账户，个人账户规模为农民工缴费基数的 14%，其中 5% 为个人缴费部分，9% 为用人单位缴费划转部分。[39]

以上六种社保模式各有特点，又各有利弊：“城保模式”虽然体现了农民工的“市民特色”和社保问题上的公平原则，但由于缴费门槛高，影响农民工和企业参保的积极性；“综保模式”虽然比较符合农民工的实际情况，但这种“综保”自成体系，很难与城镇养老保险制度相衔接；“双低模式”虽有利于降低农民工参加养老保险的门槛，却削弱了作为低收入群体的农民工与高收入群体之间在社会保障上的共济性；“农保模式”虽然标志着我国农村社会保险制度建设进入了新阶段，但从农民工逐步融入城市的趋势来看，对农民工缺少吸引力；“单侧城保模式”虽然降低了农民工的缴费水平，并采取一次性支付的方式提高了农民工养老保险的便携性，却在一定程度上降低了保障性，丧失了一定的社会保障作用；“个人账户模式”虽然对农民工具有一定的吸引力，因为只要缴纳缴费基数 5% 的养老保险费，就可以获得 14% 的个人账户资金积累，但这种模式却丧失了社会保险制度所应具备的共济性特征。

事实上，以上六种社保模式又存在几个共性问题：

一是各地社保政策“划疆而治”，差异巨大，地域概念突出，导致社保制度落实难。在相对落后地区缴纳的社保，就无法达到发达地区的待遇。发达地区缴纳的社保，相对落后的地区当然也无法支付相应的待遇，这种地方障碍导致社保金无法在城市之间转移。

二是养老保险统筹层次低，多为县市级统筹内运行，全国被分割为 2000

39 林宝：中国农民工养老保险：历史路径与前景展望[J]. 劳动经济研究，2015-3-3.

多个统筹单位。各统筹单位之间没有互联互通，养老保险关系没有办法转移接续。然而，农民工流动性的特点决定了他们不太可能在一个地方打“持久战”，就业稳定性差和统筹层次低的矛盾制约了农民工养老保险制度的真正落地。

三是门槛高，把很多农民工挡在养老保险的大门之外。虽然有的地方采取“双低”“单侧”等模式，看起来农民工缴费的门槛并不高，但各地养老保险制度基本上都有累计缴费15年的规定，农民工要跨越这道门槛绝非易事。不能实现异地接续转移，在流动性大和工作不稳定的情况下，农民工很难在一个地方参加养老保险达15年。

在这种情况下，各地的养老保险制度尽管看上去都不错，但实际上还或多或少地存在“中看不中用”的问题。因此，在各地养老保险制度不断出台的过程中，伴随着农民工“参保—退保”的恶性循环，沿海地区的“退保”风波不断。

2008年1月8日《人民日报》第10版就刊出报道，披露在春节临近的珠江三角洲，回家过年的农民工辞工退保成“潮”，有的地区退保率超过95%。社保政策成“鸡肋”，引发对制度缺陷和利益驱动的质疑。

以东莞市为例，2007年一年，这里有超过60万人次办理了退保手续，一天最多时退保现金流达30多万元。仅南城区社保分局，就有1.23万人退保，退保总金额高达2628万元。

目前，我国1.2亿农民工中，参加养老保险的已达15%。截至2007年10月，广东省参加企业基本养老保险的农民工达780.1万人，东莞市养老、医疗、失业三险捆绑参保，参保农民工超过180万人。

然而，频繁退保，却使农民工难以享受养老保险带来的好处。

记者调查发现，工厂经营不善倒闭、工厂搬迁市外以及春节期间“回家潮”等，都会造成大量退保。一些企业在有订单时招收大量工人，订单少就裁员，也造成很多集体退保。

退保费是农民工一笔重要收入，经济利益诉求也是退保的重要原因。目前，社会养老保险缴费由个人和企业两方承担，个人缴费8%，企业缴费8%。但由于东莞市建立地方养老保险，企业还必须缴费3%，这部分费用也划入参保职工本人的地方养老保险个人账户。东莞市农民工参保满一年退保则可以退回缴费的11%，不够一年只退8%。以东莞市南城区社保分局为例，退保的人以参保1年至3年者居多，按镇职工月平均工资960元计算，一次性退保后就能得几千元。有的人甚至为领取退保金而故意辞工，请求企业开退保单。

累计缴费15年，退休后才能拿到养老金，这个规定让打工者觉得“太遥远”。深圳市1987年起允许非户籍人员参加养老保险，15年后，能够享受养老待遇的仅有100多人。

另一个制度上的难点，就是城乡之间、地区之间，社保不能有效对接。目前，我国养老保险等主要社会保险制度被分割在2000多个统筹单位，多为县市级统筹运行，各统筹单位之间政策不统一，难以互联互通，养老保险关系无法转移接续。镇一级的社保机构尚未健全，许多农民工不知道今后这笔钱会转到哪里。

虽然国家规定任何地方都要无条件接纳个人养老保险，但某些地方还是设置了障碍，不接受从别市转进来的无常住户口人员的社会保险手续。原因很简单：外来人员在当地退休的越多，当地财政需要支出的养老金也越多。

农民工退保，所缴保险费的“小头”——个人缴纳部分由农民工一次性领回，“大头”——单位缴纳的统筹部分，充入地方社保基金。这也是各地社保机构扩大参保面和办理退保时心照不宣的动力。

按相关规定，农民工解除劳动合同时，可保留保险关系，重新就业时再接续（俗称“停保”）；也可将其个人缴费部分一次性领走，同时终止养老保险关系，重新就业重新参保（俗称“退保”）。但一些地方的社保局却更愿意让农民工退保，有的地方甚至规定“解除劳动合同必须退保”。

以东莞市寮步镇社保分局为例，2007年1—10月，该镇养老退保2.37万人次，退保金额达3180万元。按照企业上缴比例推算，该镇分局2007年沉淀进本地账户的社保资金在3200万元以上。

退休后养老金水平与缴纳年限、个人账户的联系紧密。农民工退保，虽然能拿到现钱，但几年甚至七八年的缴费年限将作废，个人账户将不存在，今后虽可重新缴纳，计发水平却降低。而流动退保，缴费年限达不到要求，就意味着失去了这份保障。调查显示，外来工在广东企业的平均工作周期是4~6年，其间人均换工一次以上。[40]

面对各地陆续出现的农民工“退保风波”，农民工社保的国家统筹命题被提上了议事日程。实际上，早在2001年之前，国家层面并没有专门出台过有关农民工社保的政策，最早涉及农民工社保问题的政策规定是2001年劳动和社会保障部的20号文件。这份《关于完善城镇职工基本养老保险政策有关问题的通知》的第四条规定，参加养老保险的农民合同制职工，在与企业终止或解除劳动关系后，由社会保险经办机构保留其养老保险关系，保管其个人账户并计息，凡重新就业的，应接续或转移养老保险关系；也可按照省级政府的规定，根据农民合同制职工本人的申请，将其个人账户个人缴费部分一次性支付给本人，同时终止养老保险关系，凡重新就业的，应重新参加养老保险。农民合同制职工在男年满60周岁、女年满55周岁时，累计缴费15年以上的，可按规定领取基本养老金；累计缴费不满15年的，其个人账户全部储存额一次性支付给本人。该通知对农民工来说，好处是首次把农民工的养老保险纳入国家社保制度，不利的一面是对农民合同制职工领取养老金的条件规定的比较苛

40 吴冰．退保率超95%，农民工“退保潮”因何而起？
[N]．人民日报，2008-1-8.

刻。但是，由于该通知没有提出促进农民工参加养老保险的措施，在统筹层次低和农民工流动性大、工作不稳定的“双重夹击”下，落实结果只能是“参保—退保”的循环往复。

2006年的中央1号文件《关于推进社会主义新农村建设的若干意见》明确提出，逐步建立务工农民社会保障制度，依法将务工农民全部纳入工伤保险范围，探索适合务工农民特点的大病医疗保障和养老保险办法。同年国发5号文件《关于解决农民工问题的若干意见》强调，要抓紧研究低费率、广覆盖、可转移并能够与现行的养老保险制度衔接的农民工养老保险办法；有条件的地方，可直接将稳定就业的农民工纳入城镇职工基本养老保险，劳动保障部门要抓紧制定农民工养老保险关系异地转移与接续的办法。但这两个文件对于建立一个怎样的农民工养老保险制度，农民工的养老保险怎样实现低费率、广覆盖和可转移，并没有一个明确的规定，只是要求各地和有关部门抓紧研究探索。如果说2000年之前国家层面关于农民工的社保问题政策规定处于空白期的话，2001年之后则已经进入探索期，即从国家层面探索一条适合中国农民工特点的社保制度。

2009年12月，国务院办公厅转发了人力资源和社会保障部、财政部《城镇企业职工基本养老保险关系转移接续暂行办法》，其中明确规定适用于参加城镇企业职工基本养老保险的所有人员，包括农民工。该办法明确提出，参保人员跨省流动就业的，由原参保所在地社会保险经办机构开具参保缴费凭证，其基本养老保险关系应随同转移到新参保地。参保人员达到基本养老保险待遇领取条件的，其在各地的参保缴费年限合并计算，个人账户储存额（含本息）累计计算。未达到待遇领取年龄前，不得终止基本养老保险关系并办理退保手续。参保人员跨省流动就业转移基本养老保险关系时，按下列方法计算转移资金：个人账户储存额，1998年1月1日之前按个人缴费累计本息计算转移，1998年1月1日之后按计入个人账户的全部储存额计算转移；统筹基金（单位缴费），以本人1998年1月1日后各年度实际缴费工资为基数，按12%的总和转移，参保缴费不足 1 年的，按实际缴费月数计算转移。同时，文件还对农民工如何转移接续养老保险关系进行了明确规定。

这个政策规定实现了三大突破：一是明确了建立城镇统一的社会保险制度，而不是把城镇职工与农民工截然分开，以体现社会保障的公平性。要知道农民工从进城的第一天面临的就是制度的壁垒与无奈，如果把农民工与城镇职工截然分开，为农民工建立新的保障体系，可能就意味着会产生一种新的歧视。二是明确了养老保险关系的可转移和跨区域异地接续。这既是提高养老统筹层次的一大关键，又是农民工参加社保的核心问题和整个养老保险制度的基础。三是针对农民工就业流动性强的特点，规定了个人账户和单位缴费在转移接续时金额不减少的办法，在制度设计上打消了农民工担心资金流失的顾虑，突破了 15 年的门槛，调动了农民工参保的积极性和主动性。该文件的出台也逐渐消除了“退保风波”。

2010 年，《中华人民共和国社会保险法》公布实施。这一法律不仅明确要求所有职工应当参加基本养老保险，由用人单位和职工共同缴纳基本养老保险费，而且规定参加基本养老保险的个人，达到法定退休年龄时累计缴费不足 15 年的，可以缴费至满 15 年，按月领取基本养老金；个人跨统筹地区就业的，其基本养老关系随本人转移，缴费年限累计计算。这就以法律的形式明确了农民工的养老保险方向是加入城镇职工基本养老保险，同时也从法律层面解决了农民工养老保险的转移接续问题。

2014 年 2 月，《国务院关于建立统一的城乡居民基本养老保险制度的意见》发布。该意见明确规定，参加城乡居民养老保险的人员，在缴费期间户籍迁移、需要跨地区转移城乡居民养老保险关系的，可在迁入地申请转移养老保险关系，一次性转移个人账户全部储存额，并按迁入地规定继续参保缴费，缴费年限累计计算。该意见第一次明确要建立全国统一的城乡居民基本养老保险制度，并对转移接续和制度衔接做出明确规定。同年 2 月，人力资源和社会保障部、财政部印发《城乡养老保险制度衔接暂行办法》，对城镇职工养老保险和城乡居民养老保险两种制度的衔接和转换进一步做出规定。其中，参加城镇职工养老保险和城乡居民养老保险人员，达到城镇职工养老保险法定退休年龄后，城镇职工养老保险缴费年限满15年的（含延长缴费至15年），可以申请从城乡居民养老保险转入城镇职工养老保险，按照城镇职工养老保险办法计发相应待遇；城镇职工养老保险缴费年限不足15年的，可以申请从城镇职工养老保险转入城乡居民养老保险，待达到城市城乡居民养老保险规定的领取条件时，按照城乡居民养老保险办法计发相应的待遇。

养老金的统筹层次，一直是农民工参加养老保险的核心问题。在针对农民工流动性大和工作不稳定所带来的养老保险的累计缴费年限计算和跨区域转移接续以及在不同的养老保险体系实现转换问题的同时，高层决策者始终把提高统筹层次作为重要的政策考量。《社会保险法》首次明确提出，基本养老保险基金逐步实现全国统筹，其他社会保险基金实现省级统筹。随后，“十二五”规划也提出要实现基础养老金全国统筹。党的十八届三中全通过的《中共中央关于全面深化改革若干重大问题的决定》再次提出，要坚持社会统筹和个人账户相结合的基本养老保险制度，实现基础养老金全国统筹。2016年，国务院批转国家发改委《关于2016年深化经济体制改革重点工作的意见》，明确表示城镇职工基本养老保险的基础养老金全国统筹方案将在年内出台。实际上，到2016年全国已有28个省建立了基本养老保险的省级统筹制度，尽管上升为国家统筹还有不少困难，但已是水到渠成和大势所趋。

2016年，人力资源和社会保障部发出《关于城镇企业职工基本养老保险关系转移接续若干问题的通知》，针对2009年国办发的《城镇企业职工基本养老保险关系转移接续暂行办法》在实施过程中出现的新情况、新问题和养老保险关系转移接续存在的新障碍，重新就城镇企业职工基本养老保险中的若干问题做出规定，以确保农民工跨区域流动时养老保险关系的顺畅转接。2017年10月，人力资源和社会保障部部长尹蔚民公开表示，养老保险全国统筹将在2018年迈出第一步，先实行基本养老金中央调剂制度，以此均衡不同地区之间由于人口结构和人口流动导致的抚养比例差异过大所带来的养老保险负担，在全国范围发挥养老保险互助共济作用，促进养老保险制度的可持续发展。2018 年 5 月 11 日，中央全面深化改革委员会第二次会议通过了《企业职工基本养老保险基金中央调剂制度方案》，提出在不增加社会整体负担和不提高养老保险缴费比例的基础上，通过中央调剂基金筹集、基金拨付、基金管理、中央财政补助，合理均衡地区间的基金负担，确保各地养老金按时足额发放。至此，国家层面关于农民工养老保险的相关制度措施已日臻完善。当然，要真正实现全国统筹，还必须实行基础养老金缴费和支出兜底都由中央政府来管理，但就总体趋势而言，政策体系已基本确立。

回顾国家层面农民工养老保险政策的发展历程不难发现，农民工的养老保险制度是随着城镇职工养老保险制度的不断完善而逐步融入其中的。随着农民工成为城镇企业职工队伍的主体，农民工融入城镇职工养老保险制度就成为水到渠成的一种必然。从 2009 年起，以人社部和财政部颁发的《城镇企业职工基本养老保险关系转移接续暂行办法》为标志，农民工的社保融入城市就成为基本的政策方向。在经过了 2009 年至 2016 年的政策探索和完善之后，中国农民工的养老保险走出了一条从无到有、从地方分割到高层统筹、从各行其是到城乡融合的历史路径。

第 三 节
工伤保险建立与完善的轨迹

如果说养老保险涉及的是农民工未来的生活保障、社会稳定和社会公平的话，那么，工伤保险则涉及农民工的生存保障问题。农民工从事的职业多是苦、脏、累、险的工作，容易发生工伤事故的岗位较多，但是参加工伤保险的人数却较少。据国家统计局发布的《全国农民工监测调查报告》显示，

2008年至2015年，从事制造业和建筑业的农民工比重分别为51%、51.3%、52.8%、53.7%、54.1%、48.3%、53.6%、53.6%，除个别年份之外，在这两个行业工作的农民工比重一直都在半数以上。但是，农民工中参加工伤保险的比例一直都维持在四分之一左右。从2008年至2014年，农民工参加工伤保险的比例分别为24.1%、21.8%、24.1%、23.6%、24%、28.5%、26.2%，大多数农民工没有参加工伤保险。分行业来看，2014年参加工伤保险比例最高的是制造业，占34.2%，而工伤事故发生率较高的建筑业只有14.9%的农民工参保。另据有关部门提供的情况，2008年在全国近100万经过认定的工伤人员中，80%以上是农民工。这种高风险的工作、低比例的工伤保险参保率，对农民工的合法权益造成了巨大伤害，也引起了不少劳动纠纷。

农民工参加工伤保险的比例之所以比较低，主要有三大原因：一是农民工对职业风险和工作场所潜在的职业伤害认识不足，对工伤保险制度缺乏了解，导致工伤保险需求不足。二是企业主为降低成本不为农民工缴纳工伤保险费，因为工伤保险采用的是企业主缴费原则，是由企业主埋单的保险，少缴保险就可以减少成本。虽然按法律规定要求相关企业必须缴工伤保险，但我国的工伤保险监察力度小、监察人员少。2012年我国劳动保障监察专职人员不到2万人，面对3亿多名劳动者，监管力度很难给现状带来大的改变，企业主不给农民工缴纳工伤保险被查出的概率极低。三是工伤保险的法律法规不完善，导致工伤保险认定难、执行难、赔付难，也在一定程度上影响了工伤保险的落地和普及。

在2003年之前，关于农民工参加工伤保险的有关法规和政策几乎是空白，与农民工的养老保险状况非常相似。1996年颁布的《企业职工工伤保险试行办法》，并没有明确把农民工纳入保险范畴。第一次真正明确涉及农民工工伤保险的，还是2003年4月16日国务院常务会议通过的《工伤保险条例》。该条例第二条规定，中华人民共和国境内的各类企业、有雇工的个体工商户应当依照本条例规定参加工伤保险，为本单位全部职工或者雇工缴纳工伤保险费。

中华人民共和国境内的各类企业的职工和个体工商户的雇工，均有依照本条例的规定享受工伤保险待遇的权利；第十条规定，用人单位应当按时缴纳工伤保险费。职工个人不缴纳工伤保险费。第十八条规定，提出工伤认定申请应当提交以下材料：工伤认定申请表；与用人单位存在劳动关系（包括事实劳动关系）的证明材料；医疗诊断证明或者职业病诊断证明（或者职业病诊断鉴定书）。该条例第一次把雇工享受工伤保险的权利以法规的形式加以明确，使农民工被纳入工伤保险范围，但第十八条关于工伤认定需提供的证明材料和证明书，在实际执行中又为该条例的贯彻执行和农民工相关权益的享受带来了阻碍。

2004 年 6 月，劳动和社会保障部发出《关于农民工参加工伤保险有关问题的通知》，这是国家层面第一份以农民工工伤保险为主要内容的政策法规，明确指出农民工参加工伤保险、依法享受工伤保险待遇是《工伤保险条例》赋予包括农民工在内的各类用人单位职工的基本权益，各类用人单位招用的农民工均有享受工伤保险待遇的权利。该通知要求，对跨省流动的农民工，即户籍不在参加工伤保险统筹地区（生产经营地）所在省市的农民工，1~4 级伤残长期待遇的支付，可试行一次性支付和长期支付两种方式，供农民工选择。与《工伤保险条例》相比，该通知重点以农民工为对象，并对农民工参加工伤保险的权利以及获取工伤保险待遇的途径和方式作了进一步的说明，细化了《工伤保险条例》落实措施。

2005 年 4 月，劳动和社会保障部、国家安全生产监督管理总局、国防科工委联合发出《关于贯彻〈安全生产许可证条例〉做好企业参加工伤保险有关工作的通知》，要求企业高度重视安全生产工作，依法参加工伤保险，按时、足额为所有从业人员缴纳工伤保险费，企业应将参保情况及时在本单位内公示；要求劳动保障部门加强对取得安全生产许可证企业参加工伤保险情况的监督检查，发现企业中断缴费、瞒报工资总额或者职工人数的，责令其限期改正，并按规定进行处罚。该通知虽然不是专门针对农民工的工伤保险问题，但由于安全生产相关企业的职工主体大都是农民工，因此客观上给了农民工工伤保险问题一个“说法”。特别是该通知对企业工伤保险明确提出了监督监察和处罚要求，政策力度比前期文件更大。

2006 年 12 月，劳动和社会保障部印发了《关于做好建筑施工企业农民工参加工伤保险有关工作的通知》，要求建筑施工企业要严格按照国务院《工伤保险条例》规定，及时为农民工办理参加工伤保险手续，并按时足额缴纳工伤保险费。该通知同时指出，注册地与生产经营地不在同一统筹地区、未在注册地参加工伤保险的建筑施工企业，在生产经营地参保，鼓励各地探索适合建筑业农民工特点的参保方式。该通知专门就农民工相对集中的建筑行业工伤保险问题提出政策要求，是工伤保险在建筑行业的具体化，具有较强的针对性。

这一时期，正是中国制造业、建筑业以及采掘业大发展的时期。加入 WTO 之后，“中国制造”走向海外的力度加大，外贸出口大量增加，刺激了国内制造业的扩张。但是，一些小的制造企业生产设备和生产条件都比较落后，给市场带来了无序竞争；煤炭价格的市场化改革和有色金属需求加大，在推动采掘业发展的同时，无序开采和无条件开采的情况严重，最终工伤事故频频发生。为了应对加工制造业中不断出现的断指、断臂事故，应对建筑施工中不断出现的作业事故，应对采掘业中接连发生的矿难事故，国家层面有关工伤保险的政策措施密集出台。然而，由于政策本身的不完善和农民工劳动关系的特殊性（流动性大、就业不稳定、劳动合同签订率低），导致工伤保险在实践贯彻中困难重重。

工伤认定时间长是导致农民工工伤保险落实难的普遍问题。《北京市农民工法律援助工作站 2005—2006 年度报告》分析工伤保险待遇的申请程序后发现，仅仅是申请工伤认定就可能花 2 年 4 个月到 3 年 11 个月的时间，全部程序都走完要花 3 年 9 个月的时间。尽管并不是每起工伤案件都要走完全部程序，但法律中存在这样的可能性。2009 年发生的河南农民工张海超“开胸验肺”事件，足以说明农民工的工伤认定时间长、难度大和工伤维权的艰难。

劳动关系证明难阻碍了工伤保险政策的落实。《工伤保险条例》规定，工伤保险的认定必须提供劳动关系证明。但事实上，在2008年《劳动合同法》出台之前，劳动合同的签订率非常低，即便2008年之后农民工的劳动合同签订率也不高。据国家统计局数据显示，从2009年至2015年，企业主与农民工的劳动合同签订率始终保持在35%~43%，也就是说大多数农民工没有签订劳动合同。劳动合同是劳动关系最好的证明，如果在没有劳动合同的情况下发生工伤事故，企业主中的相当一部分人都不愿证明受害者的劳动关系。此外，不具备合法资质的"黑工厂"招用农民工的现象在这一时期很普遍，这些非法用人单位基本上都不为农民工上工伤保险，一旦农民工在工作中受伤，企业主能逃则逃，政府部门无法实施有效监管，农民工也很难提供有效的劳动关系证明。对建筑施工单位来说，由于层层转包、分包以及包工头的存在，一旦发生工伤事故时，用人单位往往都以包工头作为自己的"挡箭牌"，拒绝赔偿和承担责任。

承揽关系、劳务关系与劳动关系难以区分导致工伤保险在落实过程中不到位。承揽关系、劳务关系在工伤保险的相关政策中缺少具体的规定，一旦发生工伤事故时，用人单位则以与劳动者没有隶属关系、没有劳动合同，只有劳务协作为由，拒不执行工伤保险。

针对工伤保险相关法规和政策在实际执行过程中出现的问题，2009年7月24日，国务院颁布了关于修改《工伤保险条例》的征求意见稿，2011年1月1日，新修改的《工伤保险条例》正式实施。它缩减了工伤认定程序，工伤维权的时间和成本都进一步减少。但是，工伤认定程序依然繁杂，仅确认劳动关系存在与否就需要经过仲裁和诉讼两个环节（无劳动合同者）。工伤保险的补偿获得依然以缴费为前提，只有在用人单位为劳动者缴纳工伤保险费后，劳动者在发生工伤时才能享受工伤保险待遇。如果用人单位没有缴纳工伤保险费，即使双方存在劳动关系，劳动者也不能享受工伤保险待遇，只能向用人单位追讨。事实上，对于一个逃避缴纳工伤保险的单位而言，很难指望它会在发生工伤事故后对劳动者进行依法补偿，受伤的仍然是农民工。

新修订的《工伤保险条例》实行以后，媒体上关于农民工工伤维权难的报道仍屡屡见诸报端。2012 年 1 月 10 日，《工人日报》刊登述评《农民工身体“伤不起”》，认为农民工劳动保护仍存在很大隐患，农民工流血又流泪的现象时有发生。2013 年 12 月，《人民政协报》刊登了深度报道《伤不起的建筑工人》，通过对相关案例的采访、剖析，揭示了工伤建筑工人这一群体的维权及生存困境。

针对工伤保险参保率低和参保费用问题，北京、江苏、湖南等省市开始探索将工伤保险单列，要求企业优先解决建筑工人工伤之忧，避免“五险一金”捆绑缴纳给企业和个人带来负担太重的问题。然而，工伤保险中劳动关系认定难的问题仍没有得到很好的解决。认定劳动关系是申报工伤的前提，但由于劳动合同签订率低，虽然法律规定承认事实劳动关系，但农民工在企业处于弱势，事故发生后，如果企业不配合申报工伤，农民工自己很难搜集到证据来证明劳动关系。此外，一些地方仍存在工伤申报手续繁杂和周期过长等问题，增加了农民工工伤维权的难度。

《工伤保险条例》重新修订实施以后，工伤保险参保范围进一步扩大，参保人数不断增加，工伤保险行政案件数量也呈上升趋势，多年排在各类行政案件前 4 位。

为了进一步解决农民工在工伤保险中存在的困难和问题，最高人民法院于 2014 年 4 月出台了《关于审理工伤保险行政案件若干问题的规定》，并于当年 9 月 1 日起施行，对工伤保险中的多个疑难问题做出了法律界定。关于职工和用人单位对是否存在劳动关系发生争议时如何处理的问题，该规定明确指出，没有申请劳动仲裁或者民事诉讼的，人民法院可以在审理工伤认定行政案件时一并对是否存在劳动关系进行审查。这样有利于防止用人单位故意就是否存在劳动关系申请劳动仲裁或提起民事诉讼，借此拖延行政案件的审理，损害工伤职工的合法权益。关于特殊情况下如何确定用人单位主体责任的问题，该规定第三条明确了承担工伤保险责任的用人单位的规则：职工与两个或两个以上单位建立劳动关系，工伤事故发生时，职工为之工作的单位为承担工伤保险责任的单位；劳务派遣的职工在用工单位工作期间因工伤亡的，派遣单位为承担工伤保险责任的单位；单位指派到其他单位工作的职工因工伤亡的，指派单位为承担工伤保险责任的单位；用工单位违反法律、法规规定将承包业务转包给不具备用工主体资格的组织或者自然人，该组织或者自然人聘用的职工从事承包业务时因工伤亡的，用工单位为承担工伤保险责任的单位。这几个方面是工伤事故发生时常碰到的情况，也是农民工工伤维权中最容易引起争议和推诿扯皮的问题，最高人民法院的明确规定客观上有利于保护职工的合法权益。

关于工伤认定申请法定期限的规定，最高人民法院明确由于不属于职工或者其近亲属自身原因超过工伤认定申请期限的，被耽误的时间不计算在工伤认定申请期限内。总之，该规定就 9 个最具争议的工伤维权问题做出明确的法律界定，提高了工伤保险的权威性和可操作性，为全国工伤案件的处理提供了准绳，完善和丰富了之前工伤保险法规和政策上的不足，为农民工的工伤维权提供了法律保护。

2014 年，中国建筑工人总数约为 4000 万人，其中 90% 左右都是农民工。鉴于工伤事故多发以及工伤维权难的问题，在全国政协调研督促和双周协商座谈会的推动下，人社部、住建部、安全监管总局、全国总工会于 2014 年 12 月联合发出《关于进一步做好建筑业工伤保险工作的意见》。该意见要求，建筑施工企业对相对固定的职工，应按用人单位参加工伤保险；对不能按用人单位参保、建筑项目使用的建筑业职工特别是农民工，按项目参加工伤保险。建设单位在办理施工许可手续时，应提交建设项目工伤保险参保证明，作为保证工程安全施工的具体措施之一；安全施工措施未落实的，各地住房城乡建设主管部门不予核发施工许可证；建设单位要在工程概算中将工伤保险费用单独列支，并在项目开工前由施工总承包单位一次性代缴本项目工伤保险费，覆盖项目使用的所有职工，包括专业承包单位、劳务分包单位使用的农民工。该意见要求规范和简化工伤认定和劳动能力鉴定程序，对于事实清楚、权利义务关系明确的工伤认定申请，应当自受工伤认定申请之日起 15 日内做出工伤认定决定；对未参加工伤保险的建设项目，职工发生工伤事故，依法由职工所在用人单位支付工伤保险待遇，施工总承包单位、建设单位承担连带责任。该意见还要求建立工伤赔偿连带责任追究机制。应当说，该意见对建筑业企业扩展工伤保险参保覆盖面、工伤保险费用来源、简化工伤认定和劳动能力鉴定程序以及落实工伤保险先行支付政策等都作了全面的规定，比较好地完善了建筑行业企业的工伤保险政策，降低了农民工工伤维权的成本，也推动了工伤保险覆盖面的扩大和参保率的提高。

2018 年 1 月，人社部、交通运输部、水利部、国家能源局、国家铁路局、中国民用航空局联合印发《关于铁路、公路、水运、水利、能源、机场工程建设项目参加工伤保险工作的通知》，重申了 2014 年 12 月出台的《关于进一步做好建筑业工伤保险工作的意见》的主要政策，要求进一步健全按项目参加工伤保险长效工作机制，全面启动铁路、公路、水运、水利、能源、机场工程按项目参加工伤保险工作，确保在各类工地上流动就业的农民工依法享有工伤保险保障。该通知强调，各类工程建设项目在办理相关手续、进场施工前，均应向行业主管部门或监管部门提交施工项目总承包单位或项目标段合同承建单位参加工伤保险的证明，作为保证工程安全施工的具体措施之一。未参加工伤保险的项目和标段，主管部门、监管部门要及时督促整改，及时补办参加工伤保险手续，杜绝“未参保，先开工”甚至“只施工，不参保”现象。

至此，有关农民工工伤保险的法律、法规和政策已基本趋于完善，在实践中工伤案件的数量也相应有所下降，法律法规和政策维权的效应在农民工工伤维权中得以体现。

第 四 节

医疗保险的统筹与融合

2011 年，多家媒体报道的农民工想要“卖儿治病”的事件，折射出农民工的医疗困境，引发社会关注。按照国家医保政策，农民工本来可以参加新型农村合作医疗，也可以参加职工医保，但由于农民工流动性大，新型农村合作医疗远水解不了近渴，农民工所在的企业又不愿意为农民工的医保埋单，最后两头不靠，生了病，甚至想到了“卖儿治病”的极端方式。这样的事例虽是个别现象，却从一个侧面折射出农民工医疗保险的现状与尴尬。

医疗保险既是工伤保险的进一步延伸，又是涉及农民工身体健康、工作和生活质量以及社会稳定的重大社会问题。改革开放之前，虽然我国医保问题与户籍制度紧密相联，一直是城乡二元体制结构，但总体上医保体系是健全的，农村每个生产大队都有“赤脚医生”，每个公社都有医疗站。在农村实行家庭联产承包责任制之后，农村的合作医疗体系全面瓦解，医疗问题全部落到家庭。农民工本身就是这一时期产生的特殊群体，因此，从一开始农民工的医保就处于缺失状态。1998 年，国家出台了城镇职工基本医疗保险制度，作为一项配套措施替代原先实行的公费医疗制度。但是，这一制度的实行仅限于城镇正规就业的职工，并不包含农民工。2003 年，国家出台实施新型农村合作医疗制度，覆盖对象是广大农村居民，从户籍关系上说应当包括农民工，但是因为农民工的工作地与户籍所在地是分离的，他们的医保问题事实上仍处于缺失状态。2007 年，城镇居民基本医疗保险制度出台，覆盖对象为不属于职工医保覆盖范围的学生、少年儿童和其他非从业的城镇居民。三大医保制度各自的覆盖范围都很清晰，但都未纳入农民工这个二元结构之外的第三元。

现实生活中，农民工的身体健康状况令人担忧。2005 年 1 月，武汉一家医院为农民工进行了免费体检，结果发现首批参加体检的121名农民工中有40%以上存在不同程度的健康问题，健康状况远低于同龄城市市民的平均水平。江苏徐州市医疗专家为部分建设工地的农民工义诊后发现，参加体检的农民工约有1/3存在着不同程度的健康问题。中国农工民主党中央委员会在全国政协十一届一次会议期间提供的一份材料显示，59.3%的农民工生病以后没有就医，另有40.7%的农民工中绝大多数是自费就医。农民工尤其是老一代农民工外出做工，靠的就是一副好身体，一旦身体健康状况恶化或是生病，在没有医保的情况下，不仅进城务工的“本钱”没有了，而且为本人和家庭今后的生活留下了后遗症。

2004年5月，劳动和社会保障部出台了《关于推进混合所有制企业和非公有制经济组织从业人员参加医疗保险的意见》，明确要求各地劳动保障部门把与用人单位形成劳动关系的农村进城务工人员纳入医疗保险，合理确定缴费费率和保障方式，解决他们在务工期间的大病医疗保障问题，用人单位要按规定为其缴纳医疗保险费。这是政府部门出台的第一份关于农民工参加医疗保险的文件，解决了农民工医疗保险的政策真空问题。但是，由于文件缺少操作标准，在实际落实过程中并没有引起广泛关注。

2006年，国务院出台了《关于解决农民工问题的若干意见》，其中第十八条明确要求抓紧解决农民工大病医疗保障问题。该意见要求，各统筹地区要采取建立大病医疗保险统筹基金的办法，重点解决农民工进城务工期间的住院医疗保障问题。根据当地实际合理确定缴费率，主要由用人单位缴费。有条件的地方，可直接将稳定就业的农民工纳入城镇职工基本医疗保险。农民工也可自愿参加原籍的新型农村合作医疗。这是国家关于农民工问题的第一份系统文件规定，颁布层次高、要求比较具体，带动各地各部门陆续出台相关措施。

2006年，劳动和社会保障部办公厅发出《关于开展农民工参加医疗保险专项扩面行动的通知》，对扩大农民工参加医疗保险提出要求。四川省规定，所有城镇用人单位的农民工都要参加城镇职工医疗保险，其保险费由用人单位缴纳，农民工本人不缴费。山东省规定，对在城镇稳定就业的农民工，各地可直接纳入城镇职工基本医疗保险，缴费办法和享受待遇同城镇其他从业人员一视同仁。天津市规定，用人单位与农民工凡是建立一年以下期限劳动关系的，应当参加农民工医疗保险；由一年以下劳动关系转为稳定劳动关系的，参加城镇职工基本医疗保险或大病统筹基本医疗保险。农民工医疗保险费由用人单位按月缴纳。其他各省市也都纷纷出台本省市农民工参加医疗保险的政策措施。

这些措施为农民工解决了医疗保险问题，也得到了社会的广泛好评。不过由于各地政策差别较大，统筹层次较低，参加医保的体系各不相同，农民工流动性较强，金融危机冲击后有关医疗保险职工个人不缴费的规定又使企业感到力不从心。在这种情况下，客观上需要出台全国统一的农民工参加医疗保险的制度性措施。

2009 年 12 月，人力资源和社会保障部、卫生部、财政部联合颁发《关于印发流动就业人员基本医疗保障关系转移接续暂行办法的通知》，要求农村户籍人员在城镇单位就业并有稳定劳动关系的，由用人单位按照《社会保险登记管理暂行办法》的规定办理登记手续，参加就业地城镇职工基本医疗保险。其他流动就业的，可自愿选择参加户籍所在地的新型农村合作医疗或就业地城镇职工基本医疗保险。实际上，这就在国家层面明确了农民工参加医疗保险的方向是与城镇职工医疗保险的融合。

2016 年《国务院关于整合城乡居民基本医疗保险制度的意见》进一步提出，整合基本制度，包括统一覆盖范围、统一筹资政策、统一保障待遇、统一医保目录、统一定点管理、统一基金管理，覆盖除职工基本医疗保险应参保人员以外的其他所有城乡居民。农民工和灵活就业人员依法参加职工基本医疗保险，有困难的可参加城乡居民医疗保险。显而易见，该意见为全国实行统一的医疗保险以及农民工和城市职工实行相同的医疗保险政策进行了制度安排。

至此，农民工参加医疗保险的制度安排和政策措施已日趋完善，与农民工的养老保险和工伤保险几乎同时并进，既在社会保障问题上解决了同城待遇，实行不同社保制度的并轨，彻底解决社保问题上的城乡二元结构和二元体制，又为农民工完全融入城市创造了条件。

由于中国的“五险”缴纳和执行带有法律的强制性，失业保险和生育保险在体制和政策安排上大体处于同步推进状态，尽管参保率不高，总体架构和发展趋势上却在向城乡统筹和融合迈进。

梳理和回顾我国农民工的社会保障发展过程不难发现，无论是养老保险、工伤保险，还是医疗保险，都经历了政策空白期、各地探索期和走向融合期，都有一个需求推动—媒体呼吁—高层重视—因地制宜—政策完善的互动整合过程，都体现出“低水平、广覆盖、高效率和可转移”的特点。

农民工社保与城镇职工社保的融合统筹与劳动制度改革和统一劳动力市场相比，具有明显的滞后性。2000 年后，劳动制度改革和统一的市场用工形式已基本确立。至于社保制度和政策的融合统筹，多在 2012—2018 年完成。统一的用工制度和用工形式是统筹不同体系社保制度的基础，因此，这种滞后性又具有一定的必然性，在客观上反映了不同时期、不同发展阶段改革的不同重点。第一轮改革注重效率，“效率优先”是硬道理，社保的缴费会加大企业成本，影响企业的竞争力，其延后性自然会是多数企业和地方政府的共同选项。第二轮改革在确定市场主体作用和注重效率的同时，更加注重社会公平和改革成果惠及民生，而社保既涉及民生，又涉及改革和发展成果共享这一社会公平问题，因此，加快社保制度的改革和把农民工社保与城镇职工社保融合统筹就成为不二选择，也与十八届三中全会对中国改革所作的顶层设计相吻合。

农民工社保与城镇职工社保的融合统筹在发展阶段上与我国的生产力发展水平和社会发展的阶段性任务具有一致性。2010 年之后，中国成为世界第二大经济体，经济基础和财政实力明显增强，为农民工社保与城镇职工社保的融合统筹提供了经济支撑。新型农村城镇化的提速在推动城镇化进程的同时，也为农民工成为市民创造了条件。随着新生代农民工登上历史舞台并逐步成为产业工人的主体，打造新型产业工人队伍成为继续保持“中国制造”的优势和走向“中国创造”的根本保证，客观上要求农民工社保与城镇职工社保的融合和统筹，这是农民工社保制度建立和完善的内在需要。2010年至2012年前后，我国劳动力供给的“刘易斯拐点”到来，在走向供给峰值之后，总供给量开始递减，农村劳动力尤其是农民工的数量从“无限供给”走向“有限供给”。在这种情况下，建立和完善农民工社保制度并提高与城镇职工的整合统筹层次，就成为调动农民工积极性、延伸“人口红利”的重要举措。2010年之后，中国的老龄化处于加速状态，面对“银色浪潮”的冲击，尤其是老一代农民工的养老、医疗等问题，建立和完善城乡统筹的社保制度，就成为社会稳定和经济社会可持续发展的重要保证。由此可见，生产力发展水平、经济社会阶段性发展任务和农民工队伍自身的变化，是农民工社保制度建立和完善以及与城镇职工融合统筹的客观基础。

农民工社保与城镇职工社保的融合统筹在制度上和社会发展趋势上体现了公平性。以户籍制度为核心的城乡二元体制以及依附于户籍制度的城乡二元社保政策实际是对农民社会保障权益的剥夺，是社会不公的一种体现。实行社保的统筹实际上是从制度层面清除社会不公，给农民工一个公平的城镇职工或市民待遇。社会主义制度优越与否的一个重要标志就是它的公平性，我们再也不能走一边是财富的积累，一边是贫困积累的老路。从发展趋势上看，农民工与城镇职工的社保统筹既是统一的市场经济发展的客观需要，也是农民工市民化的客观需要，更是社会主义制度与市场在资源配置中起决定性作用相结合、实现公平与效率相统一的客观需要。没有社保制度和政策的统筹，就没有社会公平，就没有农民工在城市的融入，就没有中国特色的城镇化发展之路。

尽管农民工社保与城镇职工社保的整合统筹仍然存在政策不完善、一些险种统筹层次低、农民工参保率不高、保障水平较低等问题，但是制度体系已经确立。随着生产力水平的提高、财政实力的增强和政策及制度的完善，中国特色的社保制度将为经济社会的协调和可持续发展构建一张“安全网”。

2012

2018

第十八章

户籍制度改革与城市融入

2012 年之后，农民工的总量和流入地级市以上农民工占比一直处于稳定提高的状态。从 2012 年至 2015 年，农民工的总量分别为 26261 万人、26894 万人、27395 万人和 27747 万人，在跨省流动的农民工中流入地级以上城市的农民工占比分别为 65%、64%、64.7% 和 66.3%。农民工中签订劳动合同的比例一直在 40% 左右，其中签订一年以上劳动合同的比重始终在 22.1%~23.2%，4 年间波动没有超过 1 个百分点。

从总量上看，农民工已经成为产业工人的主体，没有农民工的支撑，“中国制造”就不可能成为中国的名片；从流向上看，在跨省流动的农民工中，流入地级以上城市的始终保持在六成以上，大中城市对农民工的需求没有发生起伏波动；从一年以上劳动合同的签订来看，稳定就业和与企业保持长期劳动关系的农民工一直没有什么变化，处于相对稳定的状态。这就从需求侧证明，中国的产业发展和城镇化发展客观上需要相对稳定的农民工队伍。从农民工的供给侧来看，老一代农民工中约有 10% 的农民工不愿回家乡定居，而新生代农民工中有 55.9% 的人准备在打工的城市定居。既然工业化和城镇化发展需要，农民工尤其是新生代农民工又具有强烈的融入城市意愿，户籍制度改革是让农民工市民化的必然选择。

毫无疑问，户籍制度改革关键不在户籍本身，而在附着于户籍之上的各种福利保障如何公平化和均等化。随着农民工社保进程的加速，尤其是“三险”“五险一金”覆盖率的扩大和统筹层次的提高，城乡养老保险和医疗保险逐渐衔接和融合，附着于户籍之上的福利保障开始减少，户籍所背负的压力开始减轻，这就为户籍制度改革创造了条件。

户籍制度改革的前提是城市是否具备承载力和公共服务提供能力。中国的改革开放总体上是围绕着衣食住行开始的，市场化改革包括国内、国际两个市场的联动，带来了商品的极大丰富，缓解了计划经济时期由于粮油等商品供应不足对城市人口增加的制约。土地财政的推动、工业化水平提高所带来的财政实力的增强，带来了城市公共资源的增加和公共服务设施的完善，增强了城市的承载力。城市管理的法治化、社区平台的规范化、人口流动的信息化为城乡人口的有序流动提供了现代化的管理手段，提高了城市服务能力，为户籍制度改革和城乡户籍统筹创造了条件，提供了可能。

随着工业化、城镇化进程以及经济社会的发展，当初形成的城乡二元制户籍管理的基础发生了巨大改变：城市就业虽有技能要求，但机会较多；城市商品虽费用稍高，但生活方便；城市资源虽有限供给，但有回旋余地；城市福利虽然“压力山大”，但随着城乡福利保障趋向统一的制度设计，压力将会逐渐减轻。这种情况下，户籍制度改革已是水到渠成。

正是在这样的时代背景下，国务院办公厅于 2011 年 2 月 26 日颁发 9 号文件《关于积极稳妥推进户籍管理制度改革的通知》，就新时期户籍制度改革做出全面部署，并要求对以前出台的相关文件进行清理。以此为标志，中国的户籍制度改革帷幕正式拉开，各地根据中央政府要求，结合本地实际情况，纷纷制定政策措施。

第一节

户籍制度改革的六个阶段

户籍制度本义应当是政府了解和掌握人口以及家庭基本信息的管理制度。户籍管理的实质是国家对以户为基本单元的人口状况进行基本信息登记、统计和了解，为政府的行政管理、制定政策和搞好服务提供依据，同时为社会公民行使权利和履行义务提供方便，这是国际通行的规则。

新中国成立后建立的户籍制度，在户籍制度本义的基础上附加了较多的社会福利因素，并依据生产方式的不同和城乡差别把户籍与出生地始终紧密相连，分为城市户籍和农村户籍。这种户籍制度从一开始便带有社会保障的性质，农村户口以土地使用权作为基本的社保，城市户口以粮油计划供应、工作国家分配、医疗和养老等国家负担的方式提供社保。与新中国成立之前的旧制度相比，这种附加社保性质的户籍制度是与生产资料的公有制性质紧密联系并相互一致的。它反映了户籍制度对全体公民的关怀，从一个侧面体现了社会主义制度的优越性。因此，它在开始阶段对推动城乡社会秩序的治理、促进城乡经济和社会发展，发挥了正面的积极作用。

但是，与户籍制度紧密相联的户籍管理从一开始便带有强烈的阻止流动的特征。当时新中国成立不久，百废待兴，城市优先发展重工业导致吸纳的劳动力有限，城市承载力有限，农业生产所能提供的商品粮也有限，户籍管理在户籍制度建立不久便被用来限制人口在城乡间的流动。除了国家计划招工之外，农村人口是不能自发流向城市的。在户籍制度附加了不同社保的情况下，这种阻止流动的户籍管理在空间上把社会公民分为“城里人”和“乡下人”，在生活方式上被分为“吃皇粮”的和“种口粮”的，在生产方式上被分为“上班族”和“种地族”，在工作和福利待遇上被区分为“铁饭碗”和“泥饭碗”，城乡二元体制就此形成。

这种户籍管理功能的扩大化，使人口出生地与职业和身份高度统一，并具有了世袭的特征。因此，它在带来因先天的出生地不同而形成的身份和社会地位不同的同时，也使整个社会被分割成城市和农村两个互不相切的“圈子”。所谓的城乡二元体制即是如此。

那么，中国的户籍制度和户籍管理在几十年的发展历程中是怎样演变的，它与农民工流动和农民工融入城市有什么关系，户籍制度改革的实质是什么，各地的户籍改革有什么特点？

中国的户籍制度（更大意义上是户籍管理制度）严格意义上说，大体经历了以下六个发展阶段。

1949—1957 年，为户籍管理制度的自然调节阶段。这一时期的城乡之间人口流动基本上依据城市经济社会发展需要和“一五”时期工业化进程的需要，以及农村人口的流动意愿，自发地开始向城市转移，政府不加行政干预。在此期间，2000 多万人从农村来到城市，既为“一五”计划的完成和城市经济的复苏提供了人力资源支撑，同时，随着城市人口的急剧增加，商品粮和城市副食供应告急，又给城市生活带来了巨大的压力。这期间，虽然有要求控制农村人口向城市流动的呼声，但并没有形成制度性的约束。具有标志性的事件就是全国第一次人口工作会议明确了户籍管理的三项任务：“证明公民身份，便利公民行使权力和履行义务；统计人口数字，为国家经济、文化、国防建设提供人口资料；发现和防范反革命和各种犯罪分子活动，密切配合斗争。”这几项任务都与人口流动没有关系，都属于户籍制度本身应有的范畴。即便是在当今西方发达国家，户籍制度的含义也大多如此，只不过把“发现和防范反革命”换成了“发现和防范恐怖分子”而已。

1958—1977年，为户籍管理制度的严格控制阶段，也是城乡二元体制的形成期。这一时期，人口流动严格按计划进行。除了经过行政审批之外，农村人口实际上已被禁止流向城市。其中标志性的事件就是1958年全国人大常委会通过的《中华人民共和国户口管理登记条例》、1961年中央批转公安部颁发的《关于制止人口自由流动的报告》和1977年国务院批转《公安部关于处理户口迁移的规定》。这是新中国成立后第一次从法律上和政策上“双管齐下”严格控制农村人口迁往城市，并把“严格控制市、镇人口”作为“社会主义时期的一项重要政策”。这类法规和政策出台的社会背景与当时的经济社会发展水平、经济结构和城市承载力密切相关。在此期间，经济上的重、轻、农结构，尤其是优先发展重工业、从农业和农村汲取资源支持工业和城市的方针，导致工业化与城镇化不同步，重工业投资巨大而吸纳劳动力却较少；政治上各种“运动”比较集中，极“左”思潮和生产关系的大跃进，给工农业生产和整个社会生产力的发展都带来了消极影响，形成一定程度的制约；自然灾害频发尤其是由自然灾害引发的“三年大饥荒”，对农业生产和农业劳动生产率形成了巨大的冲击，导致农产品供给严重不足，对城市商品粮油关系的供应形成巨大的制约，城市承载力非常脆弱。正是在这样的社会背景下，不仅农村人口向城市流动的自然进程被阻隔，城乡之间还出现了三次比较大的人口倒流潮——1960年开始的2000万名干部和亲属被动员下乡务农，1966年1000万名市民被“下放”回原籍，1968年开始至1975年的2000多万名“知识青年上山下乡”。

这一时期户籍管理的功能被大大强化，成为调节城乡人口与城乡发展、工农业人口与工农业经济结构以及整个社会平稳有序运行的杠杆。毕竟，户籍管理把户籍与生产资料和社会保障捆绑在一起，并与计划经济相衔接，任何人——不管是城里人还是乡下人一旦违反了户籍管理制度，便无法实现与生产资料的结合，也就失去了谋生的手段。即便是到城市乞讨流浪，也同样逃不了被收容遣送的命运。

从社会公平的角度来看，这种户籍管理制度确实不合理，它把社会成员人为地划定为两个不对等的群体。但实际上，就当时的经济社会发展状况和社会有序运行的需要来看，存在着很大程度的客观性和合理性，只不过这种户籍管理制度在之后的改革中没有即时跟进，从而对农民工流动和城镇化进程形成了羁绊。

1978—1988 年，为户籍管理制度的适度放开阶段。所谓适度放开，就是“一个试点和两个默许”。

“一个试点”是指由各级政府选定若干小城镇进行户籍制度放开试点。其中的标志性事件就是 1984 年中共中央 1 号文件提出的“各省、自治区、直辖市可选若干集镇进行试点，允许务工、经商、办服务业的农民自理口粮到集镇落户”。这也是第一次真正涉及农民工户籍管理的政策。根据当年的 1 号文件规定，在集镇有固定住所，或在乡镇企事业单位长期务工的，公安部门应准予落户，及时办理入户手续，统计为非农业人口。这个试点政策的出台有着客观的社会背景。尽管 1978 年至 1984 年在户籍制度和户籍管理上是一个空白期，但随着 1978 年思想解放和改革开放的启动、1979 年家庭联产承包责任制的实行，农村乡镇企业得以蓬勃发展，农业劳动生产率得以提高，农民剩余劳动力的转移尤其是就地就近转移成为生产力发展的客观要求，在此基础上试点农民到集镇落户是户籍管理顺时应变的举措。

“两个默许”就是默许农民进城从事服务业、默许农民到沿海开放城市的三资企业和个体私营企业打工。“两个默许”的前提是计划经济体制的松动。1985 年的中央 1 号文件决定取消农产品统派购制度，为农民自理口粮进城创造了条件，城市生活对服务业的需求为农民进城提供了可能，城里人在职业选择上拣轻怕重、挑肥拣瘦使城市里的苦、脏、累、险、重的工作岗位出现缺口，使农民进城成为必要。但城市工业化水平不可能在短短几年内就得到大幅度提高，在这种情况下，政府对农民进城采取默认的态度，但对于城乡户籍管理并没有制度上的松动安排。换句话说，农民可以进城，但不可以落户。与此同时，三资企业和个体私营企业随着改革开放力度的加大而不断取得长足发展，但当时人们普遍认为吃“皇粮”是十分金贵的，体制内的劳动者不愿去这类企业上班，而这类企业的发展客观上又需要大量的劳动力。因此，农民“离土又离乡”到这类企业打工既与改革开放要求相一致，又与国家发展战略相吻合。鉴于这类企业大多不在大城市，对大城市的承载力不构成直接压力，故而国家在政策和制度安排上对这种流动既不反对也不鼓励，人口可以流动，但户籍不能转移。

由于乡镇企业的发展、城市服务业及艰苦岗位的需要、三资企业及个体私营企业大量兴起带来的刚性需求，也由于农村土地所有权与使用权的分离和农业劳动生产率的提高，使农村剩余劳动力的流动成为必然，国家已经不能通过严格的户籍管理来确定农民与生产资料结合的实现形式和结合方式。通俗地说，农民的农村户口并不能决定他究竟是种田、进城、到乡镇企业就业，还是到沿海流动打工，户籍对职业的束缚已被打破，户籍管理的功能被削弱。正是在这一时期，农民工实现了户籍、职业与身份的分离。这种分离是原有户籍管理制度的异化，又是中国工业化、城镇化的一大特点。它在给工业化带来人力支撑的同时，又削减了城镇化进程中的压力，但也给农民工的市民化之路带来了重重阻力和困难。

1989—2001 年，为户籍管理制度的适度控制阶段。所谓适度控制就是对小城镇或小集镇落户放开，鼓励农民就地转移到乡镇企业就业，对农业人口向大城市流动则通过户籍管理并配合相关证卡制度进行控制。其中的标志性事件就是 1989 年 3 月 6 日国务院办公厅发出的紧急通知，要求各省市自治区和各部门做好严格控制农民工盲目外出的工作，以及 1990 年 5 月国务院《关于做好劳动就业工作的通知》，要求“对农村劳动力进城务工，要运用法律、行政、经济的手段和搞好宣传教育，实行有效控制和严格管理”。在此期间，国家经历了治理整顿、国企改革和加入 WTO 等重大事件。虽然邓小平南方谈话和中共中央决定实行社会主义市场经济体制之后，农村劳动力向城市流动呈加速度状态，但鉴于国企改革抓大放小和减人增效带来的城市职工下岗潮的压力，以及对中国加入WTO之后可能冲击就业问题的预判，使国家为了控制农民工流动规模，在户籍限制的基础上又增设了农民工外出务工证、就业证、暂住证等一系列的证卡制度。尽管户籍管理制度本身与1989年之前相比并无实质性变化，但由于一系列证卡制度与之配套，实际上较之前的控制更为严格，而且户籍管理—证卡制度—无证的收容遣送制度三位一体，为城乡的户籍壁垒增设了一道沟堑。很多农民工的侵权事件都是因为倒在这条沟堑里，孙志刚收容遣送事件就是典型的事例。这一时期，农民工进城就业的各种证卡制度就是适度控制与之前适度放开的区别所在。

也有学者把1997年6月《国务院批转公安部小城镇户籍管理制度改革试点方案和关于完善农村户籍管理制度意见的通知》作为户籍制度改革的起点，其实并非如此。尽管这一通知提出了户籍管理制度改革问题，但明确规定“改革的范围限制在县（县级市）城区的建成区和建制镇的建成区”“选择少量经济和社会发展水平较高、财政有盈余、城镇基础设施等具有一定基础、在当地具有一定代表性的小城镇，先期建行两年的改革试点”，并分别确定西部地区每个省不得超过10个、中部地区每个省不得超过15个、东部地区不得超过20个试点范围。因此，从范围上看，并没有突破1984年1号文件精神；从实际操作看，农民或农民工到试点的小城镇落户仍然需要通过行政审批，该通知的第五条要求“严格在小城镇落户的审批程序”。从当时的宏观背景看，国企改革正处于攻坚阶段，国企“减人增效”带来的“下岗潮”对城市职工就业形成了很大的压力，为了防止“下岗潮”与“民工潮”叠加对社会稳定形成冲击，政策取向上采取了众多的证卡制度限制农民工进城，这种情况决定了户籍管理改革不可能取得大的突破。

2002—2011年，为户籍管理体制的改革探索阶段。其中的标志性事件就是2001年3月《国务院批转公安部关于推进小城镇户籍管理制度改革意见的通知》。与以往的文件不同，这份文件就小城镇户籍管理制度改革做出全面部署，要求同年10月1日前各地就要拿出方案，并要求公安部门加强指导和监督，可以说是主动作为。同时，对办理小城镇常住户口的人员不再实行计划指标管理，在实施范围上突破了以往的诸多限制，县级市及以下镇全面放开，并规定“已在小城镇办理的蓝印户口、地方城镇居民户口、自理口粮户口等，统一登记为城镇常住人口”，这就逐步为一元化的户籍改革打下了基础。这份文件出台的背景是国企改革攻坚已基本完成，城乡二元体制下的用工制度和用工形式逐步实现了并轨，走向了统一的劳动合同制；工业化进程加速，GDP始终以两位数的增长速度增长，工业化对劳动力的需求加大；加入WTO后“中国制造”需要农村廉价劳动力的支撑，以保持出口量的增加和出口商品的低价竞争力。

正是在这样的背景下，各省市纷纷进行户籍管理制度改革设计，一些试点省份还把户籍管理制度改革的试点范围从县级市扩大到地级市和省辖市。例如，郑州市尝试推进户籍新政，宣布取消现行“农业户口”“暂住户口”“小城镇户口”“非农业户口”的二元化性质，统一为“郑州居民户口”，推行一元化的户口管理模式，2004年则全面放开户籍制度。但是，由于步子迈得太大和市区承载力有限，推行一段时间后被迫一度暂停。成都从2003年取消入户指标限制，并于2004年取消“农业户口”和“非农业户口”的界限，统一登记为“居民户口”。上海先从人才引进着手，分别于2002年和2004年出台了《引进人才实行〈上海市居住证〉制度暂行规定》《上海市居住证暂行规定》，为流动人口获得市民待遇提供途径，逐步降低准入门槛。重庆则先在区一级试点，逐步扩大范围。这些改革和探索，无疑为之后户籍管理制度改革总体方案的出台积累了经验、创造了条件、提供了借鉴。

2012年至今，为户籍管理体制的顶层设计、深化改革阶段。2011年2月26日，国务院办公厅发出《关于积极稳妥推进户籍管理制度改革的通知》，提出“遵循城镇化发展规律，统筹推进工业化和农业现代化、城镇化和社会主义新农村建设、大中小城市和小城镇协调发展，引导非农产业和农村人口有序向中小城市和建制镇转移，逐步满足符合条件的农村人口落户需求，逐步实现城乡基本公共服务均等化”；分类明确户口迁移政策，“在设区的市有合法稳定职业满3年并有合法稳定住所（含租赁），同时按照国家规定参加社会保险达到一定年限的人员”“可以在当地申请登记常住户口”“中西部地区根据当地实际，可以适当放宽职业年限的要求”；要“着力解决农民工实际问题”“对农村人口已落户城镇的，要保证其享有与当地城镇居民同等的权益；对暂不具备落户条件的农民工，要有针对性地完善相关制度，下大力气解决他们当前的劳动报酬、子女上学、技能培训、公共卫生、住房租赁、社会保障、职业安全卫生等方面的突出问题”。

这份文件第一次明确把农村人口向城镇转移与城镇化发展规律相联系，首次把农村人口转移的范围扩大到地级市，首次把“着力解决农民工实际问题”作为户籍管理制度改革的重要内容。它的出台标志着国家有关户籍管理制度改革进入一个新阶段，农民工融入城市已成为户籍管理改革的一个重要原则。

2013年10月，《中共中央关于全面深化改革若干重大问题的决定》对中国新一轮改革进行了顶层设计和全面部署，对户籍管理制度改革和农民工融入城市问题进行了制度安排和体系化设计。该决定提出，要“创新人口管理，加快户籍制度改革，全面放开建制镇和小城市落户限制，有序放开中等城市落户限制，合理确定大城市落户条件，严格控制特大城市人口规模”。经过半年多的酝酿和讨论，2014年7月《国务院关于进一步推进户籍制度改革意见》正式发布，这是新中国成立以来第一份全面、系统地改革户籍管理制度的政策，在户籍管理体制的改革历程中具有标志性的意义和不可替代的作用。该意见把十八届三中全会关于户籍管理改革的相关精神进一步具体化，要求“统筹推进工业化、信息化、城镇化和农业现代化同步发展，推动大中小城市和小城镇协调发展、产业和城镇融合发展。统筹户籍制度改革和相关经济社会领域改革”“有序推进农业转移人口市民化”。该意见提出，要进一步调整户口迁移政策，建立城乡统一的户口登记制度；全面实施居住证制度；健全和共享国家人口基础信息库；把进城落户农民完全纳入城镇社会保障体系；整合城乡居民基本医疗保险制度，加快实施统一的城乡医疗救助制度；实施基础养老金全国统筹，加快实施统一的城乡居民基本养老保险制度；把进城落户农民完全纳入城镇住房保障体系，采取多种方式保障农业转移人口基本住房需求。该意见明确划定了时间表，“到 2020 年，基本建立与全面建成小康社会相适应，有效支撑社会管理和公共服务，依法保障公民权利，以人为本、科学高效、规范有序的新型户籍制度，努力实现 1 亿左右农业转移人口和其他常住人口在城镇落户”，并要求“切实保障农业转移人口及其他常住人口合法权益”，抓紧落实户籍管理制度改革的政策措施。

从《中共中央关于全面深化改革若干重大问题的决定》到《国务院关于进一步推进户籍制度改革意见》，既确定了城乡统一的户籍管理制度改革方向，又确定了近期的改革目标；既体现了户籍管理制度改革中城乡居民的平等原则，又根据大中小城市和小城镇的不同情况采取了差别化的落户政策，中国特色的户籍管理制度由此形成，农民工融入城市有了制度安排的依据和政策规定的举措。自此，农民工向城市转移的大趋势与国家政策和制度安排实现了同向的一体化进程。尽管有些政策措施尚需进一步完善，但体系化的进程已经开启。

第 二 节

户籍制度改革探索：特点和不足

随着中央政策的明朗化和国家户籍管理制度改革总体方案的出台，各省市自治区也都结合各自的实际情况，制定了本地的户籍管理制度改革方案。从宏观上看，各省市自治区的户籍管理制度改革具有以下两个共性特征。

一是取消农业和非农业户口之分。各省市自治区普遍建立城乡统一的户口登记制度，取消之前农业户口与非农业户口的性质区分和由此衍生的“蓝印户口”等户口类型，统一登记为居民户口，体现了户籍管理制度回归户籍制度的人口登记管理功能。截至 2016 年 9 月 19 日，随着北京市关于《进一步推进户籍制度改革的实施意见》正式出台，全国 31 个省份已取消农业户口，在“户别”栏不再有农业和非农业之分，取而代之的是“家庭户”或“集体户”。这一取消绝不仅仅是取消了农业户口与非农业户口之分这么简单，它的实质意义在于户籍管理的一元化、外来人口市民化和城乡人口同等化的制度安排取向，在于推动城乡居民、本地居民和流动人口的同城待遇。它体现的是身份平等以及身份与户籍的剥离，从此作为社会人只有居住地的区别，再无身份的高低贵贱，“城里人”与“乡下人”之分将随之淡出历史舞台。

这一改革为农民工融入城市创造了条件。进城没有户籍限制，只有社会保障上的差别，而且这种差别跟历史形成原因（“五险一金”缴纳年限不同，享受的保障程度就不同）有关，但随着时间的推移和城乡社保统筹层次的提高会逐步消失。与此同时，农民工在进城初期虽然在社保上有差别，但农村“三地”（承包地、宅基地、林地）提供的最低保障让农民工既进得了城又回得了乡，究竟是进城还是回乡完全取决于农民工的劳动技能和个人意愿。从这个意义上说，户籍管理制度的改革无疑是农民的第四次解放（第一次是新中国成立之后的“打土豪、分田地”；第二次是 1979 年的家庭联产承包责任制带来的土地所有权与经营权的分离；第三次是 1985 年农产品统派购制度的取消使农民能够按照市场规律决定自己的生产和生活。第二次解放和第三次解放也是农民工产生的前提和基础）和农民工的第二次解放（第一次是“收容遣送制度”的终结和各种证卡制度的取消，为农民工流动解除了羁绊）。

从社会学的意义上来看，取消农业与非农业户口之分是实现自由、平等、公正的最大社会实践。职业迁徙自由是最基本的自由，身份平等是最重要的社会平等，对所有城乡居民实行一元化体制的制度设计是最重要的、涉及面最广的户籍管理公正。中国 2000 多年封建统治的“封建等级制”和新中国成立以来的城乡二元化体制，都将随着这项管理制度的出台而渐次淡化。显然，户籍管理制度的改革是又一项重大的社会变革，是中国社会走向现代文明的标志性事件，也是社会管理与市场经济相衔接、相一致的重大举措，尽管改革的相关措施尚待完善，但其社会意义不亚于一次社会解放。

二是全面实施差别化的政策体系。从“全面放开建制镇和小城市落户限制”“有序放开中等城市落户限制”“合理确定大城市落户条件”到“严格控制特大城市人口规模”，不仅中央政府采取了差别化的户口迁移政策，各省市自治区也都结合各地的城市状况、城市功能定位和工业化发育程度，陆续确定了不同的户口迁移政策。城市的承载力、公共服务资源分布和城市的功能定位，是差别化政策的前提和基础，“积分落户”制度是调节农民工融入城市以及实行差别化户口迁移的制度性杠杆。各省市普遍建立和完善积分落户制度，完善积分落户政策，合理设置落户积分的分值，并以具有合法稳定就业、合法稳定住所、参加城镇社会保险年限、连续居住年限等作为主要积分指标，调节大城市和特大城市的人口迁移和农民工融入。

一般来说，大城市的积分门槛要高于中等城市，大城市主城区的积分门槛要高于建成区和工业园区，东部省市的积分门槛要高于中西部大城市的积分门槛，实行分区落户政策几乎是大城市的标配。经济发展最快的广东和江苏，对户籍管理制度的实施要求比较严格，稳定就业时间、参加社会保险时间都是国务院文件规定各类别里的最高年限；江西、山西、陕西规定非省会城市参加社保年限的时间限制是不得超过一年；安徽、河南的规定分别是“不得超过3年”和“不得超过两年”；新疆、青海、云南、贵州等西部省区则规定不得超过一年，甚至不限制参加社保年限；内蒙古的呼和浩特市和包头市则取消社会保险落户条件，扩大合法稳定就业的认定范围，进一步放宽户口准入条件。

从各省市自治区这个时期出台的户籍管理制度改革方案来看，东部地区的大城市以及中部地区的省会城市，差别化的人口迁移政策主要导向是让人口向城市扩张的新区和工业园区迁移；中部地区除省会之外的其他大城市以及西部地区的几乎全部大城市差别化的人口迁移政策主要导向几乎是全域性的。这些情况至少说明三个问题：一是本轮户籍管理制度改革在贯彻中央政府总体方针的前提下，体现了各地从实际出发和因地制宜的原则，避免了以往那种“一刀切”的做法所带来的门槛高低与当地城市发展需求以及城市资源承受程度相脱离的状况；二是城市人口迁移门槛高低与农民工的流向和流量基本一致，发达地区在为农民工打开积分落户通道、为农民工在大城市保留一席之地的同时，融入门槛相对较高，农民工实际融入东部大城市的比例并不高；三是中西部尤其是西部大城市门槛虽低，但工业化程度不高，对农民工吸引力有限。

户籍管理制度的全面改革启动了中国农民工流动的“第三次浪潮”（“第一次浪潮”是家庭联产承包责任制的推行带来的农民工“离土不离乡”；“第二次浪潮”是由农产品统派购政策的取消、农民工外出打工各种证卡制度的取消和“收容遣送制度”终结带来的农民工“离土又离乡”；“第三次浪潮”则是由户籍制度改革所带来的“进得了城、回得了乡”）。但是，从户籍管理制度改革的实践来看，“第三次浪潮”还刚处于起势阶段，虽然制度设计上体现了公平、公正和平等的原则，但在实际执行过程中仍显示出诸多的不足，主要表现在以下两个方面。

一是区域排他性。户籍制度变迁主体的局限性导致农民工流入地与流出地空间不一致、所得与所失也不一致，由此带来了户籍管理制度改革的区域排他性。中国的农民工从农村流向城市、从中西部地区流向东南部地区是一个流动规律，流动的农民工中有半数以上的农民工是跨省流动的。由于各省户籍管理制度改革的方案不尽相同，不同省市大城市的“积分落户”设置标准和门槛不一样，农民工流出大省与流入大省压力不一样（据测算，每位农民工融入大城市的成本在 8 万至 10 万元）、农民工融入城市背后的“三地”（承包地、宅基地和林地）指标尚未实现跨县、跨市和跨省统筹调剂，流入地与流出地在农保地和建设用地指标方面无法与农民工的跨省流动和跨省融入相挂钩。在这种情况下，虽然各省市户籍管理制度改革的精神基本一致，但由于农民工跨省市融入仍然涉及户籍迁移所带来的利益和资源的分割，因此，户籍制度变迁主体的局限性就暴露无遗。制度变迁主体的局限性，又在客观上限制了农民工在流入地城市的融入，使农民工户口迁移具有一定的区域性和排他性。

从已经公布的户籍管理制度改革方案来看，对于各类人才落户，所有的省市包括特大城市都是敞开的。但是，对于农民工户口迁移，绝大多数省市都仅限于本省市范围的户籍，外省流动农民工的入户控制依然比较严。重庆市早在2007年就在所属区进行了改革试点，2014年后又出台了“1+3”文件框架，即1个户籍管理制度改革的总体意见和户口迁移、土地处置、社会保障3个配套文件，让农民穿着“三件衣服”（承包地、宅基地、林地）进城，城里提供“五件衣服”（就业、社保、住房、教育、医疗）保障，让农民在户口迁移过程中增加获得感。这样的制度设计，应当说是比较彻底的。到2016年，已有436万名农民变为市民，享受户籍制度改革的红利，其中农民工及家属就有362万人，成为转户主体。即便如此，这项改革也只针对重庆籍的农民或农民工。成都的户籍管理制度改革曾被称为“中国最彻底的户籍改革方案”，针对的是成都全域内的所有人。依此方案，成都将彻底改变城乡二元结构，消除户籍背后的身份差异和公民基本权利的不平等，实现基本公共服务和社会福利在城乡居民、流动人口之间的平等配置，实现民众自由迁徙的目的。不过，尽管成都明确提出市外人员也可入户，但到2016年，外省市农民工真正在成都落户的仍是寥寥可数。

要解决户籍管理制度改革中产生的区域排他性，就必须提升户籍制度变迁主体的统筹层次，确定“三地”指标跨县域、跨市域、跨省域统筹调剂的审核主体、批准主体和农保地责任主体。户籍管理制度改革属于中央事权，这是2016年国务院办公厅《关于积极稳妥推进户籍管理制度改革的通知》中明确规定的。因此，应当由中央政府作为户籍制度变迁的主体，统筹农民工流入地与流出地在“三地”指标上的跨区域调剂。对农民工流出的大省，由省政府审核后报国家，国家根据该省汇总上报的农民工“三地”指标，分别对流出大省和流入大省农保地指标和建设用地指标进行增减调剂。这项工作虽然复杂，却有利于调解户籍管理制度改革中利益和资源的分割问题，真正实现“城乡人口同等化”和“外来人口市民化”。

二是市场调节的局限性。户籍制度改革形成的市场调节之手与东、中、西部工业化进程不一致造成的就业岗位之需差异导致中西部农民工进一步“孔雀东南飞”，由此可能又反过来制约中西部地区城镇化的进程，影响国家在中西部就地就近转移1亿人这一战略目标的实现和农民工融入城市的进程。从市场调节的角度看，农民工向东南沿海大城市流动有其内在的合理性。这些地方城市承载力要比中西部强，公共服务设施比较齐全、公共服务也比较完善，工业化带来的产业支撑多、服务业发展带来的就业机会多，信息化催生的城市生活方式的变化，也给农民工进城提供了就业的空间。因此，农民工融入这些城市的愿望也比较强烈。

从东南沿海一些大城市经济社会发展的实际情况看，大多数城市经过近些年的扩张之后，资源和承载力都已趋于饱和状态。这些城市的工业也处于转型升级阶段，低端劳动力需求处于减少态势。北、上、广等特大城市的当地政府通过政策驱动，疏解了很多与特大城市定位不符的批发市场、中低端产业的从业者，并通过关停并转“三高一低”企业（高污染、高风险、高能耗和低产能企业）来调整外来务工的农民工。据2016年北、上、广有关部门公布的统计数据，2015年北京常住人口总共只增长30多万人，不仅增速放缓，而且上海还呈常住人口下降状态。因此，这些东南沿海的大城市和特大城市的户籍管理制度改革，对农民工融入城市实质性进展不大，能融入的为数甚少。

从经济社会发展的客观需要看，中部崛起、西部大开发、农村新型城镇化都是国家发展战略，需要一支熟练的劳动力队伍做支撑。但这些地区的城市和小城镇产业发育不全，资源和服务能力有限，就业机会不足，尽管户籍改革开放度比较大，但缺少吸引力，真正落户的不多。结果，农民工融入东南沿海大城市的愿望强烈，但能融入的却很少；中西部地区融入城市的条件相对宽松，但农民工的融入意愿又不强。

第三节

户籍制度改革与城镇化困局

农民工流动和户籍管理制度改革始终与中国的工业化和城镇化紧密相联。工业化是城镇化的支撑，城镇化是农民工流动和户籍管理制度改革的基础，户籍管理制度改革是工业化和城镇化发展的必然结果。没有产业支撑的城镇化是不可持续的，没有城镇化的可持续发展，农民工就不能够真正融入城市。从户籍管理制度改革的现实效果来看，呈现出“东热西冷”、城市尤其是“大城市热而小城镇冷”的特点。这是因为城镇化发展不均衡，工业化、城镇化、信息化和农业现代化没有实现协调同步，尤其是中西部地区的小城镇发展缺少产业支撑。人的城镇化、农民工的市民化前提条件是就业的城镇化，有了稳定的职业、收入和相应的社会保障，才能真正成为“城镇人”。

因此，要真正解决户籍管理制度改革出现的“冷热不均”问题，让农民工真正融入城镇，首先就必须破解中西部地区小城镇产业支撑不足的难题和补齐小城镇发展滞后的短板。中国的城镇化不能有城无业、有户口没工作。

工业化、城镇化是国际上通行的提法，也是国际上农村人口向城市转移的普遍规律。但是，中国的工业化和城镇化之路从一开始就与其他国家不同。鉴于中国是农业大国，农业人口众多，工业基础薄弱，国土面积大，东中西部发展不平衡，因此，决策层在深化改革和扩大开放的过程中就提出要走中国特色的城镇化之路。2002 年 10 月，党的十六大报告首次明确提出“走中国特色城镇化道路”，并将其内涵定位为“大城市与小城镇协调发展”；2005 年 10 月，中共十六届五中全会通过的《中共中央关于制定国民经济和社会发展第十一个五年规划的建议》将新型城镇化上升为国家战略，并首次提出“工业化、城镇化、市场化、国际化”的新四化概念；2012年11月，党的十八大报告提出，“坚持走中国特色新型工业化、信息化、城镇化、农业现代化道路，推动信息化和工业化深度融合、工业化和城镇化良性互动、城镇化和农业现代化相互协调，促进工业化、信息化、城镇化、农业现代化同步发展”。这是首次强调工业化与城镇化的关系，以及城镇化与农业现代化的关系，突出良性互动和相互协调以及融合共进的发展路径；2014年3月，中国首部城镇化规划——《国家新型城镇化规划（2014—2020年）》正式发布，明确了未来城镇化的发展路径和主要任务，并提出到2020年，要解决约1亿进城常住的农业转移人口落户城镇、约1亿人口的城镇棚户区和城中村改造、约1亿人口在中西部地区的城镇化，实现常住人口城镇化率达到60%左右，户籍人口城镇化率达到45%左右。至此，中国特色的城镇化之路内涵已经非常明确，即以人的城镇化为核心，大城市与小城镇协调发展，四化同步，有序推动城乡发展一体化和农业转移人口市民化。

但是，从这些年中国城镇化发展的客观现实来看，中国特色的新型城镇化之路出现了一些结构性的矛盾和问题。

一是大城市发展掏空中小城市，与中小城市抢占资源，致使中小城市发展缓慢、承载力有限、吸纳力不强，而大城市则扩张过快、人口城镇化压力较大。中国社会科学院发布的《中国新型城镇化道路的选择》报告称，中国过去城市人口比重增加主要集中在大城市，20万人以下的小城市数量，从2000年的353个减少到2010年的258个，吸纳人口比重从18.52%下降到10.31%。另一项调查显示，在愿意把农村户籍转为城市户籍的农民工中，只有20%的人愿意在户籍所在地中小城镇落户，70%左右愿意将户口落在大城市。因为大城市相对来说，就业机会多，收入高，公共服务资源优势明显，吸引力强。

二是小城镇工业化滞后于城镇化。从总体上看，中国的城镇化落后于工业化。但是，具体分析不难发现，这种相对滞后主要体现在中小城市。对于小城镇而言，其工业化不仅落后于大中城市，而且落后于小城镇的土地化规模，小城镇服务设施的建设也落后于小城镇的发展速度。据《国家新型城镇化规划（2014—2020年）》的数据显示，从1978—2013年，我国的建制镇数量从2173个增加到20113个。如果按照每个建制镇吸纳5000个农民工落户的话，再加上大中城市有条件的融入，那么农民工的市民化、城乡一体化早已不是问题，应当已经解决了。问题的关键在于小城镇发展既缺少产业支撑，又缺少公共服务资源。除了东南沿海发达地区和省会城市周边的一些建制镇在承接城市扩张以及产业转移基础上，带来小城镇工业化和人口扩张之外，中西部地区大多数建制镇缺少甚至没有产业支撑，医院、学校等服务资源多年来未见增加，甚至随着市场经济的发展，一些医务和教育方面的人才纷纷逃离小城镇，流向大中城市。这种情况下，小城镇实际上不具备人口城镇化的条件，因此也就不可能吸引农民工就地就近转移落户。

由于工业化不足和产业发育不全，很多建制镇尽管落户条件早就放开了，但并没能产生城镇化的吸纳效应。因为农民工进城或是农民就地转移，最基本的就是要有岗可上、有基本的公共服务，否则，落户建制镇只能带来生活成本的提高。因此，集镇的产业化起步较晚、就业岗位不足仍是最大的制约因素。农民工在大城市打工，但积分门槛比较高，房价又居高不下；在乡下建了房，但乡下的集镇又没有就业岗位。这种大城市门槛高、小城镇无业可就的矛盾，导致农民工实际上还是既进不了城又回不了乡，乡下的“空巢”成了农民工尴尬处境的见证。

三是农业现代化与工业化和城镇化脱节，制约了中西部地区农业人口的就地就近转移和小城镇发展。农业的现代化是以规模经营为前提的。但是，除了黑龙江和新疆生产建设兵团之外，中国中西部地区农业的规模经营发展滞后。2004年，国务院发出《关于深化改革严格土地管理的决定》，提出村庄、集镇、建制镇中的农民集体所有建设用地使用权可以依法流转。然而，这种流转多局限于小城镇建设用地的“增减挂钩”（指依据土地利用总体规划，将若干拟整理复垦为耕地的农村建设用地块即拆旧地块和拟用于城镇建设的地块即新建地块，等面积共同组成建新拆旧项目区，最终实现建设用地总量不增加，耕地面积不减少。这是20世纪90年代后期，一些地方采取的建设用地置换、周转和土地整理折抵的办法，用以解决城镇和工业园区的建设用地不足问题）方面，与农业的规模经营没有什么关系。2015年11月，中共中央关于制定国民经济和社会发展第十三个五年规划的建议提出，要稳定农村土地承包关系，完善土地所有权、承包权、经营权分置办法，依法推进土地经营权有序流转，构建和培育新型农业经营主体的政策体系。这里所提的“新型农业经营主体”包括职业农民、农民合作社、家庭农场、农业企业、农产品加工企业和各类农业社会化服务组织。有序推进土地经营权流转是实现规模化经营的前提，有了规模化经营和“新型农业经营主体”的培育，才能实现农业的现代化。而只有农业现代化及其基础上的农业和农产品产业链的延伸，才能与工业化、城镇化协调推进和良性互动。

这就是说，从时间上看，以土地有序流转和“培育新型农业经营主体”为标志，农业的现代化起步较工业化和城镇化滞后较长时间，因此在一定程度上减缓了城镇化和农民就地转移基础的形成。此外，中西部地区的国有农场既有规模优势，又有技术和人才优势，本应在农业现代化方面对农村起到牵引和辐射作用。但是，由于农场、农村和当地的建制镇在管理体制上相互脱节，影响了农场和地方的优势互补。事实也证明，凡是农场与建制镇合一的地方，产业支撑问题就解决得好，建制镇的发展就较快；凡是农场和地方的建制镇脱节、各自为政，建制镇的发展就比较慢，农场的优势也发挥不充分，农村人口就地就近转移和农村城镇化双双受到影响和制约。

正是以上几个方面的结构性问题，致使中国特色的城镇化没有得到充分发展，也增加了农村人口转移和农民工融入城市的难度，导致了“冷热不均”的现象。因此，要破解户籍管理制度改革过程中的困局和农民工融入城市的难题，就必须首先破解城镇化之路的困局和难题，以中国特色的城镇化之路来推动中国特色的户籍管理制度改革和中国特色的农民工市民化之路。

第一，大中小城市协调发展、良性互动。以大城市带动和支持中小城市发展，以中小城市缓解大城市的压力，以此带动农民工多在中小城市落户，把中国政府早就提出的城镇化发展战略落到实处。

一是要通过市场之手疏解大城市的部分项目和优质产业，在大城市与周边中小城市之间形成物流、人流、资金流等功能匹配关系，也就是通过大城市内部疏解、中小城市周边承接的功能定位等方式，实现大中小城市均衡发展和充分发挥城市群的作用，并以此来缓解大城市人口压力过大和中小城市吸纳力不强的问题。

二是要通过政府行政之手调节公共资源和公共服务在大中小城市的合理布局，以此来增强中小城市对农民工市民化的吸引力。农民工之所以热衷于在大城市落户，既是因为机会多、收入高，也是因为教育、医疗等公共资源占有多，有利于子女教育等。如果中小城市能通过大城市的功能疏解和项目转移提供更多的就业机会，通过转移支付、扩大投入以及其他措施提供更多的公共服务，农民工就不会选择去生活成本更高、空间距离更远的大城市落户了。中小城市的差距也会因此而缩小，更有利于诸多的协调发展和良性互动。

第二，市场调节和行政调节双管齐下。补齐小城镇尤其是建制镇缺少产业支撑这个短板，为农民工就地就近转移创造条件。据住建部透露，从2016年开始，全国要建1000个特色小镇，通过产品特色、区域特色、文化特色、乡村文明特色、历史古镇特色和生态特色等举措推动小城镇的产业发展和城镇化建设，以此带动当地的经济发展和农村人口转移。当然，对全国来说，1000个小镇为数太少，但毕竟是一个良好的开端和很好的启示。与此同时，国家还应当制定相关政策，在东南沿海发达地区经济结构转型升级之际，鼓励更多的传统产业向中西部转移，补上中西部地区工业化这一课，以产业的梯度转移推动中西部地区的工业化和城镇化进程，以此带动中西部地区1亿人口的就近城镇化。

第三，加大农村土地承包权、经营权流转以及新型农业经营主体培育的

力度，实现种植业、养殖业、特色农业等规模化经营。在此基础上进一步延伸产业链，拓展农产品加工业、农产品服务业和农业的跨区域合作经营，加快企业的现代化步伐，以农业的产业化带动农村的城镇化。同时，加强农垦企业与村镇的协调机制，以场镇合一推动小城镇发展，充分发挥农垦企业在农业产业化和现代化中的示范导向作用，通过做大做强场镇，为农业劳动力转移创造条件。

党的十九大报告提出实施乡村振兴战略，建立健全城乡融合发展体制机制和政策体系，加快推进农业农村现代化。深化农村土地制度改革。完善承包地“三权”分置制度，第二轮土地承包到期后再延长30年。

2017年10月31日，第十二届全国人大常委会第三十次会议初审通过《农村土地承包法修正案（草案）》。该草案从立法的角度对农村土地所有权、承包权、经营权三权分置进行了明确规定。规定耕地承包期届满后再延长30年，承包方可以用承包土地经营权向金融机构融资担保，同时删除了现行法律中关于承包方全家迁入设区市、转为非农业户口的应将承包地交回发包方的规定，这就从法律上明确了不得以退出土地作为农民工进城落户的条件。

与此同时，国家多部门出台政策，促进现代农业和农业产业化发展。国家发改委、农业部、国家林业局联合印发《特色农产品优势区建设规划纲要》，鼓励地方争创特色农产品优势区，把地方土特产和小品种做成带动农民增收的大事业。国家发改委等七部委联合印发《国家农村产业融合发展示范园创建方案》，提出以示范园建设为抓手，着力打造农村产业融合发展的示范样板和平台载体，力争到2020年建成300个农村产业融合发展示范园。

随着国家乡村振兴战略规划的实施和更多法规政策的落地，城镇化与农业现代化相互协调，既能就地吸纳农业劳动力转移，又能破解城镇化困局。当乡村经济得以振兴，农业产业融合得以发展，城乡差别得以缩小，农村经济发展得以与生态良性互动，美丽乡村成为现实时，农业劳动力的转移必然会递减，甚至会带来城乡劳动力的逆向转移。

总之，城乡户籍管理制度的一体化必须以城乡产业转移的一体化做支撑，农村人口的城镇化必须以农业的现代化与小城镇的工业化的良性互动为基础。只有这样，户籍管理制度的改革才能与人口转移的客观规律相一致，才能破解农民工过分向大城市集中而大城市承载力有限的难题。

第四节

户籍制度改革与农民工的住房困局

要使户籍管理制度改革的举措完全落地，要让已在城市工作的农民工真正融入城市，还必须破解农民工融入城市的住房困局。

建立城乡统一的户口登记制度，取消农业户口与非农业户口的性质区分，回归户籍制度的人口登记管理功能，这是从制度安排上消除了“城里人”与“乡下人”之分，给农民、农民工与市民、城市职工以平等的社会身份。从社会发展的角度看，这无疑是一大进步。但是，从社会现实来看，仅仅停留在这一步并不能实现事实上的平等，还必须进一步深化依附于户籍制度之上的各项社会保障制度的改革，尤其是住房制度的改革，才能革除农民工融入城市的现实羁绊。

中国的住房制度经历了三个阶段。

第一阶段是新中国成立后的计划经济时期，住房制度实行国家保障。除自有住房外，城镇居民由国家（通过单位）分配住房，农村由国家提供宅基地作为基本保障。通过这种制度安排，无论城乡都基本实现了居者有其屋。这也是新中国成立前后新旧两种制度对比给人们带来“解放”感和获得感的重要原因。

第二阶段是2000年前后全国范围的城镇住房制度改革全面启动时期，通过比较低的价格让城镇居民实现了住房私有化和货币化。与此同时，城镇住房走向市场化，商品房全面放开，在任何城市买房皆不受限制，各地方政府“土地财政”纷纷出台，并逐步走向高潮。城市的房地产完全市场化，并在“土地财政”的推动下不断攀高。

第三阶段是2005年前后各地针对部分城镇居民生活困难以及新增长的城市劳动力没有享受“房改房”（即首次住房制度改革时，以较低的价格购买原“福利房”）的实际，由政府出面兴建了一批经济适用房、公租房和廉租房等，以此确保城镇居民都有房可住。这实际上是通过政府的行政调节杠杆来弥补房地产市场调节的不足，在城镇形成完整的、市场经济条件下的住房保障体系。

但是，无论第二阶段还是第三阶段的住房制度改革，都与农民无关，且把农民工排斥在外。无论是农民住房条件的改善还是极少数农民工在城镇买房，都属于完全的市场行为。他们既享受不到城镇低价“房改房”的优惠待遇，也享受不到城镇住房保障体系的“荫德”。在这种情况下，即便取消了城乡户籍的性质、即便给了他们平等的城镇居民身份，然而，由于自身经济能力的局限，绝大多数农民工还是无法真正融入城市。

由于城市住房制度在改革前和改革后都没有对农民工住房问题进行制度保障设计，因此，农民工进城之后的居住方式几十年来基本上是以下几种形式：在单位宿舍居住，在工地工棚居住，在生产经营场所居住，与他人合租或独立租房，乡外从业回家居住。1998年之后，随着城市住房制度的改革，早期进入城市并有一定技能的农民工在务工地自购住房的形式开始出现，但相对于整个农民工群体的居住形式，农民工自购房的比例非常少，到2014年才达到1%，而租房（包括合租和独租）的比例则高居第一位，近年来达到35%~40%。据国家统计局2016年农民工监测报告显示，在进城的农民工中，租房居住的农民工占62.4%。在这些居住形式中，和城市社会关联度比较高的主要是租房形式。

从1978年到2018年，在整个40年的历程中，租房始终是在大城市从事服务业农民工的一种重要居住方式和进入城市的一条重要渠道。以北京市为例，改革开放之初，随着计划经济体制的逐步转型，“吃饭难”“修补难”“服务难”等问题经常困扰着市民的生活。为了缓解城市居民对服务业的社会需求，1985年，北京市政府提出要把第三产业的发展列入规划。1986年，北京市各街道办事处纷纷成立“三产”办公室，大力推动“三产”发展。1987年，北京市工商局出台了《商业服务业企业出租柜台暂行规定》，王府井百货大楼等大型国有企业向个体工商户出租柜台。与此同时，历史上具有商业和服务业传统和技能的浙江人开始大量流动进京，集聚于木樨园到大红门一带与南苑乡交叉的城乡接合处。一是因为这里的租房价格便宜，几个人合租成本就更小；二是这里交通便利，有多条公交车和市内相连，而且城市管理相对薄弱，城管人员很少出现；三是这里的居民通过出租房屋不仅可以取得收入，而且进一步在无人管理的地方进行私搭乱建，为外来人员出租房屋提供了更多的便利。

正是在这样的历史背景下，1986年，北京出现了第一个初具规模的城中村——浙江村，当年聚居外来人口达到1.2万人，1990年增至3万人，1994年达到9.6万人，是本地人口1.4万人的近7倍。“浙江村”的称谓从此广为人知。[41] 此后，在北京海淀区东升乡二里庄，又形成了以河南人为主体、以废品回收为主业的河南农民工聚集区，1992年因整治被迁至东升乡八家村。据1995年年底的统计，该村有外来人口5000人左右，1993年时曾达8000多人，其中75%为河南人，故又名“河南村”。[42]

在整个20世纪90年代至21世纪初，类似的城中村在各大城市相继出现，如北京的“新疆村”“安徽村”，南京的“固始村”“无为村”，广州的“南景村”，等等。

这些城中村既是农民工进入城市的一个渠道，又是城市住房制度排斥农民

41　王汉生，刘世定，孙立平，项飚.“浙江村”：中国农民进入城市的一种独特方式[J]. 社会学研究，1997（1）.

42　唐灿，冯小双.“河南村”流动农民的分化 [J]. 社会学研究，2000（4）.

工所产生的一个畸形社会现象。一开始，它为由地缘、亲缘和业缘形成的农民工群体在城市打拼立足提供了方便，但随着城中村的发展，由其本身的封闭性和社会管理的薄弱所带来的一系列社会问题又使它成为社会关注的一个焦点。

首先，这些城中村自成体系游离于城市管理之外，如“浙江村”在1993年3月就因摊位工商管理费的提高而发生“罢市风波”，1994年、1997年和1998年又多次以法律等形式和管理部门“对话”。

其次，这些城中村成为“边缘社区”，犯罪问题突出。1993年，南京市城乡接合部暂住人口犯罪人数在该地区全部案犯中的比重达到50%以上，人口犯罪率达到8%，而同期全市人口犯罪率仅为1.4%。同年，上海市城乡接合部外来人口刑事案件作案人数占总数的70%以上，广东省则占80%以上，“边缘社区”的犯罪问题成为大中城市严重的社会问题。

最后，城中村作为城乡接合部，随着城市规模的扩张，必须纳入城市发展的总体规划之中，城中村的改造成为必然。有鉴于此，北京市从2009年2月启动城乡接合部综合配套改革试验，2010年向全市50个重点村推进，通过旧村改造和新村建设的方式进行城镇化改造，试图彻底改变城中村的生存环境和管理问题。此后，各大城市也都相继推出了城中村的改革和改造措施，时至今日，城中村大体已经退出了历史舞台。

城中村的产生是农民工在两种住房保障体系下，因自身打工收入低而又想在城市立足的必然产物，城中村的消失是城市改造和扩张以及加强城市管理的必然逻辑。尽管城中村渐次消失了，但农民工进城的潮流仍在继续，农民工的融入是大势所趋。让农民工进得城、留得下是国家新时期的制度安排，既然如此，就得让农民工在城市有地方可住。安居才能乐业，只有安居乐业了，城乡户籍管理制度改革所追求的城乡一体、同城待遇的社会平等才能实现。据全国总工会2010年对新生代农民工的调查，有55.9%的人准备将来“在打工的城市买房定居”。江苏省住房和城乡建设厅2009年对全省13个省辖市农民工住房需求抽样调查显示，近70%的农民工希望拥有产权住房，像城里人一样体面地居住和生活，这说明农民工在城市居住的意愿和购房的意愿都比较强烈。

但与此同时，农民工的收入水平与在打工城市居住的愿望相比，却有很大落差。虽然农民工的工资水平在“十一五”期间和“十二五”的前两年增长较快，甚至连续3年增长幅度在20%左右，但由于农民工的工资收入起点低，工资收入总体水平并没有显著提高。国家统计局2016年4月28日公布的《2015年农民工监测调查报告》称，农民工月收入为3072元，而且农民工收入的增速出现三连降：2013年增长了13.9%，比上年下降6%；2014年增长了9.8%；2015年增长了7.2%。另有数据显示，2016年农民工收入仅增长了6.6%。与此同时，农民工的住房公积金参保比率虽然逐年有所提高，但仍然较低，2013年为5%，2014年为5.5%，2015年比上年增加的比例仍然没超过1%。在较低的工资收入和城市的高房价面前，进城居住的愿望无论多么强烈，依然会是落空的结果，户籍管理制度改革并未带来实质性的好处。

解决流动人口住房问题是一个世界性的难题。中国进城农民工的数量庞大，土地财政推动的城市房价又一路走高，要破解农民工进城的住房困局，绝不能简单地走市场调节的路子，必须充分发挥举国体制政府行政调节的作用。有专家学者提出“三个体系”的破局思路：建立起以低端市场租赁房为重点，以保障性住房和商品房为补充的农民工住房供应体系；健全农民工经济租用房、廉租房、经济适用房、限价商品房“四位一体”的住房保障体系；逐步完善住房公积金制度、住房补贴制度、财税支持制度、金融服务制度、土地供应制度、规划保障制度相互补充的农民工住房政策体系，尽快改善农民工的住房条件。[43]

2016年6月，国务院办公厅印发《关于加快培育和发展住房租赁市场的若干意见》，从培育市场供应主体、鼓励住房租赁消费、完善公共租赁住房、支持租赁住房建设、加大政策支持力度、加强住房租赁监管六个方面，提出了

43 金三林．解决农民工住房问题的总体思路和政策框架[N]．开放导报，2010（3）.

培育和发展住房租赁市场的具体政策措施。

2017年5月19日，住房城乡建设部发布《住房租赁和销售管理条例》（征求意见稿），对租赁市场的各种现象做出规定，租房权益获得立法保障。两个月后，住建部等九部门联合印发《关于在人口净流入的大中城市加快发展住房租赁市场的通知》，要求大中城市要支持相关国有企业转型为住房租赁企业，广州、南京、深圳等12个城市成为首批试点城市。此后，“租售同权”及租赁市场的发展成为实现住有所居目标的重大民生工程。长期租赁市场的发展，成为房地产市场的重要取向。2017年4月，北京市政府首次向新市民（主要包括农民工）定向提供廉租房。同时，重庆、贵州和广西等省市把农民工的住房困局与新型城镇化建设和城镇购租并举的住房制度建设相结合。

从长远看，“租售同权”是构建房地产长效机制和高房价下保障民生尤其是农民工进城住有所居的客观要求和重要路径。但是，由于公共资源分配不均以及户籍与公共服务的捆绑关系难以在短期内消除，在一段时间内租售还达不到完全同权，同权的形式和程度不一，在不同的城市还可能出现分化。要使租售同权、租购并举的住房制度成为破解农民工住房困局的钥匙，还必须以完善的租赁市场、均等的公共服务资源、健全的立法规范、多主体的供给和多渠道的保障为前提和条件。然而，这并不影响从总体上判断，农民工进城的住房困局的破解已经曙光在前。

第 五 节

户籍制度改革与农民工随迁子女教育困局

户籍问题与农民工随迁子女入学教育密切相关，要使户籍管理制度改革的初衷得以实现，破解农民工随迁子女入学教育的困局就成为绕不过去的问题。

农民工随迁子女的规模是随着农民工跨区域流动总数的增加而不断增长

的，其流向主要是大中城市和特大城市。随着改革开放的不断深化和城市物质生活条件的提高，城市服务业的扩张和需求为进城从事服务业的农民工举家搬迁创造了条件。尽管缺乏连贯的统一的农民工随迁子女的统计资料，但不同时期、不同渠道碎片化的统计数据仍然能反映这一特殊群体的规模。2000 年第 5 次全国人口普查结果显示，我国流动人口规模超过 1 亿人，其中 18 周岁以下流动儿童占全部流动人口的 19.37%，近 2000 万名流动儿童成为社会的一个特殊群体。据 2008 年全国妇联公布的调查结果，农民工子女群体总数已超过 8000 万人，其中流动人员约有 2000 万人，这与第 5 次人口普查的数据大体相当。另据有关部门估算，2010 年，在城市生活的农民工子女已达 3000 万人，考虑到其中一部分已经进入成年，因此，流动儿童总数应该在 2000 多万人。

毫无疑问，流动儿童数量巨大，如何解决他们接受义务教育的问题成为急迫的课题。然而，在改革开放之初的很长一段时间内，义务教育又完全复制了城乡二元分割的体制，再加上《义务教育法》明确规定义务教育分级管理以县为主，教育经费的筹措都是户籍所在地政府的事情，因此，除极少数能提供高额赞助费的家庭之外，绝大多数流动儿童又被拒于城市的义务教育体系之外。2003 年 11 月 6 日，中国儿童中心与联合国儿童基金会公布中国流动儿童抽样调查结果，中国流动儿童的失学率为 9.3%，即每年有 200 万名流动儿童失学。当年，北京市有 10 多万名适龄流动儿童，入学率只有 12.5%，有 87.5% 的流动儿童无法进入公立学校。正是在这样的社会背景下，打工子弟学校这一特殊的教学体制应运而生。

梳理农民工打工子弟学校形成和发展的历史，大体经历了自发形成、规范引导和融入城市教育体系三个阶段。

第一阶段为 1992—2002 年，为打工子弟学校自发形成阶段。1992 年，北京出现了中国第一所打工子弟学校。1993 年由安徽六安人在上海创办了第一所打工子弟学校。1994 年，现已取得“合法身份”、当时在北京最大的打工子弟学校行知学校，在菜地里搭建了一个 14 平方米的窝棚，用一块抹了黑漆的三合板加上一本课本，以“私塾”的形式诞生了。此后，在深圳诞生了铁皮房识字班，在广州出现了棚子“私塾”，各大城市相继出现了各种不同形式的打工子弟学校。由于法律上没有依据，制度上没有安排，政策上也没有说法，这些打工子弟学校都属于“黑户口”，处于“非法”状态。

1996 年 4 月，教育部公布《城镇流动人口中儿童少年就学暂行办法（试行）》，1998 年 3 月，教育部正式颁布《流动儿童少年就学暂行办法》，提出“流动儿童少年就学以流入地为主”，允许公民个人“举办专门招收流动儿童少年的学校或简易学校，简易学校的设立条件可酌情放宽”。这样，打工子弟学校在诞生 6 年之后终于领到了“出生证”。在该办法精神的鼓励下，打工子弟学校处于高速发展状态。2001 年，北京有 200 多所打工子弟学校，当年北京约有 20 万名外来务工人员子女，其小学入学率为 90%，这其中实际上有 90% 以上孩子的小学教育是由打工子弟学校提供的。2001 年，上海有打工子弟学校 519 所，在校生 12 万余名，教职工约 5000 人，实际人数可能还要远远高于这个数。

这些打工子弟学校外部环境较差，由于不能获得合法的办学手续，基本上都处于城乡接合部“三不管”的半地下状态。师资力量差、学校条件简陋，大部分老师只有初中水平，大部分校舍由租用的仓库或工棚改造成。这些学校之所以能生存和发展，一是因为当时现行的义务教育体制把流动儿童排斥在城市正规学校的校门之外；二是因为随着流动儿童数量的增多，对义务教育的需求增大，“再穷不能穷孩子，不能把贫困延伸到下一代”是大多数农民工的共同愿望，让孩子“读书、成长、有出息”几乎是农民工的共性追求；三是因为打工子弟学校收费低，据当时媒体调查，北京打工子弟学校对流动儿童的收费只是公立小学收费的 1/4 ～ 1/3，这与农民工较低的打工收入和承受能力趋于一致。这几种因素决定了打工子弟学校存在的合理性。

第二阶段为 2003—2012 年，为打工子弟学校规范引导阶段。2003 年，国务院办公厅转发教育部等六部门《关于进一步做好进城务工就业农民工子女义务教育工作的意见》，明确提出了“两个为主”的原则，即解决农民工子女接受义务教育问题以流入地政府为主、以全日制公办中小学为主，同时对农民工子女接受义务教育经费、收费标准以及打工子弟学校性质也做出了明确的界定。该意见要求流入地政府财政部门要对接收进城务工就业农民工子女较多的学校给予补助，城市教育附加费中要安排一部分经费，用于进城务工就业农民工子女义务教育工作；流入地政府要制定进城务工就业农民工子女接受义务教育的收费标准，减免有关费用，做到收费与当地学生一视同仁。该意见还明确规定，“加强对以接收进城务工就业农民工子女为主的社会力量所办学校的扶持和管理。各地要将这类学校纳入民办教育管理范畴，尽快制定审批办法和设置标准，设立条件可酌情放宽，但师资、安全、卫生等方面的要求不得降低”。

2003 年 9 月 1 日，《民办教育促进法》正式颁布实施。在宣布建立社会主义市场经济体制 11 年之后，中国开启了以法促进办学主体多元化的进程。在《关于进一步做好进城务工就业农民工子女义务教育工作的意见》和《民办教育促进法》的推动下，北京、上海等特大城市开始加强对打工子弟学校的规范引导，而打工子弟学校本身也开始为自己正名。2003 年 12 月，北京出现首家获得办学许可证的打工子弟学校。2004 年 3 月，行知实验学校、石景山黄庄学校等 10 所打工子弟学校相继获得合法身份，上海浦东新区也有 4 所打工子弟学校获得办学资格。从 2004 年开始，各地相继取消了对流动人口子女入学的借读费政策，北京从同年 9 月 1 日开始，对符合来京务工就业农民工子女条件的借读生免收借读费。

这一阶段，一方面，在《民办教育促进法》的推动下，一些大中城市的打工子弟学校获得了合法的身份，促进了农民工子女的义务教育。另一方面，为了贯彻落实“两个为主”的原则，农民工流入地政府在加大财政投入力度的同时，对一些办学条件比较差的打工子弟学校进行规范和整顿。

2003 年，北京市丰台区决定对辖区内不符合办学条件的打工子弟学校进行整顿。2006年，北京市教委提出对打工子弟学校要采取“分流一批、规范一批、取缔一批”的方针，各区县开始第一轮规范整顿行动，但收效不大。2011年，北京市大兴区、朝阳区、海淀区相继关停24所打工子弟学校，各区对分流在校小学生实行三种方式。朝阳区采取两种方式，如果分流孩子可以办理现居住地的借读证明，就可进入公办学校免费就读；如果没有借读证明，教委会将孩子分流到教育委托办学的学校。海淀区和大兴区则采取凭“五证”申请公立学校的方式。所谓“五证”是指：家长或监护人持本人在京暂住证、在京实际住所证明、在京务工就业证明、户口所在地乡镇政府出具的在当地没有监护条件的证明、全家户口簿等证明和证件。2008年，上海市宣布将在3年内为农民工子女义务教育全部埋单，将162所农民工子弟学校逐渐纳入民办教育进行规范管理，共提供12万个免费义务教育学位，农民工子女进入公办学校的比例提高了约30%。

第三阶段为2013年至今，为融入城市教育体系阶段。上海市政府购买义务教育学位的政策模式体现了教育公平的政策导向，也在社会上引起了广泛的示范效应，很多地方纷纷效仿和借鉴。2014年7月，随着国务院《关于进一步推进户籍制度改革意见》的出台，各大中城市都加快了将农民工子女纳入城市教育体系的步伐，重庆等地的农民工凭居住证即可让子女就近入学。2015年11月，国务院印发了《关于进一步完善城乡义务教育经费保障机制的通知》，决定从2016年起，在整合农村义务教育经费保障机制和城市义务教育政策的基础上，建立城乡统一、重在农村的义务教育经费保障机制，实现教育经费可携带，以适应新型城镇化和户籍管理制度改革的要求。2016年，国务院颁布《关于统筹推进县域内城乡义务教育一体化改革发展的若干意见》，提出改革随迁子女就学机制，进一步强化流入地政府责任，将随迁子女义务教育纳入城镇发展规划和财政保障范围。

至此，国家层面关于农民工随迁子女教育的政策体系已经非常明确，农民工随迁子女教育融入城市的教育体系的趋势也很明朗，打工子弟学校这一由城乡二元体制衍生的特殊教育形式被公办学校或民办学校取代将不可避免。2014年，北京的打工子弟学校已由高峰时的400多所下降为130所。随着户籍管理制度以及依附其上的教育制度的进一步深化改革，打工子弟学校将逐渐退出历史舞台。

但是，这些变化并不代表农民工随迁子女的教育问题得到根本解决。由于大中城市教育资源的承载力有限，不少大城市虽然政策上的歧视没有了，但实际限制的一些“暗门槛”仍在，不少农民工随迁子女仍被拒于义务教育的大门之外。2016年，广东省有农民工随迁子女319万人，被纳入义务教育体系的只有161万人，有近半数游离于义务教育体系之外。与此同时，北京、上海、天津、深圳和成都等特大城市与疏解城市功能相一致，都相应地提高了公立学校的入学门槛，除了类似于前面提到的北京的“五证”之外，还有与“五证”相关的多种连带证明。在这些特大城市的周边，如北京市周边的河北省廊坊、香河、衡水、三河等市，上海市周边的江苏省南通、张家港、太仓等市县，都有大量被拒之门外的农民工随迁子女涌入当地的公办或民办学校，以致形成“环特大城市教育带”的奇特现象。这些现象的产生不仅与特大城市控制人口规模、疏解城市功能有关，也与义务教育经费的投入不均衡有密切关系。由于“两为主”的政策取向，对流入地政府来说，接纳的流动儿童越多，财政压力越大，因此，对解决流动儿童的入学问题积极性不高。除此之外，如何解决农民工随迁子女的异地高考问题也将直接影响其义务教育问题。

2017年，多地政府进一步加大对农民工子女教育的政策支持力度，将“两为主”扩大到“两纳入”，农民工随迁子女在公办学校接受义务教育的比例达80%以上。同时，各地积极探索异地高考政策，农民工随迁子女在输入地参加高考的比例正稳步扩大。

第六节

户籍制度改革与农民工的增收困局

户籍制度改革从总体上说，解决了旧的城乡二元体制的羁绊，为农民工融入城市扫清了制度上的障碍，明确了农民工未来的发展趋势。

但仅有户籍制度的改革还不足以解决农民工的城市融入问题，还必须进一步加大对农民工融入城市增收困局的破解和调控力度。

2006年之前，农民工工资增长的比例长期低于企业利润增长的比例，资本所得一直处于上升的态势。2007年至2012年农民工工资增长幅度虽然比较大，但这种增长本身就带有“还账”性质。2013年至2016年，国家统计局农民工监测调查报告数据显示，农民工收入增速连续4年回落。与此同时，农民工的住房等生活成本在这一时期却大幅上升。因此，农民工的相对获得感并没有显著增强。另据中国社会科学院社会综合调查数据显示，从2006年至2015年，农民工对相对收入水平和社会地位的自我评价反而下降，呈现“逆成长”态势。[44]

一方面，国家对农民工成长和农民工融入城市的宏观政策设计不断完善。另一方面，农民工的获得感却呈相反态势。之所以会出现这种情况，主要有以下三种因素。

一是农民工技能结构的矛盾制约了收入水平和社会地位的提高。据2014年8月7日《中国青年报》报道，我国技能劳动者总量严重不足，仅占就业人员的19%，高技能人才数量还不足5%；技能劳动者的求人倍率一直在1.5∶1以上，高级技工的求人倍率甚至达到2∶1以上的水平。技工紧缺现象从东部

44 田丰．逆成长：农民工社会经济地位的十年变化（2006—2015）[J]．社会学研究，2017（3）．

沿海扩散至中西部地区，从季节性演变为经常性。从劳动力供给来看，接受过职业培训技能培训的农民工仅占30%左右。技能的缺乏成为影响农民工收入的重要基础因素，也成为影响他们融入城市、成为新型产业工人的重要障碍。因此，加强农民工的技能人才队伍建设，提高农民工的技能水平，就成了农民工增收和城市融入的调节阀，也是提高农民工社会地位的“快车道”。

二是农民工就业结构的矛盾制约了收入水平的提高和获得感的提升。尽管劳动力供求的“刘易斯拐点”已经到来，但整个社会劳动力总供给超过总需求的状况仍然会维持相当一段时间。在经济结构调整和产业升级的条件下，农民工的就业依然集中于传统的产业、行业，且供大于求，必然会制约农民工工资收入的增长。尤其是在后金融危机时期和国内经济发展处于“调速换挡”和新常态时期，一些企业会借口“降成本”而拒绝给农民工涨工资，或是虽有增长，但涨幅缓慢。少数企业甚至会借机拖欠农民工工资。在这种情况下，政府对劳动者收入的调控就成为农民工增收的保障线，也是调节资本所有者和劳动者利益分割的基本遵循。

三是农民工收入与消费的矛盾制约了农民工融入城市的进程，导致农民工对社会地位的自我评价下降。农民工的绝对收入一直在持续增长，相对收入虽然从2013年开始下降，但这种阶段性的下降与前几年带有“还账”性质的报复式增长有关，也与近几年整个经济结构的调整和“调速换挡”有关，工资收入增长的波动性与经济发展的波动性密切相关。然而，不可否认的是，农民工在城市生活成本的增速，远远高于他们收入的增长速度。对农民工来说，CPI（全国居民消费价格指数）并不能准确反映他们的生活成本，尤其是近几年来一、二、三线城市房价的大幅上涨和房租的大幅提高，早已超出了他们的承受能力。这与农民工尤其是新生代农民工融入城市的意愿形成了巨大反差。如果50%以上的农民工想融入城市，而其中的80%以上买不起房，他们对社会地位的自我评价下降自然也是在情理之中的。因此，调控房价、降低农民工的生活成本就成了推动农民工城市融入的一把钥匙。

以上三种因素共同影响，导致农民工工资水平仍然偏低。实际上，在经济发展进入新常态的环境下，各级政府通过税费改革，从 2014 年至 2016 年已经为企业降低成本 20000 亿元，2017 年再降 10000 亿元，2018 年从中央政府到各省市自治区政府，税费改革的力度进一步加大，为企业减负、做强实体经济成为政府的施政重点之一。在这种情况下，企业不能把“降成本”的压力转嫁到农民工身上，降成本不能只盯着工资，不能再走依赖甚至压低劳动力成本谋求增长的路子，而必须通过企业内部挖潜、改造、革新和产品升级等进一步降低企业成本。总体上看，农民工的工资福利水平仍有上涨空间，劳动力成本占比并未达到改革开放以来的最高点，未来还应逐步增长。当然，要破解农民工工资增长缓慢的困局，绝不能单纯依靠市场调节，还必须加强政府的宏观调控，对待劳动力这种特殊商品，必须以政府之手的优势弥补市场之手的不足。

农民工的流动主要取决于市场调节，农民工流入城镇也是大势所趋，但农民工融入城市的进程和融入过程中社会公平的体现，既取决于政府的顶层政策设计，又取决于政府在体制、机制和政策落实上的行政调控。农民工融入城市绝不可能靠市场调节自发完成，在这个问题上，政府调控之手的作用不可替代。

党的十八大以来，中央先后出台了《关于深化收入分配制度改革的若干意见》《关于激发重点群体活力带动城乡居民增收的实施意见》《关于实行以增加知识价值为导向分配政策的若干意见》等有关收入分配制度改革的重要文件。2013 年以来，城乡居民收入年平均增长 7.4%，与 GDP 增长基本同步，收入差距逐步缩小，基尼系数从 2013 年的 0.473 下降到 2016 年的 0.465。但在平均数值的背后，农民工收入水平绝对数较低、相对增速逐年回落的状况仍不容忽视。

在解决农民工技能结构所导致的收入水平问题方面，各级政府应在健全和完善的需求信息对称的情况下，从源头上（输出地）建立初级工的培训机制，在村镇一级完成“一户一产业工人”的培训工作，增强就业技能培训的针对性；从使用方（输入地）建立高级工和技师的培训机制，让企业这个用工主体同时成为培训主体，并按照谁用工谁培训、谁培训谁领取政府补贴的原则，搞好培训监管。这样既能把建设新型产业工人队伍的战略细化落地，又能解决技能供需结构上的矛盾，关键是能从技能上破解农民工融入城市的增收困局，提高收入水平。

2018 年 3 月 22 日，新华社授权发布中共中央办公厅、国务院办公厅印发《关于提高技术工人待遇的意见》，抓住技工短缺与劳动力市场的结构性矛盾，抓住技术工人利益问题这一关键，围绕技术工人培养、使用、评价、激励和保障等环节，提出了重点支持五方面高技能领军人才，进一步激发技术工人骨干作用的五方面措施，要求发挥政府、企业和社会三个方面的作用，进一步提高技术工人的政治待遇、经济待遇和社会待遇，第一次把提高技术工人待遇上升到全局高度，解决技术工人最关心、最直接、最现实的利益问题。人力资源和社会保障部与中华全国总工会随即提出贯彻落实该意见的具体工作部署。可以预料，随着该意见的真正落地，农民工的增收困局将在很大程度上得以破解。人们都说“橄榄形”的社会结构最有利于社会的稳定。该意见的颁布和落实，将在客观上为“橄榄形”社会结构的形成打开了一条通道。

除了从劳动力结构上破解农民工的增收困局之外，在解决农民工相对集中的传统行业收入水平问题方面，各地政府应建立农民工工资与 CPI 联动机制，工资跑赢 CPI 是工资正常增长的底线；建立工资与 GDP 挂钩机制，工资跑赢 GDP 是让农民工分享经济发展成果的客观要求；建立工资与劳动生产率挂钩的机制，让劳动报酬增长与劳动生产率提高同步，是各方利益“最大公约数”的体现。以上述三项标准为准绳，确定最低工资的指导线，就可以解决传统行业农民工收入的相对增速问题。对恶意欠薪问题，还必须借助法律的手段，才能确保到 2020 年彻底解决。

在解决农民工收入与生活成本矛盾方面，关键是要通过各种调控手段，让房价真正降下来，让公租房和廉租房充足起来，让公租房和廉租房的大门真正对农民工敞开，让租售同权成为现实，让工资上涨水平跑赢房租上涨幅度，增加农民工的获得感。这样就可以减少农民工融入城市的生活成本，使农民工融入城市的主观愿望更加接近于客观现实，从而加快农民工融入城市的进程。

总之，农民工融入城市是国家发展的战略问题，也是一个系统的社会工程。户籍制度改革是前提，城市、城镇布局和城市、城镇的产业布局是基础，公共服务的均等化是保障，农民工的技能提升和新型产业工人队伍的培养是关键，而政府的宏观调控是必要条件。只有破解或缓解了城镇化困局、住房困局、子女教育困局、劳动增收困局，户籍管理制度的改革才能取得实质性进展，农民工真正融入城市就为期不远了，城乡一体化的大格局也将随之形成。到那时，农民工这个中国特殊历史阶段的群体也将随之完成自己的使命，并在历史舞台上消失。

第十九章 诉求渠道与权益维护

从1980年深圳经济特区成立为起始，雇佣性质的劳动关系开始在中国出现并逐步发展，成为劳动关系的重要社会特征。

外商投资企业和“三来一补”企业是农民工流动的主渠道。因此，农民工从初始阶段就开始了与资本的博弈。

农民工作为劳动力的自发流动与供给富余的特征与资本的组织性与稀缺性产生正面碰撞，决定了农民工权益维护的脆弱性和畅通诉求渠道的紧迫性。

农民工是以亲缘、地缘和业缘为纽带而形成的流动潮，当他们的自身合法权益受侵害、本人又无能为力时，“同乡会”“老乡会”等便应运而生。由于这类组织多以对抗甚至暴力的方式维权，容易被黑恶势力左右，甚至影响社会稳定，所以它们注定不可能成为农民工合法权益维护的平台。

中国工会作为农民工利益诉求渠道和权益维护组织的责任和使命，就在农民工与资本的博弈中、在农民工合法权益维护的需求中产生和形成。实际上，在农民工流动之初和雇佣关系出现之始，中国工会就一直担负着农民工合法权益的代表者和维护者的角色。在实践中，每一起重大侵权事件的处理都可以看到工会的身影。反映农民工诉求、维护农民工权益，中国工会在行动。

第 一 节

实践突破与总体思路

改革开放以来，中国的劳动关系经历了行政性劳动关系，行政性劳动关系与市场性劳动关系并存、以行政性劳动关系为主体和完全市场性劳动关系三个发展阶段。

工会是劳动关系矛盾的产物。不同的发展阶段和不同性质的劳动关系决定着不同时期工会工作职责和工作重点的差异。

以 1978 年 10 月召开的中国工会第九次全国代表大会为标志，“文革”中被取消的工会组织开始重建和恢复，工会的各项工作开始全面推进。但这一时期正处于改革开放的起步阶段，国家层面尚在为改革开放进行思想和理论准备，企业的所有制性质只有国有和集体两种形式，劳动关系都是计划经济条件下的行政性劳动关系，即职工的劳动岗位是国家安排的，职工的工资和福利保障等是国家统一规定的。这种劳动关系性质决定了当时的工会工作更多的是开展社会主义劳动竞赛、积极开展民主管理、教育和引导职工为建立现代化国家而建功立业。

1980 年至 1993 年，为行政性劳动关系与市场性劳动关系并存阶段。在此期间，中共十二届三中全会做出的《关于经济体制改革的决定》拉开了中国城市经济体制改革的大幕。全国总工会要求各级工会组织提高对城市工会工作的认识，着重抓好三个环节：一是要参政议政，积极参与城市经济改革和发展建设的重大决策；二是关心城市全局，抓好两个文明建设，在建设社会主义新型城市中发挥作用；三是围绕着搞活企业，继续加强基层工会建设，在抓基层、打基础上下功夫。但是，由于这一时期国有企业和集体企业占绝大多数，而这类企业劳动关系的性质没有变，因此工会的维权职能并不凸显。同时，随着乡镇企业的发展、经济特区的建立和沿海城市的对外开放，尤其是外商投资企业的引进和“三来一补”企业的发展，市场性的劳动关系开始出现并迅速发展。不过，受传统观念的影响，这些企业特别是在乡镇企业中工作的劳动者的职工身份并未得到明确界定，工会组织甚少建立，维护职工切身利益的力量相当薄弱，工会对这种市场性劳动关系的调节尚缺少总体设计和及时跟进。

1994 年至 2001 年，为行政性劳动关系转型和两种劳动关系统一走向市场化的阶段。在此期间，《劳动法》颁布实施，明确立法宗旨是“保护劳动者的合法权益；调整劳动关系，建立和维护适应社会主义市场经济的劳动制度，促进经济发展和社会进步”。许多非公经济体和乡镇企业劳动者的职工身份得以确定。外商投资企业、民营企业和乡镇企业迅速发展，成为国民经济的重要组成部分，在这些企业中就业的职工人数迅速增加，约占职工总数的半壁江山，而这些企业侵犯劳动者合法权益的问题时有发生，劳动纠纷呈大幅上升态势。从 1994 年起，国务院和各地先后选择了 2700 多家国有企业进行建立现代企业制度试点，推行公司制和股份制改革。1997 年后，国有企业改革进入改革攻坚阶段，国有企业职工的劳动关系从原来的“铁饭碗”变为合同制，两种用工制度并轨，行政性劳动关系退出历史舞台，代之而起的是统一的市场性劳动关系。三种情况的叠加，使工会的维权职能变得比以往任何时候都重要而紧迫。

正是在这样的历史背景下，在 1994 年 12 月全国总工会十二届二次执委会上，时任中共中央政治局委员、中华全国总工会主席尉健行提出了工会工作总体思路——以贯彻实施《劳动法》为契机和突破口，带动工会各项工作，推动自身建设和改革，努力把工会工作提高到一个新水平，在改革、发展、稳定中更好地发挥作用。会议认为，“工会服务于党的中心任务的主要手段是维护”“维护是工会的基本职责”。1995 年 4 月，尉健行在贵州考察期间与工会干部座谈时强调：“现在有些外商投资企业的职工为什么经常受到盘剥、侮辱，原因之一就是没有工会这样一个组织来为他们说话，单靠个人的力量没办法解决问题。所以，我们必须看到在这样一个历史转折时期，工会要适应社会主义市场经济发展的需要，适应社会主义市场经济体制下新的劳动关系的需要，适应解决新的劳动关系矛盾的需要。也就是说，在社会主义市场经济新的形势下，工会要通过调节劳动关系，更好地去代表和维护职工利益。”[45]

1999 年 12 月，全国总工会十三届二次执委会针对工会工作在深化改革中面临的问题，提出了“五突破、一加强”，即对特困职工承担“第一责任人”职责的工作有新的突破；推动平等协商和集体合同制度的工作有新的穿破；实行厂务公开和民主评议企业领导人的工作有新的突破；董事会、监事会都要有职工代表参加的工作有新的突破；加快新建企业工会组建步伐，最大限度地把职工组织到工会中来的工作有新的突破，以及以改革精神加强工会自身建设。

维护作为工会的基本职责和“五突破、一加强”的提出，明确了中国工会在社会主义市场经济条件下的定位，对于调节劳动关系和维护职工合法权益具有里程碑的意义。但是，由于 20 世纪 90 年代正处于国有企业改革的关键时期，以及两种用工制度、两种劳动关系转轨、转型和走向一体化时期，几千万国有企业职工下岗形成了巨大的社会压力，积极协助党政做好下岗职工的基本生活保障和再就业工作，成为当时的工会服务于大局的重要任务，也是工会维护体制内职工合法权益、推动劳动关系转型的重要体现。于是，各级工会组织

45　尉健行．尉健行谈工会工作 [M]．北京：中国工人出版社，2015（4）．

兴办职业介绍机构、职业培训机构、解困贸易市场和再就业基地等，帮助下岗职工实现再就业；兴办一大批困难职工帮扶中心，通过建立特困职工档案，促进“低保”政策落实；实施送温暖工程，对特困职工进行帮扶；兴办职工互助合作保险，提高职工的社会保障水平。这一时期，劳动关系转型所带来的下岗职工再就业和基本生活保障问题十分突出，理所当然也就成为各级工会的重点工作。在这种情况下，畅通农民工诉求渠道、维护农民工合法权益，更多的是采取实践突破的模式。

“蛇口模式”

最早在畅通农民工诉求渠道、维护农民工合法权益的实践中取得突破的当属“蛇口模式”。蛇口是中国改革开放最早的实验区，毗邻港澳，处在资本主义与社会主义的边缘地带，外商投资企业多，内地涌入的农民工多。企业生生死死——开业或倒闭，职工进进出出——被聘用或被辞退，是这里的正常现象。这种动态的、不稳定的劳动关系，客观上要求工会发挥调节阀的作用，既要鼓励外商“高高兴兴地投资赚钱”，又不能以侵害和牺牲职工利益为代价换取经济上的繁荣。这样，蛇口工业区工会从成立开始，就是以职工利益代表者和维护者的鲜明身份，独立自主和创造性地开展工作。

资本的拥有者从来都是以“赚取最大限度的利润和受到最小限度的制约”为目的。倘有可能，他们会排斥任何约束。针对资本的特性和协调劳动关系的需要，蛇口工业区的决策者们从一开始就把工会工作放到工业区发展的全局中进行谋划。他们把组建工会作为前提条件写进《企业投资总协议》中，资方必须做出此项承诺，才能建厂招工进行生产。投资项目引进人员在与外商洽谈时，要把宣传中国工会的性质和作用作为一项任务。正因为有工业区党政的支持，有《企业投资总协议》的制约，外商不得不认真面对这支代表职工利益的重要力量。

蛇口工业区工会在维护职工合法权益方面拥有四项重要的权力：蛇口工业区没有设立劳动仲裁机构，凡劳动争议归蛇口工会调处，在区内由工会履行仲裁的基本职能；企业职工正式调入或入户口，必须经工会签署意见，并行使“一票否决权”；企业辞退职工，必须经企业工会签署意见，除名职工，必须经企业和工业区两级工会同时签署意见，并行使“一票否决权”；职工购买福利房，群众有异议或有投诉的，必须经工会签署核查意见，并行使“一票否决权”。这四项权力的运用，使企业感到没有工会不行，拖延建会对企业不利，没有工会参与制定涉及职工切身利益的制度和决策，执行时必会有挫折。

协调劳动关系，维护职工合法权益，始终是蛇口工业区工会的工作重点。他们以劳动用工、劳动工资、劳动福利、劳动保护、劳动保险、劳动争议等环节为抓手，通过参与决策，参与制定涉及职工利益的规定、制度，参与监督机制的运作和发挥劳动仲裁机构的作用，通过全面推行工资集体协商和签订集体合同，展现职工利益代表者和维护者的身份与作用。

相对独立、权责明确、组织健全、兼专结合、精干高效的组织体制和科学有效、灵活统一的运行机制使蛇口工业区工会充满活力和创造精神。在实践中，他们探索出了一套符合当地实际和自身特点的“六率”工作法，即采取多种措施，提高工会组建率；发挥吸引效应，提高职工入会率；突出维护职能，提高争议调处率；讲求实际效果，提高参与管理率；尊重会员意愿，确保民主直选率；坚持刚柔相济，确保经费拨交率。

在蛇口，工业区工会“上代下”的维权模式对农民工合法权益维护的力度空前。凡是劳动争议的事件，当事人直接到区工会投诉；凡投诉必受理；凡受理必记录在案，并由区工会直接出面调处；调处过程中，基层工会主席多“唱红脸”，而工业区工会则“唱黑脸”。工业区工会成立10年，调处劳动争议达2011宗，涉及10849人次，工会调节劳动关系、维护职工合法权益的作用已不可替代。与此同时，工会自身的改革创新力度空前。从1987年开始，蛇口就开始探索民主直选工会委员会，至1994年，蛇口工业区内的所有工会主席和工会委员会都实现了民主直选。民主直选不仅提高了职工对工会的信任度，而且有利于民主监督和工会工作的职工评判标准，比较好地解决了工会脱离群众的问题。民主直选与相对独立、权责明确的组织体制和科学有效、灵活统一的运行机制相结合，使蛇口工业区工会充满生机和活力，旗帜鲜明地保护了职工（基本上全部是农民工）的合法权益，展示了工会团结、凝聚职工跟党走的吸引力、凝聚力和战斗力。1995 年 2 月，全国总工会在蛇口召开全国工会“蛇口模式”理论与实践研讨会。“蛇口经验”“蛇口模式”自此开始走向全国。

“宝安模式”

与“蛇口模式”不同的是，同处改革开放前沿的深圳市宝安区，针对大量农民工游离于工会组织之外、劳资纠纷频频发生、职工合法权益受侵害现象比较普遍的实际，积极探索建立完善的区、镇、村经济发展公司三级工会组织网络，在全国开创了建立健全基层“小三级”工会组织网络体系的先河，并以此作为畅通农民工诉求的渠道和维护合法权益的平台，形成了对农民工权益维护的“宝安模式”。

宝安与蛇口虽然同属深圳，但宝安面积大（733 平方公里），新建企业多（5100 多家），外来人口多。1996 年，全区总人口 106.6 万人，其中常住人口 22.42 万人，外来人口则达 84.18 万人，劳动纠纷多。据当时的调研，全区每年有 1000 多宗各类劳资纠纷，仅 1996 年上半年，工会就接待劳资纠纷来访 539 宗、共 725 人次。如何加强新经济组织的工会建设、如何把广大农民工组织到工会中来、如何通过工会组织调节劳动关系，从一开始就成为宝安区工会面临的突出问题。

组建工会法律有要求，国际有通行惯例，本应是顺理成章的事。但是，在 20 世纪 90 年代初，社会主义市场经济刚处于起步阶段，各方面对中国工会的性质和作用普遍认识不到位，一些外商怕工会会组织职工与他们对抗，怕成立工会后要拨缴经费增加开支，怕工会开展活动打乱生产秩序，因此对成立工会持消极抵触情绪。一些中方管理人员多是当地就地就近转移的农民，文化素质偏低，管理能力较差，对工会了解不多，对组建工会采取应付态度。很多农民工工人阶级意识淡薄，自我保护能力差，不懂得依法组织工会来维护自身合法权益。

针对这些模糊甚至错误的认识，宝安区工会积极开展工作：对外商投资者主要讲“三个不一样”，即中国工会与外国工会的性质和作用不一样；外商投资企业工会坚持“维护职工合法权益，与投资者合作共事、共谋企业发展”的宗旨，与境外企业工会不一样；外商投资企业建不建工会对调动职工积极性和促进企业发展的作用不一样。对以农民工为主体的广大职工则主要讲“三个自觉”，即自觉认识新时期中国工人阶级肩负的时代重托，不断增强阶级意识和历史责任感；自觉认识中国工会的性质、地位和作用，学会依法组织起来，维护自身的利益；自觉认识享有的权利和应尽的义务，做到权利与义务的统一。通过一系列有针对性的宣传教育和启发，使他们消除顾虑，加深对工会的认识，为工会的组建和工会工作的开展清除思想障碍。

思想认识是先导，组织体制是保证。企业工会的组建在很大程度上有赖于“小三级”工会组织的健全和推动。宝安区委、区政府把“小三级”工会组织的建立纳入党政的重要议事日程，在机构“三定”方案中，明确给予各镇工会组织机构和人员编制；各镇级党组织把工会工作列为各村（居）委、公司责任目标年终考核内容，在此基础上，首先把镇和村经济发展公司两级工会组织建起来，然后一级抓一级，一级带一级，形成完整的组织体系，以此推动企业工会的组建工作。

勇于探索是前提，实践突破是关键。党委和政府的重视与支持为工会工作创造了良好的条件，宝安的工会工作者也在实践中大胆探索出了一套行之有效的工作思路和工作方法：实施“成熟一个，发展一个，巩固提高发挥作用一个”的“三个一”组建工程；采取“抓宣传，促认识提高；抓组建，促作用发挥；抓培训，促素质提高；抓试点，促工作发展；抓考核，促任务落实”的“五抓五促”工作法；推动“靠党政，靠队伍，靠法制，靠方法”的“四靠”工作套路；建立健全区总工会、镇（街道）总工会、村级工会的“小三级”工会领导体制。

“小三级”工会组织体系的构建极大地推动了企业工会的组建工作和劳动关系的调节力度。到1997年，宝安区工会的组建率已达到100%。各级工会共调处劳动争议案件4995起，结案率达到98.3%，既有效维护了农民工合法权益，又有力促进了宝安区劳动关系的稳定。1997年3月，全国总工会在深圳市召开“宝安工会工作模式”理论与实践研讨会，宝安“小三级”工会网络的构建经验引起了全国工会的关注和借鉴。

“义乌模式”

外商投资企业和民营企业一直是农民工的主要流向。浙江作为民营企业发育最快的省份，也是农民工的主要流入地。浙江省义乌市以小商品闻名，本地人口仅73万人，外来人口则超过135万人。随着农民工的大量流入，劳资纠纷开始凸显，20世纪末，每年发生劳资纠纷上万起。一些农民工为了维护自身权益，从开始抱团成立同乡会，慢慢发展成带有一定黑社会性质的帮会，一些地缘性的自发组织开始出现，如定远帮、玉山帮、开化帮等，严重影响了社会的和谐稳定。正是在这样的社会背景下，义乌工会开始探索民营企业农民工合法权益的维护方式，创新了工会社会化维权模式，被称为“义乌模式”。

所谓“义乌模式”，就是成立市委领导担任组长的维权领导小组，市总工会成立“职工法律维权协会”（2000年10月成立，后更名为“义乌市总工会职工法律维权中心”），与司法、劳动、工商、卫生、安监、律师事务所、媒体和高校法律院系等多部门进行维权联动，形成了“党委领导、政府支持、部门配合、工会运作、多方参与”的社会化维权机制和政府、工会、企业三方协商机制以及维权信息沟通机制。

“义务模式”最主要的特征体现在——

建立健全维权机构和维权网络。市总工会率先成立职工法律维权中心之后，在镇街建立维权工作站，在企业建立劳动争议调解委；采取专职人员与聘请社会法律志愿者相结合的办法，建立一支专业人员与群众相结合的维权队伍；维权中心与政府有关部门开通热线电话，确保对各类投诉案件在第一时间作出反应并得到快速有效解决。

创新维权形式。聘请市五大班子分管领导以及公、检、法、司、人社局的主要领导为职工法律维权中心特邀顾问；与司法、人社、工商、卫生、安监、市场贸易发展局及法院等部门紧密联合，实现维权工作的互联、互动、互补；与省内各相关媒体联合，为工会维权工作营造良好的舆论氛围；与各律师事务所建立合作关系，加强维权力度、保证维权质量。

完善维权机制。在劳动合同和集体合同方面，主动把维权"关口"前移，帮助指导职工签订劳动合同；在安全生产、劳动保护方面，与安监局联合建立一委（职业安全卫生联合委员会）、一约（安全卫生合同协议）、一卡（安全生产提示卡）、一书（隐患整改通知书）制度；在劳动争议调解方面，与司法局联合成立义乌市总工会人民调解委员会；在参与劳动争议仲裁方面，积极培养劳动争议仲裁员队伍，尝试在工会设立劳动争议仲裁派出庭；在代理职工诉讼方面，积极争取法院支持，为工会代诉的劳动争议案件开辟绿色通道。

这种社会化的维权模式，较好地维护了农民工的合法权益。从 2000 年 10 月至 2013 年，义乌市总工会共受理投诉案件 4869 起，调解成功率达 93.5%；为职工追讨工资、挽回经济损失 3000 余万元。

2005 年 7 月，时任浙江省委书记习近平到义乌市总工会调研，对于义乌市总工会社会化维权的做法充分肯定。他强调要认真总结经验，在工作理念、思路和实践中切实体现"干在实处，走在前列"的要求。各级工会要创新组织形式，扩大覆盖面，增强凝聚力，最广泛地把职工组织到工会中来，推动全省各级工会依法开展维护职工合法权益的工作。

2005 年 8 月，浙江省委、省政府在义乌召开全省工会维权工作现场会，总结和推广义乌工会社会化维权工作的经验。以省委和省政府的名义召开工会维权工作的现场会，这在新中国成立以来的历史上还是第一次。

2005 年 9 月，全国工会维权机制建设经验交流会在义乌召开。会议认为，义乌工会积极创新党领导下的工会组织依法维权新机制，有效破解了工会维权难题，在维护职工合法权益、构建和谐劳动关系方面发挥了显著作用，形成了运用法律手段开展维权为特色的“义乌模式”，其经验和做法在全国有借鉴和推广意义。

从1994年至1995年的“蛇口模式”到1996年至1997年的“宝安模式”，再到2000年至2005年的“义乌模式”，中国工会对有效维护农民工合法权益问题的探索从未中断。这种微观探索、实践突破的方式对推动中国工会在市场经济条件下工会工作体制、机制和工作方式的转变，对密切工会与职工的关系，凝聚职工跟党走，都起着不可替代的作用。

第 二 节

组织起来，切实维权

2000年之后，国有企业劳动制度改革已基本完成，劳动关系的性质走向统一的市场调节取向。随着社会主义市场经济的发展，利益分化的社会现象加剧，前期积累的各种社会矛盾逐步显性化，社会矛盾进入多发期和凸显期。

2000年之后，跨区域流动的农民工数量开始跨过1亿人大关，农民工的总量已经渐次超过原来体制内职工的数量，农民工权益维护成为社会关注的一个普遍问题。

正是在这样的背景下，2003年召开的全国总工会十四届二次执委会正式将“组织起来、切实维权”确立为工会工作的方针。为了把握新情况、研究新问题、总结新经验、形成新对策，全国工会系统于2004年开展了以“组织起来，切实维权”为主题的全国性大调研活动，历时8个多月，形成了100多万字的各类报告，其规模之大、参加人员之多、调研时间之长、形成的调研报告之丰富，在中国工会发展史上都是空前的。

这一时期，农民工的合法权益维护问题呈现出顶层设计、宏观推动、立法维护和典型引导的社会特征。

2005 年 7 月，全国总工会十四届六次主席团会议通过了《中华全国总工会关于坚持走中国特色社会主义工会发展道路的决议》。该决议提出了“七个坚持”的基本内涵。

2006 年新年第一天，时任中共中央总书记胡锦涛做出重要批示，强调维护农民工合法权益问题日益突出，工会组织应承担起这一职责，把广大农民工团结在工会周围，认真调研，总结经验，研究措施，务必抓出成效。

2006 年 3 月，《国务院关于解决农民工问题的若干意见》出台，明确指出农民工是工人阶级的重要组成部分，并从改革发展稳定的全局和顺利推进工业化、城镇化和现代化的高度，对解决农民工问题做出全面部署和统筹规划，明确了做好农民工工作的指导思想、基本原则、政策措施和主要任务，体现了中央政府对解决农民工问题的顶层设计和制度措施，这在中国共产党和新中国的历史上还是第一次。

中央对农民工合法权益维护问题的顶层设计，为全国工会系统的宏观推动创造了条件。这一时期，工会维护农民工合法权益主要呈现两大特征。

第一大特征是全国总工会在宏观层面整体推动。

2006 年 12 月 8 日召开的全国总工会十四届十一次主席团会议首次鲜明地提出：“以职工为本，主动依法科学维权”，并从国情和时代发展的高度，对中国工会维权工作的方针、原则和“坚持党政主导、工会运作”的工作格局进行了明确的阐述。这就在宏观层面、工会方针原则层面，为拓宽农民工诉求渠道、维护农民工合法权益、把农民工打造成新时期的产业工人创造了条件。

2006 年，全国总工会召开电视电话会议，向全国叫响“农民工有困难找工会”。这一年，工会在参加全国农民工工资清欠情况大检查中协助政府有关部门为 279 万名农民工追回拖欠工资 13.1 亿元；以关爱农民工生命安全与健康为主线、以落实农民工安全卫生权益为重点，开展“关爱农民工生命安全与健康”特别行动，排查数万处安全隐患，实现事故隐患和职业危害的有效监控；

开展“向农民工送文化行动”，拨出1000多万元资金在全国建立200多个流动电影放映队和31所农民工业余学校；拨出专款500万元用于对困难农民工的帮扶，开展“推动改善农民工生产、生活条件，防暑平安度夏活动”；开展农民工平安返乡行动。这一年，工会在发展农民工加入工会、扩大工会的覆盖面上，先后突破了沃尔玛、戴尔、柯达、三星、富士康等长期拒不建会的“钉子户”，形成了突破一个难点、带动一片的效应，创造出工程项目工会、市场工会、楼宇工会、社区工会等形式多样的工会组建形式，全年新增农民工会员800多万人。

2007年，全国总工会在工会系统全面推进“维护农民工合法权益10项工作机制”建设，力图用有效的工作机制推动农民工合法权益的维护工作。这10项机制分别是：坚持在农民工输出地的乡镇和村建立工会组织的“源头入会机制”；建立以农民工输入地为主、输出地为辅，两地联手、合力维权的农民工“双向维权机制”；工会职业介绍机构和培训基地免费为农民工提供政策咨询、就业信息、岗位培训、职业指导和职业介绍服务的农民工“就业指导培训机制”；积极推动政府建立和完善农民工“工资支付保障机制”，推动建立职工参与的工资决定机制和公正的工资正常增长机制；督促和协助劳动保障部门完善社会保障、健全社保措施的“社会保障促进机制”；积极配合各级人大、政府有关部门开展以农民工为重点的劳动安全卫生监督检查，及时发现问题，督促整改的“劳动安全卫生监督机制”；围绕解决农民工最关心、最直接、最现实的利益问题，建立“帮扶关爱机制”；推动建立农民工在参与政治、经济、文化和社会建设中各项民主权利落实的“民主权利保障机制”；建立企业用工侵权黄牌、黑名单制度，定期公布企业用工信息和诚信情况的“用工诚信评价制度”；在全国县级以上工会普遍建立工会法律援助机构，把农民工作为法律援助和服务重点对象的“法律援助机制”。这一年，针对一些地方出现的极少数“黑矿主”“黑包工”等不法业主肆意拖欠农民工工资、不提供基本的安全生产条件、严重侵犯农民工人身权利的恶性案件，全国总工会在全国范围内开展了“农民工合法权益专项检查活动”，对侵犯农民工合法权益问题进行一次系统排查，及时发现问题，督促整改。

2008年，全国总工会制订和推动劳动合同3年行动计划，与有关方面进行协调，推动开展《劳动合同法》执法检查，对侵害农民工合法权益的典型案件进行调查处理。这一年，工会系统深化农民工培训工作，全年培训400多万名农民工；这一年，全国总工会投入2000万元，为职工和农民工建设1000个“职工书屋”示范点；这一年，针对四川汶川地震和南方雨雪冰冻灾害，工会系统专门发出通知，要求加大对灾区农民工生产生活问题的帮扶；这一年，新增农民工会员1000万人，全国农民工会员总数达到7000多万人。

2009年，针对金融危机对农民工就业问题的影响，全国总工会开展全国工会“千万农民工援助行动”，即通过开展就业培训、岗位援助、创业指导、维权服务、生活帮扶等措施，对1000万名以上农民工实施援助，其中实现就业援助的人数达500万人以上，提供维权服务和生活帮扶的人数达500万人以上。同时，通过加大工会组建力度，新发展农民工会员500万人以上。这一年，全国总工会确定了黑龙江省总工会培训中心等12个工会培训机构为“全国工会农民工技能培训示范基地”，北京市技术交流职业技能培训学校等113个培训机构为“全国工会就业培训基地”，并从中央财政帮扶专项资金中拨付每个工会农民工技能培训示范基地200万元补助资金。自此之后，全国工会系统对农民工就业援助行动和农民工技能培训，连年坚持，从未中断。每年通过工会就业援助行动受益的农民工都在百万名以上。

2010年，全国总工会在全国推动“两个普遍”，即普遍建立工会组织，普遍进行工资集体协商，研究制定了推动企业普遍建立工会组织工作3年规划和工资集体协商工作3年规划，以推动世界500强在华企业建立工会组织和工资集体协商制度为突破口，推动非公企业建立健全职工工资协商共决机制、正常增长机制和支付保障机制。这一年，全国总工会开展了新生代农民工状况的调研，加大了对新生代农民工的关注和权益维护。

2011 年，中央领导同志在全国总工会报送的《关于对新生代农民工现状的调查与对策建议》上作出重要批示，充分肯定新生代农民工在我国经济社会发展中发挥了一线劳动大军的主体作用，强调指出新生代农民工当前面临不少突出问题，应予高度重视，明确要求各级工会要继续深入研究新生代农民工的特点和需求，加强对他们的思想引导和人文关怀，会同有关部门研究制定政策措施，帮助他们逐步解决在工资分配、社会保障、职业培训、进城落户等方面遇到的实际困难，增强他们对未来成长发展的信心，不断把他们的积极性、主动性、创造性凝聚到建设中国特色社会主义伟大事业中来，为促进社会和谐、全面建设小康社会作出应有贡献。为贯彻中央领导同志的重要批示精神，全国总工会进行专题研究，并向全国工会系统印发了《关于认真学习贯彻中央领导同志重要批示精神，进一步做好新生代农民工工作的通知》，要求各级工会组织在进一步增强新生代农民工工作的责任感和使命感，进一步加强新生代农民工维权工作，加大人文关怀和心理疏导力度，创新工会组建方式和入会方法，推动形成做好新生代农民工工作的社会化格局等五个方面取得进展。这一年，工会对 100 万名农民工进行了职业技能培训，为 100 万人进行了职业介绍，在农民工相对集中的行业、集体宿舍区建立了 1000 家“职工书屋”，为农民工获取知识和丰富文化生活创造条件。

2012 年，全国总工会在工会系统全面开展“面对面、心贴心、实打实，服务职工在基层”活动。对主要在基层一线工作的农民工，全国总工会明确提出，要在“大力加强农民工职业培训，促进农民工稳定就业；加强机制建设，积极构建和谐劳动关系；开展法律服务和法律援助，积极协调处理劳动争议；加大宣传力度，推荐农民工参加社会保险；加强安全生产和劳动保护，切实保障农民工职业安全；保障农民工民主权益，不断丰富农民工精神文化生活；全面提升农民工素质，努力营造尊重农民工的社会氛围；开展困难农民工帮扶救助，为农民工排忧解难；大力发展农民工入会，提高农民工的组织化程度”九个方面取得突破。

2013年之后，中国工会在组织农民工加入工会组织、参与农民工权益维护的相关政策的制定、提升农民工技能水平和技术素质、加强基层工会组织建设、加大劳动争议调解力度、加强工会自身改革等方面，持续推进，力度空前，在农民工的诉求渠道和权益维护方面上了一个新台阶。

第二大特征是全国总工会在法治层面加强了立法参与和依法维护。

面对职工合法权益受侵害的事件屡屡发生，特别是农民工合法权益受侵害的恶性事件不断、劳动纠纷多发的情况，全国总工会把推动建立健全劳动法律法规体系作为维护职工合法权益、开展工会工作的重要基础，积极参与涉及职工切身利益和工会工作的法律法规和政策的制定，力求把职工的权益维护纳入法治的轨道。

2007年，在《劳动合同法》的立法过程中，全国总工会以高度的责任感，积极发动各级工会和广大职工踊跃提出意见建议，经过几上几下，成功推动许多至关重要的主张和建议被纳入法律，取得了很好的社会效果。

这一时期，全国总工会先后参与了《公司法》《企业破产法》《就业促进法》《劳动合同法》《劳动争议调解法》《社会保险法》《安全生产法》《职业病防治法》《企业工资条例》《女职工劳动保护特别规定》等20多部涉及职工劳动经济权益的法律法规的制定和修改，参与联合制定《企业民主管理规定》和《关于加强非公有制企业劳动争议预防调解工作的意见》等。全国各省市总工会积极参与有关地方立法，20多个省市出台了开展工资集体协商和签订集体合同的法律规定，扭转了维护职工权益法律依据不足的状况，推动构建了对职工劳动经济权益、政治民主权利和文化权利等全方位的法律保障。

为了推动劳动法律法规的真正落地，全国总工会在工会系统全面推动法律援助服务和法律监督工作。全国总工会2011年制定了《关于建立健全职工法律援助等维权服务长效机制的意见》，2012年制定了《推进职工法律援助工作三年规划（2012—2014年）》，推行基层工会法律顾问制度、定向法律援助制度、异地法律援助协作机制等。到2012年年底，全国建立工会法律援助服务机构 1.3 万家，有法律援助工作人员 3.6 万人，法律援助志愿者 5.6 万人，受理法律援助案件 49.4 万件。

与此同时，全国总工会进一步加大了法律监督工作：配合人大、政府开展《工会法》《劳动法》《劳动合同法》《安全生产法》等执法检查；连续数年与八部委联合开展整治非法用工、打击违法犯罪专项行动；与人社部、住建部、公安部等多次开展农民工工资支付情况专项检查；连续数年参与对侵犯职工合法权益重大典型案件的调查研究，督促执法部门依法处理。截至 2012 年年底，全国共建立工会劳动法律监督组织 77.8 万个，有工会劳动法律监督员 185.9 万人。

此外，各级工会加强与人民法院、劳动行政部门等协调配合，积极探索工会牵头、各方联动的劳动争议预防调处方式方法，促进劳动争议调处纳入“大调解”工作体系。2012 年，各级工会在企事业单位建立劳动争议调解委员会 85.8 万个，有劳动争议调解员 288.4 万人，仅 5 年时间，就受理劳动争议案件 194.5 万件，成功调解 94.9 万件。

与全国总工会宏观推动、立法参与和依法维护相对应，基层工会对农民工合法权益维护的实践突破和典型引导，也成为这一时期工会维护农民工合法权益的重要社会特征。

浙江温岭是羊毛衫生产的集散地。2000 年年初，这里的职工劳动纠纷多，同一行业工价参差不齐，同工不同酬；企业之间在用工问题上由于受季节性强的影响，无序竞争，相互抬高工价，正常的生产秩序受干扰。在这种情况下，劳资双方都认识到有必要对同一行业制定统一的计件工资（工价）标准。于是，温岭首先从羊毛衫行业着手试行工资集体协商。

“温岭模式”的基本做法——

在区域产业集群内组建行业工会，从龙头企业和一线职工中选出 9 名代表组成行业工会委员会。同时，由区域内 113 家企业主推选出人数对等的代表组成行业协会。行业工会为代表职工利益的谈判主体，行业协会为代表企业主利益的谈判主体，市劳动和社会保障部门作为政府方的代表，站在公平公正的立场上主持谈判，以企业的民主恳谈为载体，建立劳动关系三方协商机制。

把羊毛衫行业划分为5大工种，并将5大工种分解为59道工序，又以工作日写实和测时为主要手段，测算出平均劳动熟练程度和劳动强度，在此基础上确定各道工序的最低劳动定额和工价标准，并将该标准分别交由行业工会和行业协会讨论，最后以民主恳谈的形式进行协商，以无记名投票的方式表决，从而建立工资协商共决机制。根据每年物价指数的变动和劳动力供需情况，每两年重新谈判一次，形成一个动态重复的博弈过程，建立正常的工资增长机制。

在劳动关系三方协调委员会的主持下，行业工会与行业协会共同签订《羊毛衫行业工资协商协议书》，并报当地劳动主管部门备案。协议书中明确规定月工资支付时间和业主必须足额发放等条款。为了使协商协议履行兑现，还成立了由地方党政牵头，法庭、劳动保障等多部门负责人参加的工资集体协商监督组，由此建立了工资支付保障机制。

“温岭模式”的基本经验是：以民主恳谈会为载体，依托行业工会与行业协会开展工资集体协商，形成了劳动关系三方协商机制、工资协商共决机制、工资正常增长机制和支付保障机制，用制度和机制化解劳资矛盾的核心——工资问题，以此维护职工权益，构建和谐劳动关系。2007年11月，温家宝在国办秘书局《专报信息》上批示：“温岭的做法可以总结推广。”[46]

河南省信阳市有820多万人口，有212万名农民工常年在外地，每年给信阳市带回劳务收入190多亿元，占全市国民生产总值的20%。由于第一代农民工文化水平低、技能少，在外地主要从事苦、脏、累、险、重的工作，合法权益受侵害的事件屡屡发生。2001年，该市商城县159名农民工在江苏宜兴石英砂厂集体患上矽肺病，后经多方努力索赔440万元，同时索赔农民工工资

46 朱圣明. 浙江温岭行业工资集体协商调查[J]. 广东行政学院学报，2008（20）.

47.5 万元，这一索赔事件被称为全国农民工集体索赔成功第一案。在这次事件之后，在务工输出地和务工所在地同时双向维权的工作被提上了议事日程。

信阳市“双向维权”的基本特征就是“源头建会，属地管理，联合互动，双向维权”。具体做法就是在农民工输出地建工会，该工会在务工输入地派常驻机构，吸收务工地农民工入会，由农民工输入地工会组织进行属地管理。农民工输出地和输入地两家工会联合互动。作为输出地主要抓农民工的培训和技能水平提升；输入地工会主要帮助和指导农民工与用人单位签订劳动合同，并督促用人单位依法履行合同，以此降低农民工的维权成本。2003 年 11 月，大连·信阳进城务工人员工会联合会正式成立，7000 多名来自信阳市的农民工加入了工会组织。此后，信阳市按照这种方式在农民工输入地建立了 200 多个农民工合法权益维护机构。

在信阳市“双向维权”模式形成的同时，四川省率先启动省际联动维权机制。从 2005 年至 2012 年，省际联动维权机制成员单位有 22 个，城际间联动维权机制成员单位有 133 个，协议涉及出川农民工 840 多万人，启动省际、城际和县际农民工维权案 1000 多件，兄弟省市工会受委托追讨农民工欠薪 7 亿多元、获工伤赔偿 2500 多万元。这一时期，全国共有 10 多个省建立了农民工双向维权机制。

这一时期，对农民工合法权益维护的实践探索呈“百花齐放”的态势：武汉餐饮行业工资集体协商模式、江苏邳州板材行业工资集体协商模式等。

在中央顶层设计、全国总工会宏观推动和基层工会实践突破的共同作用下，农民工合法权益的维护力度大大增强，工会组织的吸引力和凝聚力也不断增强。

2012 年年底，农民工会员总数达 1.09 亿人，签订集体合同 200 多万份。通过全国总工会的宏观推动和各级工会的实践探索，中国工会工作领域实现了一次前所未有的大拓展，即从国有集体企业拓展到了非公企业；中国工会的维权方式实现了大转变，即从人治条件下的“哥俩好”的方式转变为依法维护的方式。农民工的诉求渠道不断拓宽，劳资博弈的平台不断完善，劳动关系的调整、和谐劳动关系的构建被纳入中国特色社会主义工会发展道路的基本框架。

第三节

着力基层与工会改革

2013 年，农民工总数达 2.6894 亿人，已成为工人阶级队伍的主体。农民工的权益维护、农民工的素质提升、农民工的技能培训、农民工的生产生活服务等，直接涉及党长期执政的阶级基础和群众基础。

2014 年，全国总工会对全国 10 个省市和 10 个产业工会进行基层工会建设问题的调研。调研发现，在基层工会中，运行规范、履行职责较好的基层工会约占三分之一，组织健全、能发挥一定作用的约占三分之一，组织不健全、基本发挥不了作用的约占三分之一。大量农民工没有加入工会，一些基层工会组建质量不高；一些基层工会作用发挥不明显，职工不满意，维权工作离农民工要求差距大；一些基层工会的代表性不强，得不到职工群众认可；基层工会在组织农民工入会和维护农民工合法权益方面，“有人干事”的问题还没有得到解决；一些工会干部作风不扎实，做群众工作的能力不强。

基层工会与职工最贴近，联系职工最直接，服务职工最具体，是工会全部工作的基础和关键。基层工会是组织农民工加入工会的基础平台，是维护农民工合法权益的有效载体，是畅通农民工权益诉求的有序渠道。针对基层工会建设问题，习近平总书记做出重要批示，要求各级工会“着力扩大覆盖面、增强代表性，着力强化服务意识、提高维权能力，着力加强队伍建设、提升保障水平”。“三个着力”点出了基层工会工作的要害，抓住了基层工会工作的规律，是加强基层工会工作的根本遵循。

2015 年 7 月，中共中央召开党的群团工作会议，这在中国共产党的历史上还是第一次。习近平总书记在会上作了重要讲话。他指出，这次会议的主要任务是分析研究新形势下党的群团工作面临的新情况、新问题，贯彻落实《关于加强和改进党的群团工作的意见》，总结成功经验，解决突出问题，推动改革创新，努力开创党的群团工作新局面。

习近平总书记要求群团组织重点解决脱离群众的问题；切实保持和增强党的群团工作的政治性、先进性和群众性；眼睛向下，面向基层，改革和改进机关机构设置、管理模式、运行机制，坚持力量配备、服务资源向基层倾斜；要着眼党和国家工作大局，在大局下思考，在大局下行动，同时立足职责定位、立足所联系的群众，寻找工作结合点和着力点，推动群团组织职能与时俱进。

2015 年 11 月，中央全面深化改革领导小组第十八次会议审议通过《全国总工会改革试点方案》。全国总工会按照增“三性”、去“四化”、强基层、促创新改革思路进行的改革试点工作就此启动。全国总工会机关以上带下，指导各级工会主动对接、及时跟进，整个工会系统改革全面展开。

与以往不同的是，这次改革坚持问题导向、基层导向、职工导向、需求导向，以做强基层和凝聚职工跟党走为核心，从领导机构、工作职能、工作方式等方面进行全面深化改革。

“四个导向”最集中反映在农民工群体：2.87 亿名农民工是我国产业工人队伍的主体，他们全部分布在基层，他们合法权益被侵害的问题最多，最需要工会组织关心、维护、引导和服务。因此，最大限度地把农民工组织到工会中来，最大限度地维护农民工的合法权益和为农民工提供有效的服务，提升农民工素质，团结农民工听党话、跟党走，既是执政党赋予中国工会的重要政治职责，也是中国工会改革的重要着力点。

这一时期，全国工会系统在涉及农民工问题上通过扩大覆盖面，增强代表性；通过政策参与，强化维权力度；通过扩大站点建设，拓展服务触角；通过技能培训，提升农民工素质；通过职代会制度建设和农民工在工会兼职，拓宽农民工向上流动的通道；通过“减上补下”强化基层工会干部队伍建设，以此来增强工会组织的吸引力和凝聚力。

把农民工最大限度地组织到工会中来，畅通农民工的诉求渠道，是增强工会代表性的重要路径。这一时期，各级工会系统通过加大农民工入会的组建力度，拓宽诉求渠道，通过“爱心驿站”和服务站点建设，强化服务职能，增强工会组织的凝聚力。2012 年 7 月，全国总工会召开全国工会推动农民工加入工会暨维权工作座谈会，提出以发展农民工入会作为构建和谐劳动关系的重点，以《企业建会三年规划》为依据，每年新增农民工会员不少于 500 万人。2015 年 6 月，全国总工会召开工会系统进一步推进和做好农民工入会和服务工作电视电话会议，提出做好农民工工作是加强基层工会建设的重要内容，要积极推进“农民工入会集中行动”，把开发区（工业园区）和建筑项目、物流（快递）业、家庭服务业、农业专业合作组织等作为集中行动的重点。

2016 年 1 月，全国总工会印发了《关于推进户外劳动者服务站点建设的通知》，要求全会坚持以职工需求为导向，切实提高服务职工的精准化水平，拓展服务项目，让更多的户外劳动者感受到工会组织的关怀。以此为标志，一些省市针对环卫、建筑等行业户外劳动者在就餐、饮水、休息等方面的实际困难，建立“爱心驿站”等服务措施，被推向了全国和各个不同的行业。而户外劳动者的主体就是农民工，因此，“爱心驿站”和户外劳动者服务站点的建设，无疑是工会组织凝聚农民工和服务农民工的重要举措。

2016 年 9 月，全国总工会印发《中华全国总工会农民工工作规划（2016—2020 年）》，提出到 2020 年实现在城镇稳定就业的农民工应保尽保，到 2020 年年底，实现建档困难农民工全部解困脱困。同时，该规划还提出了 22 条具体措施。

2018 年 2 月，全国总工会提出，将在开展“强基层、补短板、增活力”的行动中，重点推动农民工比较集中的货车司机、快递员、护工护理员、网约送餐员、房产中介员、保安员、家政服务员、商场信息员八大群体的入会工作，夯实基层基础，强化维权服务。工会改革 3 年来，农民工每年入会人数高达1500万人。

通过政策参与平台，加大维权力度，是增强工会组织凝聚力的重要抓手。这一时期，各级工会组织以参与农民工相关政策的制定和推动协调劳动关系三方机制的完善以及建立基层劳动争议调解委员会为载体，维护农民工合法权益，积极构建和谐劳动关系。2012年以来，全国总工会先后参与制定和研究《关于进一步做好建筑业工伤保险工作的意见》《城镇住房保障条例》《关于全面治理拖欠农民工工资问题的意见》《关于加强农民工尘肺病防治工作的意见》等国家重要法规文件，实现维权工作的源头参与。与此同时，全国总工会先后制定和下发了《关于工会积极参与深化收入分配制度改革工作的指导意见》《关于切实推动解决拖欠工资问题的通知》《关于推进户外劳动者服务站点建设的通知》《关于进一步加强工会劳动保护监督、督促企业落实安全生产主体责任的通知》等维护农民工合法权益的文件。

工会推动协调劳动关系三方机制不断完善，截至2018年年初，建立劳动争议调解委员会的基层工会单位达109.1万个，共受理劳动争议119万件。2012年以来，各级工会参与处理工伤事故57.8万件，各级工会劳动法律监督组织受理违法、违规案件49.8万件。2012年至2018年年初，全国总工会配合有关部门开展农民工工资支付情况专项检查，为508.4万名农民工追回被拖欠工资301.3亿元，帮助2458.4万人次农民工平安返乡。2017年12月21日，全国总工会、司法部、全国律师协会共同表彰10位“全国维护职工权益杰出律师”，服务农民工公益法律服务行动同时启动。

把农民工锻造成新型产业大军，拓展农民工向上流动的渠道，是增强工会政治性、先进性、群众性的重要举措。只有对农民工政治上关心、权益上维护、素质上提升、生活上服务，才能真正团结这一庞大的社会群体听党话、跟党走。这一时期，各级工会组织以拓展农民工上升通道、加强农民工职业技能提升、培养农民工劳动模范和大国工匠为抓手，以加强新时期产业工人队伍建设为主线，为农民工融入城镇创造条件。2012年，全国总工会在公布《2012

年维护农民工合法权益工作要点》中，把发挥工会培训阵地和资源优势，积极开展定向式、订单式、定岗式培训，全年对100万名农民工进行职业技能培训，推动建筑企业建立农民工业余学校，作为当年维护农民工合法权益的首要工作。与此同时，全国总工会要求各级工会积极推荐优秀农民工成为各级党代会、人大、政协的代表（委员），逐步扩大农民工在评选劳动模范及先进工作者中的比例，扩大农民工代表在企业职代会中的比例，落实农民工的各项民主权利。2016年，在全国总工会机关工会改革进程中，农民工代表巨晓林当选为中华全国总工会兼职副主席。同时，在全国总工会所属的7个驻会产业工会换届选举中，都出现了农民工代表的身影，农民工和劳动模范等一线职工在各产业工会的委员和常委中所占比例为10%以上，北京等10个省（区、市）总工会配备了农民工兼职副主席。尽管与农民工人数相比，这个比例仍然较低，但相对于过去，已经是一个重要的突破，农民工从此有了权益诉求的畅通渠道。

2016年12月，由全国总工会专门出台的《关于充分发挥工会在建设知识型、技能型、创新型技术工人队伍中的作用的意见》，明确要求各级工会把普遍提高技术工人技能素质和培养高技能创新领军人才相结合，创新载体和方式，培养造就更多的大国工匠，建设知识型、技能型、创新型的技术工人队伍。

2017年，全国总工会牵头，就推进产业工人队伍建设改革开展调查研究，起草了《新时期产业工人队伍建设改革方案》，就构建产业工人技能形成体系、创新产业工人发展制度、强化产业工人队伍建设支撑保障等提出政策主张，努力为新时期产业工人队伍建设搭建载体。当年，这份方案就由中共中央和国务院印发执行。据全国总工会有关资料显示，我国产业工人队伍总数约为2亿人，其中农民工占60%多，要加强新时期产业工人队伍建设，无疑是要为农民工的成长、权益维护和服务搭建体制和政策上的平台。2017年，全国总工会在湖南召开现场会，推广湖南对农民工实行“一户一产业工人”的培训举措和典型经验。

2012年至2017年，全国各级工会组织举办技术培训班38.2万场次，培训职工3088.8万人次，其中406.7万人次提升了技能等级，全国选树技能带头人251万人，师徒结对346万对。

2018年1月23日，全国总工会参与起草《关于提高技术工人待遇的意见》在中央深改组会议上审议通过，并于3月22日以中共中央办公厅和国务院办公厅文件颁发。作为《新时期产业工人队伍建设改革方案》的配套措施，该意见的出台和落实，必将加快农民工成为新时期产业工人的步伐。

截至目前，共有275名农民工当选全国劳动模范，862名农民工荣获全国五一劳动奖章，一大批农民工成为大国工匠，农民工作为新型产业工人主体的作用正日益显现。

加强基层工会建设，打造一支专职、兼职相结合的工会干部队伍，是做好农民工工作的重要保证。这一时期，工会系统通过人力、财力、资源向基层倾斜，加强基层工会组织建设，打通维护和服务农民工的“最后一公里”。由于大量农民工（近半数）尚未加入工会组织，农民工的入会、维权和服务存在着现实的紧迫性。与此同时，基层工会人员短缺、财力不足，严重制约着工会作用的发挥。针对这些情况，全国总工会在2015年的工会改革方案中宣布，在工会改革中财力和人力向基层倾斜。在充实基层工会干部的基础上，各地探索向农民工集中的小微企业下派工会干部，以解决这类企业工会干部缺位，以及不敢和不擅维护农民工合法权益的问题。

2016年12月17日，全国总工会向全会下发了《关于印发〈上海市宝山区顾村镇加强基层工会建设的经验做法〉的通知》，向全国推广顾村镇总工会通过对基层工会“瘦身减负”和实行上级工会“以上代下”（即由上级工会承担部分基层工会的维权、服务等职责），破解非公有制企业工会组建难、职工入会难、经费和人员保障不足、维权服务不到位等基层工会面临的突出问题，激发基层工会活力的经验。2017年2月，全国总工会又在顾村召开现场经验交流会。基层工会建设问题被提升到了一个新高度。

以建设“互联网 +”工会工作新格局为手段，实现工会工作路径的转变，是工会组织拓展与农民工联系的新途径、新方式。这一时期，工会系统整合网络资源，转变工作方式，以新途径拓宽新领域。为适应信息化的发展要求，2015 年以来，全国总工会积极整合工会系统网络资源，实施全国工会“互联网 +”行动计划，实现联系网、工作网、服务网整体合一，工会工作线上线下互动融合、实体和虚拟两大空间共同开展工作；推行“互联网 +”工会普惠性服务，以“一片心、一张网、一叠卡、一个家”为抓手，开通全国总工会微博、微信公众号，开发移动客户端，打造全国工会系统服务职工网络；发挥工会系统 9000 多个新媒体账号作用，积极回应网民尤其是农民工关心的问题，释疑解惑，让互联网成为了解职工、贴近职工、联系职工、服务职工的新途径。

代表谁、联系谁、服务谁的问题，是工会的根本问题。农民工中还有近半数没有加入工会组织，农民工融入城市还有很多具体问题需要工会组织协调推动。把包括农民工在内的广大职工组织起来，切实维权，增强工会组织的代表性和凝聚力，夯实党长期执政的阶级基础，中国工会永远在路上。

第二十章

农民工迁徙与中国社会转型的启示

当代中国农民工流动从1978年思想解放为起始，由涓涓细流逐步汇聚成滔滔洪流奔腾向前。冲过险滩暗礁，这股洪流最终融入现代文明海洋。在这股洪流的牵引下，中国社会成功实现了从农业文明向工业文明、从乡村文明向城市文明、从传统社会向现代社会、从长官意志向按客观规律办事的转型。今天，无论你生活在东西南北中的哪座城市，无论你处于怎样的社会阶层，无论是你的工作还是生活，都离不开农民工的劳动，到处都闪现着农民工的身影。中国农民工已经成为中国社会转型的牵引者、主体和缩影。

2018年的最新数据显示，中国农民工总量已达2.87亿人。如此大规模的人口流动和社会融入始终能在有序的社会轨道内运行，并通过撞击与反射的能量推动社会前进，其背后究竟有着怎样的规律，农民工流动及与之相关的社会转型中的热点问题又能给人们带来怎样的启示，确实是一个值得研究和探讨的课题。

第一节

农民工大规模迁徙为何没有带来大的社会震荡

当代中国的改革就其广度和深度而言，古今中外无与伦比，既涉及政治、经济、文化、社会、环境，又涉及每一个人生活的方方面面；既涉及领导阶层，又涉及资本所有者和普通老百姓。无论你在哪里，无论你做什么，只要作为一个社会人，你就能感受到改革的脚步，就能发现改革所带来的变化。

当代中国的农民工作为改革开放时期产生的特殊群体，始终与改革的进程相联系。在历经“离土不离乡”的短暂阶段之后，跨区域流动始终是农民工的主基调，从 1992 年的 6200 万人到 1999 年的 1 亿人，再到 2017 年年底的 2.87 亿人，其规模人数和增长速度同样是古今中外无与伦比。无论你对这种迁徙是支持还是反对，它都是真实的客观存在，以至于你无法忽视。

本来，改革就是除旧布新，就是体制转换和打破旧有平衡，就是利益调整和各种权利的再分配，容易引发各种社会矛盾，更何况如此深刻的社会变革又与如此大规模的农民工迁徙交织在一起，因此，剧烈的社会震荡似乎在所难免。从历史上看，英国的“圈地运动”和法国的工业革命，就曾带来资产阶级与无产阶级长达几个世纪的斗争与对抗，中国封建社会的变革与流动也往往带来朝代更迭。唯独在当代中国，社会变革与农民工流动的碰撞带来的却是融合发展。不能不说，这是人类发展史上的一个奇迹。这个奇迹的产生，主要得益于以下五种因素。

一是迁徙因改革而形成，政策因迁徙而调整。在新旧体制转换的特殊时期，政府的宏观调控成了社会转型的“导轨阀”和“扳道工”。中国的农民工流动因农村家庭联产承包制改革而形成前提，因城市经济体制改革而成为可能，因对外开放和发展经济而构成现实。政府以改革的力度决定城门打开的程度，以打开国门的程度调控对外开放的力度，以改革开放的进度引导农民工的流向与流量。

在整个改革与农民工流动问题上，政府是主动作为，政策引导，自然流动（也就是根据经济发展对劳动力的需求而发挥市场调节的作用，农民工的流动过程是自发的而不是被迫的）。当农民工流动从个别现象、区域现象发展成普遍的社会现象时，当农民工与资本的结合和博弈成为普遍现象时，当农民工的流动在特定阶段超越城市社会承载力时，当现有的体制与农民工流动的客观性相背离时，政府又适时调整与农民工迁徙相关的政策，规范劳动和资本的关系，调节流动农民工与城镇职工的关系，引导农民工输出地与输入地的关系，调整“城里人”与“乡下人”的关系。以制定和完善与农民工相关的政策为杠杆，通过改革的力度掌控农民工迁徙规模与城市承载力的平衡以及农民工流动的节奏，以此实现农民工流动的有序性、城市社会的适应性和与经济社会发展的一致性。调控的过程就是疏导的过程，调控的关键就是对度的把握。正是政府的这种宏观调控，成就了改革的深化与农民工流动的互相促进。

回首中国农民工流动 40 年的历史，是中国劳动力市场化的历史，是农民工流动与旧体制束缚冲突与解放的历史，是农民工与资本博弈的历史，是二元体制走向一元体制以及农民工渐进式融入城市的历史。在这个历史进程中，每一次农民工的流量与流向都因改革导向和政策导向而变化；每一次农民工与资本的博弈和与旧体制的冲突，都伴随着新政策的出台与新体制、新机制的建立。可以说，农民工流动的历史就是深化改革和新体制建立以及国家政策调整的历史。

把农民工流动以来发生的历次重大事件与国家关于农民工政策的历次拐点连接起来，就勾勒了一条清晰的中国农民工大迁徙的“珍珠轨迹”。这条

“珍珠轨迹”又鲜明地昭示了在劳动力这个特殊商品走向市场化的过程中、在大规模的社会流动过程中，政府对改革旧体制和调控劳动力供需起着不可替代的作用。体制改革和政府的宏观调控为劳资博弈构建了平台和规则，为社会转型构建了“导轨阀”，才使中国历史上最具震撼力的社会变革与人类史上最大规模的人口大迁徙相碰撞时，在不出现震荡的情况下和谐融入。

二是家庭联产承包责任制所构建的土地承包权的稳定性，为农民工大迁徙的波动性构建了一个稳定有效的“托底”机制，为农民工的流动与“回流”预制了回旋的空间，为农民工的生存与发展构建了一张“安全网”，因而，也就成为农民工大迁徙和社会转型的“海绵垫”和“调节阀”。

中国历史上发生的多起农民革命和朝代的更迭，都因为农民失去土地无法生存。新中国成立以后，从制度上把农民与土地紧密联系在一起，解决了农民的“盼土”“恋土”问题，才使农民有了被解放和翻身做主人的感受。但是，随着 20 世纪五六十年代生产关系的大跃进，农民与土地实质上已无必然联系，再加上自然灾害和城乡二元体制的分割，农民处于生存困境。虽然当时的社会处于高度的稳定状态，但那是以制约生产力的发展和人民生活水平低下为代价的，既不符合生产力发展的要求，也与执政党的宗旨相悖，因此注定不可能持久。

中国的改革开放与中国革命一样，都是从农村开始，都是以解决农民问题为切入点。所不同的是，中国革命是“以农村包围城市，最后夺取城市”和建立新中国为目的，而中国的改革开放则是以工业化和城镇化为取向，以发展生产力为核心，以不断满足人民日益增长的美好生活需要为目的。中国革命解决农民问题的路径是政权更替；中国改革开放解决农民问题的路径则是在土地所有权与承包经营权分离的基础上，通过联产承包式的体制改革让农民与土地产生直接联系，通过农村的城镇化和农业的产业化推动农村人口的转移，通过工业化和城镇化促进农民的市民化，从而最终以生产力发展为基础解决中国的农民问题。因此，1979 年发端于安徽小岗村的联产承包责任制，不仅是中国农民工形成的前提，而且是农民工大迁徙的基本社会保障，同时出现的农民工大迁徙则是解决中国农民问题和新型城镇化的关键所在。上述因素的综合影响，构成了社会转型中的中国特色。

从农民工流动的历史来看，由于这种流动从一开始就是市场调节的和自发形成的，因此，其流量和流向的波动性是市场调节的必然体现。但无论怎样波动，都不会影响农民工的基本生存。尽管农民工在向城市流动的过程中已经“离土又离乡”，留在家乡的“九九三八六一”（老人、妇女和儿童）群体却在帮他们经营着承包地，即使他们在城市找不到工作也不至于有生存之虞，随时可以回农村生活（主要对第一代农民工而言）。

从农民工流动的现实来看，中国农民工的工资收入在很长一段时间内都是比较低的，相当一部分人的工资收入实际上只是加班加点所得。即便有着很多无奈和无助，农民工也能基本接受。因为在他们的比较经济学里，打工所得再低，如果与家乡承包地的保障加在一起，还是会优于在农村种地。所以，他们能够坚持在城市打工，没有因为低工资和社保的缺失而引发与资本的激烈对抗和社会的震荡。相反，这种低工资又成为进一步吸引外资和提高产品竞争力的优势，从而在客观上进一步推动了中国工业化的进程。

由此可见，家庭联产承包责任制基础上的农民工流动大迁徙，是中国特色的制度创造，为中国的社会转型以及中国的工业化和城镇化独辟蹊径。

三是党政主导的维权格局、媒体的舆论监督和中国工会的独特作用，为农民工大迁徙中资本和劳动的博弈搭建了平台，构建了“减震器”和“消防栓”。

资本与劳动的博弈是市场经济条件下的共性现象和普遍规律，只要有资本与劳动的结合，就有两者在利益上的博弈，各种社会制度概无例外。

中国的农民工从一开始就不是流进以生产资料公有制为基础的国有企业，而是流向外商投资企业和民营企业。尤其在改革开放后的前20多年里，外资的进入与内地农民工的流动就像一对孪生兄弟，相辅相成、相克相生，劳资关系完全处于市场调节状态，这就决定了劳资矛盾的多发性。再加上当时中国发展经济的紧迫性与资本的稀缺性，基层工会组织的不健全与基层官员对资本的偏好性，多种因素相互叠加，导致重资本、轻劳动的现象相当普遍，从野蛮管理、加班加点、拖欠工资到人身侵害和人格侮辱，侵害农民工合法权益事件频频发生。这种情况下，即便农民工再能忍辱负重，也总有不堪之时。于是，除了“用脚投票”一走了之外，怠工、停工、罢工等对抗性方式也不断出现，从20世纪90年代到2000年前后，中国的劳资矛盾进入多发期，全国范围内每年劳资纠纷都有几万起到十几万起不等，较大规模的罢工事件往往有千人以上的农民工参加。然而，如此之多的劳资纠纷却并没有演变成剧烈的社会震荡，这不能不说是劳资关系博弈史上的奇迹。

首先，这是党政主导维权格局作用的结果。与世界上绝大多数国家把劳资矛盾完全交由劳资双方博弈、斗争和妥协不同，中国的执政党和政府既是体制改革和发展市场经济的设计者和“操盘手”，又是劳资矛盾的主要调节者。在宏观上，通过法律、法规的完善和政策的及时跟进为劳资矛盾的调节制定规则、搭建平台。每一次重大农民工事件的背后，都有党政高层的关注以及法规和政策的及时跟进。在微观上，基层政府通过推动政策执行和监督以及相关劳动部门的协调，在企业和职工（主要是农民工）之间寻求利益上的最大“公约数”和成本上的最小“公倍数”，以此来厘清关系和化解矛盾。尽管在基层实践中不乏重资本、轻劳动，与资本沆瀣一气侵害劳动者权益，以牺牲劳动者合法权益为代价牟取私利的情形，但这样的事情一旦曝光，必受到高层的严厉惩处。就主观愿望而言，引进外资、发展经济固然是体现自身政绩的主要指标，但是“维护稳定”（简称“维稳”）则是“一票否决”。因此，基层政府对个别或小的劳动争议可以“睁一只眼、闭一只眼”不闻不问，一旦劳动纠纷向群体性事件演变，哪一个部门也不敢懈怠。因为基层政府手中所拥有的资源和手段足以对资本形成影响和制约，所以党政主导劳动关系和维权格局，其力度和效果要远远大于单纯由工会代表劳动者与资本博弈的力度和效果。在这种情况下，虽然劳资矛盾多发，但总能得到及时处理，而不至于对社会稳定和社会转型形成大的冲击。

其次，这是媒体和社会舆论监督作用的结果。中国的农民工大迁徙与中国经济的发展和转型升级是紧密相联的，经济发展和保障民生既是当代中国最大的政治，又是人们普遍关注的重点和社会热点，自然也就成了所有媒体和社会舆论的聚集对象。西方的舆论往往误认为中国的主流媒体报喜不报忧，实际上在中国农民工大迁徙的40年里，中国主流媒体有关农民工的新闻报道达数万篇，中国主流学术刊物有关农民工流动问题的研究达数千篇。海量的新闻报道中，相当一部分内容是对农民工侵权事件的揭露和对维护农民工合法权益的呐喊。可以说，农民工大迁徙中的每一个重大侵权事件都是主流新闻媒体率先披露的。在主流学术刊物对农民工流动的研究中，有相当一部分是对农民工大迁徙中各种社会问题的剖析和对农民工融入城市社会的政策探讨。由于新闻监督的及时性、广泛性和社会性，使很多侵权事件在“风起于青萍之末”时就被曝光，容易引起社会舆论的压力和高层领导的关注，往往在个别性劳动争议尚未形成群体性事件之前就得到了遏制或化解，而不至于演变成社会问题。由于学术研究的指导性和前瞻性，为农民工大迁徙中带有倾向性问题的解决提供了思路，使国家层面有关农民工流动的政策措施能够及时完善，从而在宏观上避免了农民工流动中的侵权事件对社会稳定和社会转型的冲击。

最后，这是中国工会建设性特征所发挥作用的结果。在社会转型的特殊时期，如果工会动不动就发动劳动者罢工，不仅会对企业的生产经营造成破坏，而且会影响劳动者自身合法权益的实现。毕竟，企业既是资本的载体，又是劳动者权益实现的载体，激烈对抗不仅会冲击经济发展的软环境，而且会造成转型期社会的波动，对资本和劳动者都是一种双输的结果。不发动罢工绝不代表不能维权。中国工会通过发挥积极的建设性特征，通过劳动竞赛调动劳动者的积极性和创造性推动企业发展，通过技术培训和技能提升增强企业的发展后劲和劳动者的就业稳定性，通过集体合同维护劳动者的合法权益，以协商代替罢工，通过工资集体协商在企业和劳动者之间形成“最大公约数”，为资方和劳方达成一个共同的“力的合成”的对角线，从而既维护了职工的合法权益，又为企业发展创造了条件，实现了资方和劳方的双赢。这种以协商谈判为主要手段、以实现双赢为目的的维权方式，正是社会转型特殊历史阶段中国工会先进性的体现。

在社会实践过程中，正是中国工会这种独特作用的发挥，才为农民工在迁徙过程中与资本的撞击构建了一个“缓冲带”。而这个“缓冲带”又在一定程度上避免或减缓了劳资双方的对冲，实现了劳资关系的“软着陆”，从而规避转型期的社会震荡。

正是在党和政府主导、媒体舆论监督和工会协商谈判的共同作用下，农民工大迁徙过程中劳资矛盾的多发得到了及时的疏导和化解，避免了社会转型时期人口大流动带来的社会大震动。

四是在制度上拓展了农民工向上流动的渠道，搭建了融入城市社会的平台，激发了大迁徙中的农民工阶层提升的内生动力，规避了产生社会震荡的内在愿望。当代中国的改革，既不是以牺牲一部分人的利益来换取另一部分人的利益，也不是以某一个或几个阶层的固化来换取另外一个阶层地位的提升，而是以发展生产力为手段增加社会财富，通过把蛋糕做大让每一个参与其中的人都受益；以制度安排规范和拓宽发展机会，通过德行、知识和技能的提升让每一个参与其中的人都有成长的空间。对每一个个体的人来说，成长的空间越大，越不容易产生对立的情绪；对一个社会来说，发展的机会越多，越不容易形成族群的撕裂。

希望激发动力，绝望产生对抗，这是人类行为科学的一般规律。就农民工的大迁徙来说，尽管在流动过程中通过与旧体制博弈产生了诸多“阵痛”，尽管在与资本的博弈中屡屡受伤，尽管在劳动过程中自身权益受侵害的事情时有发生，但是在制度安排上，农民工向上流动的渠道不断被拓宽。以 2008 年三位农民工代表进入国家最高权力机关为起始，各级人大和政协的舞台上都活跃着农民工的身影。以 2016 年农民工代表巨晓林兼任全国总工会副主席为起始，各级工会机关领导机构都为农民工兼职副主席留下了位子，虽然这些人在农民工中的占比不大，但毕竟是政治制度上的体制性安排。以 2016 年全国 31 个省市取消城乡户籍性质区分为起始，城镇的大门终于对农民工全开放，虽然还存在一些困局待破解，但城市融入的渠道已经畅通，农民工进城已不再有制度的羁绊。2017 年 10 月召开的中共十九大会议上，习近平总书记更是明确提出，要破除妨碍劳动力、人才社会性流动的体制机制弊端，使人人都有通过辛勤劳动实现自身发展的机会。

这种横向扩展职业流动、纵向提升身份变迁的大迁徙，既为农民工迈入中产阶层打开了通道、创造了条件，又为整个社会带来了生机和活力，使中国的社会转型在发展中实现了“动态平衡”。

五是发挥举国体制和中央权威的优势，缩短转型周期，减轻社会阵痛。中国的农民工大迁徙与中国社会从农业文明向工业文明和城市文明转变是与中国的工业化和城镇化进程、中国从传统社会向现代社会的转型同时进行的。中国没有经历过完整的发展市场经济的社会阶段，导致规范的劳资关系体制和机制缺失，劳动者的诉求渠道不畅。在这种情况下，农民工流动对经济社会的冲击几乎无处不在，城乡之间、资本与劳动之间、农民工流动与旧有体制和秩序之间，各种矛盾交织在一起普遍多发，产生社会震荡几乎不可避免。但是，中国的举国体制和中央权威使这些看似不可避免的矛盾和问题化解于萌芽状态，削减了对经济和社会的冲击，并利用其正能量加速社会的转型。

从开始阶段看，尽管农民工流动是因为中国的体制改革开启的，但并非制度安排的结果。因此，它与旧体制的博弈几乎贯穿全过程。从前面若干农民工事件来看，都曾或多或少与此有关。针对这种情况，中央政府对束缚农民工流动的旧体制的改革以及引导规范农民工流动的新体制和机制的建立也从未停止，贯穿于全过程。

从发展过程看，随着农民工流量的增加以及劳资矛盾的多发，中央政府加大了调节的力度。对劳资博弈，从建立健全法律法规和完善政策措施着手，制定规则，提供准绳，搭建平台，化解矛盾。对农民工流动与基层政府的不作为和乱作为以及少数公职人员腐败所引发的矛盾，中央政府加强行政干预措施和加大打击力度。无论是职业病问题、黑窑奴工、多发的矿难，还是少数官员傍资本、轻劳动问题，如果没有中央政府的强力干预，都不可能得到及时解决，都有可能引发社会冲突。从媒体报道的典型事件看，中央领导都有批示，政府有关部门都派出了检查组，事后也都有通报和处理结果。正是中央政府的权威才确保了农民工流动和社会转型的有序性。

如果仅仅靠市场调节和供求规律的作用，农民工融入城市必然会是一个漫长的过程，而且会始终伴随着地区发展不平衡、劳动力输出地与输入地以及城乡之间的利益碰撞和摩擦。举国体制和中央权威的优势，就在于可以凝聚共识、顶层设计、平衡各方、协调推进、集中力量办大事。从2014年中央政府关于户籍制度改革意见的安排到2016年关于提高农民工养老保险和医疗保险统筹层次意见的出台，中央政府从生产关系上为农民工融入城市进行了顶层设计和制度安排，缩短了农民工融入的过程。从2016年政府工作报告提出着力解决“三个1亿人”问题到中央政府拿出1000亿元用于农民工培训和技能提升，中央政府多措并举，解决农民工落户城镇难题，改造城镇棚户区和城中村，加速中西部地区就近城镇化，并把工业化、城镇化与农业的产业化和现代化协调推进，把农民工培训和技能提升与产业结构的转型升级相结合，从而为农民工融入城市夯实了经济发展和劳动力素质的基础，从生产力发展的角度加速了农民工融入城市的力度和进度。能够从生产关系的调整和生产力发展两个方面同时发力，没有举国体制和中央权威是难以做到的。

事实上，中国的农民工流动从涓涓细流到澎湃狂潮，其间矛盾之复杂、与资本博弈之惨烈、对社会冲击之广泛古今中外都极其罕见。能够化狂潮于波澜不惊、化对立为协商共赢、化歧视为包容吸纳、化博弈为形成合力，在撞击与反射中防止社会撕裂，实现族群融合，在最短的时间内实现社会转型和一个庞大阶层的纵向提升，主要就得益于一个“权为民所用、利为民所谋”的举国体制和中央权威。未来发展中，这种融入还有可能出现这样或那样的新矛盾和新问题，但潮平岸阔天地宽的趋势却已经成为不可阻挡的历史潮流。

第二节
“中国制造”为何能成为“中国名片”且经久不衰

今天的中国，不仅国内市场商品琳琅满目，而且众多商品销往海外，220多种产品产量居世界第一。在世界各地，都可以看到“Made in China”的标识，很多国人从国外买回来的商品都是“中国制造”。但是，从历史上看，中国既不是制造业大国，也不是制造业强国，改革开放的过程正是中国工业化的“补课”过程。然而，正是在这样一个“一穷二白”的工业化基础上，经过40年的努力，中国已经从一个工业化落后的国家一跃而成为“世界工厂”和制造业大国，以物美价廉作为核心竞争力的“中国制造”产品一跃成为中国的名片，且经久不衰，这背后与中国的农民工有着怎样的关联?

优惠的政策措施、廉价的熟练劳动力和巨大的市场需求，构成了“中国制造”的“三驾马车”，是“中国名片”形成的前提。中国改革开放后的前20多年，是一个资本极度稀缺的年代。如果说劳动是财富和制造业之父的话，那么，资本就是财富和制造业之母。为了承接国际产业的梯度转移和吸引更多的资本投资，中国政府采取了诸多的吸引外资的政策措施，从土地的使用到“三通一平”，再到“所得税三年减免”和更多的税费减免政策，各地政府都拿出了最大的诚意，采取了最有利于资本投资的政策措施。即便在今天，虽然中国总体上已经走出了资本稀缺的阶段，但中西部地区为了吸引投资和推动经济发展，仍然在政策措施上做文章。优惠的政策与稳定有序的投资环境，使中国吸引外资总额多年来一直处于世界前列，这就在客观上为“中国制造”的形成创造了前提。

廉价的熟练劳动力则是“中国制造”得以形成的关键。尽管世界工业发展史上产业转移多遵循成本推动的规律，但中国的劳动力市场有其独有的特殊性。一是剩余劳动力数量之多、规模之大在世界上绝无仅有。总规模的基数决定了其中的熟练劳动力和文化技术素质较高的人员所占数量也必然较大，这就为“中国制造”提供了人力支撑。二是劳动力成本之低、对劳动环境和劳动条件适应性之强也是其他国家难以望其项背的。由于“中国制造”的主体劳动者是农民工，他们对低收入的接受程度要比城镇劳动者强得多。正因为如此，不少企业在不缴或少缴“三险”“五险”的情况下实现劳动者与资本的结合，降低企业成本，增加产品的竞争力。即便在改革开放40年后的今天，虽然从单纯以工资来衡量人工成本的角度来看，我国的人工成本已经超越了柬埔寨和越南等东南亚国家，但就单位时间劳动生产率来看，我国的人工成本仍处于低水平，这也是“中国制造”长时间具有竞争力的原因。

除此之外，巨大的国内市场需求也是“中国制造”得以成为“中国名片”的基础。中国的改革开放是在“商品短缺时代”开始的，并以衣食住行为导向，这就决定了国内市场需求的稳定性和潜在性。这种国内市场的稳定性和潜在性，正是培育“中国制造”成为“中国名片”的客观基础。回顾中国近40年的工业发展史就不难发现，外资涌入看中的是中国资源丰富、价格低廉的劳动力市场和巨大的消费市场。中国制造业的发展经历了仿制仿造、进口替代、自主产权、名优品牌四个阶段，哪个阶段都离不开市场需求与市场淘汰。正因为如此，“中国制造”才得以在市场需求中产生，在市场竞争中形成，在世界经济一体化的进程中走向世界。

中国农民工的特殊品质是“中国制造”得以形成并成为“中国名片”的关键所在。尽管廉价劳动力在发展中国家普遍存在，但与世界各国相比较，作为“中国制造”主体的中国农民工有着内在的特殊品质。正是这种特殊品质成就了“中国制造”，并使之成为“中国名片”，走向世界，这也是中国农民工对“中国制造”的最大贡献。

中国农民工的第一个特殊品质是特别能吃苦。老一代农民工多生于困难时期和物质短缺时代，生活的磨砺使他们少了城镇人的娇生惯养，多了吃苦耐劳的精神。当他们带着希冀走进企业时，尽管劳动条件恶劣、劳动时间很长，经常加班加点，但他们都默默承受着。调查表明，在较长一个时期内，大多数农民工的每天平均工作时间都超过了10个小时，且经常没有休息日。在温州和厦漳泉地区的个体私营企业里，不少农民工吃住在同一个工作间，每天工作达16个小时。正是农民工的吃苦耐劳，奠定了中国制造业生存和发展的基础，增强了这些企业的竞争力，提供了市场所需要的价廉物美的商品。可以说，“中国制造”形成和发展的历史，就是中国农民工吃苦耐劳精神凝聚和传承的历史。没有中国农民工的吃苦耐劳，没有中国农民工的高强度劳动和低收入水平，就没有“中国制造”的走向世界。

中国农民工的第二个特殊品质是特别能忍耐。由于受传统儒家文化的影响，绝大多数第一代农民工在外出务工过程中，都秉持“与人为善”“和气生财”和“以和为贵”的理念，这使他们少了斗争性，多了妥协性。当这种妥协性用于与资本的博弈时，企业发展的软环境就能得到保持，从而客观上有利于企业的发展。例如，作为中国制造业基地之一的珠江三角洲地区，从1993年就曝出了企业拖欠工人工资的新闻，直至今天也没有完全根治，至于野蛮管理、搜身检查、侮辱人格等更是时常见诸报端。中国的农民工却以忍辱为前提、以谈判（通过工会组织或基层政府进行）为手段、以双赢为目的，通过有序的渠道和双方都能接受的方式推动问题的解决，从而为制造类企业的发展创造了和谐的软环境。

或许这种“忍一时平风浪静、退一步海阔天空”和“人生没有过不去的坎”会被认为是懦弱的表现，但无论如何，从宏观上看，这种忍耐都是社会稳定以及企业发展所必需的润滑剂。当今世界，还没有哪个国家可以在长期的对立中实现可持续发展。

中国农民工的第三个特殊品质是特别能拼搏。中国农民工的拼搏是默默无闻的生活拼搏、任劳任怨的环境拼搏、兢兢业业的工作拼搏和孜孜以求的人生拼搏。他们离开亲人和朋友独自外出打拼，是一个孤独的拼搏者；离开熟悉的环境和人脉，来到一个完全陌生的地区打拼，是一个漂泊的拼搏者；离开熟悉的职业到一个全新的工作岗位打拼，是一个不断进取的拼搏者；在工作岗位上不安现状，超常规打拼，是一个创新的拼搏者。他们拼搏的过程，没有鲜花、掌声和嘉奖，有的只是困难、坎坷、歧视和挑战；他们付出了心血、汗水和泪水，却没有得到对等的回报；他们主观上为了提高自己的生活水平或改变自己的人生轨迹，却在客观上成就了“中国制造”。或许他们的形象并不那么靓丽、举止并不那么文明，但这丝毫不影响他们的劳动精神和拼搏精神的伟大。当今“中国制造”的产品更新和质量提升，无不与这些农民工的拼搏劳动息息相关。

中国农民工的第四个特殊品质是特别具有工匠精神。中国农村人多地少的矛盾一直都比较突出，中国农民也因此形成精耕细作的传统。当农村剩余劳动力流向城市、流向制造业时，他们便把这种精耕细作的精神带到了制造业的岗位，形成了兢兢业业的爱岗敬业和孜孜以求的精益求精，而这正是工匠精神的精华所在。无论是国产航母上的焊接工艺，还是对有色贵金属的提炼；无论是“一带一路”上的架桥铺路，还是工程机械制造业的创新发展，都无不闪耀着农民工的身影，都离不开农民工的创造性劳动。或许人们会说，农民工庞大的数量与所涌现出来的大国工匠不成比例，农民工中的技能人才较少可能会制约“中国制造”向“中国创造”的转变。这话虽然有道理，但问题的症结不在农民工。

从体制导向看，如果体制只重视学历教育，轻视职业教育，普通高校毕业生可以堂而皇之地应聘于各类机关和事业单位，高等职业学校毕业生却被拒之于大门之外，只能去市场找打工的机会，那又如何引导农民工去做工匠？从培训机制看，企业是用人的主体，却不是培训的主体，政府的劳动部门管政策、管钱又管培训，却不能把培训与职业晋升挂钩，又怎能提高农民工对学习技能的积极性？从宣传导向看，如果报纸和电视上都是影视明星的活动，网络上热议的都是影视明星的趣闻逸事和私生活，又如何能营造“大国工匠”成长的舆论氛围？

工匠精神的稀缺，更加凸显农民工自发形成的工匠精神之可贵，也更加凸显出从体制、机制到政策导向上培养工匠精神的重要性和紧迫性，而这恰恰印证着中国农民工所拥有的工匠精神的底蕴和对“中国制造”的贡献。

中国农民工的四种特殊品质构成了中国农民工特有的精神。它来源于生活，具有很强的生命力，是中华民族精神的传承和重要组成部分。“中国制造”就是农民工精神和农民工劳动智慧相结合的产物，并让世界了解了中国的农民工。

中国产业梯度转移所形成的国内二次承接带来了人口红利的延伸，是“中国制造”经久不衰的重要原因。当中国东部地区一些大中城市已经进入工业文明和信息文明社会时，中西部地区很大程度上仍然停留在农业文明阶段。当东部地区工业化、城镇化水平已经达到中等发达国家的水平时，中西部地区仍然处于相对落后状态。当东部地区产业转型升级、需要淘汰一部分低端产业时，中西部地区却处于工业化的起步阶段。与此同时，伴随着东部地区改革开放 40 年的发展，当年中西部地区“孔雀东南飞”的农村剩余劳动力，在东部经受了市场经济的洗礼，积累了经验，提高了劳动技能，成为中西部地区工业化、城镇化不可或缺的支撑力量。在这种情况下，尽管也有一部分企业转移到东南亚等国家，但鉴于中国政治经济和社会的稳定性，鉴于中国与市场经济相关的法律法规的完善性和政策的连续性，鉴于中国劳动力的熟练程度和相对低廉的劳动力价格（与劳动生产率相比较），中国发展市场经济的软硬件和整个环境都具有较强的吸引力。因此，绝大多数中国东部地区企业都把产业转移的目标锁定在中国的中西部地区。这样，中国就实现了产业梯度转移的二次承接，为“中国制造”赢得了延续的时间和回旋的空间，使“中国制造”经久不衰。

第三节

中国在城镇化过程中为何不会出现“贫民窟”

很多新兴国家在工业化进程中都曾出现过“贫民窟”，就连美国这样的发达国家至今仍有“贫民窟”存在。所谓“贫民窟”就是贫困人口聚集的地方，管理薄弱，乱象丛生，房屋私搭乱建，环境脏乱差，对内具有一定的封闭性，对外具有一定的排他性。一般而言，“贫民窟”多处在城乡接合部和土地产权不明晰的“三不管”地带。中国在实行工业化和城镇化进程中，尽管形成了世界发展史上最大规模的农民工大迁徙，也曾出现过“城中村”，却始终没有形成“贫民窟”现象，这也是世界发展史上的一个奇迹。那么，在中国的工业化和城镇化的进程中为什么不会出现“贫民窟”？这也是当代中国农民工发展史必须回答的一个问题。

一是家庭联产承包责任制所形成的“土地保障”构成了中国农民工大流动的托底机制，客观上消除了产生“贫民窟”的基础。中国的农民工大流动是以农村的家庭联产承包制为前提、以工业化为基础的。对第一代农民工来说，他们并不是在失去土地等生产资料的情况下进城的，进城的目的也不是留在城市，而是在城市比较利益的拉动下，试图改善自己的生活条件。既然城市只是人生中的劳作之地，因此他们大多只身闯荡，住在工地、企业职工宿舍，也有一些租住企事业单位地下室的（因为地下室租金相对便宜），平时外出打工，春节返回农村，并把打工所挣的钱带回家乡用于“三子”（娶妻子、盖房子、教育孩子），因而，中国农民工不具有形成“贫民窟”的主观愿望。

对新生代农民工来说，尽管他们中的一些人在农村没有承包地，但他们在成年之前多跟随父母，而他们的父母是有承包地的。父母打工的积累，固然为他们在城市租房创造了条件，但由于企业本身处于城市不同的区域，决定了租房不可能集中于城市的某一个地方。即便集中于某一个地方，他们与房主也只是甲乙双方的关系，不可能形成一个具有封闭性特征的特定社区，因而不具有形成“贫民窟”的客观条件。对一些举家迁徙到城市的农民工来说，大多数是从事流通和服务业的，尽管他们在城乡接合部租房比例较高，居住也相对集中，但改革开放以来的几十年正是中国的城市极速扩张期，城乡接合部在不断地变化，不断地向城市外围推进，也难以形成稳定的聚集区。

二是中国的土地国有化在客观上消除了“贫民窟”产生、形成和存在的前提。由于土地国有，不存在产权不明晰的空白地带。尽管中国农民工的迁徙以血缘、地缘和业缘为纽带，相同的风俗习惯、地域文化及亲缘关系往往导致他们的居住地相对集中，就像20世纪90年代在北京形成的“浙江村”“河南村”“安徽村”“新疆村”一样，其他沿海地区的大中城市也相继出现了不同区域的“城中村”。但是，随着城市棚户区的改造、城市功能的疏解以及城市规模的扩张，这些“城中村”随之消失，不具备形成“贫民窟”的必要条件。尤其是与土地国有相对应的集中统一的管理模式和混合居住的社区模式，避免了以农民工为主体的低收入人群集中聚集的可能性，即便“城中村”存在，也不可能演变成“贫民窟”。

三是中国的工业化先于城镇化，或者说中国的城镇化滞后于工业化，从而为农民工在城镇寻找工作和提供稳定的就业创造了条件，消除了“贫民窟”形成的充分条件。中国农民工向城市的流动，从一开始就是源于中国的工业化对农村廉价劳动力的需求。几十年来，尽管这种需求时有起伏，但中国的工业化进程一直呈现总体高速发展态势。高速发展的工业化进程，在客观上为迁徙的农民工提供了大量的工作岗位，进而使他们有了保障基本生活的收入，也就不会在城市形成以赤贫群体为主的“贫民窟”。尽管农民工的流动具有一定的盲目性，总会有少数人一时难以找到合适的工作，但早期的土地保障和对新生代农民工的社会保障等，可以在一定程度上化解这一群体沦为赤贫阶层的风险。尽管经济结构调整和压缩产能会对农民工就业形成一定的冲击，但新业态的需求和国家倡导及提供的职业培训和技能培训，又为他们寻找收入更高的新工作提供了契机。

四是中国特色的制度安排和制度性追求成为消除“贫民窟”的关键。一边是财富的积累，一边是贫困的积累，这是市场经济存在的普遍现象。即便北欧等福利好的发达国家通过提高社会福利解决了绝对贫困问题，但就总体而言，强者恒强、弱者愈弱仍然是市场竞争中比较典型的现象。中国特色社会主义市场经济通过制度安排和制度调控，避免社会的两极分化，在发挥市场决定性作用和配置资源的同时，在生产力发展和共同富裕之间寻找平衡点，在经济发展的基础上实现共同富裕。换言之，人的解放、生产力的发展、共同富裕是社会主义的制度性追求，而市场经济则只是实现制度性追求的其中一只手，政府调控则是实现制度性追求的另一只手。在制度安排上通过两只手互动取长补短，最终实现生产力发展与共同富裕的良性循环，是社会主义制度的典型特征。

因此，从理论上说，社会主义制度以生产资料的公有制为基础，以按劳分配为主体，多种分配形式并存，以最大限度地满足人民日益增长的美好生活需要和共同富裕为目的，以市场经济为手段，以生产力发展为前提，是可以避免“贫民窟”的产生和形成的。

从中国的实践发展来看，“土地改革”和“一化三改”实现了生产资料公有制，消除了产生两极分化的基础。但随着“一大二公”式生产关系的大跃进，生产力发展受到桎梏，社会财富的共同所有变成了共同贫困。改革开放革除了生产关系不适应生产力发展的弊端，催生了生产力的解放和发展。但由于市场规律的作用，在解放和发展生产力的同时，也不可避免地带来了社会的两极分化。在一段时间内，这种分化甚至相当严重。幸运的是，当这种分化尚未演变成重大的社会问题之前，中央政府就从法律法规、制度安排、政策调控、市场引导等多方发力，一方面限高、提低，另一方面构建托底机制。与此同时，各地开始向进城务工的农民工提供公租房、廉租房等。这样，在社会的两极分化尚未以“贫民窟”形式表现出来之前，政策措施和政府调控便及时跟进。这种政府的制度性安排让“贫民窟”无法出现。

从发展趋势来看，中国特色的城镇化之路是消除“贫民窟”的根本。中国的根本问题是农民问题，过去如此，现在和未来一段时间仍是如此。农民在农村住有所居不是问题，农民到小城镇住有所居也不是什么突出问题。真正的问题是农民工离开农村向大城市集中与大城市承载力和资源有限的矛盾，导致农民工在大城市无法实现住有所居。如果把中国的几亿农民都向大城市转移，无论政府如何努力，以现有的财力来说都不可能实现住有所居和完全融入。解决问题的关键在于，以中国特色的城镇化之路来推动农村人口城镇化的转移之路，使两者相辅相成。

2010 年之后特别是党的十八大以来，中国开始实施以城市群来疏解大城市和特大城市功能，以大中小并举来化解人员和资源过分向大城市集中，以均等化服务缩小大中小城市的差别，以农业的现代化和农业产业链的延伸来支撑农村城镇化。中国特色的城镇化之路开始全面启动，并以此来带动和引导农民工的流向与流量。这一中国特色的城镇化之路与中央政府着力解决“三个 1 亿人”相结合，并以产业梯度二次转移作支撑，将使中国的农民工流动从过去的线型方向集中转变为网状格局转移。从国家统计局近几年公布的农民工监测报告看，近年来，中西部地区就近转移农民工人数的增速和其收入提高的水平都要远远大于东部地区。随着农业现代化、中西部地区工业化的提速以及乡村振兴战略的实施，这种趋势还会进一步加强。这样，既缓解了大城市尤其是特大城市由于人口膨胀带来的压力，又缓解了中小城镇房地产市场过剩的压力；既解决了人口城镇化问题，又有效地拉动了内需；既减少了农民工向城市转移的成本，又消除了大城市出现“贫民窟”的可能。当农民工能就地就近转移、就地就近找到工作，并且有相对满意的工资收入时，他们还会千里迢迢、背井离乡往大城市集中吗？如果农民工不是集中流向大城市和特大城市，“贫民窟”现象便不会出现。

由此可见，从理论上、实践上和发展趋势上看，中国特色的制度安排都不会允许“贫民窟”的产生和形成。这既是中国特色社会主义制度优越性的体现或表现方式，也是中国城镇化之路与人口转移之路的一大特色，更是中国能跨越“中等收入陷阱”的一个标志性现象。

第四节

中国农民工未来将走向何方

中国农民工作为中国特色工业化和城镇化进程中产生的特殊群体，是一个特定的历史现象。这一群体随着中国工业化和城镇化的发展而壮大，并将随着中国工业化和城镇化的完成而终结自己的历史使命，退出历史舞台。

中国农民工退出历史舞台的前提是中国户籍制度的改革、农民身份的取消和职业与身份的统一。2016 年年底之前，全国各省市已相继宣布户籍管理制度改革方案，取消城乡户籍性质之分，并纷纷为农民工融入城市消除羁绊，打开通道。从这个意义上看，农民工退出历史舞台的前提已经具备。但是，仅有前提还远远不够。

中国农民工退出历史舞台的基础是我国实现高水平的工业化和城镇化。换句话说，工业化和城镇化的吸纳能力决定了农民工存在的阶段性长短。尽管从 2016 年年底开始已经不再重新设置农民身份，但同年年底全国尚有 2.817 亿名农民工在城市打拼。虽然城市为他们的融入打开了“积分入户”的口子，但这个口子太小，能够即时融入的农民工太少，对两亿多农民工的消化吸收将仍然是一个过程，绝非一朝一夕可以完成的。

实际工作中，一些地方取消农民工的说法，代之以“新工人”或别的什么称谓，但实际上“新工人”在城市工作却不能在城市落户。这种在称谓上做文章的文字游戏，无助于问题的最终解决。农民工何时消失、何时退出历史舞台，归根结底取决于中国工业化和城镇化的进程。就今天中国的中西部地区来看，与东部地区的发展水平差异至少在15年以上，也就是说，至少要再经过三个五年计划的发展，中西部地区才能像今天的东部地区一样，基本实现工业化和城镇化。因此，中国发展的走向看东部，问题的解决看中西部，农民工的输出地也主要在中西部。由此来推算，即便到2030年左右，中西部地区的经济发展和城镇化水平达到今天东部地区的水准，仍然不能完全吸纳农民工。中国的工业化、城镇化用了40年时间，中国的农业现代化从现在起步，也至少需要30年到40年的时间才能完成。因此，中国农民工退出历史舞台、工业化和城镇化对农民工的完全吸纳至少要延续到2030年之后和新中国成立100周年前后。即便如此，在世界发展史和中国的历史上都是一个奇迹。

中国农民工退出历史舞台的关键是公共服务的均等化。中国在二元体制下的城乡差别是非常罕见的，即便在改革开放40年后的今天，绝大多数地区的城乡差别依然没有得到根本扭转。这种差别主要体现在机会、资源和服务的分布不均上。而这种不均又在客观上制约着城乡一体化的进程和农民工就地就近转移的脚步。试想，如果发展的机会都集中在大城市，大城市有大量工作岗位，大城市的教育、医疗等公共资源得天独厚，公共服务与农村有着天壤之别，那么，小城市和农村的集镇靠什么去吸引农民工落户？如果农民工都集中向大城市迁徙，不仅大城市有不能承受之重，而且农民工市民化的进程也将大大延后。在这种情况下，农民工的未来就会变成“进不去的城、回不了的乡”“两头不靠谱（对新生代农民工而言，在农村已没有承包地）、前程皆迷茫”，这显然与中国特色的城镇化之路要求不相符。

由此可见，中国特色的城镇化道路必须以工业化为基础（但又不能靠工业化对劳动力的自发调节），以公共服务的均等化为杠杆，推动农业劳动力转移在大中小城市和集镇均衡分布。党的十八大以来，中国在公共服务均等化与新型城镇化协调推进、资源合理配置与城乡一体化良性互动等方面，出台了一系列政策措施，尽管实施效果还需一段时间之后才能更清晰地显现，但毕竟已有一个良好的开端。尤其是党的十九大提出了乡村振兴战略，照这条路走下去，中国农民工未来将会有“进得去的城、回得了的乡”。届时，中国农民工将完成自己的历史使命，奔腾几十年的民工潮将悄无声息地没于城市文明的海洋，农民工将正式退出历史舞台。

中国的农民工因制度和工业化进程而产生，因制度推动和城镇化进程而融入。那么，未来在农民工的身份与职业完全统一之后，农村人口向城市迁徙是否还需要设置门槛？答案将是肯定的。

城市和农村生活习惯和生活方式不同，所需的劳动技能不同，城乡间的转换和职业间的转换必然会有一个门槛问题。不过，这个门槛已经不是制度门槛和身份门槛，而是技能门槛、素质门槛和特定的行业门槛。这种门槛不具有制度特征，也不具有歧视性质，具有的是可衡量的技能素质标准。

从农业文明向工业文明和城市文明的转变，客观上也是一个门槛问题。农业生产方式、农村生活方式与工业生产方式、城市生活方式的不同，决定了两种文明方式也截然不同。农业文明的主体是单个的农民，工业文明的主体则是由自然人组成的群体；农村文明体现的是人与自然的和谐，城市文明体现的是人与人以及人与城的和谐；农业文明讲究的是天道自然，工业文明讲究的是契约和秩序；农村文明注重情理约束，城市文明注重法规、制度和规矩的约束。从农业文明、农村文明走向工业文明、城市文明，需要转变行为方式和生活方式，遵守公共秩序，接受公共道德的约束。只有完成了这种转变，才能真正融入城市和现代文明。就像我们虽然进入了“汽车时代”，但强行超车、抢道而行和闯红灯成了常态，并没有体现出“汽车文明”。因此，不是有钱就有了城市文明和现代文明。文明是一种综合素质的体现，需要社会培育和自我涵养。农民工在融入城市过程中要将长期在农村生活所形成的习惯和行为方式，向工业文明和城市文明所遵循的公共秩序、公共道德和公共行为准则等行为方式转变，这不是文明的冲突，而是文明的发展和提升。这种发展和提升，对于一个庞大的群体来说，同样是融入城市文明和现代文明的必要条件。

中国的农民工在消除特定身份、转型为新型产业工人之后，仍然必须不断提升自己的技能和文明素质才能成为工匠人才。一旦成为工匠人才，不仅城乡转换和职业转换的门槛将被彻底消除，也将有助于中国制造业强国之梦和中国的现代化，以及民族复兴大业的实现。从这个意义上说，今天的中国农民工、明天的新型产业工人决定着中国的未来。

中国农民工退出历史舞台的根本是自身技能和素质的支撑。人类的生产方式曾出现过三次大的革命或飞跃：第一次是土地主导，带来了农耕文明及其基础上的封建统治；第二次是资本和资源主导，带来了工业文明及其基础上的资本主义，资产阶级和无产阶级的对立及其基础上产生的社会主义；第三次是人工智能和技能主导，带来了信息文明及其基础上的“人类社会共同体”和更高的社会形态。随着人工智能和劳动技能的发展，工农差别、城乡差别、脑力劳动和体力劳动的差别将渐次消失，身份和阶层的差异随着人工智能和劳动技能的改变而自由切换。凡是人类自身通过努力能达到、能改变命运的，就不会引起社会变革，由此将会进入一个富强、民主、自由、和谐、美丽的新时代，中国的农民工也必将随之退出历史舞台。

中国农民工的产生和发展始终以工业化为基础，随着工业化的起步而产生，随着工业化的发展而壮大，随着工业化所带来的城镇化而逐步融入城市。随着工业化走向信息化和智能化，中国农民工的未来必将是市民化和知识化。只不过受工业化程度、城镇化承载度以及信息化和智能化速度的制约，这种市民化和知识化将是一个渐进的过程。

第 五 节 中国的发展经济学是什么

中国改革开放 40 年的历史，是中国经济持续发展的历史，是中国农民工从产生、壮大到融入的历史。那么，中国的发展经济学是什么？从农民工的视角来看，中国的发展经济学的本质就是民本经济学，其内涵和主要特征，体现在以下十个方面。

一是以满足人民的需求为导向。为了什么人的问题，是检验一个政党、一个政权的试金石。带领人民创造美好生活，是中国共产党矢志不渝的奋斗目标。无论是改革还是发展，都以人民的需求为导向，即以人民的需求来确定改什么、怎么改，以人民的需求确定发展的方向和发展的方式。

家庭联产承包责任制是中国改革的起笔之作。而这项改革的目的正是解放农业生产力，解决广大农民的生存问题和生活需要。也正是这项改革，为农民工流动创造了前提，拉开了序幕。

城市改革以扩大企业经营自主权和增强企业活力为中心，使企业逐步成为市场主体，目的也是在提高劳动生产率和商品有效供给的基础上，以老百姓的衣食住行为取向，解决短缺经济问题。

对外开放引进外资首先从“三来一补”开始，而“三来一补”和中低端制造业的引进既着眼于生产生活消费品的进口替代，又着眼于以劳动密集型企业推动广大劳动者的就业问题。实际上，正是这些“三来一补”和中低端的制造业成了中国农民工参与中国工业化和城镇化的主阵地。

当短缺经济结束、老百姓的需求发生新的变化时，决策者又适时调整经济结构，以增加有效供给来支撑推动供给侧结构性改革，可以说中国改革开放和发展的重大举措无不与满足人民的需求相关。

当人民日益增长的美好生活需要和不平衡不充分的发展之间的矛盾成为社会主要矛盾的时候，中共十九大又及时作出决定，围绕创新、质量、高端求发展，围绕公正、共享、民生搞改革，围绕人的全面发展和社会全面进步搞建设，更好地满足人民在经济、政治、文化、生态等方面日益增长的需要，永远把人民对美好生活的向往作为奋斗目标。人民群众满意不满意、赞成不赞成、答应不答应是一切决策衡量的标准和依据。

二是以生产力发展为标准。新中国成立之后至改革开放之前，中国的经济发展一直受到“左”和右的困扰。1978 年在全党和全国开展的“真理标准问题”大讨论，确立了“实践是检验真理的唯一标准”。1992 年邓小平南方谈话提出“资本主义有计划”“社会主义有市场”，使中国摆脱了姓“资”姓“社”的争论，确立了发展社会主义市场经济。十八届三中全会更是提出把市场作为资源配置的决定性因素，围绕发挥市场的决定性作用来深化改革。自此，中国的经济发展摆脱了意识形态的困扰，回归马克思主义生产力决定生产关系的基本定义，凡是对生产力发展形成桎梏的生产关系都要进行调整，凡是不利于生产力发展的体制机制都要进行改革。

与农民工关系密切的“收容遣送制度”的终结和户籍管理制度的改革，都是以生产力发展为标准推动改革的有力例证。如果不改革“收容遣送制度”，对农民工实行“堵”的策略，既不利于生产要素的流动和合理配置，也不利于生产力的发展，而且容易激化社会矛盾，因此变“堵”为“疏”，终结这项制度就成为必然。同样，如果不改革户籍管理制度，人为地实行城乡二元体制，既不利于农村剩余劳动力的转移，也不利于工业化和城镇化的发展要求，而且有悖于城乡一体化和推动社会公平，因此，改革户籍管理制度、有序推动农民工和谐融入就成为大势所趋。

三是以工业化、城镇化和农业现代化为发展路径。中国改革开放以来 40 年的持续发展，突破口在工业化、城镇化和农业现代化。具体而言，就是以工业化满足生产生活需要，替代进口；以工业化成就“中国制造”，推动经济发展；以工业化带动就业，改善民生；以城镇化推动农村剩余劳动力转移，实现城乡一体化发展；以农业现代化支撑小城镇发展，推动大中小城市和小城镇的合理布局和协调发展；以中国特色的城镇化之路带动中国特色的农村劳动力转移之路和中国特色的城乡一体化之路。

从农民工的视角来看，工业化是中国农民工大迁徙的基础，城镇化是农民工未来的主要融入方向，而农业现代化则是把农民从传统的繁重体力劳动条件下解放出来，为“进得去的城、回得了的乡”提供可靠保证。2012 年以来，中国城镇化率年均提高 1.2 个百分点，8000 多万名农业转移人口成为城镇居民。可以说，中国持续发展的 40 年，就是中国发展工业化、城镇化和农业现代化的 40 年，同样也是中国农民工产生、发展和融入的 40 年。

四是以深化改革和扩大开放为动力。中国经济之所以实现 40 年的可持续发展，主要得益于改革和开放这两个经济发展的“双引擎”。人们的共同认知是：中国的高速发展主要得益于“制度红利”和“劳动力红利”。实际上，“制度红利”和“劳动力红利”只是一种表现和一种结果，而真正的动因则是改革和开放。

从大的方面来看，以生产关系改革来解放生产力，包括实行土地所有制和承包经营权的分离、实行所有制结构和实现形式的改革、进行分配关系的调整等；以体制改革培育市场主体、激发市场活力；以政府改革推动行政职能转变，以加强监督和服务为企业发展创造良好的软环境；以良好的软环境和劳动力的比较优势吸引外资；以引进国外的资金、技术和管理经验推动国企深化改革，以改革和发展的成果解决中国的贫困与落后问题。改革与开放互为条件、互相促进，撬动着整个中国经济的高速发展。

从农民工的视角来看，没有农业改革，二元体制下的身份（农民）和职业（务工）就无法分离，就不会有自由劳动者的出现；没有城市改革，农民就进不了城；没有对外开放和引进外资、没有以此为起点的工业化进程，农民工的大迁徙就无法形成；没有户籍管理制度的改革，农民工就无法融入城市。中国农民工产生、发展和融入的历史，就是深化改革和扩大开放的过程，也是对“双引擎”作用最好的见证。

五是以法律法规和制度完善为规范。中国的市场经济是从计划经济转变而来的，没有经过商品经济的培育和发展阶段。中国市场经济的发展也不是渐进式的，而是一种加速度式的发展，用 30 多年就走过了西方发达国家用 300 年时间才完成的市场经济历程。旧有的法律法规和制度不适应工业化和市场经济发展的要求。但是，市场经济作为一种经济形态，又必须要有一套法律法规和制度与此相适应、相配套，才能保证有序运行。就像城市交通一样，随着“汽车文明”的到来，公路上必须设定双黄线、实线、虚线、转弯线和掉头线，各行其道才能保持畅通，没有规则就会乱成一团。市场经济也是同样的道理。中国经济40年高速发展的过程，就是适应市场经济需要的法律法规和制度不断建立和完善的过程，就是利用法律法规和制度不断调节的过程。

从农民工的视角来看，当外资大量登陆、各种野蛮式管理不断出现、各种侵权事件不断发生时，《劳动法》的及时出台使劳动关系的规范有了法律依据；当安全生产事故不断、农民工的生命安全受到威胁时，《安全法》的出台提供了法律保障；当农民工收入过低、拖欠工资成为共性问题时，《劳动合同法》的出台为问题的解决提供了依据；当劳动纠纷成为社会热点，既影响社会稳定又影响企业发展时，《劳动纠纷处理条例》的出台和各地劳动仲裁机构的建立，为劳动争议的调处创造了条件。据不完全统计，改革开放以来仅与农民工和劳动关系相关的法律法规和有关制度就达数百份。正是这些法律法规和制度为市场经济的发展制定了规则，为劳动关系和各种利益关系的调整发挥了“木直中绳”的作用。没有这些法律法规和制度，中国的经济发展就不会像今天这样，既充满活力又运行有序。这些法律法规和制度本身就是经济和社会健康运行的轨道。

六是以市场调节和政策调控为手段。归根结底，经济的发展离不开市场调节和政府调控两种手段。如果把改革和开放比作“双引擎”的话，市场调节和政府调控就是发展生产力的“两个轮子”。只有双轮驱动，经济发展的列车才能平稳而高效地运行。40年来，中国从以计划调节为主、市场调节为辅，到充分发挥市场在资源配置中的作用，再到围绕发挥市场的决定作用深化改革，通过不断探索来认识和驾驭市场规律，通过不断总结经验教训来完善政府的调控手段。中国的市场经济，各级政府是发展的最大推手，从制定政策和规则到招商引资和提供服务，在很长一段时间内几乎无所不包。好的一面是经济发展速度确实比较快，但资源浪费、重复建设、效率不高等问题也比较突出，而且由此会带来政府对企业行为的越位（过多干预）、对市场监管的缺位和提供服务的不到位。

党的十八大以后特别是十八届三中全会以来，中央决策层明确了市场的决定作用，政府通过政策杠杆，调控而不代替、监督而不越位、服务而不干预。在政府与市场的关系上，在充分发挥市场决定作用的同时，政府主要以制定规划、政策引导和监督服务来引导市场和弥补市场作用的不足。

从农民工的视角来看，农民工的流动主要是市场行为。但由于劳动力市场的特殊性，政府并没有放任市场的自发调节，而是以政策引导流动，以政策规范关系，以政策调解劳动争议，以政策推动融入城镇，以政策破解农民工的住房困局、增收困局和随迁子女教育困局。农民工流动的历史就是政策调控不断完善的历史。

七是以技术创新和人力资本的提升为支撑。在以全球化为背景的大格局下，中低端产行业不仅竞争力较低，而且利润也比较低，一架波音或空客要顶几亿双袜子的利润就很能说明问题。中国的经济发展在一段时间内处于国际分工产业链的低端，面对这种境地，必须向产业链的高端挺进才能把“中国制造”变为“中国创造”。“中国创造”要走向世界，就必须以技术创新和人力资本的提升做支撑。

形象地说，“制度红利”和“劳动力红利”是“中国制造”的两个支点，技术创新和劳动力素质提升则是“中国创造”的两个支点，也是中国发展经济的“两个基本支撑”。在世界性的经济结构调整格局下，只有新技术才能拓展新业态，只有新材料才能拓展新领域。

2015年3月，中共中央总书记、国家主席习近平提出，“创新是引领发展的第一动力”。

2015年11月，中共十八届五中全会上，“创新”作为五大新发展理念之首，被摆在国家发展全局的核心位置。

中共中央国务院《关于深化体制机制改革，加快实施创新驱动发展战略的若干意见》印发后，进一步推动了“大众创业、万众创新”的发展。通过制造业信息化改造和计算机技术的广泛运用，中国已经拓展了数字经济、人工智能和高端制造业的一些新领域。现在，中国的土地上每天都有 1 万多家企业迎来新生，从而为经济结构的调整和中国经济发展的可持续性打下了良好的基础。

同样，在商品和贸易全球化的竞争中，只有提升人力资本的积累，才能提高产品质量和有效供给，避免国人千里迢迢从国外背回同类产品的尴尬局面。尤其是对中国这样的制造业大国来说，人力资本积累的提升，既是提高产品竞争力的保证，又是经济结构转型升级的关键。如果没有一支高素质的劳动大军作支撑，经济转型就会事倍功半，从而延误转型的契机和进程。

人力资本的积累和提升是国家发展的根本和基础工程，市场导向和市场机制的激励固然重要，但解决人力资本提升过程中的技能门槛问题，绝不能单纯依靠市场。在这方面，政府的作用同样不可替代。党的十九大报告提出，要完善职业教育和培训体系，深化产教融合、校企合作；要大规模开展职业技能培训，注重解决结构性就业矛盾，鼓励创业带动就业。这无疑为人力资本的提升和培养一代大国工匠提供了政策支持。

从农民工的视角来看，能否最终融入城镇、能否顺利转型为新型产业工人、能否以一代“大国工匠”的身份托起“中国创造”的明天，关键依靠技能水平的提升和自身素质的提高。2016 年以来，国家分别从财力上和政策上出台了一系列新举措。随着这些举措的落实，经济发展的两个支点必将发挥杠杆作用，弯道超车成为可能。

八是以资源节约和环境保护为条件。一般来说，在工业化的起步阶段和市场经济的初期，由于资本的稀缺和对发展经济的渴求，大部分国家都会饥不择食，由此带来对资源的浪费和对环境的污染。中国在工业化的初期和前一阶段，也走过了以浪费资源和破坏环境为代价的发展阶段。但这种以吃祖宗饭、断子孙粮为特征的发展方式是注定不可持续的。

正因为如此，2010 年前后，中国政府提出了建设资源节约型和环境友好型社会。2016 年中共十八届五中全会上进一步确立了“创新、协调、绿色、开放、共享”的 5 大发展理念。以此为标准，中国的经济发展开始由粗放型向集约型转变，从以牺牲环境为代价向经济发展与环境保护良性互动、人与自然和谐共存的“协调”“绿色”转变。凡是不利于资源节约、生态保护和环境友好的发展方式将被一一叫停，中国的经济发展进入了可持续和协调发展的新阶段。

对农民工来说，这将意味着劳动技能的转变和提高、劳动条件的改善和生活质量的提高。由此可见，无论发展可持续的经济，还是改善劳动者生存和发展的环境，节约资源和保护环境都是必要条件。这一点已经被实践中正反两方面的事例所证明。

九是以中国共产党的领导和中央权威为保证。以人民为本是中国特色社会主义一切工作的出点发和落脚点，改革是为了革除旧的体制机制，使生产关系更好地适应生产力发展的要求，推动经济又好又快地发展，而发展归根结底又是为了人民谋利益。但改革必然会触发各种社会矛盾，况且中国的发展很不平衡，即便在人民群众这个整体的内部也有不同的利益关系，不同阶层和不同群体又有不同的企求。因此，必须以中国共产党的领导和中央权威来统一思想、凝聚共识，在不同群体之间寻求利益的最大公约数和成本的最小公倍数；必须以中国共产党的领导和中央权威来总揽全局、协调各方，在重点突破的同时，寻求协调发展的最大合力和避免各行其是的风险。

举国体制的最大风险是权力过分集中和脱离人民群众，苏联和东欧的教训即是如此。但中国改革开放以来，通过建立健全法规制度，形成了对权力的监督和制约机制。特别是在十八届四中全会之后，随着依法治国的全面推进，权力被关进了法治的笼子，这样就从法律层面化解了权力过分集中的风险。十八届六中全会之后，把规矩和纪律挺在前面，进一步强化了六大纪律，从制度层面加强了反腐和作风建设。同时，由于中国共产党的宗旨和执政目标与人民的期盼高度一致，改革开放发展市场经济与人民群众利益的实现高度一致，这样就避免了脱离人民群众的风险。这两种风险的化解是发挥举国体制优势的前提和基础。有了这两个前提和基础，举国体制在推动经济发展和社会转型方面的优势就可以得到充分发挥。

发展目标的一致性与发展举措的阶段性相结合，为经济发展的持续性创造了前提。在中国，党政军民学，东西南北中，党是领导一切的。中国共产党的领导是中国特色社会主义最大的政治优势，也是中国发展经济学的核心要义。这既是历史的选择、实践的证明和社会发展的需要，也是人心所向。从历史发展的传承性来看，中国共产党的一个宗旨，几代坚守：为人民服务；一个使命，薪火相传：为人民谋幸福、为民族谋复兴；一张蓝图，接力绘就：建设社会主义现代化强国。从时代发展的创新性来看，无论是革命时期、建设时期、改革时期，还是决胜全面小康和实现民族复兴时期，中国共产党都能根据实践发展，把握主要矛盾，回应人民期盼，赋予时代主题新的内涵。这种传承性与创新性结合，符合社会发展的客观规律，也为经济的可持续发展和社会的转型提供了根本保证。从改革开放之初邓小平提出建设有中国特色社会主义，到中共十九大习近平新时代中国特色社会主义思想，从“两个百年奋斗目标”到“全面小康”和中华民族伟大复兴，中国历届领导坚持党的基本路线不动摇，在不同的时期和不同的发展阶段，尽管所面临的客观情况有变化、所要解决的重点问题不尽相同，但始终不忘初心，继续前进，围绕既定目标，集中全党智慧，凝聚全国民众，不折腾，持之以恒、孜孜以求，由此才带来了中国经济40年持续发展的奇迹。

化解矛盾的及时性与解决问题的普遍性相结合，为社会转型的有序性创造了条件。改革开放以来，中国从计划经济转向市场经济、从农业社会转向工业社会，人口众多又要利益共享，其矛盾之多、之复杂可想而知。在这种情况下，正是中国共产党的领导和中央权威为化解各种矛盾提供了可能。翻开当代中国改革开放40年以来的发展史不难发现，无论何时何地，只要发生重点事件和出现热点问题，第一个站出来解决的往往不是地方政府，而是中央政府。中央政府就解决重点事件和热点问题派出的调查组之多前所未有，在全世界也绝无仅有。通过调查，在解决问题的同时，出台相关政策措施，在全国范围内解决类似的共性问题。正因为如此，才保证了社会转型的稳定有序。或许有人会说，应当以法治解决问题。但法治本身就有一个不断完善和落地的过程，何况法治本身还是要靠人去推动，地方保护主义更是增加了问题解决的难度。只有强有力的中央权威才能推动问题解决得及时与普遍。

众智所集、众力所举与重点突破相结合，集中力量办大事，为民族复兴创造了条件。在中国这样发展不平衡又处于社会转型阶段的人口大国，没有共识的凝聚、公众的合力和经济社会发展中重大问题的突破，是很难实现现代化和民族复兴大业的，而中国共产党的领导和中央权威则是实现这一目标的重要保证。面对国际金融危机和世界经济的深度调整，正是中央政府着力推动“一带一路”倡议和做强实体经济，利用财政、税收、金融、信贷等杠杆综合施策，才能使中国经济发展“一枝独秀”，为世界经济发展提供“中国方案”。面对国内经济结构调整和全面脱贫这样涉及不同地区、不同行业、不同人群以及大量贫困人口的全局性问题，正是中央政府着力推动供给侧结构性改革与新业态发展相结合、精准扶贫与产业扶持相结合，在短时间内解决数百万劳动力结构性就业问题，发动百万扶贫干部深入贫困地区推动精准扶贫，才使问题的解决曙光初现，这在其他国家恐怕也是难以做到的。

从农民工的视角来看，坚持党的领导和中央权威，一是从体制和政策层面给两代人（老一代农民工和新生代农民工）铺设了通往美好生活的路径；二是可以减轻农民工大迁徙中与资本博弈的阵痛，减少迁徙的成本；三是可以缩短农民工从迁徙到融入的过程。在农民工近 40 年的迁徙进程中，在与资本大鳄的博弈中，总是或多或少与地方保护主义、少数地方官员不作为或乱作为、官僚腐败等问题相关联。正是中央政府对旧体制的改革、对劳资关系的规范、对地方保护主义的惩治、对不作为或乱作为官员的处理、对腐败问题的打击、对重大侵权事件的及时处理，才为农民工拓展了迁徙的路径。正是中央政府着力推动户籍管理制度的改革和提高社保统筹层次，才为农民工的融入扫清了羁绊。正是中央政府着力加强对农民工的技能培训、着力于新型产业工人队伍建设和培养一代“大国工匠”，才为农民工描绘了美好的明天。因此，中国农民工是中国共产党的领导和中央权威的直接受益者。

十是以人的全面发展为目的。人的全面发展是《共产党宣言》中首先提出来的，中国共产党人对此做出了最好的诠释。当代中国无论改革还是发展，动力首先来自人民的要求：家庭联产承包责任制改革来自农民的要求，城市经济体制改革来自职工和市民的要求，分配制度改革来自全体劳动者的要求。决策来自人民又为了人民，是中国民本经济学的体现和发展经济学的主要特征。

中国的改革归根结底是为了解放人和全面发展人，即把人从旧体制机制的束缚中解放出来，充分调动人的积极性、主动性和创造性，充分发挥人的主观能动性，构建一个既有民主又有集中，既有纪律又有自由，既充满活力又心情舒畅的和谐社会。

中国的发展归根结底是为了提升人，通过经济发展摆脱贫困、通过城乡一体推动社会公平、通过共同富裕推动族群融合、通过人的全面发展推动社会全面进步。人民既是改革、发展的主体，又是改革、发展成果的受益者、共享者。

尽管我们现在与发达国家相比还有很大的差距，在改革和发展的大道上还有很长的路要走，但只要我们目标明确，坚持走中国特色社会主义，坚持以人民为本，坚持中国的发展经济学，充分发挥制度优势，人的解放和全面发展就必然会提高到一个新阶段、新境界。

对中国的农民工来说，人的解放和全面发展将意味着他们从贫穷、落后走向富有、文明，从身份与职业相分离的打工者走向工业文明的主体和社会的主人。

几十年前的中国工农红军长征，拉开了推翻“三座大山”，建立新中国的序幕；几十年后的今天，中国农民工大迁徙，开启了摆脱贫穷、落后，建立富强、民主、文明、和谐、美丽社会主义现代化强国的进程。

曾几何时，农民工迈着沉重的步伐从田埂上走来。如今，他们将踏着雄壮的脚步向着后工业社会的城市文明和信息文明而去，成为盛世中国的强大支撑。

本篇结语

2012年至2018年，中国的经济结构调整、供给侧结构性改革和创新驱动战略拉开帷幕，伴随着国家战略的变化，农民工的流向和结构随之改变。

当创新驱动成为中国经济发展的新引擎时，新时期产业工人队伍建设被提上了重要议事日程，锻造知识型、技能型、创新型的产业大军，成为新时代、新征程的一项重要而紧迫的任务。

鉴于农民工已经成为产业工人的主体，在体制上、机制上和政策上革除户籍羁绊，解除农民工在社保、住房、子女教育和增收等问题上的后顾之忧，为农民工群体融入城镇创造条件，就成了这一时期解决农民工问题的主要取向。

工会作为职工利益的代表者和维护者，在组织农民工加入工会组织、参与制定农民工相关的法规和政策、维护农民工合法权益、提升农民工技能素质、为农民工提供有效服务、凝聚农民工成为执政之基方面的作用不可替代。

中国特色的制度安排、中国特色的城镇化之路带来了中国特色的农民工群体融入方式，避免了“中等收入陷阱”、贫民窟和社会震荡等发展中国家的共生现象，形成了中国特色的转型社会，成为中国走向现代文明的标志性社会现象。

中国农民工群体从产生、发展到融入的历史，就是中国改革开放和走向现代化的历史，就是新体制、新法规、新政策、新机制不断建立和完善的历史，就是人（尤其是农民工）的不断解放和全面发展的历史，就是中国从站起来到富起来、强起来的历史。农民工不是历史的弄潮儿，却是历史的见证人；不是时代的“天之骄子”，却是随波逐流的“赶海人”，中国农民工以自己的感知、实践和体会，诠释了当代中国的发展经济学。

附　录

本书涉及的与农民工相关的政策法规文件一览表（1978—2018）

时　间	发文单位	政策、法规及与农民工相关的主要内容
1979年（7月15日）	中共中央、国务院	《批转广东省委、福建省委关于对外经济活动实行特殊政策和灵活措施的两个报告》，决定在深圳、珠海、汕头和厦门试办出口特区。拉开了新中国成立以来第二次工业化的序幕
1980年（8月26日）	第五届全国人大常委会第十五次会议	批准《广东省经济特区条例》，深圳经济特区正式诞生
1982年（1月1日）	中共中央	《全国农村工作会议纪要》，肯定农村家庭联产承包责任制，为农民工的形成创造了条件
1983年（1月2日）	中共中央	《当前农村经济政策的若干问题》，提出允许农村任何经济组织招聘能工巧匠和生产能手去工作
1984年（3月）	中共中央、国务院	转发农牧渔业部《关于开创社队企业新局面的报告》，将“社队企业”改名为“乡镇企业”
1984年（5月4日）	中共中央书记处、国务院	发布《沿海部分城市座谈会纪要》，正式确定开放大连、秦皇岛、天津、烟台、青岛、连云港、南通、上海、宁波、温州、福州、广州、湛江和北海14个港口城市
1984年（10月）	国务院	《关于农民进入集镇落户问题的通知》，提出凡申请到集镇务工、经商、办服务业的农民和家属，在集镇有固定住所，有经营能力，或在乡镇企事业单位长期务工的，公安部门应准予落常住户口，统计为非农业人口
1984年（10月）	中共中央	《中共中央关于经济体制改革的决定》，提出要积极发展多种经济形式，要充分利用国内和国外两种资源，开拓国内和国外两个市场

（续表）

时　间	发文单位	政策、法规及与农民工相关的主要内容
1985年（1月1日）	中共中央、国务院	《关于进一步活跃农村经济的10项政策》，提出改革农产品统派购制度，大力帮助农村调整产业结构。在各级政府统一管理下，允许农民进城开店设坊，兴办服务业，提供各种劳务
1985年（2月18日）	中共中央、国务院	批转《长江、珠江三角洲和闽南厦漳泉三角地区座谈会纪要》的通知，决定在长江三角洲、珠江三角洲和闽南厦漳泉三角地区开辟沿海经济开放区
1986年（7月）	国务院	颁发《国营企业实行劳动合同制暂行规定》，对劳动制度做出重大改革
1986年（7月）	国务院	颁发《国营企业招用工人暂行规定》，提出企业招用工人，应当公布招工简章，符合条件的城镇待业人员和国家规定允许从农村招用的人员，均可报考
1986年（12月）	国务院	颁发《关于深化企业改革，增强企业活力的若干规定》，提出进一步给企业“松绑”，增强企业活力
1987年（1月22日）	中共中央	颁发《把农村改革引向深入》的通知，提出稳定家庭联产承包责任制，调整产业结构，促进农业劳动力的转移
1989年（4月）	民政部、公安部	《关于进一步做好控制民工盲目外流的通知》，要求各地政府采取有效措施，严格控制当地民工盲目外流
1990年（4月）	国务院	《关于做好劳动就业工作的通知》，提出对农村劳动力进城务工，要运用法律、行政、经济的手段和较好宣传教育，实行有效控制和严格管理。对现有计划外用工，要按照国家政策做好清退工作，重点清退来自农村的计划外用工
1991年（2月）	国务院办公厅	《关于劝阻民工盲目去广东的通知》，要求各地政府要从严或暂停办理民工外出务工手续
1992年（4月3日）	第七届全国人大五次会议	通过《中华人民共和国工会法》，从此工会工作被纳入法治轨道
1993年（11月）	中共中央	《中共中央关于建立社会主义市场经济体制若干问题的决定》，提出鼓励和引导农村剩余劳动力逐步向非农产业转移和地区间的有序流动
1994年（7月5日）	第八届全国人大常委会第八次会议	通过《中华人民共和国劳动法》，首次将经济转型时期的劳动关系上升到法律规范

（续表）

时 间	发文单位	政策、法规及与农民工相关的主要内容
1994年（12月6日）	劳动部	《工资支付暂行规定》，对涉及工资支付问题进行制度规范
1995年（9月19日）	中共中央办公厅、国务院办公厅	《中央社会治安综合治理委员会关于加强流动人口管理工作的意见》，提出实行统一的流动人口就业证和暂住证制度
1996年（5月）	劳动部办公厅	《关于“外出人员就业登记卡”发放和管理有关问题的通知》，就农民进城就业的证卡管理做出规定
1997年（6月）	国务院	批转公安部《关于小城镇户籍管理制度改革试点方案和关于完善农村户藉管理制度意见》的通知，提出适时进行户籍制度改革，促进农村剩余劳动力就近有序地向小城镇转移
1997年（9月12日）	中共十五大	《高举邓小平理论伟大旗帜，把建设有中国特色社会主义事业全面推向二十一世纪》的报告，提出实行鼓励兼并、规范破产、下岗分流、减员增效和再就业工程，形成企业优胜劣汰的竞争机制
1997年（11月）	国务院办公厅	《关于进一步做好组织民工有序流动工作的意见》，提出要加快劳动力市场的建设，明确劳动力供求双方、中介服务及市场管理的行为规范
1998年（3月）	教育部	《流动儿童少年就学暂行办法》，提出流动儿童少年就学以流入地为主，允许公民个人办学
1998年（6月）	中共中央、国务院	《关于切实做好国有企业下岗职工基本生活保障和再就业工作的通知》，强调对国有企业下岗职工基本生活保障和再就业工作实行党政“一把手”负责制，并纳入政绩考核。同时提出，要继续鼓励和引导农村剩余劳动力就近转移，合理调控进城务工的规模
2001年（3月）	国务院	批转公安部《关于推进小城镇户籍管理制度改革意见》的通知，就小城镇户籍管理制度改革做出全面部署
2002年（1月）	中共中央、国务院	《关于做好2002年农业和农村工作的意见》，首次提出对农民工“公平对待，合理引导，完善管理，搞好服务”的十六字方针
2002年（11月）	中共十六大	《全面建设小康社会，开创中国特色社会主义事业新局面》的报告提出，消除不利于城镇化发展的体制和政策障碍，引导农村劳动力合理有序流动

（续表）

时　间	发文单位	政策、法规及与农民工相关的主要内容
2003年（1月5日）	国务院办公厅	《关于做好农民进城务工就业管理和服务工作的通知》，提出取消对农民进城务工就业的不合理限制，不得将遣送对象范围扩大到农民工
2003年（4月16日）	国务院	颁布《工伤保险条例》，首次以法规的形式，明确雇工享受工伤保险的权利
2003年（6月20日）	国务院	公布《城市生活无着的流浪乞讨人员救助管理办法》，标志着收容遣送制度的终结和对城市流浪乞讨人员救助机制的完善
2003年（9月）	第九届全国人大常委会第三十一次会议	《民办教育促进法》实施，开启了以法促进办学主体多元化的进程
2003年（10月8日）	国务院办公厅	转发教育部等六部门《关于进一步做好进城务工就业农民工子女义务教育工作的意见》，明确提出了“两个为主”的原则
2003年（11月22日）	国务院办公厅	《关于切实解决建设领域拖欠工程款问题的通知》，要求各地认真清理拖欠工程款和农民工工资
2003年（12月31日）	中共中央、国务院	《关于促进农民增加收入若干政策的意见》，提出保障进城就业农民的合法权益。进一步清理和取消针对农民进城就业的歧视性规定和不合理收费，简化农民跨地区就业和进城务工的各种手续
2004年（6月）	劳动和社会保障部	《关于农民工参加工伤保险有关问题的通知》，这是国家层面第一份以农民工工伤保险为主要内容的政策法规
2004年（5月）	劳动和社会保障部	《关于推进混合所有制企业和非公有制经济组织从业人员参加医疗保险的意见》，明确要求把农村进城务工人员纳入医疗保险
2004年（12月1日）	国务院	《劳动保障监察条例》正式施行，加大了对欠薪等侵犯劳动者权益行为的处罚力度
2004年（12月31日）	中共中央、国务院	《关于进一步加强农村工作提高农业综合生产能力若干政策的意见》，明确鼓励农民进城打工
2005年（2月）	劳动和社会保障部	《关于废止〈农村劳动力跨省流动就业管理暂行规定〉及有关配套文件的通知》，废除了农民进城务工的证卡管理

（续表）

时　间	发文单位	政策、法规及与农民工相关的主要内容
2005年（12月31日）	中共中央、国务院	《关于推进社会主义新农村建设的若干意见》，提出逐步建立务工农民社会保障制度，探索适合务工农民特点的大病医疗保障和养老保险办法
2006年（3月27日）	国务院	《关于解决农民工问题的若干意见》，从10个方面系统地就农民工问题制定解决措施
2006年（12月）	劳动和社会保障部	《关于做好建筑施工企业农民工参加工伤保险有关工作的通知》，要求建筑施工企业及时为农民工办理参加工伤保险手续，并按时足额缴纳工伤保险费
2007年（12月31日）	中共中央、国务院	《关于切实加强农业基础建设进一步促进农业发展农民增收的若干意见》，要求全面加强农民工权益保障，健全农民工社会保障制度，改善农民工居住条件
2008年（1月）	第十届全国人大常委会第二十八次会议	《中华人民共和国劳动合同法》正式实施。《劳动合同法》开案明义："为了完善劳动合同制度，明确劳动合同双方当事人的权利和义务，保护劳动者的合法权益，构建和发展和谐稳定的劳动关系，制定本法"
2008年（1月）	第十届全国人大常委会第二十九次会议	《中华人民共和国就业促进法》正式实施，把包括促进农民工稳定就业等上升到法律层面
2008年（5月1日）	第十届全国人大常委会第三十一次会议	《中华人民共和国劳动争议调解仲裁法》实施，为农民工合法权益的维护提供了法律支撑
2008年（12月20日）	国务院办公厅	《切实做好当前农民工工作的通知》，从促进农民工就业、加强农民工技能培训和职业教育、确保农民工工资按时足额发放、做好农民工社会保障和公共服务等六个方面提出要求
2009年（12月）	国务院办公厅	转发人力资源和社会保障部、财政部《城镇企业职工基本养老保险关系转移接续暂行办法》，对农民工基本养老保险的参保、转移接续做出明确的规定
2009年（12月31日）	人力资源和社会保障部、卫生部、财政部	《关于印发流动就业人员基本医疗保障关系转移接续暂行办法的通知》，明确了农民工参加医疗保险的方向是与城镇职工医疗保险的融合
2010年（1月21日）	国务院办公厅	《关于进一步做好农民工培训工作的指导意见》，明确了农民工培训工作的基本原则和主要目标，提出统筹规划和明确培训重点，创新农民工培训机制等

（续表）

时　间	发文单位	政策、法规及与农民工相关的主要内容
2010年（10月）	第十一届全国人大常委会第十七次会议	《中华人民共和国社会保险法》公布实施，以法律的形式明确了农民工的养老保险方向是加入城镇职工基本养老保险，从法律层面规定了农民工养老保险的转移接续问题
2011年（1月1日）	国务院	新修改的《工伤保险条例》正式实施，该条例缩减了工伤认定程序，农民工工伤维权的时间和成本进一步减少
2011年（2月26日）	国务院办公厅	《关于积极稳妥推进户籍管理制度改革的通知》，首次把“着力解决农民工实际问题”作为户籍管理制度改革的重要内容
2011年（12月31日）	中共中央、国务院	《关于加快推进农业科技创新持续增加农产品供给保障能力的若干意见》，强调大规模开展农村实用人才培训，对农民工返乡创业项目给予补助和贷款支持
2013年（10月）	中共中央	《全面深化改革若干重大问题的决定》，在涉及农民工问题上，明确提出推进农业转移人口市民化，逐步把符合条件的农业转移人口转为城镇居民。创新人口管理，加快户籍制度改革，全面放开建制镇和小城市落户限制，有序放开中等城市落户限制，合理确定大城市落户条件。并就公共服务均等化和农民工的社会保障问题提出解决举措
2014年（2月21日）	国务院	《国务院关于建立统一的城乡居民基本养老保险制度的意见》，首次明确要求建立统一的城乡居民基本养老保险制度，并对转移接续和制度衔接做出明确规定
2014年（2月24日）	人力资源和社会保障部、财政部	《关于印发〈城乡养老保险制度衔接暂行办法〉的通知》，对城镇职工养老保险和城乡居民养老保险两种制度的衔接和转换进一步做出规定
2014年（7月24日）	国务院	《国务院关于进一步推进户籍制度改革的意见》，对户籍制度改革作出全面部署，提出到2020年，基本建立与全面小康社会相适应，有效支撑社会管理和公共服务，依法保障公民权利，以人为本、科学高效、规范有序的新型户籍制度，努力实现1亿左右农业转移人口和其他常住人口在城镇落户
2014年（9月1日）	最高人民法院	《关于审理工伤保险行政案件若干问题的规定》实施，对工伤保险中九个最具争议的工伤维权问题做出明确的法律界定，提高了工伤保险的权威性和可操作性。

（续表）

时　间	发文单位	政策、法规及与农民工相关的主要内容
2014年（9月12日）	国务院	《国务院关于进一步做好为农民工服务工作的意见》，就着力稳定和扩大农民工就业创业；着力维护农民工的劳动保障权益；着力推动农民工逐步实现平等享受城镇基本公共服务和在城镇落户；着力促进农民工社会融合等提出明确要求和具体措施
2014年（12月）	人社部、住建部、安监总局、全国总工会	联合发出《关于进一步做好建筑业工伤保险工作的意见》，对建筑业企业扩展工伤保险参保覆盖面、工伤保险费用来源，简化工伤认定和劳动能力鉴定程序以及落实工伤保险先行支付政策等，做了全面规定
2015年（3月21日）	中共中央、国务院	《关于构建和谐劳动关系的意见》颁布，从8个方面提出了26条构建和谐劳动关系的举措和要求
2015年（6月）	国务院办公厅	《关于支持农民工等人员返乡创业的意见》，对返乡创业农民工的培训提出要求，在与这份文件同时公布的《鼓励农民工等人员返乡创业三年行动纲要（2015—2017）》中，专门列出“创业培训专项行动计划”，并责成人社部等部门负责
2015年（11月25日）	国务院	印发《关于进一步完善城乡义务教育经费保障机制的通知》，提出建立城乡统一重在农村的义务教育经费保障机制，实现教育经费可携带。自2016年1月1日起执行
2016年（1月1日）	国务院	《居住证暂行条例》正式施行，各地以推动居住证制度为抓手，积极促进农民工基本公共服务工作
2016年（1月12日）	国务院	《关于整合城乡居民基本医疗保险制度的意见》，整合基本制度和政策，包括统一覆盖范围、统一筹资政策、统一保障待遇、统一医保目录、统一定点管理、统一基金管理。农民工和灵活就业人员依法参加职工基本医疗保险
2016年（1月19日）	国务院办公厅	发布《关于全面治理拖欠农民工工资问题的意见》，要求全面规范企业工资支付行为，对治理农民工欠薪问题做出了全面部署
2016年（7月11日）	国务院	《关于统筹推进县域内城乡义务教育一体化改革发展的若干意见》，提出改革随迁子女就学机制，进一步强化流入地政府责任，将随迁子女义务教育纳入城镇发展规划和财政保障范围

（续表）

时　间	发文单位	政策、法规及与农民工相关的主要内容
2016年（8月5日）	国务院	《关于实施支持农业转移人口市民化若干财政政策的通知》，就农民工市民化进程中的财政政策支持问题做出规定
2016年（11月28日）	人力资源和社会保障部	《关于城镇企业职工基本养老保险关系转移接续若干问题的通知》，针对2009年颁发的《城镇企业职工基本养老保险关系转移接续等暂行办法》在实施中出现的新情况、新问题，重新就城镇企业职工基本养老保险中的若干问题做出规定，确保农民工跨区域流动时养老保险关系顺畅转接
2017年（2月）	中央全面深化改革领导小组	审议通过《新时期产业工人队伍建设改革方案》，把打造以农民工为主体的新型产业工人队伍作为国家战略，并以此制定了一系列措施
2017年（7月18日）	住建部、国家发改委、公安部、财政部、国土资源部、人民银行、税务总局、工商总局、证监会	联合印发《关于在人口净流入的大中城市加快发展住房租赁市场的通知》，确定广州、南京、深圳等12个城市为首批试点城市，推动"租售同权"及租赁市场的发展，为解决农民工市民化的住房困局，提供了一条路径
2017年（12月12日）	国务院办公厅	《关于印发保障农民工工资支付工作考核办法的通知》，把保障农民工工资支付问题，纳入政府考核内容，考核工作从2017年持续到2020年
2018年（1月）	人社部、交通运输部、水利部、国家能源局、国家铁路局、中国民用航空局六部门	联合印发《关于铁路、公路、水运、水利、能源、机场工程建设项目参加工伤保险工作的通知》，要求进一步健全按项目参加工伤保险长效工作机制，全面启动铁路、公路、水运、水利、能源、机场工程按项目参加工伤保险工作，确保农民工依法享有工伤保险保障
2018年（3月22日）	中共中央办公厅、国务院办公厅	印发《关于提高技术工人待遇的意见》，围绕技术工人培养、使用、评价、激励和保障等环节，提出了重点支持五方面高技能领军人才，进一步激发技术工人骨干作用的五方面措施

后记

《中国农民工40年（1978—2018）》初稿脱手，欠债得还，如释重负。

所谓还债，首先是还朋友的债、了自己的愿。我对农民工问题的关注已有几十年了。我从事新闻工作的24年，正是中国农民工从形成到发展的阶段。我在目睹了农民工迁徙的艰辛、与资本大鳄博弈的惨烈之后，曾于2005年试图着手用文字记录下中国农民工迁徙的脚步，本书《写在前面的话》初稿就是那时候写作的。后来，由于工作岗位的突然变化，我的部署被打乱，便中止了写作进程。

我到中国农林水利工会工作的12年时间里，未敢再动写作的念头，深惧别人说不务正业。但工会工作的性质就是以职工为本，而当今中国的职工主体就是农民工。作为第一产业的工会主席，我的所见所闻、所感所思都与农民工密切相关。对他们的酸甜苦辣、喜怒哀乐了解得越多，我的内心冲动感便越强。因此，除了每年“两会”期间以政协提案的形式为他们鼓与呼之外，书写农民工迁徙历史的初心便不时地撞击着我，有时甚至心潮澎湃、难以自已。究竟是出于责任还是使命，我自己也说不清，恐怕更多的还是作为一介文人的本能。

其实，我写《中国农民工40年（1978—2018）》还有一层很深的农民工情结。我的老家安徽舒城属于中部地区，经济发展相对落后。改革开放的40年是中国农民工群体产生、发展和融入的40年，也是农民工迁徙的40年。我同村的两个同龄人有一个从改革开放之初就外出打工，至今60多岁了仍在城乡之间不断地奔波；另一个一直在农村做农活，家庭条件也相对更差一些。我的侄子、侄女、外甥、外甥女也都加入了打工者的行列。每年春节，这些老老少少回家过年时，听着他们讲述打工的故事，诉说迁徙的艰辛，感受他们跋涉的汗水和泪水，令人动容、催人泪下。无论你干什么，无论你离家有多远，这种情结都深入骨髓，挥之不去。正是这种情结，给了我勇气，让我带着一个文人的良知，去抒写他们迁徙的历史。

改革开放以来，农民工迁徙的历史和实践，是当代中国的一个重要主题。它与中国的改革开放、与中国的工业化和城镇化、与中国的社会转型都密切相关。一部农民工迁徙的历史就是当代中国的改革开放史和社会发展史。而在迁徙的农民工大军中，每一个主体又都有着各自不同的经历和故事。反映主流而不回避问题、反映典型又要避免碎片化、反映农民工流动主体又离不开体制变迁和社会背景、反映实践而又必须加之以理性思考，正是本书的难点所在。为此，本书以时间为脉，以重大事件为珠，以公开见报的事实为依据，通过见闻、见证与思考，把农民工与资本博弈、与旧体制抗争和与新体制建立互动的重要事件节点相串，反映农民工迁徙的历史进程。通过对每起重大事件的具体分析，反映农民工迁徙不同阶段的社会背景和流动特征。由于这一迁徙仍在进行中，融入虽然曙光在前，但羁绊仍然无处不在，还有一个较长的过程。因此，文中对有关问题的解决和政策举措的落实也给出了一些意见建议，意在推动这一举世瞩目的“迁徙工程”能够完美“收官”。

写作《中国农民工40年（1978—2018）》的目的，在于对过去已发生的各类迁徙事件进行梳理和反思，让今天的人们和后来者看清中国农民工大迁徙的轨迹，以史为鉴，昭示未来。再过若干年，中国的农民工将完成迁徙的使命，社会舞台上也不再会有农民工这个特殊的群体。但是，只要有城乡差别和区域发展不平衡，社会流动就不会停止；只要有社会流动，就会有旧有秩序的打破和新秩序的建立，就会有矛盾和摩擦。从社会学的意义上看，社会流动往往是社会前进的动力。然而，如果不能及时而有效地化解由社会流动引发的矛盾和问题，社会流动又可能会因矛盾激化而导致社会震荡，阻碍社会前进的步伐。当今世界这样的例子并不少见。倘若能从过去的实践中汲取经验教训，扬长避短少走弯路，则是民众之幸、社会之幸。

写作《中国农民工40年（1978—2018）》的另一个用意，在于从农民工与资本的博弈和制度的互动中寻找社会转型的规律，增强制度自信，凝聚共识，推动融合。虽然全面小康离我们越来越近，已是触手可及，但中华民族的伟大复兴和中国进入发达国家行列的路依然比较长，对我们这样一个人口众多而又发展不平衡的国度来说，族群的融合、共识的凝聚和制度的作用至关重要，就像平行四边形的对角线一样，只有形成合力，才能推动整个经济社会发展的“弯道超车”。

本书的写作资料，主要来源于国家统计局发布的统计资料、《农民工监测报告》《改革档案》《洪流》《呼吸》《农民工——中国进城农民工的经济社会分析》《中国农民工调查》《新型城镇化与农民工劳动保障》《中国农民工打工调查》《中国农民工生存纪实》《农民工流动在边缘》《中国农民工》以及新华社、《人民日报》《工人日报》《中国法制报》《中国青年报》《北京青年报》《南方周末》《南方都市报》和中华人民共和国人力资源和社会保障部官网、人民网、新华网、光明网、中青网、新浪网等公开发表的文章和报道。由于资料积累的时间跨度比较长，有一些资料来源甚至难以查到最初的出处。在此一并表示感谢。

作为一本以写史为主的书籍，本应把学界有关专家学者关于农民工的论述归类整理，单独成章。但由于这类文章太多，难以穷尽，又担心归纳不准有悖原意，因此在写作的过程中忍痛放弃。有些人往往指责中国缺少公共知识分子，实际上在中国的农民工问题上，无论是社科院的专门研究人员，还是北大、清华等众多学界的专家教授，都发表了很多调研报告和专著，对推动农民工问题的解决和农民工融入城镇，起到了积极作用，充分体现了当代中国知识分子的良知与责任。在此，向他们表示深深的敬意！

在本书的写作过程中，我得到了曾经与我一起在《工人日报》工作的老朋友们的鼎力支持和指导，全国总工会办公厅、权益保障部以及郑晋平、汪松涛、樊巍、牟达泉等同志为本书提供了大量的资料，在此表示诚挚的感谢！

自诩平生无媚骨，但求文字有真言。倘若本书能以真情和真言给读者以一些真和善的启迪，则吾愿足矣！

盛明富

2017 年 8 月 30 日于北京

2018 年 5 月 15 日修改